Research on Promoting the High-quality Development of China's Foreign Trade by Overseas Communication of Chinese Culture

前言

国际贸易课程是经济学专业和国际贸易专业及其他涉外经贸专业的基础课程。

进入 21 世纪以来，世界各国的经济联系越来越紧密，企业的生产经营活动已经成为国际分工体系的一部分，国与国之间的竞争与合作日趋加强，这深刻地改变了我们的工作和生活。中国的对外贸易依存度一度超过 50%，虽然近年来已下降到 40% 左右，但仍远比美国和日本等发达国家高，这就要求我们从理论层面去认识和理解国际贸易这一特殊的社会经济现象。目前，中美地缘竞争加剧，加上俄乌冲突等事件的负面影响，全球化出现了某种倒退征兆，国际价值链有发生断裂的风险，在这一新的历史时期，如何在尊重客观规律的基础上为中国和平发展制定切实可行的对外贸易战略，从而更加充分地利用全球化带来的和平红利、延长中国和平发展与崛起的战略机遇期，是每个从事国际经济的工作者需要考虑的问题。为了适应这一新形势，培养具有创新能力的应用型经济学人才，我们特在多年教学和科研实践的基础上编写了此书。

本书可作为经济学、国际贸易类本科专业的教材，同时也可作为国际贸易或国际经济专业研究生的参考材料。

本书特点：本书是在编者授课讲义基础上补充必要素材而成的，主要采用西方经济学范式来安排知识体系并进行表达和阐释，理论性较一般国内通行教材更为突出。为了更好地帮助读者学习，拓展读者知识面，帮助学生更好地理解理论、检验理论，书中有大量的专栏和案例。这些专栏和案例都是编者花时间去研究、收集和撰写的。本书理论阐释的逻辑较为严密，且在各章中穿插有充分的专栏、案例和要点提炼，全书从读者的可读性、切身体会和关注的角度进行阐述，与同类书目相比更加生动、更加实用，篇幅简练但又内容翔实、全面。

本书主要内容：各章节内在逻辑设计以国际贸易理论和实践为主线，以导论作为教材和课程的导入，本书系统地介绍了国际贸易的一般原理与实践，具有科学性、应用性、新颖性等特点。本书主要内容有四个部分：（1）基本理论部分，介绍从古典到当代主流贸易理论，包括比较优势理论、要素禀赋理论、H－O 定理的拓展、要素价格均等化定理、里昂惕夫悖论、产业内贸易理论和产品生命周期理论等；（2）贸易政策部分，介绍贸易保护主义理论及其政策工具，分析国际贸易政策手段的经济效应，包括国际贸易政策、关税、非关税壁垒、鼓励出口与出口管制；（3）跨国公司行为部分，主要分析跨国公司在全球化时代的各种投资和贸易行为，介绍技术贸易、国际工程承包、国际加工贸易等国际经济技术合作的形式及其不同特点；（4）贸易条约与协定部分，分析区域经济合作的动力及其经济效应，介绍欧盟等世界主要区域经济一体化组织，介绍世界贸易组织的宗旨与基本原则，分析 WTO 制度框架特点和主要职能。为取得更好的教学效果，本书在相关章节专门开辟了"阅读专栏"，内容安排也充分考虑了国际贸易研究的前沿和国际贸易的最新发展动态。在每章的最后安排了复习思考题等内容，供学生课下学习。

价值导向目标：习近平总书记在全国高校思想政治工作会议中谈到高校社会主义接班人人才培养的核心问题——"高校培养什么样的人、如何培养人以及为谁培养人"，本书试图将国际贸易学课程六个方面的核心内容与社会主义核心价值观、哲学观、马克思主义、党的十九大报告文件精神相结合，并配以六种教学方法，力图使国际贸易课程成为一门集专业知识、德育功能以及价值引领"三位一体"的精品课程，发挥课堂作为培育社会主义接班人品德、技能和价值观的主阵地作用。本课程在讲授专业知识的同时，结合复杂多变的国际贸易形势，将爱国教育融入课程，弘扬爱国精神，激发学生的危机感与使命感。围绕自由贸易理论对贸易利益的阐释，引导学生深刻理解人类命运共同体的内涵。进一步理解我国对外贸易政策，巩固学生对中国特色社会主义的道路自信、理论自信、制度自信、文化自信。

专业教学目标：国际贸易是国际经济与贸易专业的基础课程，主要讲授国际贸易的形成、发展的基础与动力机制，阐述国际贸易政策的价格效应和利益分配效应等。通过本课程的学习，使学生掌握关于国际贸易产生与发展的理论体系，了解国际贸易政策与措施对国际贸易的影响，从而提高学生运用所学知识理解和分析当前国际贸易领域的最新动态和问题的能力，并拓宽其国际视野，为将来从事国际贸易和其他对外经济工作打下良好基础。

本书在编写过程中得到很多同事和经济科学出版社编辑的大力支持，在此谨向所有支持和帮助本书编写及出版的同志以及参考文献的作者表示衷心的感谢。

本书是编写小组全体成员集体努力的成果。编写人员均为从事国际贸易教学的一线教师，教学经验丰富，能够充分保证教材内容的专业性与质量。本书编写分工如下：马亚华负责第1、第2、第3、第7、第8、第9、第11、第12章，金则杨负责第5、第10章，李国负责第4、第6章。

由于编者水平有限，加上时间仓促，书中难免存在一些疏漏之处，欢迎各位读者提出宝贵意见。

目录

第1章 导　　论

欢迎开始国际贸易课程的学习之旅。可以说，国际贸易的研究，极大地促使经济学从一个散漫的非正式的领域转变为一个以模型为导向的科学，如经济思想史专家通常把大卫·休谟（David Hume）1758 年的《贸易平衡论》视为第一篇真正阐述经济模型的论文。而在 21 世纪全球化的今天，国际贸易仍然活跃在理论与实践的前沿，给全世界各国和人民带来了众多机遇，也带来了巨大的挑战。

1.1　国际贸易的产生和发展

1.1.1　国际贸易的产生

国际贸易（international trade）是指不同国家（地区）之间的商品、服务和生产要素交换的活动。国际贸易是商品、服务和生产要素的国际转移。国际贸易也叫世界贸易。国际贸易是各国之间分工的表现形式，反映了世界各国在经济上的相互共存。从国家的角度可称对外贸易；从国际的角度可称国际贸易。国际贸易属于历史范畴，它是随着社会生产和社会分工的发展而产生和发展起来的。早在公元前 3500 年前后，人类文明就开始在中东产生，农业、城市、贸易也在中东出现。具有可供交换的剩余产品和存在各自为政的社会实体，是国际贸易得以产生的两个前提条件。分工是交换的基础。人类社会的经济发展史就是一部社会分工的发展史，没有分工就没有交换，当然也就没有国际贸易。在原始社会初期，生产力水平低下，人类处于自然分工的状态。氏族公社内部人们依靠共同的劳动来获取十分有限的生活资料，并且按照平均主义方式在成员间实行分配。当时没有剩余产品和私有制，没有阶级和国家，因而也就没有对外贸易。

在原始社会末期，曾经出现过三次社会大分工。劳动分工使劳动者专门从事其擅长的劳动，提高了劳动生产率。人类社会的第一次大分工是畜牧业和农业之间的分工，它促进了生产力的发展，使产品有了剩余。在氏族公社的部落之间开始有了剩余产品的相互交换，但这还只是偶然的物物交换。人类社会的第二次社会大分工，是手工业从农业中分离出来，由此而出现了直接以交换为目的的生产即商品生产。它不仅进一步推动了社会生产力的进步，而且使社会相互交换的范围不断扩大，最终导致了货币的产生，产品之间的相互交换渐渐演变为以货币为媒介的商品流通。这些直接引发了第三次社会大分工，即出现了商业和专门从事贸易的商人。与此同时，在生产力不断进步的基础上，形成了财产私有制，原始社会的末期出现了阶级和国家。早期的分工和交换主要发生在人与人之间，后来交易空间逐步拓展到氏族与氏族、部落与部落之间，并最终突破国家边界的限制，就形成了最早的国际贸易。

1.1.2　国际贸易的发展

1.1.2.1　古代的国际贸易

奴隶社会制度最早出现在古代东方各国，如古埃及、古巴比伦、中国，但以欧洲的古希腊、古罗马的古代奴隶制度最为典型。在奴隶社会，生产力水平前进了一大步，社会文化也有了较大的发展，国际贸易初露端倪。早在公元前 2000 多年，由于水上交通便利，地中海沿岸的各奴隶社会国家之间就已开展了对外贸易，出现了腓尼基、迦太基、亚历山大、古希腊、古罗马等贸易中心和贸易民族。在公元前 2000 年左右，腓尼基已成为一个依靠对外贸易而繁荣起来的民族。腓尼基衰落之后，古希腊约在公元前 1000 年成为地中海第二个商业国家。到公元前 4 世纪，古希腊的手工业已相当发达，分工精细，其手工产品不仅销售到了北非、西欧和中欧，甚至流传到了遥远的东方。

到公元 100 年前后，世界不同地区间的贸易开始产生。当时的主要贸易品有古罗马的亚麻布、金银铜锡、玻璃，古印度的香料、宝石，中国的丝绸等。欧亚大陆之间主要的通道是"丝绸之路""香料之路"。对国际贸易的第一次大推动是中世纪后期西欧的势力扩张，公元 11～13 世纪，地中海再一次成为欧亚大陆贸易的海上通道。由于地理和资源的限制，无法自给自足的西欧人急切地需要寻找新的资源和商品，从而大大推动了欧洲以及欧亚大陆的贸易发展。

到了 14 世纪，整个欧洲已形成几个主要的贸易区，包括以意大利的威尼斯、热那亚和比萨等城市为中心的地中海贸易区，以布鲁日等城市为中心的北海和波罗的海贸易区，由基辅、诺普哥罗德、车尔尼哥夫、彼列雅斯拉夫尔等城市组成的罗斯贸易区，德意志北部和北欧斯堪的纳维亚地区的汉萨贸易区，以及不列颠贸易区。这些贸易区不仅有大量的区内交易，相互之间的贸易往来也很密切。与此同时，亚洲也形成了几个比较重要的贸易区，包括以中国、朝鲜和日本为主的东亚贸易区，占婆（今越南南部）和扶南（今柬埔寨）等国家组成的东南亚贸易区，以及以印度为主的南亚贸易区。

在 13～14 世纪，东西方之间的陆路贸易和海上贸易也得到了进一步进展。陆上通道主要是原来的"丝绸之路"。此时正值中国元朝时期，元帝国三次西征，疆界扩大至欧洲，至此彻底打通了中欧的通道。海道主要是通过地中海，经红海和印度洋到印度，或从波斯湾经阿拉伯海到印度。欧洲从东方进口丝绸、瓷器、茶叶、珠宝、蓝靛、药材、地毯、香料等，但欧洲向东方出口的商品并不多，主要集中在羊毛、呢绒、金属制品，这导致欧洲大量黄金和白银流入东方。15 世纪前，整个国际贸易都建立在自然经济基础上，贸易在自给自足的自然经济中处于次要地位。所以，当时各国之间、各洲之间还处于间断性贸易的不稳定状态。

1.1.2.2　地理大发现后的国际贸易

15 世纪前的贸易主要局限在各大洲之内和欧亚大陆之间，而地理大发现及由此产生的欧洲各国的殖民扩张大大发展了各洲之间的贸易，从而产生了真正意义上的国际贸易。地理大发现对欧洲经济进而对国际贸易发展的影响主要包括以下两个方面：第一，促使欧洲经济中出现了商业革命，商业性质、经商技术以及商业组织等发生巨大变化，国际贸易成为一个以牟利为目的的巨大产业；第二，引发了长达两个世纪的殖民扩张和殖民贸易，推动了各洲之间的贸易，初步形成了一个以西欧为中心的世界市场。

▶▶ **阅读材料**

地理大发现

地理大发现（age of exploration），又名探索时代或发现时代、新航路的开辟、大航海时代。15 ~ 17 世纪，欧洲的船队出现在世界各处的海洋上，寻找着新的贸易路线和贸易伙伴，以发展欧洲新生的资本主义。在这些远洋探索中，欧洲人发现了许多当时在欧洲不为人知的国家与地区。与此同时，欧洲涌现出了许多著名的航海家，其中有克里斯托弗·哥伦布、瓦斯科·达·伽马、佩德罗·阿尔瓦雷斯·卡布拉尔、胡安·德拉科萨、巴尔托洛梅乌·迪亚士、乔瓦尼·卡波托、胡安·庞塞·德莱昂、斐迪南·麦哲伦、亚美利哥·韦斯普奇、胡安·塞瓦斯蒂安·埃尔卡诺等。新航路的开辟，使人类第一次建立起跨越大陆和海洋的全球性联系。各个大洲之间的相对孤立状态被打破，世界开始连为一个整体。从此东西方之间的文化、贸易交流开始大量增加，殖民主义与自由贸易主义也开始出现。欧洲这个时期的快速发展奠定了其超过亚洲繁荣的基础。新航路的发现，对世界各大洲在数百年后的发展也产生了久远的影响。对除欧洲以外的国家和民族而言，地理大发现带来的影响则是复杂而矛盾的，除了物资交流外，带给原生居民的常是死亡和占领，可说是一部大侵略史。

资料来源：人民教育出版社历史室. 世界近代现代史 [M]. 北京：人民教育出版社，2000。

1.1.2.3　工业革命后的国际贸易

从 18 世纪 60 年代开始，欧美国家逐渐形成了资本主义的生产关系，并先后发生了工业革命。工业革命推动了国际贸易以前所未有的速度发展，这主要表现在四个方面：第一，生产率的提高，使人们在满足了本国消费需求后，有大量剩余产品可以用来和别国交换，最终改变了与亚洲贸易中的长期逆差地位。1870～1913 年，全球虽然经历了经济衰退，但世界出口总额仍从 51.3 亿美元增加到 184 亿美元，增长近 2.6 倍，年均增长 6%。① 第二，交通的发展使得国际贸易更加便捷。第三，经济结构深远的变革，国际贸易越来越成为欧美工业国家经济中不可缺少的重要组成部分。第四，国际贸易中商品结构和流向发生了重大变化。总之，经过工业革命，整个世界形成了一个以西欧、北美国家生产和出口制成品，其余国家生产和出口初级产品并进口欧美制成品的国际分工和贸易格局。国际贸易的基础已不仅是天然资源，各国生产技术不同而产生的成本差异成为决定贸易模式的重要原因。

1.1.2.4　战后的国际贸易

两次世界大战和 1929～1933 年的世界经济大萧条大大削弱了欧洲各国的经济实力，各国纷纷实行贸易保护政策，极大影响了国际贸易。其主要特点在于：

（1）国际贸易商品结构日趋优化。二战之后，初级产品的比重快速降低，工业品已经成为主要的国际贸易商品。不仅如此，在贸易内部结构也同时发生了重大的变化。在工业品贸易中，劳动密集型轻纺产品的比重下降，资本货物、高新技术产品及化工、机器和运输设备占比上升，知识经济的到来，导致了世界范围内产业结构的智能化、高级化。

（2）服务贸易迅速发展。二战后，随着收入水平提高，基本的物质性消费需求得到满足，人们出现了更多的服务型的需求偏好，同时使得服务业在各国经济中的比重逐年上升，服务贸易增速高于货物贸易。1970 年世界服务贸易出口总值为 800 多亿美元，2000 年为 1.6 万亿美元，2020 年则达到 4.99 万亿美元。2008～2019 年之间，全球服务贸易出口额复合增长率达到 3.9%，远高于货物贸易。近年来，随着数字技术的创新应用和数字经济的崛起，数字贸易逐步成为服务贸易的核心。数字贸易占服务贸易的比重由 2008 年的 46.2% 上升到 2020 年的 61.1%。②

（3）"北北贸易"取代"南南贸易"成为主要的贸易模式。战后国际贸易的地理分布表现为越来越多的国家参与国际贸易，而增长最快的是发达国家之间的国际贸易，传统意义上的"南北贸易"和"南南贸易"逐步转换为"北北贸易"。

（4）区域性自由贸易迅速发展。二战后，国际竞争日趋激烈，世界主要的贸易国为了保持全球市场的竞争力，不断寻求与其他国家的合作，通过优惠贸易、自由贸易区、关税同盟、共同市场等不同方式，组建区域性贸易组织，实现区域内贸易自由化。据世贸组织统计，截至 2022 年 3 月，全球生效中的区域贸易协定达到 354 个。

---

① 麦迪森. 世界经济二百年回顾（1820－1992）［M］. 北京：改革出版社，1997.
② 普华永道. 抓住机遇 加快推动数字服务贸易发展［EB/OL］.（2021－09－06）. http：//www. xinhuanet. com/fortunepro/2021－09/06/c_1127832292. htm.

1.2　国际贸易的意义

1.2.1　对世界发展的作用

国际贸易不仅把生产水平很高的国家互相联系起来，而且通过国际贸易使生产发展水平低的国家和地区也加入交换领域中来，作为一般等价物的货币深入他们的经济生活中，这些国家和民族的劳动产品日益具有商品和交换价值的性质，价值规律逐渐支配了他们的生产。随着各国的商品流通发展成为普遍的、全世界的商品流通，作为世界货币的黄金和白银的职能增长了。随着黄金、白银变成世界货币，产生了形成商品世界价格的可能性。世界价格的形成，表示价值规律的作用扩大到世界市场，为各国商品的生产和交换条件进行比较建立了基础，促进了世界生产和贸易的发展。通过对外贸易，参与国际分工，节约社会劳动，不但使各国的资源得到最充分的利用，而且还可以保证社会再生产顺利进行，加速社会扩大再生产的实现。具体说，国际贸易对世界经济有四个作用：

（1）促进全球资源的有效利用：全球人口不断增长，有限的资源供给与人类对资源的无限需求之间存在矛盾，自由贸易提高了全球资源的使用效率，增加了全世界的总产出，推动了人类生产力的进步。

（2）促使各国在分工中获取专业化利益：每个国家都利用自己最丰富的资源，并生产自己最擅长的产品，这样可以实现国际间"人尽其才、物尽其用"。

（3）调节各国市场的供求关系：分工可以带来规模经济，降低生产成本，每个国家都可以从国际市场而非仅仅国内生产商获取消费者所需产品，从而使物价保持在较低水平，各国人民皆可享用物美价廉的产品，使世界各国居民福利最大化。

（4）促进技术在国家间传播：科学技术传播推动人类文明进步，国际贸易是世界各国间进行科学技术交流的重要途径。

1.2.2　对单一国家的作用

进出口贸易是维系国家存在和发展的重要基础，可以调节国内生产要素的利用率，改善国际间的供求关系，调整经济结构，增加财政收入等，是国家利益最大化的重要途径。

（1）调节市场供求关系。对外贸易的首要作用是与其他国家互补余缺，维持市场中商品供给和需求的平衡，保持社会物价稳定。

（2）维持社会再生产的进行。从社会再生产过程来说，国际贸易包括生产、分配、交换、消费四个相互影响相互制约的环节，其中生产起决定性作用。价值实现是再生产得以维持的基本条件。社会总产品实现是社会再生产的核心。在经济相互依存的情况下，若离开了国外市场，世界各国的某些产品投入资本回报则很难实现。即使自然资源较为丰富的国家，也需要国际贸易进口大量的初级产品进行实物补偿，并且随着国际分工的广化和深化，大量的零部件与工业制成品也都通过国际贸易流入本国市场来参与经济活动，实现实物形态的补偿。

（3）促进本国资源的充分利用。市场主体的比较优势可以带来市场占有率的提高、合作机会的增加、成本的降低与利润率的提高。正是各生产单位对资源的占有、分配和利用等情况的差别，造成了比较优势的产生。而比较优势的差别直接导致了生产物品的专业化即所谓社会分工和贸易的产生。这种专业化的结果是，当每个人都能够专门地从事自己最擅长的事情时，生产就会变得更加有效率，从而整个社会可创造物质财富总量与其整体经济福利便会有所增加。其最终结果是社会所有资源得到更加充分、高效的利用。

（4）推动产业结构优化升级。在世界经济一体化条件下，任何国家产业结构的维系和变动都要受到国外因素，例如国外需求、国外资源和国外技术等的影响。对后发国家而言，后发优势的利用必然伴随着技术进步和产业结构升级。首先，进口对产业结构升级有推动作用。一国资源要素在一定时期总是有限的，通过进口本国供给不足的要素，克服供给瓶颈，可以保证经济增长和促成产业结构的调整。同时对欠发达国家和地区来说，通过引进国外先进技术，可以避免研发阶段的高风险和高投入，促进先进技术与本国优势资源结合，发挥后起优势。其次，出口对产业结构升级有拉动作用。发展中国家人均国民收入水平较低，国内需求往往滞后于产业结构升级的要求。出口的乘数效应可以弥补国内需求的相对不足，为国内已经存在的过剩生产能力提供广阔的市场空间并刺激国内生产能力的进一步提升。此外，出口还可以通过优化出口产品结构来带动产业结构升级。这一点已为许多发达国家和新兴工业化国家的经历所证明。例如，在工业化进程的一定阶段，纺织工业在生产和贸易中的比重会逐步降低，而重工业制成品的比重会逐步上升。出口产品结构的转化必然会优化资源配置，引导更多资源流向出口产业，促进产业进一步发展，从而起到优化产业结构的作用。

（5）增加本国财政收入。出口退（免）税指一个国家或地区对符合一定条件的出口货物在报关时免征国内间接税和退还出口货物在国内生产、流通或出口环节已缴纳的间接税的一项税收制度。世界绝大多数国家都对出口货物实行退（免）税，使出口货物以不含税价格进入国际市场，增强了出口货物的竞争力，调动了出口企业的积极性，促进了对外贸易发展。同时，一方面出口货物的增长促进了各国国内生产总值的增长，提高了企业经济效益，从而促进了企业流转税、所得税以及地方税收不断增长，进而增加了各国关税及海关代征税的持续增长。因此，出口退税对财政收入的作用是积极的，不是消极的。

（6）维护和改善国际环境。一般而言，贸易可促进沟通和国际间相互依存关系的形成，加强了国家间共同利益的纽带，从而加强国家寻找非暴力方式解决国际纠纷或冲突。

国与国之间贸易量越大，发生冲突的成本越高，那么贸易国之间发生冲突的可能性就越低。结论是开放的贸易更容易促进国际和平稳定。一个现代理性的贸易国家应该认识到，靠贸易和市场就能把国家搞得更好。相互依存的发展确实具有促进国际社会和平稳定的作用。

▶▶ 阅读材料

中国近代为何走向没落

中国近代走向没落与自我封闭有关。马克思说："一个人口几乎占人类三分之一的大帝国，不顾时势，安于现状，人为地隔绝于世并因此竭力以天朝尽善尽美的幻想自欺，这样一个帝国注定最后要在一场殊死的决斗中被打垮：在这场决斗中，陈腐世界的代表是激于道义，而最现代的社会的代表却是为了获得贱买贵卖的特权——这真是任何诗人想也不敢想的一种奇异的对联式悲歌。"

资料来源：马克思恩格斯文集（第二卷）[M]. 北京：人民出版社，2009：632。

1.2.3　对企业的作用

企业存在的目的是获得高额利润，而国际贸易为企业提供了实现这一目标的途径。

（1）有助于外贸企业获得较高利润。企业通过国际贸易获得国外廉价的原料、燃料、辅助材料、机器设备等，可以降低不变资本的费用。同时，劳动生产率高的国家，其单位产品所消耗的劳动时间可能大大少于国际社会必要劳动时间，因此该商品通过对外贸易，按照国内市场价格出售，可以得到额外的利润。

（2）对外贸易有助于企业实现规模经济。贸易本身具有一种使企业生产率高的企业扩展市场、生产率低的企业缩减企业规模的马太效应。通过参与国际贸易，企业不断将产品推向国际市场，通过扩大市场规模，可以促进企业实现规模经济。随着生产规模的扩大，企业生产成本会逐渐降低，经济效益会逐渐提高。全球化条件下，大企业只能诞生于对外开放的国家，日本和德国的汽车企业便是通过占领国际市场而实现规模经济的。

（3）对外贸易有助于企业改善管理和研发技术。在国际化经营过程中，企业要面对不同的政治、经济和文化环境，企业面临更为强大的竞争压力。国际竞争可以迫使企业管理工作逐步正规化，谨慎行事，不断加大研发投入，以获得更多新技术，提升生产效率，并灵活机动地根据国际市场变化调整自己的经营战略。另外，国际贸易也为企业提供了获得他国先进技术的途径，成功的国际竞争可以帮助企业树立良好形象，吸引自身发展所需的资金和人才等。

1.3　研究对象、内容和方法

1.3.1　研究对象

国际贸易学是经济学的一个重要分支学科，它是研究不同关税区即不同国家或地区之间的商品和服务的交换活动，并阐释国际商品交换关系及其规律——包括交换活动的产生、发展过程、贸易利益的产生和分配等的一门科学。在国际贸易发展过程中，虽然斯密和李嘉图等古典经济学家曾较为系统和详细地考察了国际贸易，形成了至今仍是主流理论的比较优势学说，且国际贸易理论在战后有了长足发展，但作为一门独立学科，科学地界定自己的研究对象，恰当地规定自己的研究内容，系统地解决自己的研究方法，都是最近几十年的事情。如果不能科学地确定学科的研究对象、研究内容和研究方法这三个要素，任何学科都不能最终确立起来。这里除了要区别国际贸易学与国际贸易、国际贸易实务之外，当然也包括国际贸易学与国际经济学、世界经济学的学科分野。

所谓国际商品交换关系，首先表现为世界各国之间的商品交换活动，即国际贸易。进一步说，国际贸易包括其所体现的过程、关系、条件、特点、格局、政策、理论、环境和趋向等。这种商品交换可以是有形商品贸易，也可以是无形商品贸易；可以是双边贸易，也可以是多边贸易等。国际贸易学从宏观经济的角度出发，从总体上考察国际商品交换各个方面的态势，支配或影响国际商品交换关系发展变化的国内和国际的自然、经济、政治和文化等因素，国际商品交换关系的发展变化对各国经济和国际经济关系的影响与作用，说明国际贸易的原因、条件、特点、趋势等。

国际贸易行为是国家行为体的一种活动。从一个国家的角度看，这种超越国界的商品交换活动是对外贸易；从国际上看，这种国家间的商品交换是国际贸易。因为在市场经济条件下，各国之间经济相互联系的基本表现形式即商品交换，包括劳务输出与输入以及技术转让等，都是各国之间在国际分工条件下内在的、客观的、必然的经济行为。国际贸易学是国际贸易的理论概括，而国际贸易是国际贸易学的研究对象。

国际贸易学与国际贸易实务有很大区别，是两门不同的学科。前者是一种理论，后者是一种操作技巧和方法；前者是后者的理论指导，后者是前者的实践与运作。在一般情况下，国际贸易实务侧重于研究国际商品交换活动中有关贸易方式、交易手段、价格决定、行情分析、销售战略、谈判技巧、运输与保险、检验与索赔等实务性、技术性问题。

1.3.2　研究内容

国际贸易包括贸易理论和贸易政策这两块相互联系的基本内容。任何贸易政策的制定总是以特定的贸易理论为依据，而反过来，一定的贸易理论又是特定历史时期贸易政策和贸易实践的反映和总结。可以说，国际贸易学科的发展过程，就是国际贸易理论与政策实践相互结合和相互促进的过程。这一过程，到目前为止也没有停止，随着国际贸易发展的不断深入，人们还在探讨新的贸易理论和政策。

1.3.2.1　国际贸易理论

广义上讲，国际贸易理论包括国际贸易纯理论与国际贸易政策理论。国际贸易纯理论主要研究国际贸易的起因与经济影响，或者说是贸易发生的基础和贸易所得。在研究国际贸易起因时，除去生产分工问题外，还涉及贸易的结构与流向问题。国际贸易的经济影响研究主要包括两个方面：一方面是研究贸易利益（trade gains），即国际贸易对贸易参加国总体国民福利的影响；另一方面是研究国际贸易对贸易参加国国内收入分配（income distribution）的影响。国际贸易政策研究的主要内容包括贸易政策制定的依据、贸易政策措施、贸易政策的实践等，其中贸易保护的原因和影响往往是研究的重点。

（1）国际贸易发生的基础。研究国际贸易的基础，也就是讨论贸易发生的原因。各国之间为什么发生贸易？各国在什么情况下才发生国际贸易？为什么一些国家出口纺织品而另一些国家出口电视机？是什么因素决定一国的进出口模式？这些就是国际贸易的基础问题。我们知道，产品的国内市场价格是由各国国内的供给与需求决定的。不同的供给曲线反映了不同的生产成本，不同的生产成本又反映了不同的生产技术和要素价格。不同的需求曲线则反映了各国收入的不同、对产品偏好的不同，以及各国市场结构的差异。那么，各国之间的产品价格差异究竟是怎样产生的呢？对这些问题的不同解释就形成了不同的国际贸易理论模型。大部分的国际贸易理论模型是从供给方面即生产成本上解释国际贸易的基础，包括古典的斯密和李嘉图模型、新古典经济学中的赫克歇尔－俄林模型，以及当代的"规模经济"模型等。

（2）国际贸易产生的影响。国际贸易理论不仅解释贸易为什么会发生，还分析自由贸易产生的各种影响。虽然从总体上说，自由贸易会给各国都带来利益，但这种利益有多大？利益的分配如何？有没有一些利益集团受到损失？贸易对本国的生产和消费会带来多大影响？短期影响是什么，长期又有什么影响？经济学家从不同的情况出发对自由贸易所产生的影响作了全面的分析。其一，对本国经济的影响。需要考察的本国经济指标主要包括：国内市场价格或相对价格，本国进口产品和出口产品的生产量，本国进口产品和出口产品的消费量。其二，对本国社会福利的影响。本国的社会福利包括生产者的利益、消费者的利益、整个社会的净利益。在生产者中，还要进一步分析不同的要素拥有者的利益，如劳动者的利益、资本所有者的利益、土地拥有者的利益等。其三，对国际市场和外国贸易伙伴利益的影响。具体来说，国际贸易理论还分析贸易对别国经济（价格、生产量、消费量等）和对别国各阶层利益（生产者、消费者、各种要素的拥有者等）的影响，以及对国际市场价格的影响。对国际贸易影响的分析既有对局部市场的，也有对整体经济的；

既有一国总体的，也有全球整体的；既有对短期影响的分析，也包括对长期影响的分析。

（3）国际贸易的动态变化。国际贸易研究的第三个方面是贸易模式和贸易量的动态变化。在前面的模型中，一般都假设技术不变和资源储备不变。但在现实中，技术在不断进步，资本和劳动力资源在不断增加，技术变动和资源增长会对贸易产生什么影响？要素的国际流动（移民、国际投资等）会怎样影响一国的经济与贸易？反过来，国际贸易的发展又会怎样影响经济增长和技术进步？近年来，贸易理论在这方面的研究有很多成果，我们会在后面进行详尽的介绍与归纳。

国际贸易理论起始于重商主义学说，其后大致沿着自由主义和保护主义两条路径发展，经过亚当·斯密、大卫·李嘉图、李斯特以及当代的保罗·克鲁格曼和杨小凯等人的发展和完善，已经成为经济学的一个发展较为完善的分支学科（见图1-1）。

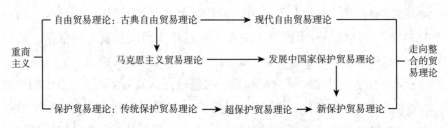

图1-1　国际贸易理论的演化路径

1.3.2.2　国际贸易政策

国际贸易经济学中的另一个重要部分是关于贸易政策的分析。国际贸易的政策分析主要研究两个方面的问题：贸易政策的影响和贸易政策制定中的政治经济学。

第一，贸易政策的影响。这部分的内容主要是对各种贸易政策，包括关税、配额、出口补贴等，以及产业政策、消费政策等非贸易政策的实证分析。贸易政策的基本性质都是对自由贸易的干预。这种干预有限制贸易的，也有鼓励贸易的；既有进口方面的政策，也有出口方面的政策。但任何贸易政策都会给国内经济带来影响，包括对国内市场价格的影响、对贸易量的影响、对国内生产量和消费量的影响，以及对各种生产要素收益、各种集团利益和整个社会福利的影响。对于贸易大国，还要分析其贸易政策对国际市场的影响以及贸易条件变化的影响。贸易政策的研究还包括区域性经济合作的研究。20世纪70年代以来，由于产业组织理论的发展，不完全竞争被引入贸易政策分析，从而大大丰富了这方面的研究。

第二，贸易政策的政治经济学。新古典经济学的分析强调社会效益的最大化。因此，在贸易政策的实证分析中人们不难看到，任何对自由贸易进行干预的政策都会给整个经济带来效益或福利的净损失。然而，既然如此，为什么各国政府还要运用政策干预贸易？决定各国不同时期不同产业贸易政策的主要因素是什么？对于这些问题的研究构成了国际贸易政策分析的另一个重要组成部分，即贸易政策制定过程中的政治与经济利益，人们亦称之为贸易政策中的政治经济学。

1.3.3 国际贸易的研究方法

第一，规范分析和实证分析相结合。作为经济学的分支学科，从研究性质上来看，国际贸易理论与政策的研究可以分为实证分析（positive analysis）和规范分析（normative analysis）。实证分析主要揭示各种经济变量之间的关系，分析各种贸易行为和政策的前因后果而不去评论其好坏对错，实证分析是一种技术分析。规范分析主要是对实证分析的结果作出诊断和评论，这种诊断、评论在很大程度上反映了不同的认识和价值观。实证分析与规范分析通常密切相连，不可分割。实证分析为规范分析提供基础，离开实证分析的理论往往缺乏说服力。如果仅仅是实证分析而没有规范分析则会失去经济学的社会意义。因此，整个国际贸易理论应该是实证与规范的统一。

第二，静态分析和动态分析相结合。静态分析（static analysis）方法通常是对经济变量在同一时期内发生的相互关系进行分析，这种分析方法把同一时期的假设条件，如资本、人口、技术等视为既定的，不考虑其变化，在此基础上研究经济运行规律。动态分析（dynamic analysis）方法通常是对不同时期内的经济变量都标上不同的日期，从时间序列中分析经济变量的变化及经济变量之间的相互关系，如在资本的增减、价格的升降、收入的变化等基础上研究有关变量相互影响的规律。在国际贸易研究中，既要采用静态分析法，也要采用动态分析法。

第三，定性分析和定量分析相结合。定性分析（qualitative analysis）主要是依赖文字来说明经济运行规律，而定量分析（quantitative analysis）则是把数学的方法用于经济分析中。国际贸易研究应该把定性分析方法和定量分析方法相结合，这样建立的理论才更严密、更有说服力。

1.3.4 国际贸易与其他学科的关系

在学科关系上，国际贸易学其实就是经济学原理在国际上、国与国之间的一个具体的运用，是一个扩展的国际经济合作。而国际贸易学与微观经济学的区别在于：微观经济学主要研究的是单个经济社会的资源配置问题；国际贸易理论则研究两个或两个以上经济社会之间的资源配置问题，即世界范围内的资源配置问题。所以，我们学习与研究国际贸易问题，要运用经济学原理来思考，用经济学的分析方式来提出问题与解决问题，同时我们指出国际贸易的研究对象为：世界各国或地区之间商品和服务的交换活动。在经济社会中，社会的经济目标是：人类生产和生活水平和层次的不断提高。如果把封闭的微观经济学扩展到开放的经济学，我们可以认为全球的经济资源会按世界上有限经济资源配置最大化原则，最有效地配置资源，从而使人类消费利益达到最大化。

国际贸易分析工具主要是微观经济学分析方法。微观经济学主要分析生产者和消费者的行为，分析商品市场和要素市场的供求。具体来说，微观经济学分析厂商怎样在技术、政策、预算等各种条件的限制下追求利润的最大化，分析消费者怎样在有限的收入下追求最大满足（效用最大化）。对市场的研究则主要集中在供求的变动和市场均衡的实现。在没有贸易时，国内市场被称为"封闭的"市场，均衡价格由国内的供给和需求决定。在有贸易的情况下，国内市场变成了"开放的"市场，均衡价格的形成除了国内供求外，还受国外供给和需求，即进口和出口的影响。无论是"封闭"还是"开放"的市场，国际贸易理论关于生产者和消费者行为的基本假设、对市场均衡的定义等与微观经济学中的都是一样的。

1.4　基本概念

1.4.1　主要统计指标

1.4.1.1　贸易体系（trade system）

对于什么是进口和出口，现在世界存在两种通行体制，一种是以国境作为统计对外贸易的标准，另一种是以关境作为统计对外贸易的标准。在总贸易体系下，凡是进入关境的商品一律列为进口，称为总进口（general import）；凡是离开关境的商品均列为出口，称为总出口（general export）。中国、美国、英国、加拿大、日本和澳大利亚等90多个国家和地区采用这个统计标准。在专门贸易体系下，境外商品进入关境后才列为进口，称为专门进口（special import）；凡是离开关境的商品都要列为出口，称为专门出口（special export）。如境外商品虽已进入关境，但仍暂放于海关的保税仓库内，或只是在免税的自由经济区流通，则不被统计为进口。同时，从关境外国境内输往他国的商品不被统计为出口。德国、意大利、瑞士等80多个国家采用这种划分办法。

1.4.1.2　贸易规模（value of trade）

贸易额是以货币表示的一国的对外贸易值。贸易量（quantum of trade）是剔除了价格变动影响的对外贸易额。以货币表示的对外贸易额经常受到价格变动的影响，因而不能确切地反映一国对外贸易的实际规模。所以在实际工作中，往往要以固定年份为基期计算的进口或出口价格指数去除当时的进口额或出口额，得到相当于按不变价格计算的进口额或出口额，单纯反映对外贸易的量。

1.4.1.3　贸易差额（balance of trade）

一国一定时期内（通常为一年）出口总额与进口总额之间的差额称为贸易差额，用以表明一国对外贸易的收支状况。当出口总额大于进口总额时，称为贸易顺差（favorable balance of trade）或贸易盈余（trade surplus），又称为出超。当出口总额小于进口总额时，称为贸易逆差（unfavorable balance of trade）或贸易赤字（trade deficit），又称为入超。当进、出口总额相等时，称为贸易平衡。

1.4.1.4　贸易条件（terms of trade）

贸易条件是指一定时期内一国每出口一单位商品可以交换多少单位外国进口商品的比例，或交换比价，通过它可反映一国宏观上对外贸易的经济效益如何。通常贸易条件用进口平减指数与出口平减指数在国民收入和产品账户中的比值表示。

1.4.1.5　商品贸易结构（trade commodity structure）

商品贸易结构是指一定时期内各类商品在一国对外贸易中所占的比重或地位，即各类商品进出口贸易额与整个进出口贸易额之比。

1.4.1.6　商品分类体系（commodity classification system）

商品分类体系是指为方便国际贸易商品统计，通过商品分类、赋予商品代码和编制商品目录等工作后，所形成的相互联系、相互制约的商品品种组合，或者说是详细的商品目录。目前在国际上公认并广泛采用的国际贸易商品分类体系有《海关合作理事会分类目录》（CCCN）、《联合国国际贸易标准分类》（SITC）、《商品名称和编码协调制度》（HS）三种。CCCN 是按照商品的原材料、结合加工程度和用途及工业门类来划分的，该目录在 1959 年正式实施，在 1965 年、1972 年和 1978 年分别进行了三次修订，主要适用于海关税则的商品分类，目前分为 21 类、99 章、1011 税目。SITC 为便于统计世界经济状况，促进国际贸易和海关手续合理化，由联合国于 1950 年制定，于 1960 年和 1975 年进行了两次修订，目前分为 10 类（见表 1-1）、63 章、233 组、786 分组和 1924 个基本项目。HS 是在前两者基础上，参照其他税则、统计和交通等分类协调制度，于 1983 年由海关合作理事会主持编制，是现在使用得最广泛的分类，目前分为 21 类、99 章、1241 节、5019 目。

表 1-1　　　　　　　　　《联合国国际贸易标准分类》的商品分类

类别	商品名称	商品加工程度
（0）	食品及主要供食用的活动物	初级产品
（1）	饮料和烟草	
（2）	燃料以外的非食用粗原料	
（3）	矿物燃料、润滑油、有关原料	
（4）	动植物油脂及蜡	

类别	商品名称	商品加工程度
（5）	化学品及有关制品	制成品
（6）	按原料分类的制成品	
（7）	机械及运输设备	
（8）	杂项制品制成品	
（9）	没有分类的其他商品	

1.4.2 国际贸易主要形式

1.4.2.1 按商品流向划分

1. 间接贸易（indirect trade）

商品的生产国一般是直接到商品的消费国去销售商品，后者也乐于从前者购买，这种交易称为直接贸易。此时出口国即是生产国，进口国就是消费国。由于政治、地理等方面的原因，有时商品的生产国和消费国不能直接进行交易，而只能通过第三国商人转手来间接地进行买卖。这种形式的国际贸易称为间接贸易（indirect trade）。

2. 转口贸易（intermediary trade）

从商品的生产国进口商品，但不是为了本国生产或消费，而是再向第三国出口，这种形式的贸易称为转口贸易。转口贸易的经营方式大体上可以分为两种：一是间接转口，即转口商将商品从生产国输入进来，然后再销往商品的消费国；二是直接转口，即转口商人仅参与商品的交易过程，但商品还是从生产地直接运往消费地。从事转口贸易的大多是运输便利的国家（地区）的港口城市，如伦敦、鹿特丹、香港等，由于它们地理位置优越，便于货物集散，因而转口贸易相当发达。

3. 过境贸易（transit trade）

某些国家由于特殊的地理位置，或者为了节约运输费用和时间，在从商品生产国购货之后，需要通过第三国的境界才能进入本国市场。对于第三国来说，这就是过境贸易。过境贸易又可以分为两种：一种是间接过境贸易，即外国商品进入国境之后，先暂时存放在海关仓库内，然后提出运走；另一种是直接过境贸易，即运输外国商品的船只、火车、飞机等，在进入本国境界后并不卸货，而在海关等部门的监督之下继续输往国外。过境贸易与转口贸易的主要区别在于：第一，过境贸易中第三国不直接参加商品的交易过程，转口贸易则须由转口商人来完成交易手续。第二，过境贸易通常只收取少量的手续费如印花税等，而转口贸易则以盈利为目的，要有一个正常的商业加价。

1.4.2.2　按贸易客体的形式划分

1. 货物贸易（commodity trade）

国际贸易按照商品形态的不同，可分为货物贸易和服务贸易。货物贸易是指物质商品的进出口。由于物质商品是有形的，是可以看得见、摸得着的，因此货物贸易通常又称作有形贸易。

2. 服务贸易（service trade）

服务贸易是指服务商品的进出口，它是以提供活劳动的形式满足他人需要并获取报酬的。按照世界贸易组织《服务贸易总协定》（GATS）的定义，国际服务贸易是指服务贸易提供者从一国境内、通过商业现场或自然人的商业现场向服务消费者提供服务，并获取收入的过程。出于服务商品是无形的，是看不见、摸不着的，因此服务贸易通常又称作无形贸易。国际服务贸易通常又分为要素服务贸易（factor service trade）和非要素服务贸易（non-factor service trade）。

1.4.2.3　按清偿手段划分

1. 现汇贸易（cash trade）

现汇贸易也称为自由结汇方式贸易，是指在国际贸易中以国际通用货币作为清偿工具的贸易。被用作偿付的货币必须可自由兑换，如美元、英镑、欧元、瑞士法郎、日元和港元等。由于现汇在运用上灵活、广泛，可以自由地兑换其他货币，所以该方式是目前国际贸易活动中运用最普遍的一种。现汇贸易的特点是银行逐笔支付货款以结清债权、债务；结算方式主要有汇付、托收和信用证等。

2. 易货贸易（barter trade）

易货贸易是指以经过计价的商品作为清偿工具的贸易，又称换货贸易。即一国（地区）与另一国（或地区）间货物互换的贸易活动。此种方式比较适用于那些由于外汇不足、货币汇率波动剧烈，或其他各种原因无法以自由结汇方式进行相互交易的国家。

1.4.2.4　按增值过程划分

1. 一般贸易（general trade）

一般贸易是与加工贸易相对而言的贸易方式，指单边输入关境或单边输出关境的进出口贸易方式，其交易的货物是企业单边售定的正常贸易的进出口货物。

2. 加工贸易（process trade）

加工贸易是指对外加工装配贸易、中小型补偿贸易和进料加工贸易。通常所说的"三来一补"，指来料加工、来件装配、来样加工和中小型补偿贸易，其中来样加工不在加工贸易的范围内。

1.4.3　其他相关概念

1.4.3.1　对外贸易地理方向（direction of trade）

对外贸易地理方向又称对外贸易地区分布或国别结构，指一定时期内各个国家或国家集团在一国对外贸易中所占有的地位，通常以它们在该国进口总额、出口总额或进出口总额中的比重来表示。对外贸易地理方向表明一国出口商品的去向和进口商品的来源，反映一国与其他国家或国家集团之间的经济贸易联系程度。一国的对外贸易地理方向通常受经济互补性、国际分工的形式与贸易政策的影响。对一国而言，如果商品的进出口集中在某一个国家或几个国家，我们就说该国的对外贸易地理方向比较集中；反之，就说该国的对外贸易地理方向比较分散。

1.4.3.2　对外贸易依存度（trade dependence）

对外贸易依存度也称对外贸易系数，是指一国在一定时期内的对外贸易总额（出口额与进口额之和）在该国国民生产总值（或国内生产总值）中所占的比重。一国的外贸依存度越大，表明该国的对外开放程度越高，同时也表明对外贸易在该国国民经济发展中的地位越重要。外贸依存度可以细分为出口贸易依存度和进口贸易依存度。出口贸易依存度是指一国在一定时期内的出口贸易额占国民生产总值（或国内生产总值）的比重；进口贸易依存度是指一国在一定时期内的进口贸易额占国民生产总值（或国内生产总值）的比重。

1.4.3.3　贸易政策（trade policy）

贸易政策包括自由贸易政策和保护贸易政策两类。自由贸易政策是指主张放松乃至取消国家间的贸易限制，以使商品和劳务在各国市场上自由流动的一种理论或政策。就一个国家而言，自由贸易是指政府对企业经营对外贸易业务不多加干预，没有明显的限制或鼓励措施，任其自由地参与国际市场竞争；同时，对来自国外的进口商品也不过多地进行限制。保护贸易政策是指主张由国家采取措施来管理和干预进出口贸易的一种理论或政策。资本主义发展初期的保护贸易措施，主要是国家借助于关税壁垒的作用来阻挡外国商品的进口，并给本国出口商提供各种优惠项与补贴，鼓励他们把更多的产品打入国外市场。近些年，保护贸易的措施形式越来越多样化，逐渐由经济手段向行政手段发展，具体表现在各种非关税壁垒措施的大量出现，如配额制、进口许可证制等。

1.4.3.4　对外贸易战略（trade strategy）

对外贸易战略是指利用对外贸易发展民族经济的重大决策，主要包括初级产品出口战略、出口替代战略、进口替代战略和出口导向战略等。初级产品包括农、副产品，矿产品或原材料等未经过深加工的产品。进口替代战略是指一国采取各种措施，限制某些外国工业品进口，促进本国有关工业品的生产，逐渐在本国市场上以本国产品替代进口品，为本国工业发展创造有利条件，实现工业化。一般做法是国家通过给予税收、投资和销售等方面的优惠待遇，鼓励外国私人资本在本国设立合资或合作方式的企业；或通过来料和来件等加工贸易方式，提高工业化的水平。出口替代战略是指发展中国家在对外贸易中所采取的积极鼓励出口，发展本国在国际上有竞争能力的工业品，代替传统的初级产品出口的一种政策策略。其目的主要是扩大市场，实现规模经济，推动企业经济效率的提高，加快工业化步伐，促进整个国民经济发展。

复习思考题

1. 什么是国际贸易？它是怎么产生的？

2. 什么是国际贸易额和国际贸易量？两者有何区别？

3. 什么是贸易差额？它与一国的经济发展有什么关系？

4. 国际贸易的商品结构和地理方向各有什么作用？

5. 如何看待一国的贸易条件和对外贸易依存度？

6. 你认为怎样才能学好国际贸易学？

7. 进入世界贸易组织（WTO）官方网站，找到其数据库（https：//www. wto. org/english/res_e/statis_e/statis_e. htm），利用最新数据做一份中国、美国、欧盟、日本四方之间的贸易矩阵图。

第 2 章　古典贸易理论

古典贸易理论以劳动价值论为基础，从劳动生产率的角度说明了国际贸易产生的原因、结构和利益分配。古典国际贸易理论主要包括亚当·斯密的绝对优势理论、大卫·李嘉图的比较优势理论和约翰·穆勒的相互需求理论。由于绝对优势理论是比较优势理论的特例，而相互需求理论主要用于分析国际均衡价格决定，所以本章以比较优势理论为主线阐述国际贸易发生的动力机制、利益分配和国际价格决定。

2.1　微观经济学基础

2.1.1　PPF 曲线的形状

国际贸易理论的分析范式和基本工具是微观经济学的，是微观经济学一般原理在国际市场中的具体运用。所有经济学都是一种对市场的抽象，对市场的近似描述，其逻辑形式是演绎的，其结论很大程度上取决于给定的理论前提。本书主要介绍三代贸易理论，包括古典贸易理论、新古典贸易理论和新贸易理论，它们基本分析工具的区别主要体现在对生产可能性边界形状的预设上（见图 2 - 1）。

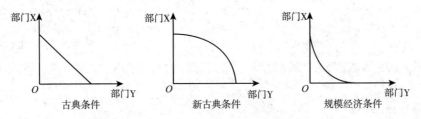

图 2 - 1　PPF 曲线的三种形状

从图 2 - 1 可以看出，在古典市场条件下，生产可能边界线（production possibility frontier，PPF）是一条向右下倾斜的直线，表示机会成本不变；而在新古典市场条件下是一条外凸的曲线，表示机会成本递增；当存在规模经济时则为一条内凸曲线，表示机会成本递减。用机会成本的概念来重新解释国际贸易发生，是经济学家哈伯勒的贡献。所谓外凸和内凸，是指曲线的二阶导数分别小于零和大于零的情况，这样表达尽管不是很严密，但有助于避免与其他经济学和数学教材中的表达不一致而造成混乱。

新古典条件下 PPF 的形状和规模经济条件下 PPF 的形状形成的原因，将在后面的章节中论述并给出证明，本章仅仅讨论为什么新古典市场的 PPF 为直线。

PPF 的形状取决于机会成本对比，在古典条件下机会成本又取决于两部门劳动边际产出之比。假定在一个两部门模型中，部门 X 劳动的边际产出 $MPL_X = dX/dL$，产品边际成本是其倒数，有：

$$MC_X = 1/MPL_X = dL/dX \qquad (2-1)$$

部门 Y 的边际产出 $MPL_Y = dY/dL$，产品边际成本也是其倒数，有：

$$MC_Y = 1/MPL_Y = dL/dY \qquad (2-2)$$

PPF 曲线的含义是，在给定的资源约束和技术约束下，当生产有效率时两种产品的转换关系，即每多生产 1 单位 Y 所必须放弃的 X 的数量。因此，PPF 曲线上任意一点的斜率 $k = MRT_{XY} = MC_X/MC_Y = (1/MPL_X)/(1/MPL_Y) = dY/dX$。由于 MPL_X 和 MPL_Y 都保持不变，曲线上的斜率处处相等，所以 PPF 曲线为直线。

PPF 呈直线是李嘉图模型的特殊特征，它来自劳动要素边际产出不变这个假设。这是因为：在古典市场条件下，仅仅存在着劳动 L 这一要素，而且所有劳动都是匀质的，即不存在劳动者的个体差异。在古典条件下，由于劳动 L 不需要结合资本 K 就可以进行生产，而且劳动者是无差异的，所以无论是在部门 X 或部门 Y，L 的产出水平保持不变，即最后一单位 L 的产出和第一单位 L 的产出是一样的。可见，古典条件下之所以收益不递减，是因为两个关键因素：一个是劳动 L 在个体层面是匀质的；另一个是 L 不需要与 K 结合即可创造价值。

由于部门 X 和部门 Y 的边际成本都保持不变，边际成本等于平均成本，有：

$$a_{LX} = MC_X, \quad a_{LY} = MC_Y \qquad (2-3)$$

a_{LX} 和 a_{LY} 分别表示部门 X 和部门 Y 的劳动投入系数，即生产 1 单位产品所需劳动数量。

2.1.2　封闭条件下的均衡

封闭条件实现均衡的条件：

（1）$MRS_{XY} = P_X/P_Y$；

（2）$MRT_{XY} = P_X/P_Y$；

（3）$Pro_X = Con_X$，$Pro_Y = Con_Y$。

（1）和（2）表示两种产品的边际替代率和边际转换率等于其价格之比，（3）是市场出清条件，Pro_X 表示部门 X 的生产量，Con_X 表示部门 X 的消费量，Pro_Y 表示部门 Y 的生产量，Con_Y 表示部门 Y 的消费量。

当均衡实现时，社会无差异曲线与生产可能边界线相切于 E 点，E 既是生产点，又是消费点。图 2 - 2 中斜线既表示生产可能性边界线，同时也是预算约束线（budget line）。斜率 $k = \tan \alpha$ 为负，其绝对值表示市场中部门 X 的相对价格。对生产者来说，其受如下资源约束：

$$a_{LX}Q_X + a_{LY}Q_Y \leqslant TL \tag{2-4}$$

所以有：

$$Q_Y \leqslant \frac{TL}{a_{LY}} - \frac{a_{LX}}{a_{LY}}Q_X \tag{2-5}$$

式（2 - 5）为两部门的转换曲线，即生产可能性边界线，其中，TL 为该国所拥有的全部劳动，a_{LX} 和 a_{LY} 分别是部门 X 和部门 Y 的劳动投入系数，Q_X 是部门 X 的产量，Q_Y 是部门 Y 的产量。

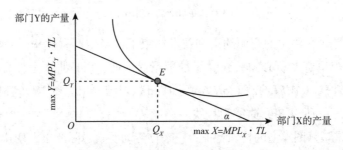

图 2 - 2　封闭条件下的均衡

2.1.3　相对价格

在理论中，国际贸易的进行无须借助货币，价格不是使用绝对价格，而是使用相对价格（relative price，RP）来表示：

$$RP_X = P_X/P_Y \tag{2-6}$$

X 的相对价格是以 Y 为计价单位所表示的价格。其经济学含义是：在市场中每出售一单位 X 所能换回 Y 的数量，即 X 与 Y 的交换比例。在均衡条件下，X 的相对价格等于生产可能边界线或预算约束线的斜率。Y 的相对价格为 X 相对价格的倒数。在完全市场条件下，由于不存在利润，价格等于成本，相对价格等于机会成本。在随后的分析中，我们会看到相对价格的作用。

2.2　绝对成本说

2.2.1　斯密对重商主义的批判

14 ~ 18 世纪，正值欧洲由封建社会向资本主义社会过渡时期，大规模海外掠夺和国际贸易是西欧国家进行原始资本积累的重要手段，自然经济的瓦解和商品经济的兴起，社会财富重心也由土地转向金银货币，货币逐渐成为财富的主要积累对象，重商主义在这种历史背景下产生。

重商主义的主要观点是：

（1）货币（金银）是财富的唯一形态，货币的多寡是衡量一国财富的标准；

（2）国内贸易不会增加整个社会财富的总量，只是财富在不同的集团之间分配；

（3）国际贸易可以改变一国的财富总量，一国可以通过出口本国产品从国外获取货币从而使国家变富；

（4）一国要使财富的绝对量增加，必须要在对外贸易中保持出口大于进口，也就是需要保持贸易顺差（favorable balance of trade）或称为贸易差额为正（positive trade balance）的局面。

因此，重商主义在贸易政策上主张：政府的经济政策上奉行重金主义，禁止私人出口金银和其他贵金属，同时把某些航路和区域的特许贸易权颁发给某些特定的公司，通过贸易垄断取得丰厚的垄断利润。其中较为著名的有哈德逊湾公司（The Hudson Bay Company）和东印度公司（The Dutch East India Trading Company）。

在 18 世纪早期，关于经济活动本质的认识开始变化，重金主义开始被质疑。在农民起义和君主征战的压力下，国家政治力量开始联合，封建制度让位于中央集权的君主制度。技术进步与不断加强的谋利动机的结合促进了市场制度的发育，国家垄断开始消失，意大利的文艺复兴孕育的部分新观念和新的哲学观推动了变革精神的持续。到了 18 世纪中晚期，古典学派先驱大卫·休谟提出了价格—铸币流动理论，首先从国际收支的角度对重商主义进行了质疑与批判。在其之后，对重商主义的第二次冲击来自亚当·斯密的《国民财富的性质和原因的研究》。

▶▶ 阅读材料

亚当·斯密

亚当·斯密（Adam Smith），1723 年 6 月 5 日出生在苏格兰法夫郡（County Fife）的寇克卡迪（Kirkcaldy），英国经济学家、哲学家、作家，经济学的主要创立者。亚当·斯密强调自由市场、自由贸易以及劳动分工，被誉为"古典经济学之父"和"现代经济学之父"。1723 年他出生于苏格兰一个海关官员的家庭，14 岁考入格拉斯哥大学，学习数学和哲学，并对经济学产生兴趣。17 岁时转入牛津学院。毕业后，1748 年到爱丁堡大学讲授修辞学与文学。1751~1764 年回格拉斯哥大学执教，他的伦理学讲义经修订在 1759 年以《道德情操论》为名出版，为他赢得了声誉。1764 年他辞了教授。担任私人教师，并到欧洲旅行，结识了伏尔泰等名流，对他有很大影响。1767 年他辞职，回家乡写作《国富论》，9 年后《国富论》出版。1787 年他出任格拉斯哥大学校长。1790 年 7 月 17 日逝世于苏格兰爱丁堡。

资料来源：颜鹏飞. 经济思想史 [M]. 北京：中国经济出版社，2010。

斯密相信，人们自由地谋求自身利益的环境最有利于提高生产能力。追求自身利益将推动人们根据各自具有的特殊能力来专业化生产并交换商品与劳务。无论是物物交换还是通过媒介的交换，自然的发展趋势是通过劳动分工的逐步深化与专业化来提高生产率。自身利益是催化剂，竞争是自动调节机制。斯密认为政府对经济实施控制几乎没什么必要。他认为政府的自由放任（laissez-faire）政策，在法律、社会秩序许可的范围内允许个人从事自己选择的活动，将为增进一国财富提供最佳的经济环境。政府扮演的合适角色是通过移除妨碍市场"看不见的手"有效作用的障碍，让市场自由运行。他的《国富论》中不仅解释了市场在一国财富积累中所发挥的作用，还解释了一国借此可以达到并有助于维持社会的良好秩序。

2.2.2　绝对成本说的思想

斯密将分析国内经济活动的理论运用于分析国家间的专业化生产和产品交换。他得出的结论是：各国应该实施专业化生产，出口自己有绝对优势（absolute advantage）的产品，同时进口对方具有绝对优势的产品，这样每个国家都可以从贸易中获利。所谓的绝对优势部门，是指一国在该部门的成本即劳动投入系数比另一国家绝对低，或效率要比另一国家绝对高。由于绝对成本理论模型仅仅是比较优势理论模型的一个特例，这里不对其动力机制和福利效应等做规范分析，而是把这一工作放到比较优势理论中统一解释。

设想这样一种情况（见表 2-1）：存在着 A 和 B 两个国家，每个国家都拥有 3 单位的 L，A 国每生产一单位 X 需要投入 1 单位 L，每生产一单位 Y 需要投入 2 单位 L，而 B 国每生产一单位的 X 需要投入 2 单位 L，每生产一单位 Y 仅需要投入 1 单位 L。可见，在 X 部门的生产上，A 国的成本比 B 国要绝对低，所以 X 就是 A 国的绝对优势部门；而在 Y 部门的生产上，B 国的成本比 A 国要绝对低，所以 Y 就是 B 国的绝对优势部门。在分工前，如果 A 国用 $1L$ 生产 X，用 $2L$ 生产 Y，则其产出组合为（$1X$, $1Y$）；而 B 国用 $2L$ 生产 X，用 $1L$ 生产 Y，则其产出组合也为（$1X$, $1Y$）。如果两国展开分工，A 国会完全放弃 Y 的生产，并把 $3L$ 全部投入到 X 的生产中，其产出组合为（$3X$, $0Y$）；同时 B 国会完全放弃 X 的生产，并把 $3L$ 全部投入到 Y 的生产中，其产出组合为（$0X$, $3Y$）。这样，世界总财富从（$2X$, $2Y$）提高到（$3X$, $3Y$）。这里存在着能保障两国均获利的无数种分配方式，其中最简单的是以 $1X$∶$1Y$ 的比例进行交换，或平分财富。

表 2 - 1   一个绝对优势案例

状况		资源存量	a_X	a_Y	产品组合	全球产出
分工前	A 国	$3L$	1	2	$(1X, 1Y)$	$(2X, 2Y)$
	B 国	$3L$	2	1	$(1X, 1Y)$	
分工后	A 国	$3L$	1	2	$(3X, 0Y)$	$(3X, 3Y)$
	B 国	$3L$	2	1	$(0X, 3Y)$	

2.2.3 解释力的不足

绝对成本说最大的不足在于其贸易发生的基础过小。从国际贸易实际出发,斯密的一个假设前提是一国要参加国际贸易,就必须要有至少一种产品与贸易伙伴相比处于劳动生产率绝对高或生产所耗费的劳动绝对低的地位上,以便利用劳动生产率的绝对优势进入国际市场。这一点在理论上过于绝对,与世界经济现实严重不符。世界更为普遍的情况是,一些国家(例如发达国家)在多数部门中的生产效率都要高于另外一些国家(例如发展中国家)。在表 2 - 2 中,A 国无论是小麦生产还是服装生产,其效率都要高于 B 国。问题在于,在这样的情形中,国家之间还能展开分工与贸易吗?对此,绝对成本说解释力不足的问题就显露出来了。

表 2 - 2   A、B 两国在服装和小麦生产中的效率比较

商品	A 国	B 国	A 国效率/B 国效率
小麦	27.5 蒲式耳/小时	0.1 蒲式耳/小时	275
服装	92000 美元/人	13500 美元/人	7

2.3 比较优势理论

2.3.1 理论的提出

斯密的绝对优势理论深刻地影响了世人对国际贸易理论的理解,受其影响,李嘉图在 1817 年《政治经济学及赋税原理》中强调,国际贸易潜在的得益并不仅仅局限于斯密的绝对优势。当生产要素自由流动时,绝对优势就决定了一国的贸易模式和国内的生产方式,以约克郡和伦敦为例,李嘉图注意到了产业依据最大绝对优势来进行区域分布,劳动和资本余额会流动到那些生产率高和回报率高的地区,直到各要素报酬率相等时,生产要

素的流动才会停止。然而，当把视角转向国际时情形就不同了，假定生产要素在国际间不流动，基于绝对优势理论会发生国际贸易，例如热带和温带会发生农产品贸易，同时基于比较优势（comparative advantage）也同样会产生贸易得益。为了解释他的观点，李嘉图举例说明了两种产品进行生产的情形。假设英国与葡萄牙都生产两种产品，每单位产品所需的劳动投入如表 2-3 所示，其中反映了两国的技术水平和各种商品的相对价值。

表 2-3　　　　　　　　　李嘉图模型中英国与葡萄牙的生产条件

国家	葡萄酒（W）	布匹（C）	自给自足时的价格比
葡萄牙	80 小时/桶	90 小时/码	1W：8/9C（或 1C：9/8W）
英国	120 小时/桶	100 小时/码	1W：6/5C（或 1C：5/6W）

资料来源：李嘉图. 政治经济学及赋税原理［M］. 郭大力等译. 北京：译林出版社，2014：114-115。

在这个例子里，葡萄牙在两种商品的生产上都具有优势，根据斯密的观点，两国不存在进行国际贸易的基础条件，因为葡萄牙在两种产品的生产效率方面都高于英国，也可以说，英国在两种产品的生产上都处于绝对劣势状态。然而，李嘉图认为，葡萄牙在葡萄酒的酿制方面要比织布更具有效率，而英国在织布方面相对劣势更小一些，因为这种相对成本的差异，两国就有了进行贸易的动力。

▶▶ 阅读材料

大卫·李嘉图

　　大卫·李嘉图（David Ricardo，1772—1823），英国古典政治经济学的主要代表之一，也是英国古典政治经济学的完成者。李嘉图出身于英国一个犹太族的交易所经纪人的家庭，年仅 14 岁就投身金融活动，并很快得到父亲的信任。成为巨富后转而致力于学术，研究数学、物理和化学等，在 18 世纪末才转向政治经济学。1817 年 4 月出版了标志着英国古典经济学最后完成的著作——《政治经济学及赋税原理》。

　　资料来源：颜鹏飞. 经济思想史［M］. 北京：中国经济出版社，2010。

2.3.2　前提假设

经济学理论体系采用演绎逻辑，其所有理论模型都有自己的前提假设。古典贸易理论隐含着如下假设：

（1）这是一个 $2 \times 2 \times 1$ 模型，即世界有 A 国和 B 国两个国家（下面有时称其为本国和外国），两国都使用单一要素 L 生产 X 和 Y 两种产品。

（2）劳动要素是同质的，A 国和 B 国的资源存量分别是 TL^A 和 TL^B。A 国生产 X 和 Y

的劳动投入系数分别为 a_X^A 和 a_Y^A，且都保持不变；B 国生产 X 和 Y 的劳动投入系数分别为 a_X^B 和 a_Y^B，且也都保持不变。

（3）在一国内部，商品市场和劳动市场都是充分竞争的，即成本等于价格。

（4）劳动可以在国内的两部门间无障碍流动，但不能在国家间流动。

（5）国家间贸易不存在运费和关税等障碍因素。

2.3.3　相对价差与跨国套利

在市场中，商品之所以会从一个地方流向另一个地方，显然是由于两地的价格不等。与多数人的直观感觉不同的是，驱动商品在国家间流动的原因竟然不是商品的绝对价格差异，而是其相对价格差异。这是因为，如果市场是开放的，相对价格不等说明国际市场处于非均衡状态，而非均衡则意味着存在跨国套利的空间。套利空间必然诱发跨国套利行为，而这是第一类企业家——商人阶层存在的根本原因。

假设下列不等式成立：

$$RP_X^A = \left(\frac{P_X}{P_Y}\right)^A < RP_X^B = \left(\frac{P_X}{P_Y}\right)^B \tag{2-7}$$

式中，上标表示国家，下标表示部门。这可以用图 2-3 直观表示。由于相对价格本质上是两种产品在市场中的交换比例，该式意味着：在封闭条件下，A 国用 1 单位 X 所能换来的 Y 数量，要小于在 B 国的交换情况。如此，A 国的 X 生产商会把部分 X 产品运送到 B 国销售，同时 B 国的 Y 生产商会把部分 Y 运送到 A 国销售。如果存在专业化的商人，则该商人首先会把 1 单位 X 从 A 国运到 B 国，换回 $(P_X/P_Y)^B$ 单位的 Y，然后把这些 Y 运送到 A 国进行销售，可换回 $(P_X/P_Y)^B \cdot [1/(P_X/P_Y)^A]$ 单位的 X。经过这一套利过程，该商人把 1 单位的 X 变成了 $(P_X/P_Y)^B \cdot [1/(P_X/P_Y)^A]$ 单位的 X，其净利润为 $[(P_X/P_Y)^B/(P_X/P_Y)^A - 1]$。套利的结果是市场从非均衡走向均衡，两地相对价格趋于均等，导致套利空间最终消失，套利行为亦将逐步走向停止。如果把式（2-7）中的小于号改为大于号，即两国相对价格关系大小相反，则商品的国际流动方向也刚好相反。

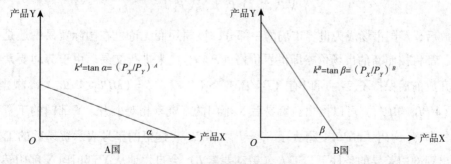

图 2-3　两国相对价格差异

2.3.4　工资率差异与生产点变动

价格是引导资源实现优化配置的信号，驱动商品跨国转移的动力在于国际价格差异，同理，驱动生产要素发生跨部门转移的因素同样也是价格，包括劳动要素的价格工资率和资本要素的价格利率。国际贸易发生后，一国会逐步减少和放弃比较劣势部门的生产，导致劳动要素从这些部门向专业化分工部门或出口部门转移，其中的驱动因素就在于贸易发生导致部门间工资率从均等走向了非均等。下面以 A 国为例进行论述。

假定在 A 国有 X 和 Y 两个部门，X 部门生产出口商品，Y 部门生产进口商品。在完全竞争的劳动力市场中，工人实际工资率等于劳动要素 L 的边际产出，以货币表示的名义工资率则等于其边际产品价值。

> ▶▶ **阅读材料**
>
> ### 边际产品价值
>
> 边际产品价值（VMP）是指在其他条件不变的前提下，厂商增加一单位要素投入所增加的产品价值。它为一种投入品的边际产品（也就是额外一单位投入品所导致的额外产出）乘以产品的价格，即 $VMP = P \cdot MP$，表示在完全竞争条件下，厂商增加使用一个单位要素所增加的收益。

在进行贸易之前，X 部门的工资率 $S_X = P_X \cdot MPL_X$，Y 部门的工资率 $S_Y = P_Y \cdot MPL_Y$。由于 L 可以在两个部门之间自由流动，所以 $S_X = S_Y$，可推出 $P_X/P_Y = MPL_Y/MPL_X$。

在开放后，贸易发生了，商品在两国自由流动，两国商品市场实现了一体化，两国市场都成为这个统一世界市场的组成部分。这时出现了统一的世界价格，每个国家国内的价格都等于这个世界价格。贸易的功能是损有余而补不足，所以贸易后的世界市场价格一定介于贸易发生前的两国市场价格之间，即：

$$\left(\frac{P_X}{P_Y}\right)^A < \left(\frac{P_X}{P_Y}\right)^W < \left(\frac{P_X}{P_Y}\right)^B \tag{2-8}$$

开放后，A 国市场成为世界市场的一部分，该国厂商无论是在国际贸易中还是在国内贸易中，都将按照新的市场价格即世界价格 $(P_X/P_Y)^W$ 来进行交易。由于劳动要素的边际产出在开放前后保持不变，所以有 $(P_X/P_Y)^W > (P_X/P_Y)^A = (MPL_Y/MPL_X)^A$。根据 $(P_X/P_Y)^W > (MPL_Y/MPL_X)^A$ 可以推出：贸易后 X 部门的工资率相对上升，Y 部门的工资率则相对下降，即 $S_X^* = P_X^w \cdot MPL_X^A$ 变得大于 $S_Y^* = P_Y^w \cdot MPL_Y$（这里的星号表示贸易后的工资率）。在工资出现部门差异的条件下，工人（劳动要素 L）会自发地从 Y 部门向 X 部门转移，直到最后一个工人，Y 产量为零。在图 2-4 中我们看到，开放后的生产点会（沿 PPF 曲线向右下逐步）移动到 PPF 的最右端。

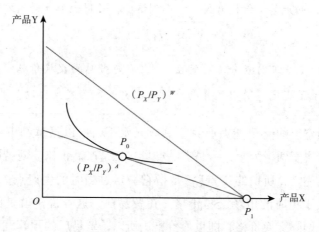

图 2 - 4　贸易后 A 国的生产点变动

在图 2 - 4 中，贸易前 A 国国内价格是 $(P_X/P_Y)^A$，生产点是 P_0，$(P_X/P_Y)^W$是国际交换线或世界价格线。当该国按照新的价格信号即世界价格 $(P_X/P_Y)^W$展开交易后，生产点会从原来的 P_0点最终变动到 P_1点（当然，为了避免与价格所使用的字母 P 相混淆，这里也可以使用其他字母）。

2.3.5　预算线和消费点变动

贸易发生后，世界价格取代封闭条件下的国内价格，不仅生产点会移动，而且消费点也会移动。此时，消费者面临新市场约束条件，因此会在价格信号引导下选择新的消费组合，直到两种产品的边际效应之比（边际替代率）等于价格之比。从微观经济学原理可知，消费点取决于效用函数（无差异曲线）和预算约束两大因素。一个国家的偏好在贸易前后并不会发生变化，那么消费点的位置变化也只能由预算约束变化引起。预算约束线是以消费者的收入和商品价格为既定条件的，所以如果消费者的收入和价格发生变化，其预算约束线也会随之变动。贸易引起预算约束变动的原因在于：在资源供给既定前提下，分工带来效率的提升；产品相对价格发生变化。

▶▶ **阅读材料**

预算约束线

预算约束线（budget constraint curve）又称预算线、消费可能线或等支出线，它表示在消费者收入和商品价格假定的条件下，消费者全部收入所能购买到的商品的不同数量组合。天上永远不会掉下馅饼，消费者的支出能力取决于其收入能力，所以预算约束线又可以看作消费者的收入线。一个国家的收入来自两个部门产品的销售，收入大小与这两个部门的产量和价格有关。考虑到这些，可用一个点斜式方程表示预算线：

$$Y - Y_0 = k(X - X_0)$$

其中，$(X_0，Y_0)$ 是分工前或分工后的生产点，k 是当时的交换价格。由于分工后 k 和 $(X_0，Y_0)$ 都发生了变化，所以预算约束线方程也一定会发生变动。

一个国家在消费上的支出能力取决于其收入水平，所以预算约束线又可以看作收入线。一国的收入取决于两个因素，一是产品产量，二是产品价格。对待收入线，我们可以用点斜式方程来描述之：所谓的"点"，是指它一定过当时的生产点；所谓的"斜"，是指它的斜率一定等于当时的市场交易价格。在贸易前，这个价格就是国内价格；在贸易后，这个价格就是国际交换价格，即世界价格。所以，贸易后的预算线就是过新的生产点的国际交换线。

在图 2-5 中，新的预算线确定后，它与某条无差异曲线 IC_1 的切点就是新的消费点。贸易后与贸易前相比，消费点发生了两个变化：一是，在贸易前，消费点 C_0 和生产点 P_0 是重合的，该点既是生产点又是消费点，但在开放条件下，生产点与消费点实现了分离，即 P_1 和 C_1 不再重合；二是，由于预算约束线向外转动，能够实现的消费组合更多，在该国资源总量没有增加的既定条件下，社会福利会因为国际贸易的发生而得到提高。

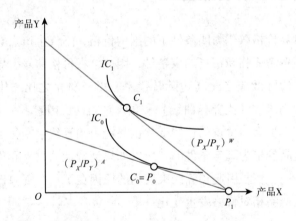

图 2-5　贸易后 A 国预算线和消费点变动

可以证明，分工后 B 国的预算线就是 A 国的预算线，因为该直线同样过分工后 B 国的生产点，B 国同样也是按照这条线进行交换的。

2.3.6　贸易的福利效应分析

上面分析的是 A 国在贸易后生产点、预算线和消费点的变动，B 国的情况与其类似。

下面把两国的情况放在同一幅图中进行分析。为了简化分析，我们假定两国有着相同的效用函数或偏好，在图 2 – 6 中表现为有着相同的无差异曲线。

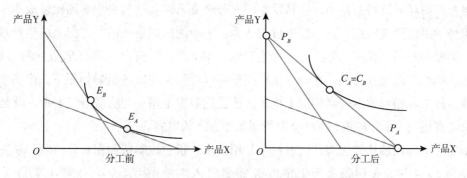

图 2 – 6　贸易的福利效应

在贸易之前，一个国家所消费的产品组合正好是其生产的产品组合，无差异曲线与两国的 PPF 曲线分别相切于 E_A 点和 E_B 点，A 国的生产点和消费点都在 E_A 点，B 国的生产点和消费点都在 E_B 点。从两国的 PPF 曲线的斜率在直观上的显著不同，我们可以很自然地推测出，如果放开市场，这样的相对价格差异一定会引起贸易发生。当分工发生后，都出现了生产点与消费点的分离：A 国专业化生产并出口 X，其生产点在 P_A，消费点在 C 点；B 国专业化生产并出口 Y，其生产点在 P_B，消费点也在 C。分工后两国的消费点都是 C，其原因在于两国的预算线一样，偏好或效用函数也一样。可以看出，在分工前后，A 国的预算线以 P_A 为支点发生了顺时针转动，B 国的预算线以 P_B 为支点发生了逆时针转动，两国消费者能够实现的消费组合的集合都明显得到扩展。既然两国都可以从贸易中获益，所以都有参与贸易的意愿，这是国际贸易发生的充分必要条件。

2.3.7　比较成本说的要义

在明白了相对价格差是驱动商品跨国流动和国际贸易发生的直接力量后，需要去理解和探索这个价格差形成的原因在哪里。在李嘉图模型里，一个基本假设是完全市场条件。在完全市场条件下，厂商的生产成本，包括边际成本和平均成本，与销售价格相等，不存在利润，即有：

$$P_X = C_X, \ P_Y = C_Y \tag{2-9}$$

一个完整的再生产过程包括生产、交易、分配和消费四个环节，生产是其他环节存在的基础，所以市场价格最终受生产成本所制约。可认为销售价格的不等是生产成本不等的外在表现，而成本不等则是价格不等的原因，即 $(P_X/P_Y)^A \neq (P_X/P_Y)^B$ 的形成原因在于 $(C_X/C_Y)^A \neq (C_X/C_Y)^B$。

这里注意两点：其一，C_X/C_Y 就是产品 X 的机会成本；其二，成本是效率的倒数，机会成本等于相对效率的倒数，即 $C_X/C_Y=(1/MPL_X)/(1/MPL_Y)$。

因此，我们可以这样理解国际贸易发生的动力机制：相对成本（机会成本）差导致相对价格差，而相对价格差是国际贸易发生的充分必要条件。这就是李嘉图比较成本学说或比较优势学说的要义所在。这一思想可表达为：一个国家即使在两个部门上的生产成本都比另一国家绝对高（低），或者说效率绝对低（高），它们按照"两优取重、两劣取轻"的原则，仍然可以展开分工。在李嘉图模型里可以看到，在市场机制作用下，产品永远在机会成本较低或相对效率较高的国家生产。比较优势理论用一句通俗语言表示，就是"天生我材必有用"，每个人都能在社会中找到属于自己的空间。

确定一个国家的比较优势部门有两个常用方法：机会成本法和相对劳动生产率法。

在表 2-4 中，A 国每生产 1 单位 X 需要投入 4 单位劳动，每生产 1 单位 Y 需要投入 5 单位劳动；B 国每生产 1 单位 X 需要投入 1 单位劳动，每生产 1 单位 Y 需要投入 2 单位劳动。可以看出，A 国无论是在 X 的生产上还是在 Y 的生产上都是绝对劣势，或者说 B 国无论是在 X 的生产上还是在 Y 的生产上都是绝对优势。可以用两种思路判断比较优势部门：第一种是在分工之前，A 国部门 X 的机会成本是 0.8，而 B 国 X 部门的机会成本仅有 0.5，所以 X 是 B 国的比较优势部门，Y 是 A 国的比较优势部门；第二种是 A 国部门 X 的生产成本是 B 国的 4 倍，A 国部门 Y 的生产成本是 B 国的 2.5 倍，这意味着，尽管 A 国在两部门生产上都不如 B 国有效率，但其在部门 Y 生产上与 B 国的差距要更小一些，因此 Y 就是其比较优势部门。总结：只要 $a_X^A/a_Y^A > a_X^B/a_Y^B$，则 A 国就可以按照"两劣取轻"的原则选择生产 Y，或者 B 国也可以按照"两优取重"的原则选择生产 X。

表 2-4　　　　　　　　　　机会成本法表示的比较优势部门

国家	部门 X 的成本	部门 Y 的成本	X 的机会成本
A 国	$C_X^A=a_{LX}=4$	$C_Y^A=a_{LY}=5$	0.8
B 国	$C_X^B=a_{LX}^B=1$	$C_Y^B=a_{LY}^B=2$	0.5
A/B	4.0 倍	2.5 倍	1.6

在表 2-5 中，尽管 B 国在 X 和 Y 两部门的生产效率都比 A 国更高，但其会专注 X 的生产，因为其在部门 X 的效率是 A 国的 4 倍，在部门 Y 的效率仅为 A 国的 2.5 倍，它会理性地"优中选优"；或者，尽管 A 国在 X 和 Y 两部门的生产效率都比 B 国更低，但其会选择 Y 作为专业化部门，这是因为其在部门 Y 的效率达到了 B 国的 40%，而在 X 的效率仅达到 B 国的 25%。

不同的国家在不同部门的成本或效率不同，这是由各国外生的技术特征所决定的。因此，我们可以把李嘉图比较优势理论的逻辑整理如图 2-7 所示。

表 2 – 5　　　　　　　　　　　相对劳动生产率法表示的比较优势部门

国家	部门 X 的效率	部门 Y 的效率	优势部门判断
A 国	$MPL_X = 1/a_X^A = 1/4$	$MPL_Y = 1/a_Y^A = 1/5$	A 在两部门都是绝对劣势
B 国	$MPL_X^B = 1/a_X^B = 1$	$MPL_Y^B = 1/a_Y^B = 1/2$	B 在两部门都是绝对优势
A/B	1/4 倍	2/5 倍	B 在 X 部门优势更明显

外生的技术差异　➡　部门效率差　➡　机会成本差　➡　相对价格差　➡　国际贸易

图 2 – 7　李嘉图比较优势原理的基本逻辑

2.3.8　不完全分工情形

上述内容假设 A 和 B 是两个规模大小大致相等的国家，而且偏好也大致相同，在这样的分工情况下，任何一国都有能力生产整个世界（两国）所需的专业化产品，在贸易后两国实现完全专业化。但是，如果两国规模悬殊，一个是大国，另一个是小国，则小国无法提供两国所需的某种产品的全部产量，此时小国会在这个部门上进行完全专业化生产，而大国还需要提供这个世界所需的余下部分。想一想，中国与一个 1000 万人口的国家，例如柬埔寨，进行分工的情况，柬埔寨即使把全部资源用于生产大米，也不可能满足中国对大米的需求，更遑论要满足两个国家的大米需求。

如果假设世界由 A、B 两国组成，那么世界的生产可能性曲线便应该由 A、B 两国的生产可能性曲线叠加而成。为了讨论方便，我们仍使用线性的生产可能性曲线。如图 2 – 8 所示，世界的生产可能性曲线被分解为 A 国与 B 国相应的生产可能性曲线，B 国的生产以 D 为原点，A 国以 F 为原点，它们的生产可能性曲线分别为 BC、AC，世界的生产可能性曲线（边界）为 ACB，两国的生产可能性曲线交点 C 即为李嘉图点，它意味着完全分工的情况。

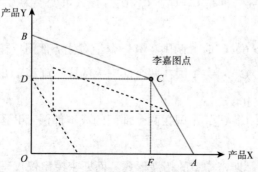

图 2 – 8　生产可能性边界与李嘉图点

如果在李嘉图点（C 点）生产，则表示两国进行了完全分工，如果生产点没有在 ACB 上，意味着生产没有达到最大化，生产也不可能在 ACB 边界外。如果 B 国进入完全分工状态，则生产线在 AC 线上，如果 A 国进入完全分工状态，则生产在 BC 线上，如果两国都进入完全分工状态，则生产会在李嘉图点上。在比较利益学说中，A、B 两国只要至少有一个国家处于完全分工状态，世界的产出就会增加，福利就会提高。

2.3.9　与绝对成本说的关系

在古典贸易中，绝对成本理论与比较优势理论实际上是一脉相承的，两国之间同种产品的成本比较为纵向比较，一国之内两种产品成本的比较为横向比较。进而认为绝对优势只有纵向比较，而李嘉图的比较优势理论则是纵横之比较，从而，"相对性"就是李嘉图比较优势理论的思维逻辑的精髓所在。或者说，比较优势理论是"比较的比较"。对于两个理论之间的关系，一般认为绝对成本说所描述的世界仅仅是比较成本说的一个特例，而后者是对前者的继承和发展。具体论证如下：

斯密给出的贸易发生的条件是：

$$C_X^A > C_X^B, \quad C_Y^A < C_Y^B \tag{2-10}$$

可以很容易推出：

$$C_X^A / C_Y^A > C_X^B / C_Y^B \tag{2-11}$$

也就是说，只要满足了斯密条件，就一定会满足李嘉图条件；但是，满足了李嘉图条件不意味着能满足斯密条件。这是因为，我们无法从 $C_X^A / C_Y^A > C_X^B / C_Y^B$ 推导出 $C_X^A > C_X^B$，$C_Y^A < C_Y^B$，即：

$$C_X^A > C_X^B, \quad C_Y^A < C_Y^B \longrightarrow C_X^A / C_Y^A > C_X^B / C_Y^B \tag{2-12}$$

除去斯密所描述的 $C_X^A > C_X^B$，$C_Y^A < C_Y^B$ 这种情形能够满足李嘉图条件外，$C_X^A < C_X^B$，$C_Y^A < C_Y^B$ 和 $C_X^A > C_X^B$，$C_Y^A > C_Y^B$ 这两种情形也有可能满足李嘉图条件。

国际贸易发生的充要条件是 $C_X^A / C_Y^A > C_X^B / C_Y^B$，该式可变换为 $C_X^A / C_X^B > C_Y^A / C_Y^B$，这里面的情形有三种：

（1）当 $C_X^A / C_X^B > 1 > C_Y^A / C_Y^B$ 时，两国各有一个绝对优势部门，按照绝对优势进行分工；

（2）当 $C_X^A / C_X^B > C_Y^A / C_Y^B > 1$，A 国在两个部门上的成本都高于 B 国，则按比较优势进行分工；

（3）当 $1 > C_X^A / C_X^B > C_Y^A / C_Y^B$，A 国在两个部门的成本都低于 B 国，也按照比较优势进行分工。

总之，李嘉图模型是斯密模型的拓展形式，而斯密模型仅仅是李嘉图模型的特例。只要满足斯密条件，就一定满足李嘉图条件，但是并非只有满足斯密条件才能满足李嘉图条件。李嘉图条件是贸易产生的充要条件，而斯密条件是充分条件，即使不满足斯密条件，贸易仍然可能发生。李嘉图模型塑造了国际贸易理论的内核，后面的模型尽管千变万化，但它们的内核仍然是李嘉图的。

2.4　比较利益的分解

贸易之所以能够发生，是因为两国都能从中获利，这个利益称为比较利益。国际贸易中的比较利益，不仅是属于贸易参与双方的，而且可以被分解，使得人们对于贸易利益的来源有一个更为清楚、全面的认识。

20 世纪 30 年代，哈伯勒用机会成本概念对李嘉图学说进行了重新阐述。当放松机会成本不变假定后，例如假设机会成本递增，则 PPF 曲线将变成向外凸的形状。尽管使用直线的 PPF 也可以进行比较优势分解，但其仅能应用到古典模型中，本书使用外凸的 PPF 曲线进行比较优势分解（见图 2-9），这样的分析结果也可以运用到后面的新古典模型中。

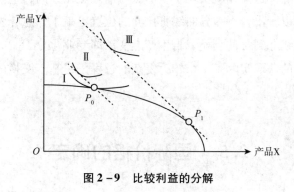

图 2-9　比较利益的分解

注：⋯⋯ 表示国际价格线 P^W。

2.4.1　基于贸易的利益

比较利益在理论上可以被分解为来自贸易的利益和来自分工的利益。前者来源于资源配置不变、产出不变、该国并未实行产品专业化生产的情况下，一部分产品以国际价格而非国内价格进行贸易。我们可以根据生产计划是否改变，将贸易效应分成短期和长期两个阶段来进行分析。

在图 2-9 中，在封闭条件下，一国的生产点为 P_0，当然消费点也在这一点，该国所能实现的效用水平用曲线 Ⅰ 来表示。当该国开放市场并开始与外国进行贸易后，国内厂商需要根据新的价格信号——国际价格 P^W 来调整自己的生产，由于其增加或减少工人和资本的投入颇费周折，调整生产计划需要一定的时间，所以可以认为短期内该国的生产点保持在 P_0 不变。但是，消费者可以对变化了的市场信号作出迅速反应，此时社会无差异曲线不是与国内价格线而是国际价格线 P^W 相切，这样新产生的无差异曲线 II 离原点更远了，即社会福利得到了提高。设想一下，当中国市场对日本生产的高档摩托车完全开放后，国内的骑手们可以用比以往更加低廉的价格买到自己心仪已久的摩托车，他们的收入没变，但效用水平却提高了。

2.4.2　基于分工的利益

除了贸易中交换的利益外，分工也会产生利益，即在国际贸易中来自分工的利益，这一利益主要来源于资源按照比较利益进行的重新配置，即产生了新的国际分工。从长期看，生产者有足够的时间调整生产计划。在图 2-9 中，按照国际交换比率明显比按照国内交换比率进行交换更为有利，受更高价格的吸引，该国将生产更多的 X 产品，以获得更多利益。这时生产将在新的资源配置组合下进行，生产点沿着生产可能性曲线向符合比较利益的方向变动，逐步从 P_0 点变动到 P_1 点，生产更多的 X 产品、较少的 Y 产品。当生产点变动到 P_1 后，我们可以写出用点斜式表示的该国新的预算约束线，并让其与无差异曲线相切，得到新的消费点。这样，就实现了生产点与消费点相分离，该国新的效用水平用无差异曲线 III 表示。可以看出，无差异曲线 III 比 II 的位置更高了，意味着该国福利水平进一步提高。从无差异曲线 II 到 III 的利益来自生产点变动即专业化分工。

总之，比较利益的获取实际是一个较为复杂的过程，是基于交换的利益与基于分工的利益之和。

2.5　国际价格的确定

2.5.1　相互需求理论

在李嘉图比较利益学说中，尽管分析了贸易的互利性，但没有说明贸易发生时两国之间的交换比例是如何确定的，他的模型仅仅给出了一个价格区间而不是一个具体的交换比率。国际贸易价格的确定是非常重要的问题，因为一切贸易利益或贸易亏损都会通过价格得到体现。此外，研究国际贸易价格的确定不仅是一个理论问题而且是一个非常重要的经济政策问题，因此任何国家在对外贸易中都十分重视贸易价格的确定，将它看成是获得贸易利益的重要手段之一。在国际贸易的实践中，商品往往存在着所谓的市场价格、垄断价格、调拨价格、转移价格、协议价格、优惠价格等，而且现实中价格是通过供求和进出口方的谈判，根据经济与贸易的实力达成的，但在国际经济学理论中，价格仅仅被看成一种比率，在多数情况下被看成数学中的斜率。在国际贸易的理论与实践中，人们常常使用贸易条件这个术语，即单位出口所能够换回的进口，来表示国际交换价格。

> **▶ 阅读材料**
>
> ### 相互需求理论
>
> 　　20 世纪 30 年代以前，廉价学派曾提出相互需求论，英国经济学家约翰·穆勒在此基础上，对李嘉图的比较成本理论进行了补充和发展，提出了相互需求的理论。穆勒认为，商品的市场价格是由供求双方的力量共同来决定的，市场价格也随之自行调整，以达到供求平衡。因此，商品的国际交换比率取决于两国的相互需求，并且双方各自对对方产品的需求还要达到相等的水平。这便称为"相互需求原理"。其主要内容是：
>
> 　　(1) 通过成本比较来确定互惠贸易的范围。双方交易时，在各自国内市场有自己的交换比例，在世界市场上，两国商品的交换也会形成一个国际交换比例，这一比例如果介于两国的国内交换比例之间，就会对贸易双方有利。
>
> 　　(2) 贸易利益的分配直接受贸易条件影响。两国国内交换比例之间范围的大小直接作用于贸易利益。而贸易利益的分配，则由具体的国际交换比例来决定。
>
> 　　(3) 相互需求法则：穆勒将需求要素引入国际贸易理论之中，提出国际需求方程式，来解说贸易确定和变动的条件。他认为，两种商品的贸易条件要同双方相互需求对方产品的总量之比相等，这样两国才能达到平衡。
>
> 　　资料来源：胡雪峰. 穆勒的相互需求理论及对国际贸易的启示 [J]. 中国商论, 2020 (1)：126 - 127。

　　相互需求理论（reciprocal demand doctrine）是穆勒（J. S. Mill）最早提出的贸易理论。按照他在《政治经济学原理》中的论述，相互需求理论无非是要表明：现实的国际贸易条件是使得双方出口的总收入恰好能够支付双方的总进口更多的商品时，我方对于对方商品的需求程度提高，在价格不变的情况下希望进口更多的商品时，我方对于对方商品的需求强度便增大，对方的贸易条件得到改善，我方的贸易条件与过去相比就会恶化；如果需求强度的变化方向相反，则我方的贸易条件会得到改善，获得更多的贸易利益，双方的相互需求强度，基本取决于双方对于商品的偏好，以及双方各自收入的实际情况。

　　相互需求理论是对比较成本论的重要补充，因为比较成本论虽然揭示了分工和交换能为分工国带来利益，但是却有两个问题没有解决：一是贸易给各国带来的利益有多大；二是这个范围内双方各占的比例是多少。而相互需求理论正好对这两个问题作出了补充，从而使比较成本论更完善。

2.5.2　价格区间

　　价格是由供给曲线与需求曲线的交点决定的，这个点表示供给等于需求，价格就是在这一点获得的。国际贸易中，尽管国际价格的决定也是由供求决定的，但因为有出口国和进口国同时参加，贸易又分为进口与出口，因此价格的决定要复杂得多。

正如上面所述，国际贸易是互补余缺，所以国际市场均衡价格应介于贸易前两国国内价格之间。就是说，如果贸易前两国国内价格有如下关系：

$$\tan \beta = (P_X/P_Y)^B > \tan \alpha = (P_X/P_Y)^A \qquad (2-13)$$

贸易后两国的交换比率应该落在区间 $[(P_X/P_Y)^A, (P_X/P_Y)^B]$ 上。

对 A 国来说，正常情况下它应出口 X，但只有当其贸易条件——国际交换价格高于 $(P_X/P_Y)^A$ 时，即它用同样 1 单位 X 在国际市场中交换到的 Y 要比原来在国内市场中交换到的更多，它才愿意这样做，否则它宁愿不参加贸易。所以，A 国能接受的国际价格区间是 $((P_X/P_Y)^A, +\infty)$。

对 B 国来说，正常情况下它应出口 Y，但只有当它的贸易条件——国际交换价格的倒数高于 $(P_Y/P_X)^B$ 时，即它用同样 1 单位 Y 在国际市场中交换到的 X 要比原来在国内市场中交换到的更多，它才愿意这样做，否则它宁可不参加贸易。所以，B 国能够接受的国际价格区间是 $[0, (P_X/P_Y)^B]$。

这样，A、B 两国都能接受的交换价格的区间就是 $((P_X/P_Y)^A, (P_X/P_Y)^B)$，这是保证国际贸易会发生的基本条件。我们可以用上面工资变动的分析方法得到这样的结论：当国际价格低于 $(P_X/P_Y)^A$ 时，A 国不仅不再出口 X，而且会转为进口 X，这样国际市场中将无人提供 X；当国际价格高于 $(P_X/P_Y)^B$ 时，B 国不仅不再出口 Y，而且会转为进口 Y，这样国际市场中将无人提供 Y。

为了解释上述结论性的文字，我们可以用过去熟悉的 $2 \times 2 \times 1$ 交易模型来说明，如表 2-6 所示。

表 2-6   一个价格区间矩阵

国家	X 的劳动生产率	Y 的劳动生产率
A 国	10	15
B 国	10	20

我们用单位劳动可以生产的 X 产品和 Y 产品的数量，代替过去李嘉图模型中单位产品使用的劳动量。从表 2-6 可以看出，A 国的比较优势在于生产 X 产品，而 B 国的比较优势在于生产 Y 产品。因此，A 国在贸易中用 X 产品换取 Y 产品，B 国在贸易中用 Y 产品换取 X 产品。在 A 国，国内交换比率为 10X:15Y，B 国国内交换比率为 20Y:10X，这意味着，若 A 国在国际市场上能够用 10X 换取多于 15 单位的 Y 产品，即国际交换比率优于国内交换比率，A 国便会进入国际市场。同理，B 国若能以少于 20 单位的 Y 产品换取 10 单位的 X 产品，即国际交换比率高于国内交换比率，B 国也会进入国际市场。因此 A、B 两国国内的交换比率便是 A、B 两国进入国际市场进行交换的上下限，现实的国际商品交换只能在这一交换比率的上下限之间进行（见图 2-10）。

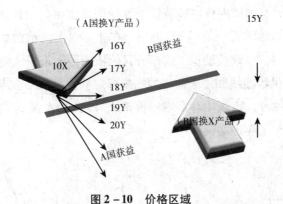

图 2 – 10　价格区域

对于 A 国，如果能用 10 单位 X 产品换回多于 15 单位的 Y 产品，则 A 国在国际贸易中就有利可图；而对于 B 国，只要能够用少于 20 单位的 Y 产品换回 10 单位的 X 产品，B 国便有利可图。因此 10X ∶ 15Y 和 10X ∶ 20Y 既是 A 国和 B 国的国内交换比率，也是两国进入国际市场的门槛条件（见图 2 – 11）。对于 A 国而言，其交易利益应该是自上而下逐步提高，国际交换比率越贴近 B 国国内交换比率，A 国获利越大；对 B 国而言，它来自交换的利益应该是自下而上逐步提高，即国际交换比率越贴近 A 国国内交换比率，B 国获利越大。

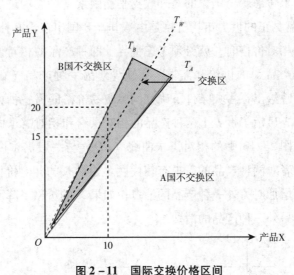

图 2 – 11　国际交换价格区间

2.5.3　均衡价格确定

就相互需求强度的均衡而言，在实践中从全球来看，长期的供求是恒等的，国际贸易价格是双方供求正好相等时形成的价格。在图 2 – 12 中，（a）图是 A 国国内市场 X 产品的供求关系，（c）图是 B 国国内市场 X 产品的供求关系，（b）图是国际市场 X 产品的供求关系。在贸易之前，A 国国内价格显著低于 B 国国内价格，因此两国开放市场后，A 国出口 X 产品，B 国进口 X 产品。在（a）图中，在 A 点以上供给曲线与需求曲线横坐标之差便是供过于求的部门，出现负缺口，这部分只能依靠国际市场才能实现出清。而在（c）图中，在 B 点以下的供给曲线和需求曲线的横坐标之差便是供不应求的部分，这个正缺口同样需要国际市场来填补。市场中存在唯一价格 P^W，能使 A 国 X 的出口供给恰好等于 B 国的进口需求，国际市场实现均衡。

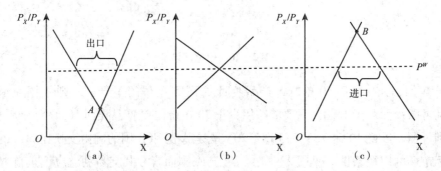

图 2-12　国际市场局部均衡价格

在图 2-12 中，世界市场价格的下限、上限，正好是 A 国、B 国国内的交换比率，即国内的均衡价格。如果考虑一个国家的对外收支平衡因素（即它的进口付汇必须用出口创汇支付），则某种产品真正的世界市场价格是由 A 国、B 国出口恰好补偿进口决定的。

当我们考虑国际相对价格时，就必须考虑世界上两种产品的相对供给和相对需求。上述方法仅仅考虑一个产品 X 的供给和需求，而缺少对另一种产品 Y 的分析，显然不够完整和精确。克鲁格曼曾给出在古典条件下确立国际贸易价格的另一种方法，即两部门的相对供需方法。图 2-13 显示了世界上两种产品的相对供给和相对需求曲线，它们的交点决定了国际相对价格。图 2-13 中的相对需求曲线（RD）与一般需求曲线类似，也是向右下倾斜的，表示消费者对两种产品的需求有替代性。如果 X 的相对价格上升了，消费者就会减少对其消费，而增加对另外一种产品的消费；如果 X 的价格下降了，消费者就会增加对其消费，而减少对另外一种产品的消费。

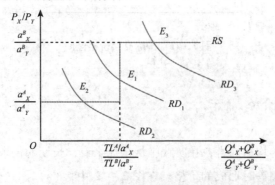

图 2-13　国际价格决定

图 2-13 中的相对需求曲线与一般需求曲线没有什么不同，但相对供给曲线 RS 与一般向右上倾斜的供给曲线有很大差异，这里是一条折线。这是因为决定整个世界 X 的相对供给在不同条件下是非常不同的，而且其产量往往有突变。这里仍然假定 A 国生产 X 的机会成本低于 B 国。首先，如果国际市场中 X 的相对价格低于 A 国 X 的相对劳动投入，这个世界不会有任何 X 的供给，相对供给为零。这是因为当 X 的价格低于 A 国 X 的相对劳动投入，也就意味着单位劳动在 X 部门的工资低于 Y 部门的工资，所有的工人都去生产 Y。X 的相对价格既然低于 A 国的相对劳动投入，当然更低于 B 国的相对劳动投入，B 国也不会生产 X。

当国际市场中 X 的相对价格等于 A 国的相对劳动投入时，A 国两个部门的工资正好相等，因此工人会在两个部门随机就业，资源可以在两个部门任意配置，两种产品可以以任意比例生产出来。但是，由于相对价格还是低于 B 国的相对劳动投入，B 国会专业化生产 Y，而不会涉足 X 的生产，所以此时的相对供给曲线就是一条水平线。

当国际市场中 X 的相对价格高于 A 国的相对劳动投入，但低于 B 国的相对劳动投入时，由于 A 国 X 部门的工资率高于 Y 部门，而 B 国 Y 部门的工资率高于 X 部门，因此两国会实现完全专业化分工，A 国只生产 X，B 国只生产 Y。在完全竞争、劳动充分就业的情况下，A 国 X 的最大产量就是 TL^A/a_X^A，B 国 Y 的最大产量就是 TL^B/a_Y^B，整个世界的 X 的相对供给就是 $(TL^A/a_X^A)/(TL^B/a_Y^B)$。此时，相对供给曲线就是一条垂直线。

当国际市场中 X 的相对价格等于 B 国的相对劳动投入时，A 国仍然专业化生产 X，但是 B 国工人由于两部门工资相等，就会以任意比例把两种产品都生产出来，此时的相对供给曲线就再次成为一条水平线。

最后，当 X 的相对价格高于 B 国的相对劳动投入时，A 国和 B 国都将专门生产 X，此时 X 的相对供给将趋于无穷大。

当相对供给曲线的形状确定后，我们就可以根据相对供给曲线和相对需求曲线的交点来确定国际市场中的均衡价格了。通常情况下，例如两国规模和偏好大致相当，两条线会相交于 E_1 点，两个国家展开正常的完全专业化分工。如果两个国家规模悬殊，或一国因偏好过于独特而对某种产品有过度需求，则可能产生不完全分工。图 2-13 中的 E_2 和 E_3 都是不完全分工点。其中：E_2 表示，A 国并没有把全部资源用于生产 X，而是在生产 X 的同时，还用一部分资源生产 Y；E_3 表示，B 国并没有把全部资源用于生产 Y，而是在生产 Y 的同时，还用一部分资源生产 X。

2.6 多产品和多国模型

上述贸易模型是 2×2×1 模型，包含两个国家和两个部门，这种假设与当今这个世界多个国家在成千上万种产品中展开分工和贸易的复杂情形不是很匹配，因此需要把李嘉图模型扩展到多国、多部门的情形中。为了使问题简化，这里首先讨论两个国家在多个部门中分工的模型。假定在封闭条件下，A 国和 B 国都生产 n 种产品，A 国每种产品的劳动投入系数是 $a_1^A, a_2^A, a_3^A, \cdots$，B 国每种产品的劳动投入系数是 $a_1^B, a_2^B, a_3^B, \cdots$，两国货币工资率分别是 W^A 和 W^B。那么，A 国生产这些产品的货币成本分别为 $a_1^A \cdot W^A, a_2^A \cdot W^A, a_3^A \cdot W^A, \cdots$，B 国生产这些产品的货币成本分别为 $a_1^B \cdot W^B, a_2^B \cdot W^A, a_3^B \cdot W^B, \cdots$。我们只要将两国生产同一产品的货币成本进行逐个比较，就可以确定任一产品在哪个国家生产更便宜，而产品会永远在成本更低的国家生产。这样我们就可以确定分工模式了。

如表 2-7 所示，如果两国的工资率之比为 3:1，则两国在 5 种产品上的生产成本之比分别为 3/10、15/40、18/12、24/12、36/9，即 0.3、0.375、1.5、2、4。可以看出，A 国生产苹果和香蕉的成本要低于 B 国，而 B 国生产玉米、大豆和小麦的成本要低于 A 国，因此分工格局为 A 生产菠萝和香蕉，B 生产玉米、大豆和小麦。这可能是因为两国分别为热带国家和温带国家。

表 2-7 　　　　　　　　　　　　　　　多产品比较优势确定

产品	A 国投入系数	B 国投入系数	A/B
菠萝	1	10	0.100
香蕉	5	40	0.125
玉米	6	12	0.500
大豆	8	12	0.667
小麦	12	9	1.333

如果两国工资率变为 2:1，则两国在 5 种产品上的生产成本之比分别为 0.2、0.25、1.0、1.333、2.667，这样菠萝和香蕉仍由 A 国生产，大豆和小麦由 B 国生产，玉米则由两国共同生产。

当存在多个国家时，贸易模式是不确定的。现在讨论一个三国两部门模型。假定有 A、B、C 三个国家，自给自足情况下它们均生产 X、Y 两种产品。为了简化分析，假定它们的相对劳动投入满足下列关系：

$$\frac{a_X^A}{a_Y^A} < \frac{a_X^B}{a_Y^B} < \frac{a_X^C}{a_Y^C} \tag{2-14}$$

在国际贸易中，可以肯定的是，至少会有一个国家出口 X，也至少会有一个国家出口 Y，不可能都出口 X，也不可能都出口 Y，否则市场中就不会产生 X 与 Y 的交换。根据这个式子可以看出，在通常情况下，A 国仅出口 X，C 国仅出口 Y，而 B 国可能出口 X，可能出口 Y，也可能 X 和 Y 均出口。至于 B 国在国际分工中扮演什么角色、生产什么、出口和进口什么，关键取决于国际市场的交换价格。

在图 2–14 中，A 国的 PPF 相对平缓，斜率（的绝对值）最小，说明其在 X 部门的生产上具有比较优势，所以会出口 X；C 国的 PPF 最为陡峭，斜率（的绝对值）最大，说明其在 Y 部门的生产上具有比较优势，所以会出口 Y。在 B 国，当其贸易前的相对价格或相对劳动投入低于国际交换价格 P_1^W，其在 X 部门有优势，所以它会出口 X，进口 Y；当其贸易前的相对价格或相对劳动投入高于国际交换价格 P_2^W，则其出口 Y，进口 X；如果其贸易前的相对价格或相对劳动投入恰好等于国际交换价格，则其是否会进行贸易、出口什么及出口多少、进口什么及进口多少都是不确定的。国际交换价格取决于世界对 X 和 Y 两种产品的相对需求，以及各国的相对供给能力。而相对需求和相对供给又主要取决于三个因素：各国的规模大小、技术和偏好。

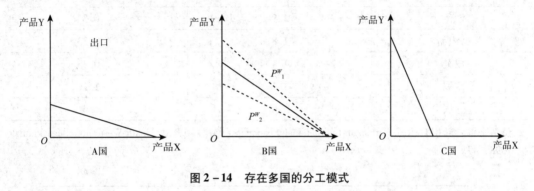

图 2–14　存在多国的分工模式

2.7　对李嘉图模型的检验和评价

李嘉图模型的思想非常简单，逻辑很严密，尤其是在经过哈伯勒用机会成本概念进行重述后。该理论的逻辑是，国家之间展开贸易的原因是外生技术决定的部门劳动生产率差异。但理论终归要走向现实，并指导现实，这个理论是否有效需要接受检验。由于李嘉图理论的逻辑是如此严谨，有着极强的说服力，以至于长期以来没有人去对其进行检验。英国经济学家麦克道尔（MacDugall）在 1951 年对李嘉图比较优势理论进行了检验（见表 2–8）。他考察了 1937 年英国和美国各主要行业的出口绩效与劳动生产率的关系。由于美国和英国绝大多数的制成品是出口到其他国家，因此他没有考察两国间的相互贸易，而是考察两国相同产品对其他国家市场的出口比例。由于当时美国制造业工人的工资大致是英国工人的 2 倍，他在进行比较时把英国工人的劳动生产率乘以 2。他发现，在 25 个部门中有 20 个，当美国工人的平均产出高 1 倍以上时，美国产品在市场上占据主导地位；但是当美国的劳动生产率比英国工人高不到 1 倍时，英国的产品占据主导地位（见图 2–15）。

表2-8   麦克道尔对李嘉图比较优势理论的检验

行业或产品	美国劳动生产率 英国劳动生产率	美国出口 英国出口
收音机	3.5	8
生铁	3.6	5
容器	2.4	4
罐头	5.2	3.5
机械	2.7	15
纸	2.2	1.5
烟卷	1.7	0.5
油毡	1.9	0.33
针织品	1.8	0.33
皮鞋	1.4	0.33
水泥	1.1	1.1
毛衣	1.35	1.4

资料来源：转引自 R. J. Carbaugh. International Economics ［M］. 6th ed. South-Western College Publishing，1998：47。

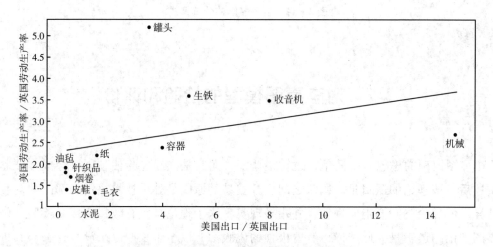

图2-15   麦克道尔对李嘉图理论检验的结果

在麦克道尔之后，斯顿和巴拉萨等经济学家也都对李嘉图比较优势理论做了经验检验。早期大多数的研究都支持比较优势的结论，但是20世纪80年代以后的检验结果却不是十分清楚。这里部分原因可能是因为世界经济发展导致的专业化分工使我们难以对一些产业进行清楚的比较了。比如，当今世界大多数国家都不生产飞机，因此就无法对它们生产飞机的劳动生产率进行比较。当然，这也可能是因为这些产品都是资本或技术密集型的，对劳动的依赖相对较小，仅仅用劳动单一要素的生产率来检验可能存在偏差。但是这并不否认，劳动生产率是决定国际贸易模式的重要因素。

李嘉图比较优势理论在逻辑上相当雄辩，也有一定解释力，但是也存在一些局限：

（1）李嘉图只是从供应的方面分析贸易能使双方获利。葡萄牙生产酒，供应酒；英国生产布，供应布。然而，在市场经济中，供应和需要如同剪刀的两半，一方不能离开另一方而存在。在分析贸易获利中，需要将供应和需求结合起来。

（2）在李嘉图的比较优势理论中，分析贸易使双方都能获利是将一个国家作为一个整体来观察的，但是他没有进一步分析贸易对于一个国家的收入分配和就业所产生的重大影响。在现实的贸易中，有的集团会获利，有的集团的利益是会受到损害的。

（3）李嘉图假定在生产中投入的生产要素只有劳动，因此决定一个国家的比较优势也就只是劳动生产率。而同一种产品的生产，劳动生产率之所以存在着差异，其原因在于技术的不同，事实上，决定一个国家的比较优势还有其他因素。在这一方面受到理论的限制，李嘉图没有进一步分析。

现代西方经济学家用现代经济学的方法分析国际贸易，弥补了李嘉图理论的不足，使得国际贸易在理论和分析的方法上都有了进一步的发展。

复习思考题

1. 一个国家在两个部门的劳动生产率都低于另一个国家，为什么它仍然可以出口？而另一个国家在两部门生产上都具有绝对优势，它为什么还要进口？

2. 为什么斯密模型仅仅是李嘉图模型的一个特例？

3. A 国有 10 名工人，每名工人每年能生产 100 千克小麦或 60 匹布，B 国有 14 名工人，每名工人每年能生产 50 千克小麦或 50 匹布。假定两国有着相同的 C – D 型效用函数：

$$U = X^\alpha Y^\beta$$

其中，$\alpha = \beta = 0.5$。计算：

（1）贸易前两国的生产点和消费点；

（2）贸易后两国的生产点和消费点；

（3）与封闭状态相比，开放后两国的效用水平是原来的多少倍。

第3章 新古典贸易理论

作为整个古典经济学理论的一个重要组成部分，古典贸易理论是建立在劳动价值论基础之上的，即认为劳动是创造价值和造成生产成本差异的唯一要素。然而随着资本主义生产关系的出现以及工业革命的发生，资本越来越成为一种重要的生产要素，产品生产不再由单一劳动要素所决定。19世纪末20世纪初，以瓦尔拉斯、马歇尔为代表的新古典经济学逐渐形成，在新古典经济学框架下对国际贸易进行分析的新古典贸易理论也随之产生。与古典贸易理论相比，新古典贸易理论的发展主要表现在以下两个方面：其一，在两种或两种以上生产要素的框架下分析产品的生产成本，即从单要素模型转变为多要素模型；其二，运用总体均衡的方法分析国际贸易与要素变动的相互影响。国际贸易不仅影响贸易双方的产品市场价格，而且造成各国要素市场价格的变动。产品价格和要素价格的变动也不仅仅影响一国的生产和消费，还会引起要素间的收入再分配。而要素在国内各部门之间的流动或要素储备比例的变动也会反过来影响生产和贸易模式。

3.1　新古典贸易理论概述

3.1.1　对李嘉图的质疑

正如在第2章里所说，相对价格的国际差异导致跨国套利行为，这种跨国套利就表现为国家间的商品贸易。

$$RP_X^A = \left(\frac{P_X}{P_Y}\right)^A \neq RP_X^B = \left(\frac{P_X}{P_Y}\right)^B \qquad (3-1)$$

造成价格差异的根本原因是成本差异，所以解释商品生产成本差异形成的原因就成了各学派的任务，而对于成本差异成因的不同解释则产生了不同的国际贸易理论。在只有一种要素投入的模型中，产品成本完全由劳动要素的生产率和价格决定，而劳动的生产率及其价格都是外生给定的。在李嘉图的比较优势模型中，甚至连一国要素供给的绝对量都无关紧要了。但在两种或两种以上要素的模型中，要素的生产率不再是固定的，而是取决于产品生产中对要素比例的选择和要素供给的约束。产品生产中要素的使用比例和一国的资源储备比例决定要素价格从而影响产品成本，成为决定比较优势和生产贸易模式的重要因素。

赫克歇尔 – 俄林模型，又被称为 H – O 模型或要素禀赋论，是由瑞典经济学家赫克歇尔（Heckscher）和他的学生俄林（Ohlin）提出来的，因此该模型以他们的名字来命名。俄林认为：李嘉图并没有完全解决生产成本国际差异的原因的问题，劳动生产率之间的差异仅能部分地解释贸易产生的原因；两个国家如果劳动生产率完全一样，甚至所有要素生产率都完全一样，仍然可能会形成生产成本的国际差异，因此需要找到国际贸易发生的新的基础。为了说明这一点，俄林从两国生产要素生产率一致出发，建立了一个新模型，试图从其他角度说明生产成本存在国际差异的原因。

3.1.2 基本逻辑

赫克歇尔 – 俄林模型的基本思想有两条：第一，不同的产品是用不同比例的生产要素生产的；第二，不同的国家具有不同比例的要素禀赋。在赫克歇尔和俄林看来，生产商品的相对成本差异是由生产时使用的要素的价格之间的相对差异和生产该商品的要素投入比例所决定的；要素价格的相对差异是由要素存量比例，即一国中不同要素相对量的差异——要素禀赋所决定的。由此可以推断，一个某种要素相对丰裕的国家在生产使用该要素比例较高的产品方面具有比较优势。我们通过图 3 – 1 来分析各种经济力量是如何共同确定最终商品价格的。

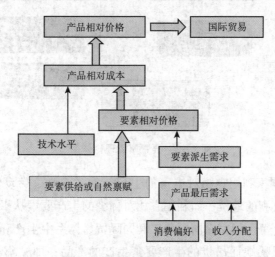

图 3 – 1 比较优势形成的逻辑

在图 3 – 1 中，需求偏好和生产要素所有权的分配（即收入分配）共同决定了对商品的需求。对商品的需求决定了生产该商品所需要素的派生需求。生产中对要素的需求和对要素的供给共同决定了完全竞争条件下的要素价格。要素价格和生产技术水平共同决定了最终产品的价格，不同国家之间相对商品价格的差异决定了比较优势和贸易模式。

赫－俄模型假设技术水平、需求偏好和收入分配是相同的，那么主要由要素供给来决定商品相对价格，从而引起贸易。其实，要得出以上结论，赫－俄模型并不要求各国需求偏好、收入分配和生产技术完全相同，只是有这些假设，可以更简单地说明赫－俄理论，便于更好地理解。

图3－1也说明了，国际贸易发生的基础十分广泛，俄林指出李嘉图的局限，从而极大拓展了世人对国际贸易基础广泛性的理解。但是，这也意味着 H－O 理论可能仅仅是在人类拓展贸易发生基础的探索道路上的其中一个进步，后人仍然可以在赫克歇尔和俄林贡献的基础上继续这一探索工作，直到人类把影响生产成本的原因彻底弄清楚。

3.1.3　命题体系

在上述假设前提下，H－O 模型得出了四个以命题形式出现的基本结论点，这些命题共同组成了一个命题体系——新古典贸易理论体系。通常认为，后面的三个推论是隐含在前面的 H－O 定理之中的。这一体系被认为是广义的要素禀赋理论，而 H－O 定理被称为狭义的要素禀赋理论（见图3－2）。

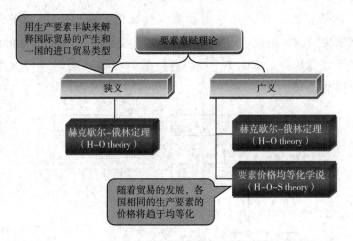

图3－2　要素禀赋理论体系

（1）每个区域或国家利用它相对丰富的生产要素（土地、劳动力、资本等）从事商品生产，就处于比较有利的地位，而利用它相对稀少的生产要素从事商品生产，就处于比较不利的地位。因此，每个国家在国际分工和国际贸易体系中生产和输出相对丰裕而便宜的生产商品，输入相对稀缺而昂贵的生产要素生产的产品，即"靠山吃山，靠水吃水"。这一定理被称为要素供给比例说，即狭义的要素禀赋理论。

（2）如果两个国家生产要素（劳动和资本）存量的比例不同，则即使两国同一生产要素的生产率完全一样，也会形成生产成本的差异，从而导致国际贸易发生。

（3）商品贸易一般趋向于消除工资、地租、利润等生产要素收入的国际差别，导致国际间商品价格和要素趋于均等化。

（4）在这一结论中还存在着雷布津斯基定理（Rybczynski theorem）和斯托尔波 – 萨缪尔森定理（Stolper-Samuelson theorem）。前者说明要素禀赋的变化对生产结构的影响：当价格不变时（小国模型），一种要素使用的单一增加，将造成密集使用这种要素生产的那种产品的产量增加，而使密集使用另一种生产要素的产品的产量减少。后者的内容主要是解释收入变化的：如果资本密集型产品的价格上升，则资本的实际回报将上升，而劳动的实际回报将减少。

这些命题的具体内容和证明过程将在下面给出。

3.2　模型的假设

（1）这是一个 2×2×2 模型，即两个国家、两种生产要素和两个生产部门。两种生产要素分别为劳动 L 和资本 K，两种可贸易产品分别为劳动密集型产品 X 和资本密集型产品 Y，两个国家分别为 A 国（本国）和 B 国（外国）。

（2）每个国家的每种生产要素都是给定的，劳动和资本可以在国内各部门自由流动，但不在国际间流动。各国的资源禀赋和技术条件保持不变，从而每个部门的生产可能性曲线也保持不变，但劳动和资本在国内可以自由地从低收益的地区和产业流向高收益的地区和产业，直到该国所有地区和所有产业的劳动收益相同，资本收益也相同。若没有国际贸易，要素的收益将存在着国际差异。

（3）生产技术假定相同。为了集中分析要素禀赋差别的作用，各国的生产技术假定是相同的。假如大米在中国是劳动密集型产品，那么大米在美国也是劳动密集型产品，即不存在"生产要素密集型逆转"的情况。如果一定的劳动 – 资本在美国生产出某个产量的产品，则这一劳动 – 资本组合会在中国生产出相同产量的产品。这一假设是为了简化分析，有别于古典贸易模型，但这并不意味着赫克歇尔和俄林认为技术差别不存在。

（4）生产规模报酬不变。这意味着如果在任何一种产品生产中的劳动量和资本量一同增加，则该产品的产出也以相同比例增加。如果劳动和资本量同时翻倍，则产出也翻倍。

（5）两国的消费偏好相同。这意味着表现两国需求偏好的无差异曲线的形状和位置是完全相同的。当两国的商品相对价格相同时，两国以相同的比率消费大米和钢铁。

（6）完全竞争的产品市场和要素市场。两国都有许许多多的大米和钢铁的生产者和消费者，没有任何单个的生产者和消费者能够左右产品的价格，也没有任何单个的厂商或要素的拥有者能够决定要素市场的价格。完全竞争也意味着产品价格等于其生产成本，没有经济利润。

（7）无运输成本、无关税，或其他阻碍国际贸易自由的障碍。这一假设也是为了简化分析，以便于集中讨论贸易的原因与结果。运输成本和关税的多少只是在最终产品价格上的单调增减。

3.3　理论准备

3.3.1　国家要素禀赋判断

不同要素禀赋（factor endowments）的含义是指不同的要素存量结构，而不是要素的绝对数量不同。赫克歇尔–俄林分析的关键是两个国家要素的比例是不一样的。相对要素丰裕程度可以用两种方式来定义：实物定义法和价格定义法。

实物定义法：根据资源的实物存量来判断一个国家的要素禀赋。若一国拥有的资本存量为 TK，劳动存量为 TL，则其要素禀赋为（TK/TL）。若（TK/TL）$_B$ >（TK/TL）$_A$，则 B 国是资本丰裕而劳动稀缺的国家，A 国是劳动丰裕而资本稀缺的国家。当然，这里的下标 A 和 B 也可以改用上标。这一定义方法可以用埃奇沃思盒（Edgeworth box）直观表达出来：盒子的底边长度表示一个国家的全部劳动 TL，高是该国的全部资本 TK，盒子的长和高以及它们的对比关系则反映该国的要素禀赋情况。

价格定义法：根据资本与劳动的相对价格来决定两个国家属于什么样的要素丰裕类型。根据这一定义，如果（r/w）$_A$ >（r/w）$_B$，A 国就是劳动丰裕而资本稀缺的国家，B 国则是劳动稀缺而资本丰裕的国家。这一定义是根据要素的相对稀缺价格来看待要素的相对丰裕程度的。当然，这里的下标 A 和 B 也可以改用上标。

实物定义法关注实物要素的可获得性，价格定义法则关注市场中使用这种要素的成本。由于要素价格不仅反映可获得要素的供给状况，而且还反映要素的需求状况，所以两种定义方法有时有所区别。由于赫克歇尔–俄林模型假设两国的技术水平与偏好都是相同的，因此两种定义并没有产生不同的结果，是等价的。由于技术与需求的影响对两国是中性的，因此 K/L 相对比率更高的国家，r/w 的比率也就相对较低，或者 w/r 更高，二者之间存在一一对应关系。需要指出，w/r 变大可能源自资本 K 供给增加，也可能源自劳动 L 供给减少，前者会使 r 下降，后者会使 w 上升。

注意：国家资源禀赋是一个相对或比较的概念，而非绝对概念；在一个两国模型里，总有一个被定义为资本丰裕国家，而另一个被定义为劳动丰裕国家。

3.3.2　产品要素密集类型判断

要素密集度（factor intensity）是要素比例概念的延伸，指产品生产中某种要素投入比例的大小。如果某要素投入比例大，称为该要素密集程度高。根据产品生产所投入的要素中所占比例最大的生产要素的不同种类，将产品划分为不同种类的要素密集型产品（factor intensive commodity）。在只有两种产品（X 和 Y）、两种要素（劳动和资本）的情况下，如果 Y 产品生产中使用的资本和劳动的比例大于 X 产品生产中的资本和劳动的比例，即满足 $(K/L)_Y > (K/L)_X$，则称 Y 产品为资本密集型产品，而称 X 为劳动密集型产品。

注意：产品的要素密集类型也是一个相对的概念而非绝对概念，与生产要素的绝对投入量无关。例如，在 X、Y 两种产品中，生产 1 单位 X 产品所需投入的资本是 3 单位，所需投入的劳动力是 12 单位，生产 1 单位 Y 产品所需投入的资本是 2 单位，所需投入的劳动力也是 2 单位。从绝对投入量上看，1 单位 X 产品所需的资本和劳动投入量均大于 Y 产品，但我们不能据此就判断 X 是资本密集型产品，因为 Y 的资本与劳动的比率（$K/L = 2/2 = 1$）仍大于 X 产品的这一比率（$K/L = 3/12 = 1/4$）。所以在这里，Y 仍是资本密集型产品，X 仍是劳动密集型产品。

产品的要素密集度可借助等产量曲线来说明。在图 3 - 3 中，曲线 Q_{Y1}、Q_{Y2} 和曲线 Q_{X1}、Q_{X2} 分别表示 X 产品和 Y 产品的等产量曲线。图 3 - 3（a）表示的是 A 国两种产品的要素密集度，其中，Y 的等产量曲线更偏向于 K 坐标轴，X 的等产量曲线更偏向于 L 坐标轴。在资本、劳动价格既定的情况下，两个部门的厂商所选择的最佳要素组合由等成本线与等产量线相切来决定。当任意给定 A 国的要素相对价格 $(w/r)_A$，两条斜率为 $-(w/r)_A$ 的平行线分别与 X、Y 的等产量曲线相切，这时 X、Y 的资本与劳动比率之间的关系为：$(K/L)_Y > (K/L)_X$，因此，Y 是资本密集型产品，X 是劳动密集型产品。图 3 - 3（b）表示的是 B 国两种产品的要素密集度，给定 B 国任意的要素相对价格 $(w/r)_B$，X、Y 的资本和劳动比率之间的关系仍为：$(K/L)_Y > (K/L)_X$，因此，Y 是资本密集型产品，X 是劳动密集型产品。

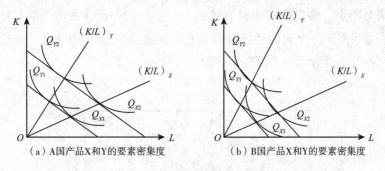

（a）A国产品X和Y的要素密集度　　　　（b）B国产品X和Y的要素密集度

图 3 - 3　要素密集度之间的关系

由于资本密集型产品和劳动密集型产品是对产品要素密集类型的二元划分，所以产品密集类型不会因为所在国家的禀赋不同而发生要素密集类型的逆转或反转的情形。例如，由于中国人多地少，小麦在中国主要采用更多劳动来生产，资本投入相对较少；美国是人少地多，小麦生产更多是大农场经营，资本投入相对较多。但是无论是在中国还是美国，生产小麦所投入的 K/L 都比生产汽车所投入的 K/L 小。在图 3 - 4 中，无论 w/r 为多少，都有 $(K/L)_Y > (K/L)_X$，都可以判断出 X 是劳动密集型产品，Y 是资本密集型产品。

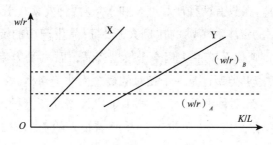

图 3 - 4　不同禀赋条件下产品要素投入比例

▶▶ **阅读材料**

生产扩展线

生产扩展线（production expansion line）是指，假定生产要素的价格不变、生产技术条件不变，厂商的不同等产量线与等成本线相切所形成的一系列不同的生产均衡点。图 3-3 是技术不变时所形成的直线型扩展路线。

3.3.3　要素禀赋与 PPF 的形状

埃奇沃思盒状图（Edgeworth box diagram）由英国经济学家埃奇沃思在 1881 年出版的《数学心理学》中最先提出，该图形可以用来讨论许多经济概念和经济关系。埃奇沃思盒状图包括了两个产业（假设经济中只有这两个产业）的等产量线并把它们放在同一张图上，埃奇沃思盒状图的一个重要特征就是，它的长度（底边）和高度（垂边）表示的是整个经济可利用的全部劳动与全部资本的数量（见图 3-5）。

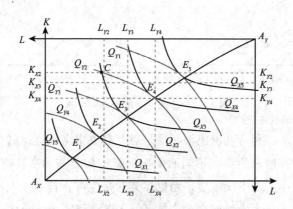

图 3 - 5　埃奇沃思盒状图

一个经济体可在埃奇沃思盒内任意一点组织生产，盒内任意一点都表示资源在两部门间的配置模式。然而，只有两部门的等产量线的切点才是具有最佳效率的生产点。把这些最佳效率点连接起来，就是生产契约线（production contract curve）。例如，图3-5中的 C 点是 Q_{Y2} 和 Q_{X3} 的交点，它是非效率点。这是因为，在该国既定资源约束下，该国的产出组合可以从 C 点沿着 Q_{X3} 改进到 E_3 点，也可以沿着 Q_{Y2} 改进到 E_4 点。E_3 点与 C 点相比较，X 的产量未增加，但 Y 的产量增加了，是帕累托改进；E_4 点与 C 点相比较，Y 的产量一样，但 X 的产量增加了，也是帕累托改进。既然存在着帕累托改进的机会，那就说明 C 点必定是非效率点。而在生产契约线上的那些点，由于不存在继续改进生产效率的可能，所以是帕累托效率点。在这些点上，任一要素在两部门的边际产品价值相等，L 对 K 的边际技术替代率在两部门相等，都等于 w/r。

> ▶▶ **阅读材料**
>
> ### 生产契约线
>
> 生产契约线（PCC），又称生产效率曲线，是在生产者之间进行交换时两个生产者的边际技术替代率相等的点的轨迹。埃奇沃思在经济学方面的重要贡献之一，就是他第一个提出"契约曲线"的概念，并将其引入经济分析，用以分析市场上的交易与生产达到境界的条件。契约曲线对帕累托提出的福利最大化的最优境界条件作了理论分析，对福利经济学的发展有着相当大的影响。

把生产契约线上各点的产品组合写出来：$E_1(Q_{X1}, Q_{Y5})$、$E_2(Q_{X2}, Q_{Y4})$、$E_3(Q_{X3}, Q_{Y3})$、$E_4(Q_{X4}, Q_{Y2})$、$E_5(Q_{X5}, Q_{Y1})$。然后，把这些点在生产系统坐标中描绘出来，即可得到生产可能性边界线（PPF）（见图3-6）。PPF 表示的是在生产两种产品时一个经济体实现的最佳状态。读者可能想到，在埃奇沃思盒状图中，最佳的生产点是在生产效率曲线上。请注意，在生产效率曲线上，一种产品产出增加，则另一种产品的产出必然减少。在 PPF 上，一种产品产出的增加必然涉及另一种产品产出的减少，表明的是在既定的技术条件下，所有的资源都已经充分利用。此外，PPF 的形状与位置还反映了一个经济体的劳动与资本的禀赋状况。

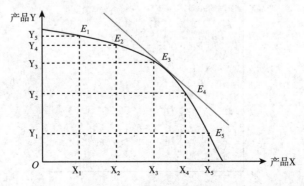

图3-6　生产可能性边界

生产可能性边界线由生产契约线变形而来，所以其形状取决于生产契约线，而生产契约线的形状又取决于该国两部门的等产量线的形状和位置，而等产量线的形状则取决于该国的技术条件，等产量线的位置则取决于该国的要素条件。由于新古典贸易理论会假定两国技术相等，因此在 H-O 模型中 PPF 的形状仅仅取决于一个国家的资源禀赋情况。如果一国劳动丰裕、资本稀缺，X 产品是劳动密集型的，则其 PPF 曲线会比较扁平、矮壮，显示该国的 X 产品的相对价格比较低；如果一国资本丰裕、劳动稀缺，则该国的 PPF 曲线会比较瘦高，显示该国的 X 产品的相对价格比较高。

为什么 PPF 的形状能反映一国的要素禀赋？如果配置在 X 部门的劳动和资本要素分别为 L、K，则 X 的生产函数可写为 $Q_X = F_X(L,K)$，Y 的生产函数可写为 $Q_Y = F_Y(TL-L, TK-K)$，同时在生产契约线上两部门的边际技术替代率相等，即 $(\partial Q_X/\partial L)/(\partial Q_X/\partial K) = (\partial Q_Y/\partial L)/(\partial Q_Y/\partial K)$，可通过消去变量 K 和 L 写出 Q_Y 和 Q_X 之间的转换函数：$Q_Y = F(TL, TK, Q_X)$。该转换函数即为 PPF 曲线，从中可以看出 PPF 的形状取决于两个因素：(1) TL 和 TK，即该国的要素禀赋；(2) 方程的构造形式，即技术条件。由此可知，在假定两国技术相同的条件下，PPF 的形状仅仅与一个国家的要素存量结构——要素禀赋有关。

3.4　赫克歇尔－俄林模型的几何表达

3.4.1　贸易前的相对价格差异

如果我们把两条形状不同的生产可能性边界与无差异曲线结合起来分析，可以得到自给自足条件下两组不同的相对价格，如图 3-7 所示。假定 Y 为资本密集型产品，X 为劳动密集型产品，再假定国家 A 是劳动丰裕国，国家 B 是资本丰裕国。则国家 A 的 PPF 曲

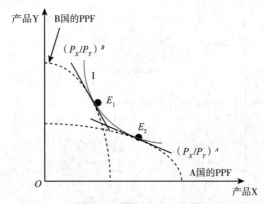

图 3-7　自给自足条件下的均衡价格差异

线偏向于劳动密集型产品 X，与无差异曲线 I 交于点 E_2，并在点 E_2 处实现自给自足条件下的国内均衡，形成一条较平坦的价格线 $(P_X/P_Y)^A$；国家 B 的 PPF 曲线偏向于资本密集型产品 Y，与无差异曲线 I 交于点 E_1，并在点 E_1 处实现自给自足条件下的国内均衡，形成一条较陡峭的价格线 $(P_X/P_Y)^B$。价格线 $(P_X/P_Y)^B$ 比价格线 $(P_X/P_Y)^A$ 更为陡峭，表示产品 X 的相对价格在 B 国要高于 A 国，而产品 Y 的相对价格在 B 国则低于 A 国。即在自给自足条件下，当两国各自达到均衡时，同一产品在两国形成了不同的均衡价格。

3.4.2　贸易后的生产、消费与福利变化

由前面的分析我们已经得知，在自给自足条件下两国的均衡价格是存在差异的，这样就为两国展开贸易提供了动力基础。根据比较优势原理，A 国出口产品 X，B 国出口产品 Y。在贸易发生以后，因为市场价格信号发生了变化，厂商将根据新的价格信号来制订新的生产计划，因此两国的生产组合会发生变化。A 国将生产更多自身具有比较优势的产品 X，而减少 Y 的生产，其生产点将沿生产可能性边界向点 E_2' 移动；同样，B 国也会增加自身具有比较优势的 Y 产品的生产，生产点将沿生产可能性边界向点 E_1' 移动。最终的均衡生产点在国际比价线与生产可能性边界的切点。在图 3-8 中，$(P_X/P_Y)^W$ 表示均衡的国际比价或世界价格，国际比价线与 A、B 两国的 PPF 曲线分别相切于点 E_2'、E_1'，且分别为 A、B 两国贸易后的均衡生产点。

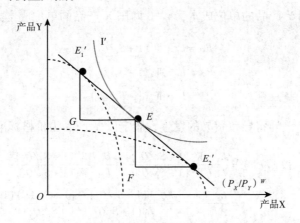

图 3-8　开放条件下的均衡价格确定

为了使两国在贸易中都有利可图，国际比价 $(P_X/P_Y)^W$ 应该在两国封闭时的交换比价之间，而且使得两国的贸易三角全等。图 3-8 中，$\triangle E_2'FE$ 是 A 国的贸易三角，A 国出口 X 的数量是 FE_2'，进口 Y 的数量是 EF；$\triangle E_1'GE$ 是 B 国的贸易三角，B 国进口 X 的数量是 GE，出口 Y 的数量是 $E_1'G$。在均衡的国际比价下，A 国出口 X 的数量 FE_2' 刚好等于 B 国进口 X 的数量 GE，A 国进口 Y 的数量 EF 刚好等于 B 国出口 Y 的数量 $E_1'G$。并且，在开放均衡条件下，对每一个国家而言贸易是平衡的，进出口的价值相等。

3.5 赫克歇尔 - 俄林模型的数学推导

假定 X、Y 产品分别为劳动密集型产品和资本密集型产品，W 为劳动的价格（工资率），R 为资本的价格（利息率），L 为劳动投入系数，C 为资本投入系数。假定 a 为资本相对丰裕的国家，b 为劳动相对丰裕的国家。注意，这里的国家用小写字母 a 和 b 表示，与前面用大写字母表示国家没什么不同。

a 国 Y 产品的单位成本为：

$$P_{aY} = L_Y \cdot W_a + C_Y \cdot R_a$$

$$P_{aY} = L_Y \cdot W_a (1 + C_Y \cdot R_a / L_Y \cdot W_a) \tag{3-2}$$

设：

要素密集度为（资本 - 劳动比）为 S_Y，则 $S_Y = C_Y / L_Y$

a 国国内两要素价格比为 Q_a，则 $Q_a = W_a / R_a$

因此有：

$$P_{aY} = L_Y \cdot W_a (1 + C_Y \cdot R_a / L_Y \cdot W_a)$$

$$P_{aY} = L_Y \cdot W_a (1 + S_Y / Q_a) \tag{3-3}$$

同理可证，b 国 Y 产品的单位成本，a、b 两国 X 产品的单位成本如下：

$$P_{bY} = L_Y \cdot W_b (1 + S_Y / Q_b) \tag{3-4}$$

$$P_{aX} = L_X \cdot W_a (1 + S_X / Q_a) \tag{3-5}$$

$$P_{bX} = L_X \cdot W_b (1 + S_X / Q_b) \tag{3-6}$$

同类产品的价格差异将导致贸易的发生，假定以 Y 产品为价格标准：

$$
\begin{aligned}
(P_{aX}/P_{aY}) - (P_{bX}/P_{bY}) &= \frac{L_X \cdot W_a (1 + S_X/Q_a)}{L_Y \cdot W_a (1 + S_Y/Q_a)} - \frac{L_X \cdot W_b (1 + S_X/Q_b)}{L_Y \cdot W_b (1 + S_Y/Q_b)} \neq 0 \\
&= \frac{L_X [(1 + S_X/Q_a)(1 + S_Y/Q_b) - (1 + S_X/Q_b)(1 + S_Y/Q_a)]}{L_Y (1 + S_Y/Q_a)(1 + S_Y/Q_b)} \\
&= \frac{L_X [(S_Y - S_X)/Q_b - (S_Y - S_X)/Q_a]}{L_Y (1 + S_Y/Q_a)(1 + S_Y/Q_b)} \\
&= \frac{L_X [(S_Y - S_X)/Q_b - (S_Y - S_X)/Q_a](Q_a Q_b)}{L_Y (1 + S_Y/Q_a)(1 + S_Y/Q_b)(Q_a Q_b)} \\
&= \frac{L_X (Q_a - Q_b)(S_Y - S_X)}{L_Y (Q_a + S_Y)(Q_b + S_Y)} \tag{3-7}
\end{aligned}
$$

由于假定 a 国资本相对丰裕，b 国劳动相对丰裕，因此有 $W_a/R_a > W_b/R_b$，也就是 $Q_a - Q_b > 0$。

由于假定 Y 产品为资本密集型产品、X 产品为劳动密集型产品，所以 $C_Y/L_Y > C_X/L_X$，也就是 $S_Y - S_X > 0$。

$(P_{aX}/P_{aY}) - (P_{bX}/P_{bY}) > 0$，表示 a 国和 b 国同类产品之间存在价格差。一旦存在价格差，国际贸易就产生了。注意，这里的 P_{aX}/P_{aY} 就是上面的 $(P_X/P_Y)^A$，P_{bX}/P_{bY} 就是上面的 $(P_X/P_Y)^B$。

3.6　贸易与生产要素价格变动（SS 定理）

3.6.1　基本内容

SS 定理全称为斯托尔珀 – 萨缪尔森定理。斯托尔珀 – 萨缪尔森定理说明的是商品价格的变化与要素价格、收入分配之间的关系。根据斯托尔珀和萨缪尔森的研究，自由贸易中产品价格的变化，会使得在生产中使用的要素的报酬以及不同要素所有者的收入情况发生变化。他们的研究表明：自由贸易会使产品价格上升的出口行业中使用的要素的价格上升，而价格下降的进口替代部门中使用的要素的价格下降。例如，如果劳动密集型产品的相对价格上升了，劳动力的实际报酬会得到提高，而资本的实际报酬却会因此而下降，这点我们在前面已经叙述过了。另外，自由贸易会造成一国相对丰裕要素的所有者的实际收入得到提高，而相对稀缺要素所有者的收入下降，这意味着国际贸易尽管会提高一国整体的福利水平，但由于要素所有者收入分配格局会产生变化，因此这一福利水平的增长并不是所有人都可以同水平地分享。

3.6.2　主要含义

自由贸易除了具有国际收入分配效应外，还具有国内收入分配效应。贸易的结果是稀缺要素的价格相对下降，因此各国稀缺要素的所有者比丰裕要素所有者更倾向于反对自由贸易政策。

3.6.3　图形表达

在图 3 – 9 中，横轴代表劳动（L），纵轴代表资本（K），等产量线为 X、Y，代表产品 X 与产品 Y 的生产情况。单位成本的等成本线 AC，分别切生产点 H 与 F，这时劳动的报酬为 $1/OC$，单位资本的报酬为 $1/OA$。如果产品 X 的价格不变，但产品 Y 的价格由于大量出口而得到提高，则等产量线内移，设为 Y'，单位等成本线变为 BD，生产点改变为 E、

G 点，显然劳动的报酬改变为 $1/OD$，单位资本的报酬改变为 $1/OB$，对比两条等成本线，有 $1/OD > 1/OC$，劳动的报酬提高，$1/OA > 1/OB$，资本的报酬下降，另外，$CD/CO > FI/FO$，这表明劳动报酬的相对变化大于产品 Y 的价格变化。图 3 - 9 中的情况还表示，由于要素价格的变化，产生了产业内要素的替代和产业间要素的流动，正是这种替代与流动使得要素的充分就业保持不变。在图 3 - 9 产品 X 与产品 Y 的生产中，我们可以看出发生了用资本替代劳动的情况，两种产品生产要素投入的资本 - 劳动比得到提高。

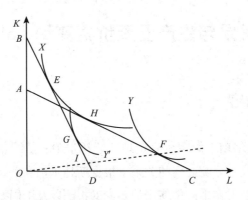

图 3 - 9　斯托尔珀 - 萨缪尔森定理

3.6.4　形成机制

产品的生产成本取决于要素的价格，如果资本的价格 r 提高一些，在技术条件不变条件下，X 与 Y 的价格都要或多或少提高一些。但是，由于 X 使用的资本较少，r 上升导致其价格上升幅度较小；Y 使用的资本较多，r 上升会对其造成较大影响，导致其价格上升幅度较小。这样，要素的相对价格 w/r 变动会带来产品相对价格 P_X/P_Y 的变动。但是，要素市场与产品市场之间是联动的，它们的关系是双向的，一方面 w/r 从要素供给方影响 P_X/P_Y，另一方面 P_X/P_Y 从要素需求方影响 w/r。因此可得出，产品相对价格 P_X/P_Y 与要素相对价格 w/r 之间存在对应关系（见图 3 - 10）。

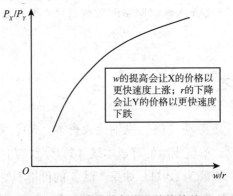

图 3 - 10　要素价格与产品价格的关系

3.6.5　SS 定理的证明

以 B 国为例。假定 B 国为资本丰裕的国家，X 为劳动密集型产品，Y 为资本密集型产品。在完全竞争市场条件下，封闭均衡时（贸易前）X、Y 两个部门同一要素的名义报酬相等（$r_X = MPK_X \times P_X = r_Y = MPK_Y \times P_Y$，$w_X = MPL_X \times P_X = w_Y = MPL_Y \times P_Y$）→自由贸易后 Y 产品相对价格上升→Y 部门两种要素的名义价格都要高于 X 部门两种要素的名义价格（$r_Y > r_X$，$w_Y > w_X$）→要素由 X 部门流向 Y 部门→但由于 Y 是资本密集部门，它接收资本的能力较强，而接收劳动的能力较弱→资本的价格上升更快，劳动的价格上升更慢→用 L 替代 K→两个部门的资本－劳动比例（K/L）都下降或变小了（见图 3－11）。

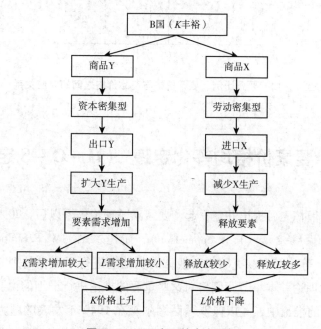

图 3－11　SS 定理的内在逻辑

在贸易前，有：

$$r_X = MPK_X \times P_X = r_Y = MPK_Y \times P_Y, \quad w_X = MPL_X \times P_X = w_Y = MPL_Y \times P_Y \qquad (3-8)$$

这两等式在贸易后不再成立。根据边际收益递减规律，当资本－劳动比例下降时，由于资本相对于劳动的投入减少，所以资本的边际产出上升，相反，劳动的边际产出下降。所以，在贸易后，有：

$$r_X/P_X = MPK_X \uparrow, \quad r_Y/P_Y = MPK_Y \uparrow \qquad (3-9)$$

$$w_X/P_X = MPL_X \downarrow, \quad w_Y/P_Y = MPL_Y \downarrow \qquad (3-10)$$

可以很容易看出，与贸易前相比，无论是在 X 部门，还是在 Y 部门，w/r 都出现了下降。

由斯托尔珀－萨缪尔森定理，立即可以引申出另一项重要结果：国际贸易会提高该国丰裕要素所有者的实际收入，降低稀缺要素所有者的实际收入。结合前面内容，可以看出要素结构、要素价格与产品价格之间存在一一对应关系，只要确定了要素价格，产品的要素投入比例和产品价格都会确定下来。这很奇妙！图 3 – 12 由图 3 – 4 和图 3 – 10 结合而成。

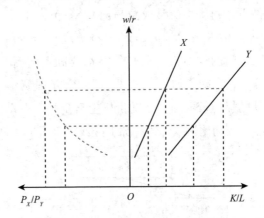

图 3 –12 　要素比例、要素价格与商品价格之间的对应关系

3.7　要素价格均等化定理 （H – O – S 定理）

自赫克歇尔和俄林先后提出并建立起了要素禀赋理论体系以后，20 世纪 40 年代以来，众多经济学家，如萨缪尔森 （P. A. Samuelson）、斯托尔珀 （W. F. Stolper）、雷布津斯基 （T. M. Rybczynski） 等，都在赫克歇尔和俄林的基础上进行了大量的理论研究，不断丰富和发展了要素禀赋理论。本小节我们将对这些重要的推论进行详细的说明。

在 H – O 定理的推论中，尤以保罗·萨缪尔森在 1949 年发表的题为《再论国际要素价格均等化》的重要论文最负盛名。在这篇论文中，萨缪尔森运用数学模型和量化分析的方法对要素禀赋理论的基本原理，尤其是对要素价格均等化问题进行了严密的论证，在学术界产生了重大影响。因此，国际经济学界又常常将要素禀赋理论称为 "赫克歇尔 – 俄林 – 萨缪尔森模型" （Heckscher-Ohlin-Samuelson model，H – O – S 模型），又称要素价格均等化 （the factor price equalization theorem）。

这一定理的基本内容是：自由贸易条件下，一国会扩大密集使用其丰裕要素产品的生产，减少密集使用其稀缺要素产品的生产，这样，对丰裕要素的需求增加，对稀缺要素的需求减少；在价格方面，以前便宜的丰裕要素的价格会提高，而原来昂贵的稀缺要素的价格会因需求减少而降低。同时，另一国发生的是相反的情况。所以，两国的劳动与资本的价格比率将趋于均等。这可以从二战后西方主要发达国家与美国相对工资率的变化趋势中看出 （见表 3 –1）。

表 3 - 1 发达工业国家制造业工资率与美国对应比率 单位:%

地区	1959 年	1976 年	1985 年	1993 年
日本	11	24	51	108
意大利	23	42	62	111
法国	27	41	62	104
英国	29	35	53	90
发达国家平均水平	24	40	62	108
美国	100	100	100	100

资料来源：Dominick Salvatore. International Economics ［M］. 8th ed. Publisher：John Wiley & Sons，2003。

3.7.1　要素价格均等化的一般逻辑

通过前面的分析我们已经知道，国际贸易是由相对价格差引起的，反过来，国际贸易又促使各贸易国的产品价格趋于均等，同时生产要素的价格也会发生变化。这种变化经过相当一段时间，在没有其他要素干扰的情况下，各国同一生产要素的价格会达到均等化，包括相对价格的均等化和绝对价格的均等化（见图 3 - 13）。

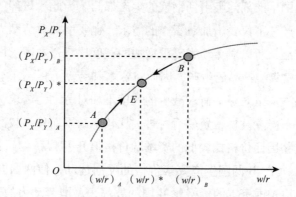

图 3 - 13　要素相对价格趋于均等化的过程

相对价格趋于均等可由 SS 定理直接给出证明。由于各国的要素禀赋是不同的，从而一国比较丰裕的生产要素价格较低，而比较稀缺的生产要素的价格较高。国际贸易会使一国的生产结构发生变化，各国会较多生产并出口密集使用本国比较丰裕的要素的产品，较少生产并进口密集使用本国较稀缺的要素的产品。国际贸易造成的贸易参加国生产结构的变化使各国对不同生产要素的需求程度发生了变化。这种生产要素需求程度的变化又进一步影响到各生产要素的价格，从而使本国的比较丰裕的生产要素的价格水平上升，本国比较稀缺的生产要素的价格下降。

为说明这一点，我们假定，A国劳动力比较丰裕，因而贸易前的工资率比较低。B国资本比较丰裕，因而贸易前的资本报酬率比较低。开展国际贸易后，A国将大部分生产要素用于生产布（劳动密集型产品），B国将大部分生产要素用于生产钢铁（资本密集型产品）。这样，A国的生产要素市场上，对劳动力的需求会增加。在劳动力的总供给量一定的情况下，要吸引更多的劳动力转向布的生产部门，该部门就要提高劳动力的工资水平。实际上，当经济开放以后，布的价格上升，即使劳动力的边际物质产品不变，劳动力的边际产品价值也会上升。由于生产要素的报酬是由其边际产品价值决定的，因而A国布的生产部门劳动力的工资水平必然提高。同时，当布的生产部门增加布的生产时，它不仅要增加对劳动力的需求，也会增加对资本的需求，但由于增加的是劳动密集型产品，所以对资本需求增加的程度比对劳动力需求增加的程度要低。相反，由于A国减少了资本密集型产品的生产，因而，对资本的需求会减少，同时也会减少对劳动力的需求，但由于减少的是资本密集型产品，所以对劳动力需求减少的程度不如对资本需求减少的程度大，其结果是资本的报酬率下降。实际上，经济开放后，A国成本较高的资本密集型产品的价格必然会下降，从而带来资本边际产品价值的下降。因此，从总体上看，劳动力的价格上升了，而资本的价格下降了。这种变动使过去比较稀缺因而价格较高的生产要素的价格水平下降了，过去比较丰裕因而价格较低的生产要素的价格水平提高了。

从B国的情况看，贸易前，资本比较丰裕因而价格较低，劳动力比较稀缺因而价格较高。开展国际贸易后，B国较多地生产资本密集型产品——钢铁。为增加钢铁的生产，必须将一部分资本从布的生产部门吸引到钢铁的生产部门。为此，该部门要提高资本的报酬率。为增加钢铁的生产，不仅要增加对资本的需求，也要增加对劳动力的需求，但由于增加的是资本密集型产品，所以对劳动力需求增加的程度比对资本需求增加的程度要低。相反，B国减少了劳动密集型产品的生产，因而对资本和劳动力的需求会减少。但由于减少的是劳动密集型产品，所以对资本需求减少的程度不如对劳动力需求减少的程度大，其结果是劳动力的报酬率下降。这样，贸易后，过去比较稀缺因而价格较高的劳动力的价格下降了，而过去比较丰裕因而价格比较低的资本的价格上升了。

从两国的总体看，A、B两国生产要素价格的反向运动，使两国同一生产要素的价格趋于均等化。贸易前，A国资本的价格比B国的要高，A国劳动力的价格比B国的要低。贸易发生后，一种情况是，A国资本的价格下降，B国资本的价格上升，结果两国资本的价格趋于相同或接近；另一种情况是，A国劳动力的价格趋于上升，B国劳动力的价格趋于下降，因而两国劳动力的价格也趋于相等。由此可以得出结论，贸易不仅使商品的价格均等化，也使生产要素的价格趋于均等化。

根据要素价格均等化定理，我们还可以引申出另一重要结论：国际贸易会相对提高该国丰裕要素所有者的收入，相对降低稀缺要素所有者的收入。这一结果的重要含义是国际贸易虽改善了一国整体的福利水平，但并不是对每一个人都是有利的，因为国际贸易会对一国要素收入分配格局产生实质性的影响。

3.7.2　要素绝对价格均等化的几何解释

自由贸易的结果不仅使要素相对价格趋于均等，而且还使绝对价格也趋于均等。我们还可以用几何图形来说明两国要素价格均等化的过程。我们将两个埃奇沃斯盒状图组合在一起，设为 A、B 两国的盒状图的组合，便可以用图形论证 H－O－S 定理。图 3－14 中原点 O_x 是 A、B 两国 X 产品生产的共有原点，Y 产品生产的原点是分离的，O_y 是 A 国 Y 产品的原点，O'_y 是 B 国 Y 产品生产的原点，在两国发生贸易之前，A、B 两国国内生产的均衡点分别处于 D、C。当两国之间的贸易发生之后，生产形成专业化趋势，A 国转向专业化生产 Y 产品的趋势，B 国转向专业化生产 X 产品的趋势。B 国的生产点由于专业化（尽管是不完全分工）生产 X 产品，会沿着 $O_xO'_y$（B 国的生产契约线）向右上移动，同时 A 国的生产点由于专业化（尽管是不完全分工）生产 Y 产品，会沿着 O_xO_y（A 国的生产契约线）向左下移动。我们可以发现，当 A 国生产点移动到 E 点，B 国生产点移动到 E' 点时，A、B 两国的 X 生产的要素比率相等，即出现了下面的比率情况：

$$O_xK_b/O_xL_b = O_xK_a/O_xL_a \tag{3-11}$$

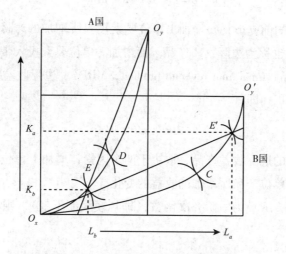

图 3－14　要素价格均等化的几何证明

图 3－14 中，从原点 O_x 射出的射线，过 E 和 E' 点，因而是矩形 $O_xL_bEK_b$、$O_xL'_aE'K_a$ 的对角线，因而说明要素的价格是一样的。另外，还可以发现，A、B 两国 Y 产品生产的要素比率也处于相等状态，这在图 3－14 中表示为 EO_y 射线与 $E'O'_y$ 射线是平行的。这样，由于国际贸易的发生，分工和专业化造成了 A、B 两国的要素在 X、Y 产品生产中有了重新的配置，要素使用的比率趋于一致，两国中的要素价格也会趋于相等。

3.7.3　要素绝对价格均等化的数学证明

在规模报酬不变时，生产函数是线性齐次性。线性齐次函数的一个性质就是所有的自变量都变动 n 倍，因变量也变动 n 倍。

该定理又叫作边际生产力分配理论，还被称为"产品分配净尽定理"，也就是所有产品都被所有的要素恰好分配完而没有剩余（如果产品市场和要素市场都是完全竞争的，而且厂商生产规模报酬不变，那么在市场均衡的条件下，所有生产要素实际所取得的报酬总量正好等于社会所生产的总产品）。因为形式上符合数学欧拉定理，所以称为欧拉定理。

在完全竞争条件下，厂商使用要素的原则是：

$$P \cdot MP_L = w, \quad P \cdot MP_K = r (P \text{ 为产品价格}) \qquad (3-12)$$

因此有：$MP_L = w/P$，$MP_K = r/P$，二者分别为劳动和资本的实际报酬，或二者相对于产品的价格，也是工人或资本所有者每出售 1 单位的 L 或 K，所能换回来的产品数量。

因此，在完全竞争条件下，单位劳动、单位资本的实际报酬等于劳动、资本的边际产量。

假定全社会劳动存量为 L，资本存量为 K，那么这个社会能生产的所有产品为：

$$Q = L \cdot MP_L + K \cdot MP_K \qquad (3-13)$$

在其他条件不变的前提下，每增加 1 单位要素投入所增加的产量，即边际产品（marginal product，MP），也称为边际物质产品。而增加 1 单位要素投入带来的产量所增加的收益，叫作边际收益产品（marginal revenue product，MRP）。边际收益产品等于要素的边际产品和边际收益的乘积，即：

$$MRP = MP \cdot MR \qquad (3-14)$$

因此，可变要素的边际收益产品，取决于两个因素：增加 1 单位要素投入带来的边际产品的变化；增加 1 单位产品所增加的收益的变化。

生产函数 $Q_X = f(L, K)$ 为一阶齐次函数（即规模报酬不变），则根据欧拉定理（边际生产力分配理论）有：

$$Q_X = MP_L \cdot L + MP_K \cdot K \qquad (3-15)$$

又由于产品市场和要素市场均为完全竞争市场，因此：

$$w = MP_L \cdot P_X = VMP_L \qquad (3-16)$$

$$r = MP_K \cdot P_X = VMP_K \qquad (3-17)$$

由式（3-15）有：

$$\frac{Q_X}{L} = MP_L \cdot \left(1 + \frac{K}{L} \cdot \frac{MP_K}{MP_L}\right) \qquad (3-18)$$

式 (3 – 18) 可以变形为：

$$MP_L = \frac{Q_X/L}{1 + (K/L) \cdot (MP_K/MP_L)} \tag{3 – 19}$$

因为在均衡时有：

$$(K/L)_{A'} = (K/L)_{B'} \tag{3 – 20}$$

$$(w/r)_{A'} = (w/r)_{B'} = (w/r)^* \tag{3 – 21}$$

又因为两国平均劳动产量相同，生产均衡时，因此有：

$$w/r = MP_L/MP_K \tag{3 – 22}$$

把生产函数 $Q_X = f(L, K)$ 改写成 $Q_X/L = f(1, K/L)$，根据式 (3 – 20) 可知有：

$$(Q_X/L)_{A'} = (Q_X/L)_{B'} \tag{3 – 23}$$

根据式 (3 – 17) ~ 式 (3 – 23) 可知：

$$(MP_L)_{A'} = (MP_L)_{B'} \tag{3 – 24}$$

由式 (3 – 16) 和式 (3 – 24) 可知贸易后两国实际工资相等，即：

$$(w/P_X)_{A'} = (w/P_X)_{B'} \tag{3 – 25}$$

同样，两国商品的实际利息率也相同。

3.7.4　要素价格均等化的意义

(1) 要素价格均等化使我们认识到，国际贸易的产品流动，可以在一定程度上代替生产要素在国际间的流动，从而弥补生产要素缺乏流动性的问题。

(2) 要素价格均等化只是一种趋势，由于各种假设条件不存在，因此，完全均等化，以至于贸易停止是不可能的。

(3) 要素价格均等化的最大意义是贸易对收入分配的影响。

(4) 该定理只是预测了国际贸易会缩小或消除同质要素收入的国际间差异，但并没有提及国际贸易是否会缩小人均收入的差异。

在生产出口产品时，越是专门或集中使用某一生产要素，就越是能从贸易中获得利益。反之，在生产可进口产品时，越是集中使用某一生产要素，就越可能从贸易中受到损失。换言之，从自由贸易中很可能获得更多利益的生产要素，是那些同可出口产品生产相联系的生产要素，而不是与进口竞争的生产相联系的生产要素。

贸易的确会损害国内一些大集团的利益。利益受到损害的大集团就成为贸易保护主义的支持者。

3.8　雷布津斯基定理

3.8.1　一般性阐述

要素的非中性增长将以不对称的方式移动生产可能性边界，改变一国的相对要素丰裕度。一个经济体对这一变化所做的反应取决于产品的相对价格水平。我们继续假定该国为小国，无力影响世界价格，对该国而言的世界价格保持不变。在这种情况下，当一种要素如劳动力增加而资本存量保持固定，生产会发生什么变化呢？我们已经知道，生产可能性曲线将沿着劳动密集型产品的坐标轴向外移动的距离相对会更远。此时，生产将在新的生产可能性曲线与原有的相对价格水平线的切点上进行，如图 3 - 15 所示。根据新的切点，劳动密集型产品的产出增加了，而资本密集型产品的产出却减少了。如果劳动密集型产品是出口商品，这就是超顺贸易生产效应；如果劳动密集型产品是进口产品，劳动的增长就产生超逆贸易生产效应。一种要素的增长带来的结果是：密集地使用该种要素的产品绝对扩张，密集地使用另一种要素的产品的产出会绝对缩减，这就是雷布津斯基定理（Rybczynski theorem），该定理是以英国经济学家雷布津斯基（T. M. Rybczynski）的名字来命名的。

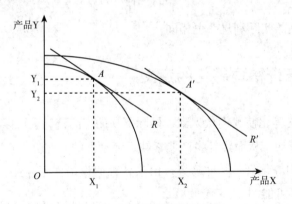

图 3 - 15　雷布津斯基定理图解

▶▶ 阅读材料

大国和小国

国际经济学中的大国和小国是指大型经济体和小型经济体。所谓小国，是指一个国家是价格的接受者，其单方面改变产量、消费量和贸易量均不会打破世界市场均衡，即不改变国际交换价格。而大国是价格的制定者，其单方面的生产、消费和贸易行为的改变足以改变国际交换价格。

下面我们用图形来对雷布津斯基定理进行解释说明。如图 3－15 所示，假设 X 产品为劳动密集型产品，Y 产品为资本密集型产品。图 3－15 中显示，由于劳动要素的增长，生产可能性曲线外移，生产能力提高，但生产能力提高的方向，沿着 X 产品生产扩张速度快于 Y 产品的扩张速度，并在此基础上形成新的生产可能性曲线。在劳动力要素增长之前，生产点在 A 点，生产量为 OX_1 和 OY_1，当劳动力要素增长之后，生产点移动到 A' 点，如果比较两个生产点 A 与 A'，就会发现 X 产品的产量增长而 Y 产品的产量下降，即 $OX_2 > OX_1$，但 $OY_2 > OY_1$。

我们知道，如果在劳动力要素单一增长后仍然要维持产品相对价格不变，即 PY/PX 不变，条件只能是要素的相对价格也不变。然而实现要素相对价格不变的条件是相当苛刻的，从我们已经学习过的内容出发，只有两种要素的生产率保持不变，X、Y 两种产品在生产时投入的要素比例不变才有可能。如果两种要素中，只有劳动力要素得到增长，资本要素保持不变，要产生增加的劳动力能够充分就业，而且生产的要素投入比例不变，就只能减少资本密集型产品的生产，以便有更多的资本与增加的劳动力相结合。因此，在图 3－15 中，劳动密集型产品的产量随着劳动力要素的增加而得到绝对的增长，资本密集型产品的产量则出现绝对减少。这样的过程同样会发生在资本要素单一增长（劳动要素保持不变）的情况下。

3.8.2　证明

3.8.2.1　证明方法一

假设 X 为资本密集型产品，Y 为劳动密集型产品，并且两部门的要素投入比例保持不变（斯托尔珀－萨缪尔森定理），现在资本总量增加 ΔK。为了使新增加的资本（ΔK）能全部被利用，以保证充分就业，则需 X 部门来吸收新增的资本，但要保证 X 部门将新增的资本全部吸收，还需要一定的劳动来与其搭配，所以 Y 部门不得不缩小生产规模，以便释放出一定的劳动（ΔL_Y）。但 Y 部门在释放出劳动的同时，还会释放出一定的资本（ΔK_Y），这部分资本也需要 X 部门来吸收，最后达到如下状态：

$$k_X = \frac{K_X}{L_X} = \frac{K_X + \Delta K + \Delta K_Y}{L_X + \Delta L_Y} \tag{3－26}$$

$$k_Y = \frac{K_Y}{L_Y} = \frac{K_Y - \Delta K_Y}{L_Y - \Delta L_Y} \tag{3－27}$$

当上述两式都满足时，所有的要素都得到了充分利用，并且两个部门的要素密集度保持不变，结果 X 部门的生产扩大，而 Y 部门的生产则下降。

3.8.2.2　证明方法二

在图 3－16 中，E_1 点表示一国要素变化前的要素禀赋点，直线 OX_1、OY_1 的斜率分别表示均衡时 X、Y 两个部门的要素使用比例。由于 X 是资本密集型产品，所以直线 OX_1 在直线 OY_1 之上。坐标图中，X、Y 点所对应的劳动、资本量分别表示两个部门的要素投入量。根据要素充分利用的这一假设条件，$OX_1E_1Y_1$ 为平行四边形。另外，由于规模收益保持不变，X、Y 的产出分别与线段 OX_1、OY_1 的长度成等比例关系，所以不妨用 OX_1、OY_1 线段表示两个部门的产出水平。

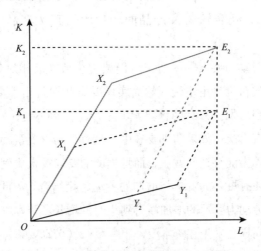

图 3 – 16　雷布津斯基定理的几何证明

假定资本增加，劳动保持不变，则图 3 – 16 中资本增加后的要素禀赋点由 E_1 点变为 E_2 点。在商品相对价格不变，要素禀赋点变动之后，X、Y 两个部门的要素使用比率仍保持不变，这是因为要保证所有要素得到充分利用，新的平行四边形为 $OX_2E_2Y_2$，相应的 OX_2、OY_2 为两个部门的产出水平。由图 3 –16 可知 X 部门的产出增加，Y 部门的产出减少。

由此我们可以得出这样的重要结论：一方面，生产可进口产品生产要素的增加，将会减少对进口产品的需求，从而使其贸易条件得到改善；而另一方面，生产出口产品所需的生产要素的增加，将会增加出口产品的供给，从而导致其贸易条件恶化。关于这一点对出口导向型企业显得尤为重要。在增加出口的同时，更要关注可能对贸易条件产生的负面影响，要做到趋利避害。

3.9　均衡价格的确定

在古典贸易理论部分介绍了两种确定均衡价格的方法，这里再介绍一种运用提供曲线来确定贸易均衡的方法，包括均衡价格和均衡贸易量。

3.9.1　贸易无差异曲线

贸易无差异曲线（trade indifference curve）是英国经济学家 J. E. 米德在其《国际贸易

几何学》（1952）中利用生产可能性曲线和消费无差异曲线推导出来的，表示保持一国福利水平不变的一系列不同的进出口数量组合的轨迹。

　　设一国资源为既定，生产 X、Y 两种商品，如图 3 - 17 所示，在坐标的第 Ⅰ 象限内绘出生产可能性曲线和社会无差异曲线，然后将之翻转到第 Ⅱ 象限，二者分别为 ab 和 C_1。在没有贸易时二者相切于 T 点，T 点为最大福利点。我们把纵轴、横轴和 PPF 三者围成的一块不规则扇形 Oab 称为"生产域"（production block），即在当前技术水平和资源存量的约束条件下该国所能实现的生产点的集合。翻转到第 Ⅱ 象限是为了推导贸易无差异曲线技术上的方便。

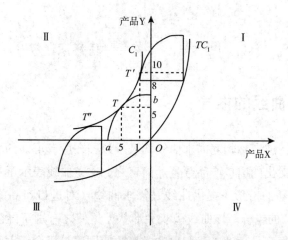

图 3 - 17　贸易无差异曲线的推导

　　然后，保持 PPF 与 C_1 始终相切，平行移动生产域。当生产域 Oab 沿着社会无差异曲线 C_1 上下移动时，其角点 O 的轨迹便是贸易无差异曲线 TC_1。TC_1 曲线之所以被称为贸易无差异曲线，是因为生产域 Oab 沿着 TC_1 曲线滑动时，不管有无国际贸易，生产域的总福利保持不变。例如，当生产域 Oab 的均衡位置位于 T 点时，该国所生产和消费的产品 X 和产品 Y 的数量均为 5 个单位，进、出口量均为零。当滑行至 T' 点时，该国生产组合变为 7X 和 2Y，消费组合则为 1X 和 10Y，为此该国必须出口 6X，并换得 8Y 进口，才能满足 1X 和 10Y 消费组合的要求。但 1X 和 10Y 组合所带来的满足程度与过去 5X 和 5Y 组合是相同的，因为 T 点和 T' 点均在 C_1 上，这意味着福利水平没变。故 TC_1 称为贸易无差异曲线。

　　上述是单条贸易无差异曲线的推导。若当该国收入增加，其消费水平也提高，社会无差异曲线便向左上方移，可画出 C_2，C_3，C_4，…，C_n 等无数条线，构成社会无差异曲线图（social indifference map）。社会无差异曲线的位置虽然外移，但国内的资源和生产技术并未变动，因此生产域 Oab 的形状和大小始终未变。当生产域 Oab 沿不同的社会无差异曲线滑动时，便得到一组贸易无差异曲线，构成贸易无差异曲线簇（见图 3 - 18）。每一条贸易无差异曲线都是可以实现社会无差别效用的进出口的组合。

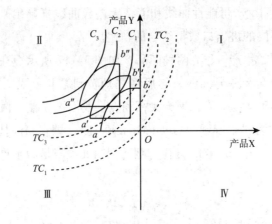

图 3 – 18　贸易无差异曲线簇

3.9.2　提供曲线的推导

一国的提供曲线，或者称相互需求曲线，表示该国在所有可能的相对价格水平上，愿意购进的进口产品和卖出的出口产品数量。简言之，这条曲线表示了一国在各种可能的贸易条件下愿意进行贸易的情形。提供曲线是需求曲线（对进口产品的需求）和供给曲线（对出口产品的供给）的组合。该曲线呈双尖形状，这使之有别于经济中使用的大多数的图形工具。提供曲线很容易理解，我们也非常喜欢使用这一概念，因为在刻画消费者和生产者的各种各样的反应以及行为活动所产生的最终结果时这条曲线非常实用。

可以用几种方法来推导提供曲线，这里主要介绍用贸易无差异曲线推导的方法。图 3 – 19 中为 TC_i（$i = 1, 2, 3, \cdots$）贸易无差异曲线。OP_i（$i = 1, 2, 3, \cdots$）为交易条件（$OP_i = P_X / P_Y$），表示 X、Y 两种产品的相对国际价格，即两种产品的国际交换比例。其中，OP_1 与 TC_1 相切于原点 O，表示该国此时尚无对外贸易，故 OP_1 的斜率实际上就是该国国内的交换率。若过原点 O 作 OP_2、OP_3 等线，由于这是作在贸易无差异图上，OP_2、OP_3 等线必定会分别与一条相应的贸易无差异曲线 TC_2、TC_3 等相切，其斜率均大于 OP_1

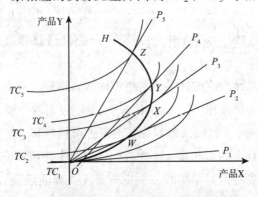

图 3 – 19　提供曲线的推导

线。这些斜率也就是国际交换比例。W、X、Y, Z 各点表示在不同的国际价值时，该国不同的理想的进出口组合。它们表示一个国家在各个相对价格水平上所愿意提供的用来交换另一种产品的某产品量。这一系列切点的轨迹便是提供曲线。

提供曲线的特点是呈外凸状，它表示当国际价格变得对该国日趋有利时（OP_2 等切线的斜率增大），该国必然乐于扩大贸易，故贸易量增长，结果切点轨迹向右上方延伸。但它有一个转折点，在此点以上，随着 X 对 Y 的相对价格的提高，该国所愿意提供的产品 X 的数量递减（如图 Y 点和 Z 点）。这是由于在成本递增规律的作用下，随着国际交换的进行，该国生产产品 X 的机会成本越来越高，因为持续出口，而使国内的稀缺性越来越大。同时，由于 Y 的进口扩大，该国对 Y 的消费欲望逐渐下降。此时尽管国际交换比率对该国有利，该国用产品 X 交换产品 Y 的兴趣也越来越小。

3.9.3　世界市场中的均衡

如图 3 - 20 所示，国际贸易的一般均衡点由两国的提供曲线的交点决定。可以用同样的方法在第Ⅳ象限绘出另一国的社会无差异曲线，推导出贸易无差异图落在第Ⅰ象限内，进而得到另一国的提供曲线 OF。OH 线是本国的提供曲线，这两条曲线的交点 E 即为一般均衡点。OE 为均衡贸易条件线，其斜率就是稳定的国际交换比率。在 E 点上，无论是国际市场还是国内市场，两种产品 X 和 Y 的供求相等。因为，在国际市场上，根据穆勒的相互需求论，A 国所提供的 10 单位的 X 产品构成对 B 国提供 Y 产品的需求。反过来，B 国提供的 8 单位的 Y 产品构成对 A 国提供的 X 产品的需求。在国内市场上，就 A 国而言，X 产品的总产量减去出口量正好等于本国的需求量，而 Y 产品的总产量加上进口量亦等于该国的需求量。同理也适合 B 国。由此可见，通过两国的提供曲线可求得国际贸易的一般均衡，同时也可以说明在自由贸易均衡下，两国的生产形态、消费形态、进口与出口（贸

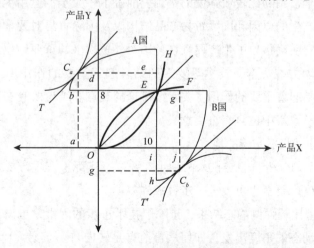

图 3 - 20　世界市场均衡

易量与贸易方向）及贸易条件等情况（见表 3 - 2）。贸易均衡时，由于一个统一市场只会有一个价格信号，A 国的贸易条件 T、B 国的贸易条件 T' 和国际交换线 OE 三者完全平行。

表 3 - 2 　　　　　　　　　　自由贸易条件下两国的均衡状态

均衡项目	A 国		B 国
国际价格	OE		OE
国内价格	T	=	T'
X 的生产量	C_{ae}		hC_b
X 的消费量	C_{ad}		gC_b
X 的生产 - 消费	de	=	$- gh$
Y 的生产量	C_{ab}		kC_b
Y 的消费量	C_{aa}		jC_b
Y 的生产 - 消费	$- ab$	=	jk
X 的贸易量	出口 $de = O_i$		进口 $gh = O_i$
Y 的贸易量	出口 $ab = E_i$		出口 $jk = E_i$
Y/X 的比率	$O_i/E_i = OE$ 斜率		

3.10　里昂惕夫悖论

3.10.1　对 H - O 理论的评价

要素禀赋论在李嘉图的比较成本说的基础上前进了一大步，运用生产要素禀赋的差异寻求解释国际贸易产生的原因和国际贸易产品结构以及国际贸易对要素价格的影响，研究更为深入和全面。它明确指出了生产要素在各国对外贸易中的重要地位。在各国对外贸易竞争中，土地、劳动力、资本、技术等要素的结合起着重要的作用。它们结合构成的价格，对一国对外贸易起着重要的作用。要素禀赋论的观点和结论既具有理论意义，同时在指导一国的对外贸易政策中也具有重要意义。

H - O 模型也有一些不完善的地方：

（1）H - O 模型的分析只假定投入两种生产要素，实际上，生产要素可以分成许多种类，即使是某一类生产要素也可以进一步分成许多项。

（2）H - O 模型比较强调静态结果，排除了技术进步的因素，也没有说明一国在特定的要素禀赋下，从动态的角度出发，如何从自给自足转向自由贸易。H - O 模型实际上是从现有的贸易结构反推比较利益形成的基础。

（3）该理论对于需求因素并未予以充分的重视，这也影响了其对于现实问题的分析。

（4）该理论在分析过程中引进了价格或货币因素，这就增加了问题的复杂性。在我们前面的分析中，没有涉及货币问题，比较利益和价格差异的测度标准是物质产品间的比价，在 H－O 模型中为说明问题引进了价格因素。然而，在国际贸易中，产品价格的形成受多种因素的影响，因而可能引起建立在比较利益基础上的比较优势和价格竞争优势之间的差异或脱节。

3.10.2　里昂惕夫对 H－O 理论的检验

对 H－O 理论最早的一项重要检验是由里昂惕夫（Wassily W. Leontief）完成的，其结果在 1953 年发表。这一综合性的检验对此后该领域中的实证研究产生了重要影响。里昂惕夫利用他自己提出的投入－产出表（input-output table）检验了 H－O 定理的预测结果。投入－产出表详细地列出了经济中所有产业之间的联系，包括每个产业流向其他所有产业的产品和从所有其他产业购买投入品及要素服务的情况。此外，这张表不仅表明了每一个特定产业的"直接要素需要"，即中间产品在生产的某一具体阶段使用的资本与劳动力的情况，还说明了要素需求总量（total factor requirements）的情况。总需求既包括直接需求，也包括"间接要素需求"，即向该产业提供所有投入品的产业在生产中所使用的资本与劳动情况。在生产一组产品组合（如出口品和进口替代品）需要计算对资本与劳动力的总需求时，投入－产出表非常有用。

为了评价根据 H－O 定理对美国经济所做的预测，里昂惕夫设想了这样一种情景：基于美国 1947 年的数据，令出口和进口总额同时减少 100 万美元。借助投入－产出表，我们可以知道，从生产出口品的产业中可以释放出多少单位的资本和劳动，同时也知晓不再进口的那 100 万美元的产品在本国生产需要投入多少资本与劳动（里昂惕夫把他的分析限制在"竞争性的进口品"上，这意味着分析中不包括那些美国国内没有生产的产品，如香蕉）。

估计出从出口减少中所释放出的 K 和 L 的值和生产进口品所需要的 K 和 L 的值后，我们将两者进行比较。美国被认为是一个资本相对丰裕的国家，因此统计分析的预期结果应该是，从出口产品减少中所释放出来的要素 K/L 比例应该大于复原原来进口品所需的 K/L 比例。采用里昂惕夫统计值（Leontief statistic）就可以对上述预测是否成立作出评价。

里昂惕夫统计值定义为：

$$\frac{(K/L)_M}{(K/L)_X} \tag{3-28}$$

其中，$(K/L)_M$ 指一国用于生产进口的竞争性产品的资本/劳动比例，而 $(K/L)_X$ 是指用于生产出口产品的资本/劳动比例。根据 H－O 定理，资本相对丰裕国家的里昂惕夫统计值应小于 1.0（因为分母要大于分子），而劳动相对丰裕国家的里昂惕夫统计值则大于 1.0。

里昂惕夫的验证结果非常出人意料。他发现，假设美国出口减少后将释放出的资本为价值 255 万美元和劳动为 182.3 年的劳动时间，$(K/L)_X$ 的值大约为 14000 美元/年劳动时间。在进口方面，为了复原不再进口的产品，需要投入的资本价值为 309 万美元，劳动为 170.0 年的劳动时间，$(K/L)_M$ 的值约为 18200 美元/年劳动时间。美国的里昂惕夫统计值为 1.3（18200/14000），对一个资本相对丰裕的国家来说，结果完全违背预期。对他结论的分解分析也同样支持上述发现。与最重要的进口竞争性产业相比，最重要的出口产业 K/L 比率常常较低，每单位美元产出的劳动需要相对较高，资本需要则相对较低。一个似乎是常识性的观点，即资本丰裕的国家将出口资本密集型产品，进口劳动密集型产品，现在面临着严重的挑战。这一研究让人们对已被广泛接受的 H-O 定理心生疑义，这就是著名的里昂惕夫悖论（Leontief paradox），也称为里昂惕夫之谜。

3.10.3　里昂惕夫悖论的解释

里昂惕夫悖论的提出引起了理论界的极大关注，学者们纷纷从不同的角度给出了自己的解释。有些学者站在维护要素禀赋理论的立场上，将标准模型没有考虑到的因素引入分析，从而在一定程度上弥补了该理论的不足，增强了要素禀赋理论的现实性和对国际贸易实践的解释能力。还有一些学者对要素禀赋理论产生了质疑，因而另辟蹊径，重新探讨国际贸易发生的基础和动因问题。下面我们将介绍几种具有代表性的对里昂惕夫悖论的解释。

3.10.3.1　人力资本说

里昂惕夫本人对里昂惕夫悖论的解释是：各国劳动者的素质是不同的，美国工人具有比其他国家工人更熟练的技术和更高的劳动生产率。他认为在同样的资本配合下，美国的劳动生产率大约是其他国家的 3 倍，因此美国的有效劳动数量应该是现存劳动量的 3 倍。这样美国就成为劳动相对丰裕而资本相对稀缺的国家，美国的贸易格局就应该是出口劳动密集型产品、进口资本密集型产品。但是，里昂惕夫的这种解释并不被人们所接受。一些学者指出，如果美国的生产效率是其他国家的 3 倍，那么美国的劳动数量和资本数量应该同时乘以 3，这样美国的资本相对丰裕程度并没有受到影响。并且，一些学者对美国劳动生产率的研究也否定了里昂惕夫的观点，例如，美国经济学家克雷宁经过检验，认为美国工人的劳动效率与欧洲工人相比至多高出 1.2~1.5 倍。后来里昂惕夫本人也否定了上述解释。

虽然里昂惕夫的解释并没有被接受，但是这一解释突破了此前在国际贸易理论中关于各国生产要素同质的前提假设。受里昂惕夫有效劳动解释的启发，后来一些学者，如南（P. B. Kenen）、基辛（D. B Keesing）等，在要素禀赋理论框架下引入了人力资本这一因素。他们认为，一般劳动可以分为熟练劳动（skilled labor）和非熟练劳动（unskilled labor）两种，其中，熟练劳动是具有一定技能的劳动，这种技能不是先天具备的，而是通过大量投资进行教育、培训等获得并积累起来的，而这种通过投资获得知识、技能的做法非常类似于对物质资本的投资行为。因此，资本既包括有形的物质资本（physica capital），又包括无形的人力资本（human capital）。如果将人力资本折算进去考虑的话，美国出口品的资本密集度就要大于进口竞争品的资本密集度。不过，在实际当中人力资本的真正价值以及相关数据很难准确地获得。

3.10.3.2　需求逆转

在前面章节中我们引入了需求逆转的概念。如果存在需求逆转，当我们采用实物角度来定义相对要素丰裕度时，贸易伙伴间的需求结构差异可以导致它们之间的贸易并不一定会遵循 H－O 贸易模式。如果一国相对偏好密集地使用自身相对丰裕的实物要素生产产品（可称为"自有要素密集产品偏好"），那就可以解释里昂惕夫悖论，因此我们可以假设美国人相对偏好资本密集型产品，而美国的贸易伙伴相对偏好劳动密集型产品。美国对于资本密集型产品的需求偏好会导致这些产品的价格上涨，直到美国的比较优势体现在劳动密集型产品上。同样的情形也会发生在其贸易伙伴国，直到它们在资本密集型产品的生产上具备了比较优势。

用需求逆转来解释里昂惕夫悖论的正确性问题需要实证验证。然而，需求逆转在解释悖论方面有意义必须是在需求存在显著差异（在现实中似乎不太可能）的情况下才可行。而且，如果需求逆转成立，那么在美国对劳动密集型产品的需求就相对较低，因此美国的工资也将相对较低——这很难与我们对各国工资水平状况的观察一致起来。因此，还需要对里昂惕夫悖论给出其他解释。

3.10.3.3　要素密集度逆转

前面章节已经说明，当一种产品在一国通过资本相对密集的方式生产，但在另一国却通过劳动相对密集的方式生产时，就发生了要素密集度逆转（FIR）的现象。我们不可能清楚地区分哪一种是资本密集型产品，哪一种是劳动密集型产品，因而 H－O 定理不可能对两个国家都成立。例如，考虑如下情形，X 产品在 A 国是资本密集型产品，但在 B 国是劳动密集型产品（相对应，Y 产品在 A 国是劳动密集型产品，在 B 国是资本密集型产品），A 国是资本相对丰裕国。如果 A 国向 B 国出口 X，那么，H－O 原理的预测就是正确的，但对 B 国不适用，因为后者是劳动密集型国家，应该向 A 国出口 Y 产品（在 H－O 的两国模型中，两国不可能都出口 X）。既然 Y 产品在 B 国是资本密集型产品，故 B 国与 H－O 定理相悖。在解释里昂惕夫悖论时，要素密集度逆转表明，虽然美国的进口产品在国外可能是劳动密集型产品，但是在美国，这些产品的生产过程却是资本相对密集型的。美国贸易伙伴国（劳动丰裕的国家）出口这些劳动密集型产品与 H－O 理论相符，但美国并不符合 H – O 理论。

这样解释里昂惕夫悖论，其正确性同样也需要实证检验。对于要素密集度会以什么样的频率发生逆转，现有的文献还存在分歧，我们也不能对此视而不见。

最著名的一项检验是由明汉斯（B. S. Minhas，1962）完成的，他使用了 1947 ~ 1951 年间美国和日本 20 个产业的数据。假设我们考察 20 个相同的产业，并且还知道了各国在这 20 个产业中的 K/L 比率，并按照 K/L 比率从大到小的顺序把这些产业排列起来（明汉斯就是这样做的）。例如，在美国（使用需要投入的总资本额与总劳动额数据），石油产业资本密集度最高（也即 K/L 比率最高），煤炭排第 2 位，钢铁排第 8 位，纺织品排第 11 位，造船排第 15 位，皮革排第 19 位，等等。如果不发生要素密集度逆转，日本的排序应当与美国的一样。从统计学上看，这意味着美国排序与日本排序间的相关系数应当等于 1.0。（注意：如果两组数据排列的顺序相同，则两者的相关系数为 1.0；如果顺序正好完全相反，则系数为 – 1.0；如果两组排列数据之间不存在任何关系，则相关系数为 0。）

当明汉斯采用要素的总需求来计算相关系数时，他获得的排序相关系数仅为 0.328（这意味着，在日本，钢铁排第 3 位而不是第 8 位，造船排第 7 位而不是第 15 位，等等）。即使只考虑"直接"需要量，相关系数也只有 0.730。因此，H – O 模型"不存在要素密集度逆转"的假设值得怀疑。此后，一些经济学家，如赫夫鲍尔和鲍尔（G. C. Hufbauer & D. S. Ball，1966）等指出，如果考虑到两个可利用土地和农业生产上的差异以及这些差异影响 K 和 L 的相对使用量的情况，那么排列相关系数会非常接近于 1.0。因此，虽然有人主张在真实世界中存在要素密集度逆转的现象，但是要素密集度逆转可能没有明汉斯说的那么重要。

3.10.3.4　贸易壁垒说

从关税角度对里昂惕夫悖论的解释，主要集中于那些受到关税（或者其他贸易壁垒）保护的产品的要素密集度。从 H – O 定理以及随后的斯托尔珀 – 萨缪尔森定理中，我们知道，一国开展贸易后，丰裕要素所有者的实际收入将提高，而稀缺要素所有者的实际收入将下降。这表明，在美国，劳动者比资本所有者受到的贸易保护要更多。因此，美国的贸易壁垒对相对劳动密集型的进口产品的打击是最厉害的。这种假说指出，在这些产品被限制的情况下，美国进口产品构成中的相对资本密集型产品就相对多于其他产品，因为劳动密集型产品被"贸易保护"进入了。所以，里昂惕夫悖论在一定程度上反映了美国的关税结构造成的后果，并不能反映与 H – O 定理相一致的自由贸易的结果。

这种论点能解释里昂惕夫悖论存在的原因吗？在 1971 年的一项研究中，罗伯特·鲍德温（Robert Baldwin）确认了关税有这种影响的可能，他还通过计算得出，如果考虑到关税的影响，美国进口产品的 K/L 比率会降低 5% 左右。可见，贸易壁垒可以部分地对里昂惕夫悖论作出解释。

3. 10. 3. 5　自然资源的作用

这种解释也建立于以下观点之上：采用两种要素模型对评价 H - O 理论是否成立作出合理的实证评判局限性太大。在这种情况下，增加了一项"自然资源"的要素。在里昂惕夫悖论中，许多被称为"资本密集型"的进口竞争性产品实际上是"自然资源密集型"产品。在估计本国生产进口品所需的生产要素使用量时，里昂惕夫发现这种生产要求使用资本密集型的生产工序，但是在一些诸如石油制品、煤矿业以及钢铁产业中，在本国生产时，既需要大量资本也需要大量的自然资源。里昂惕夫运用两种要素模型检验时，这些进口竞争性产品的生产仅仅与资本密集型的生产工序有关〔这就提高了里昂惕夫统计值 $(K/L)_M$ 的具体数值〕。然而，这些产品"真正"密集的要素可能并非在资本方面，而是在自然资源方面。如果我们能够确定真实的要素密集度，我们就能得出结论，美国进口的实际是自然资源密集型的产品。如果美国的自然资源禀赋相对稀缺的话，就不存在与 H - O 定理相悖的结论。

自然资源的重要性在多项实证检验中得到了证实。例如，詹姆斯·哈蒂根（James Hartigan，1981）对美国 1947 年和 1951 年的贸易情况进行了里昂惕夫式的检验。在一般情况下悖论存在，但把自然资源密集型的产业从检验中剔除后，悖论消失。剔除了自然资源的产业，美国贸易的里昂惕夫统计值 1947 年为 0.917、1951 年为 0.881。这种结果就非"悖论"了。里昂惕夫（1956）也发现用自然资源产业调整后悖论消失。另外，罗伯特·鲍德温（1971）发现考虑自然资源只能降低悖论的程度，但不能完全消除它。故以"自然资源作为第三种要素"的相对重要性来解释里昂惕夫悖论也不再那么确定。

复习思考题

1. 请用贸易无差异曲线推导另一国的提供曲线。

2. 运用生产可能性曲线和社会无差异曲线图解释封闭均衡和开放均衡的异同。

3. 假设两个产业的规模报酬不变，如果埃奇沃思盒状图中的生产效率曲线是盒状图的对角线，生产可能性边界呈什么样的形状？

4. 假设一国的资本存量增加，埃奇沃思盒状图将发生怎样的变化？结果会导致生产可能性边界发生什么样的变化？与资本存量增加前相比，该国现在是两种产品的产量都增加了，还是仅有资本密集产品增加了？为什么？

5. 用提供曲线说明贸易均衡价格的确定，并解释贸易条件的变化。

6. 试述新古典贸易理论与古典贸易理论的差别。

7. 假定世界上仅有两国——A 国和 B 国。两国的消费者偏好及生产技术均相同，且 A 国为劳动力充裕的国家，而 B 国为资本充裕的国家；生产两种产品——西装和汽车。西装为劳动密集型产品，而汽车为资本密集型产品。

(1) 描绘 A、B 两国的生产可能性边界；

（2）描绘并在图上标出封闭条件下两国的生产、消费均衡点以及封闭价格；

（3）说明如果两国根据 H－O 理论开展贸易，则贸易模式如何。描述并在图上标出自由贸易条件下两国的生产和消费均衡点、进出口量以及两国的贸易条件。

8. 假定一国有 400 单位的劳动和 600 单位的资本，用于生产酒和奶酪。生产 1 单位酒需要 10 单位劳动和 5 单位资本；生产 1 单位奶酪需要 4 单位劳动和 8 单位资本。

（1）奶酪和酒的生产中密集使用的要素分别是什么？

（2）该国是否可用本国拥有的资源来生产 90 单位酒和 50 单位奶酪？为什么？

（3）画图表示土地和劳动对该国生产的约束。

（4）假如劳动供给增加 100 单位，那么（3）中的约束有何变化？

9. 决定一国生产可能性边界形状的因素是什么？

第4章　特定要素模型

在李嘉图模型里，劳动要素都被假设为在部门之间自由流动，没有任何障碍。但是在现实生活中，要素的流动其实并不是完全自由的。有的要素能够比较自由地在部门之间流动，有的要素至少在相当一段时间里难以流动。当我们假定某个或某些要素不能完全跨部门自由流动时，便产生了与标准 H – O 模型有所区别的特定要素模型。该模型是由保罗·萨缪尔森（Paul Samuelson）和罗纳德·琼斯（Ronald Jones）创建并发展。在本章中，我们假设至少一个生产要素在部门间是完全不能自由流动的，我们可以看到，这个假设的存在能使一个国家得益的贸易可能会导致某些人的利益受损，该模型可以更清楚地看到国际贸易的收入分配效应。

4.1　模型假定

所谓的特定要素，是与普通要素相对而言的，是指无法在部门间自由流动的要素。在实际中，特定要素与流动要素之间没有明显的界限，二者的区别只在于调整时间长短的问题。因而特定要素也就可以理解为那些调整速度比较慢、重新达到新的均衡所需时间较长的生产要素。在这里，长期和短期是相对的。所谓长期是指所有要素充分流动所需要的时间；所谓短期是指这样一个时期，期间至少一种要素在生产函数中是固定的。特定要素理论分析的是要素投入无法在产业间移动时，贸易对收入分配的短期影响。实际上，该理论是要素价格均等化理论的短期版本，即特定要素模型可以看作短期内某些要素不能流动的赫克歇尔 – 俄林模型。

由于两部门所使用的特定要素是异质的，该模型也可以视作一个 $2 \times 2 \times 3$ 模型，即两国两部门三要素模型。该模型的基本假设如下：

（1）假定世界有 A 国（本国）和 B 国（外国）两个国家，它们均使用两种生产要素（K，L）生产两种产品（X，Y），其中，劳动 L 是普通要素，具有部门间的完全流动性，而资本 K 是特定要素，可分为用于 X 生产的资本 K_X 和用于 Y 生产的资本 K_Y，两种特定要素具有很强的部门专用性，短期内无法跨部门流动。

（2）假定两部门的生产都是规模报酬不变的，所有的生产要素都被充分利用。生产中所有生产要素都遵循边际报酬递减规律，即随着一种要素使用量的增加，其边际产出逐步递减。

（3）不同国家的要素禀赋是不同的，也就是各国具有不同的要素比例。在两个国家三种要素的情况下，我们不仅要考虑劳动与资本的比例，还要考虑两种特定资本的比例。如果我们假设 A 国是 X 特定资本丰裕的，则 B 国就是 Y 特定资本丰裕的。

（4）两种产品的生产技术是给定的，在两个国家都相同。即两个国家相同部门的单位劳动投入和单位资本投入都相同。并且在给定的要素价格下，如果 A 国用某种要素比例生产 X 和 Y，B 国也用同样的要素比例生产 X 和 Y。

（5）两个国家的消费者偏好相同，因此他们有相同的需求曲线和社会无差异曲线。这样，在给定的产品价格下，两个国家对两种产品的消费比例是相同的。

（6）产品自由贸易，没有任何关税或非关税的贸易壁垒，也不考虑运输成本。

4.2 理论准备

4.2.1 生产函数

投入和产出之间的关系可以用生产函数来归纳，X 产品生产函数表明一个公司利用各种要素投入能生产 X 产品的最大数量。根据 4.1 节的假定，我们写出 X 的生产函数：

$$Q_X = F_X(K_X, L_X) \tag{4-1}$$

其中，Q_X 表示 X 的产量，F_X 表示函数，K_X 表示投入 X 生产中的资本量，L_X 表示投入 X 生产中的劳动量。该生产函数可用图 4-1 表示。而 Y 产品的生产函数为：

$$Q_Y = F_Y(K_Y, L_Y) \tag{4-2}$$

其中，Q_Y 表示 Y 的产量，K_Y 表示投入 Y 生产中的资本量，L_Y 表示投入 Y 中的劳动量。假定两国劳动力存量分别为 TL_X 和 TL_Y，则充分就业要求各部门投入的劳动之和等于 X 产品和 Y 产品的总的劳动力需求量为：

$$L_X + L_Y = L \tag{4-3}$$

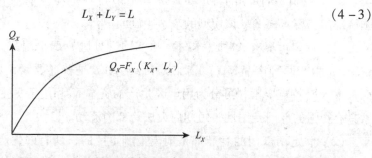

图 4-1 边际产出递减的生产函数

在特定要素模型中，X产品的资本K_X要保证被充分利用，所以在充分就业条件下所使用的资本量是固定的，但所使用的劳动量是不确定的。当增加更多的劳动要素与既定的资本存量K_X配合时，X产品劳动的总产出（total product of labor）会增加，但是由于每个劳动者结合的资本数量在减少，劳动要素的边际产出会呈现递减趋势，即每1单位相继增加的劳动所带来的产出增加都比上一个要少（见图4-2）。

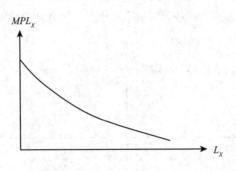

图4-2 劳动的边际产出

假定要素市场和产品市场都是完全竞争的，X和Y产品的生产者既是价格接受者又是利润最大化的追求者，他们支付给每一个生产要素的报酬一定等于该生产要素的边际产出，使工资和利率各自等于劳动和资本的边际产品价值。于是对于X产品就有：

$$w_X = VMP_{LX} = P_X \cdot MPL_X \tag{4-4}$$

$$r_X = VMP_{KX} = P_X \cdot MPK_X \tag{4-5}$$

同理对Y产品也有：

$$w_Y = VMP_{LY} = P_Y \cdot MPL_Y \tag{4-6}$$

$$r_Y = VMP_{KY} = P_Y \cdot MPK_Y \tag{4-7}$$

式中，P_X和P_Y分别是X产品和Y产品的价格。这4个式子的含义是：企业家为雇用劳动（或资本）所花费的每一枚铜板，都要让这些劳动（或资本）创造的价值不低于这枚铜板。

从上述条件可以得出劳动和资本的实际报酬，以X产品生产为例：

$$w_X/P_X = MPL_X \tag{4-8}$$

$$r_X/P_X = MPK_X \tag{4-9}$$

这意味着，生产要素的实际报酬在资本/劳动比率一经确定便可得知，相对于特定就业水平的资本存量的增加会带来更高的实际工资。进一步，由于边际产量是对应的资本/劳动比率的函数，如果我们知道一种产品的边际产出如何变化，也就会立即知道另一产品的边际产出朝相反方向变化。同时，一个产品劳动边际产出的增加意味着该产品资本边际产出的下降。换言之，如果w_X/P_X上升，那么r_X/P_X就下降。

4.2.2　生产可能边界

要分析一国的生产可能性，我们只需知道当劳动从一个部门转移到另一个部门时，产品的产出组合是怎样变化的。在图 4-3 中，第 I 象限是生产可能性边界线，第 II 象限是 Y 的生产函数，第 III 象限是劳动在两产品间的分配，第 IV 象限是 X 的生产函数。

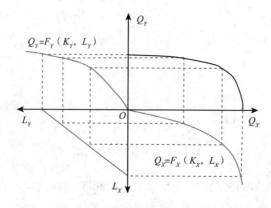

图 4-3　PPF 曲线的推导

注意：由于资本要素不能在两产品间自由流动，产生了效率损失，致使其生产效率比 H-O 模型中小一些，这将在下面给出解释。

4.2.3　产品价格与劳动配置

现在将 X、Y 两个产品同时置于一个短期的一般均衡框架下来考察，这要求两个产品之间劳动力可以自由流动，并形成一致的工资水平，意味着两个产品的劳动边际产品价值相等。在图 4-4 中，横轴表示劳动力数量，其长度 $O_X O_Y$ 代表该国劳动总量，从 O_X 向右表示 X 产品的劳动使用量，由 O_Y 向左表示 Y 产品的劳动使用量。纵轴表示劳动的报酬即工资率。劳动的边际产品价值（VMP_L）是指产品的价格（P）与劳动力的边际产量（MPL）的乘积。VMP_L 曲线就是劳动力需求曲线，这是因为在竞争条件下企业会发现，当劳动力的价格（工资率）等于 VMP_L 时，雇用劳动力获利最大，企业家愿意支付给工人的工资上限就是工人为企业所创造的价值。依据收益递减规律，即单位劳动力增加，劳动力的边际产量贡献递减，所以 VMP_L 曲线向下倾斜。因为 $VMP_L = P \cdot MPL$，MPL 下降意味着如果继续增加劳动力雇用就会造成单位劳动所结合的资本数量的下降、VMP_L 的减少。

假定 X 的价格 P_X 是给定了的，X 部门的资本存量也是固定的，当该部门使用更多劳动时，劳动的边际产出下降，劳动的边际产品价值线 VMP_{LX} 会随着 MPL 一起向右下方倾斜。类似地，VMP_{LY} 代表 Y 部门的边际产品价值。两条 VMP_L 曲线相较于 E 点，则 $O_X E'$ 为

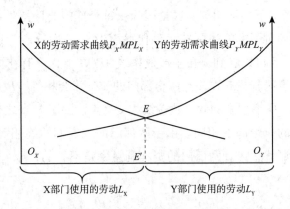

图 4-4　劳动要素的部门配置

最终配置在 X 部门的劳动，因为此时 X 部门愿意支付的工资更高；$O_Y E'$ 是最终配置在 Y 部门的劳动，因为此时 Y 部门愿意支付的工资更高。

　　假定该国出口 X 并进口 Y，在贸易后，如果 X 的价格由 P_X 提高到 P_X'，Y 的价格由 P_Y 下降到 P_Y'，将导致 X 部门的工资率同比例增加，Y 部门工资率同比例下降，造成 VMP_{LX} 朝右上移动，VMP_{LY} 朝右下移动，两条劳动曲线的交点向右移动，从而引起部分工人从 Y 产业转移到 X 产业。需要注意的是，在 X 部门，外部劳动要素的移入将会降低该产品的边际劳动产出，使该部门工资的上涨幅度小于 X 的价格上涨幅度；在 Y 部门，劳动要素的移出将会提高该部门的边际劳动产出，使该部门工资的下降幅度要比 Y 的价格的下降幅度小。但总体上看，分工和贸易所形成的相对价格变动会造成劳动要素从 Y 部门向 X 部门的净移动。

　　特定要素由于存在产品生产专用性，在贸易发生后的短期内并不会发生转移。这样，贸易发生后，X 部门的资本要素没有增加，但劳动要素增加了，所以每单位劳动所结合的资本数量下降了，从而导致劳动的边际产出下降，而资本边际产出上升；Y 部门的变化正好相反。

4.3　没有贸易时的均衡

　　在一个没有贸易、自给自足的经济里，如果资本也是可以完全流动的，则生产的效率轨迹线即生产契约线就会如图 4-5 中的 $O_X PCO_Y$ 那样。在这条效率轨迹线上，给定不同的要素价格，劳动和资本就会在两部门进行有效率的配置，生产出两种产品的最优组合；并且工人的工资和资本利息在两部门也是相同的，工资与利息比都等于当时公共切线的斜率（的绝对值）。这就是 H-O 模型所呈现的图景。但是，在特定要素情况下，由于资本不能流动，效率轨迹线就只能是 APQB 这样一条直线，因为只有在这条线上进行生产才能保证所有资本被充分利用，而不会出现资本闲置。可以看出，在这条线上，两部门的工资与租金比（w/r）在多数情况下并不相等。这是因为：每个部门要保持生产效率最高，就要让本部门的 w/r 等于劳动对资本的边际技术替代率 $MRTS_{LK}$，即等产量线在该点切线的斜率（的绝对值）。从图 4-5 可以看到，在生产效率线 $APQB$ 上，只有在 P 点，两条等产量线的斜率才会相等，这意味着只有在该点两个部门的 w/r 才会相等。P 点恰好是特定要素的效率轨迹线与一般 H-O 模型中的效率轨迹线相交之点。除了 P 点之外，效率轨迹线上的其他任何点，两部门的 w/r 都不相同。由于两部门的工资率始终相等，即 $w_X = w_Y$，既然两部门的 w/r 不等，那就意味着两部门的资本利息率是不等的，$r_X \neq r_Y$，而这恰恰是资本市场分割的结果。

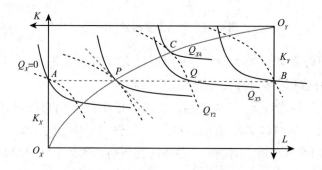

图 4-5　特定要素情况下的工资与租金比例

我们从图 4-5 中的 A 点出发进行讨论。在 A 点，X 的生产为零，Y 的产出达到最大，因为所有的劳动都用于生产 Y 了。随着 X 的等产量线向右上推移，即外移，生产点从 A 点向 B 点移动，越来越多的劳动被用于生产 X，X 的产出增加。这时，Y 的等产量线内移，用于生产 Y 的劳动减少，Y 的产出就相应减少。到 B 点时，全部劳动都用于生产 X，X 的产出达到最大。显然，这时 Y 的产出为零。

我们可以看到，当生产点在 A 点时，X 部门的 w/r 达到最高，随着生产点向 B 点移动，劳动的相对报酬不断下降，到 B 点时达到最低。而 Y 部门 w/r 的变化趋势正好相反。在 A 点时，Y 部门的 w/r 最低，随着生产点向 B 点移动，劳动的相对报酬不断提高，直到 B 点时达到最高。两个部门的 w/r 只有在 P 点时才相等。这可以从过 P 点的切线看出。在其他点上，两部门等产量线的切线都不同。

由于两部门的资本都是特定要素，只有劳动是流动要素，因此两部门的产出水平是随着劳动在两部门的转移而变化的。因为劳动的边际产出是递减的，所以生产可能性边界就是如图 4-3 所示的那样是凹向原点（外凸）的，反映递增的机会成本。而且我们可以看到，除了图 4-5 中的 P 点和图 4-6 中的 p 点外，特定要素模型效率轨迹线上的生产点不如一般 H-O 模型中的那样"有效率"。例如，在图 4-5 中，如果资本不是特定要素，当 Y 的产量是 Q_{Y2} 时，X 的最大产量应该可以达到 Q_{X4}，而在资本是特定要素的情况下，X 的产量仅能达到 Q_{X3}。显然，生产组合（Q_{X3}，Q_{Y2}）的效率要低于生产组合（Q_{X4}，Q_{Y2}）。这样，特定要素模型的生产可能性边界线要比一般的 H-O 模型中生产可能性边界向内"坍塌"了一些，或者说生产域"萎缩"了（见图4-6）。其结果是，图4-6中除了p点外，特定资本情况下的几乎所有的生产组合都比较少，因此能给本国消费者带来的效用水平也比较低。在图4-6中，q点对应图4-5中的Q点，与该点相切的社会无差异曲线就会低于一般的生产可能性边界上的无差异曲线。需要注意的是，要素跨部门流动障碍可能是由不同部门的技术特征造成的，也可能是由人为因素例如不恰当的政策造成的，但无论如何都会有效率损失。

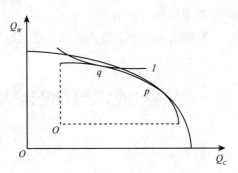

图4-6 特定要素模型中的生产可能边界

4.4 国际分工和贸易均衡

现在我们考察两个国家都有特定要素情况下的贸易。假定本国和外国都有部门特定的资本，K_X 和 K_Y 分别为本国 X 部门和 Y 部门的特定资本，K_X' 和 K_Y' 分别为外国 X 部门和 Y 部门的特定资本。两国还有可以流动的要素劳动 L 和 L'，它们可以在国内两部门间自由流动，但在国家之间不能流动。两个国家之间是否会进行贸易，以及会进行什么样的贸易，取决于两个国家两种特定资本的相对丰裕程度。仅仅知道 X 部门特定资本与劳动的比例以及 Y 部门特定资本与劳动的比例哪个国家比较高，即 $K_X/L > K_X'/L'$ 或 $K_X/L < K_X'/L'$，以及 $K_Y/L > K_Y'/L'$ 或 $K_Y/L < K_Y'/L'$，是不够的，我们还要知道每个国家两种特定资本的相对禀赋比例，并对它们进行比较，即：

$$\frac{K_X/L}{K_Y/L} > \frac{K_X'/L'}{K_Y'/L'} \text{ 或 } \frac{K_X/L}{K_Y/L} < \frac{K_X'/L'}{K_Y'/L'} \tag{4-10}$$

如果是前者，说明本国 X 部门特定资本比外国相对丰裕，本国就在 X 的生产方面具有比较优势；如果是后者，则相反。可把式（4-10）化简为：

$$\frac{K_X}{K_Y} > \frac{K_X'}{K_Y'} \text{ 或 } \frac{K_X}{K_Y} < \frac{K_X'}{K_Y'} \tag{4-11}$$

即分工格局与两国的劳动存量无关，仅根据两种特定要素的比例就可以判断出比较优势的分布。

　　从第 3 章的图 3－7 中可以看到，在没有贸易时，本国的生产可能性边界偏向 X 的生产方面，均衡的生产和消费点在 E_2，这时 X 的生产较多，从而价格也较低；而外国的生产可能性边界偏向 Y 的生产方面。展开贸易以后，由于国际 X 的相对价格高于本国原来的价格，本国的生产点会从 E_2 沿着 PPF 向右下方移动。外国将出口 Y，进口 X，外国的劳动会从 X 部门转向 Y 部门，外国的生产点会从 E_1 沿着 PPF 向左上方移动。请注意，两个国家的分工格局主要是由特定要素的相对禀赋决定的。

　　另外，均衡价格的求解、预算约束线和消费点的确定可以仿照 H－O 模型。

4.5　贸易对收入分配的影响

　　以 A 国为例来分析贸易前后不同要素收入的变化。假定 A 国生产 X 的特定要素相对丰裕，而生产 Y 的特定要素相对稀缺，则在自由贸易时该国出口产品 X，进口产品 Y。出口 X、进口 Y 会打破国内市场的供求平衡，造成 X 相对价格提高（见图 4－7）。

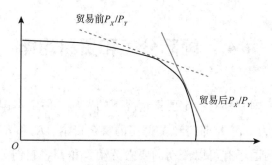

图 4－7　贸易前后 A 国国内价格的变化

　　为了简化分析，此处将产品 Y 的价格单位化，即令 $P_Y = 1$，则 P_X 的上升即等同于 X 的相对价格上升。首先看两要素的边际产出是如何变化的：一则，P_X 上升→劳动向 X 部门流动→X 部门的劳动投入比例增加→X 部门特定要素的边际报酬 MPK_X 提高，而劳动要素的边际报酬 MPL_X 下降；二则，P_X 上升→劳动向 X 部门流动→Y 部门劳动投入比例减少→Y 部门特定要素的边际报酬 MPK_Y 下降，而劳动要素的边际报酬 MPL_Y 提高。

　　这样我们就可以分析各部门各要素的实际报酬变化了。在 X 部门，各要素的实际报酬变化如下：

　　（1）非特定要素劳动 L 的实际报酬或收入为 $w/P_X = MPL_X$，因为劳动的边际报酬下降，所以其实际报酬也是下降的；

　　（2）用 X 表示的特定要素 K_X 的实际报酬为 $r_x/P_X = MPK_X$，因为特定要素 K_X 的边际报酬递增，所以用 X 表示的特定要素 K_X 的实际报酬提高了；

（3）用 Y 表示的特定要素 K_X 的实际收入为 $r_X/P_Y = r_X/1 = r_X = P_X \cdot MPK_X$，由于 P_X 和 MPK_X 都上升，可知用 Y 表示的 K_X 的实际报酬也提高了。故，不论用哪一种产品衡量，出口部门特定要素的实际报酬都会提高。

而在 Y 部门，各要素的实际报酬变化如下：

（1）非特定要素劳动 L 的实际报酬为 $w/P_Y = MPL_Y$，因为劳动的边际报酬随工人流失而提高，所以其实际报酬也是提高的；

（2）用 Y 表示的特定要素 K_Y 的实际收入为 $r_Y/P_Y = r_Y = MPK_Y$，因为特定要素 K_Y 的边际报酬下降，所以其实际报酬降低了；

（3）用 X 表示的特定要素 K_Y 的实际收入为 r_Y/P_X，由于 r_Y 下降而 P_X 上升，可知该实际收入将下降，而且是剧烈下降。故，不论用哪一种产品衡量，进口部门特定要素的实际报酬都会下降。

总结：贸易将造成出口部门特定要素实际报酬上升，进口部门特定要素实际报酬下降，而非特定要素的实际报酬最终变化无法确定。

下面是一个例子：

如图 4-8 所示，假设美国用资本和劳动两种要素生产钢铁和计算机两种产品，并且劳动力在钢铁与计算机产业之间可以完全自由移动，但资本专属于特定的产业：生产钢铁的资本如高炉等不能用于计算机生产，而生产计算机的资本如光刻机等也无法用来生产钢铁。同时假设美国的总劳动力为 30 名工人。

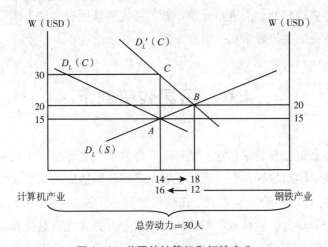

图 4-8 美国的计算机和钢铁产业

计算机产业的劳动需求曲线为 $D_L(C)$，而钢铁产业的劳动需求曲线为 $D_L(S)$。因为假定劳动力是一种可移动的要素，所以它将从低工资的产业流向高工资的产业，直到两个产业的工资率相等。令两条劳动需求曲线的交点为点 A，由此决定的均衡工资率为 15 美元/小时。在该工资水平上，计算机产业会雇用 14 名工人，而钢铁产业中则会有 16 名工人从事生产。

假设美国在计算机生产中具有比较优势。在自由贸易条件下，需求的扩大导致计算机的国内价格上升，比如上升了100%，从2000美元/台上升到4000美元/台。随着计算机价格的上升，计算机产业对劳动力的需求也按相同的比例增加，新的需求曲线用$D'_L(C)$表示。需求的增加使得均衡点从A点移动到了B点。

计算机产业对劳动力需求的增长会产生两方面影响。首先，均衡工资率上升，从15美元上升到20美元，但工资的增长幅度（33%）小于计算机价格的增长幅度（100%），这是由于劳动的边际产出因工人的涌入而出现了下降。其次，计算机产业增加对劳动力的需求会吸引劳动力离开钢铁产业。在新的均衡点B，18名劳动力从事计算机生产，12名劳动力从事钢铁生产。与均衡点A相比，有4名劳动力从钢铁产业转移到了计算机产业。这样，计算机的产量增加而钢铁的产量则会下降。

那么，贸易对劳动力、计算机资本的所有者和钢铁资本的所有者三方的收入有何影响？工人会发现尽管他们的名义工资高于以前，但实际工资相对于计算机价格发生了下降，而相对于钢铁价格则有所上升。这里假定钢铁的价格保持不变。仅有这些信息我们还无法确定工人是受益还是受损。他们的福利会上升、下降还是不变，要取决于他们是完全购买计算机、钢铁或是两者都买。

然而，可以肯定的是，贸易提高了计算机资本所有者的福利，因为计算机生产得越多，每台计算机的价格比单位工资成本上升得越高。价格与工资的差额就是资本所有者每销售一台计算机的收入。相反，钢铁资本的所有者状况变差，因为计算机价格的上升降低了在每一收入水平上的购买力即实际收入下降。一般说来，出口产业的特定要素所有者更容易从国际贸易中获得好处，而进口竞争产业的特定要素所有者则会蒙受损失。因此国际贸易给一国不同资源的供给者造成了潜在矛盾。

4.6　贸易政策制定

贸易中既有赢家，也有输家。这一见解对于理解当代世界经济中贸易政策的指导思想至关重要。特定要素模型告诉我们，那些能够忍受贸易所造成的利益损失的（至少是在短期），都是进口竞争部门中的固定要素。在现实世界中，这既包括资本所有者，也包括进口竞争部门的部分劳动力。进口竞争部门的一些就业人员（尤其是低技能的工人）在从进口竞争部门（贸易引致了就业下降的部门）向出口部门（贸易引致了就业增加的部门）过渡的过程中，都要经历一个艰难的再适应、再学习阶段。那些年龄较大、学习能力较弱的人将饱受失业之苦。在美国，进口竞争部门就业人员的工资明显低于平均工资水平，并且面临从现有工作中失业的最高风险的人正是那些工资最低的人。例如，2015年服装部门生产工人的平均工资比所有生产工人的平均工资低30%。工资水平的差异使得人们对身处困境的就业人员普遍存在同情心，因此针对服装进口的限制就自然产生了。相比而言，无论是允许更多进口时较为富裕的消费者将可获得的利益，还是出口部门就业的相应上升，都显得不那么重要了。

这是否意味着，只有不伤害低收入群体的贸易才是可行的呢？估计鲜有国际经济学家会同意这一观点。尽管收入分配十分重要，绝大多数经济学家仍然或多或少地赞同自由贸易。为什么经济学家一般不强调贸易的收入分配效应呢？主要原因有如下三点：

（1）收入分配并不是国际经济学的专题。国民经济中发生的任何变化，包括技术进步、消费者偏好的转换、旧资源的枯竭和新资源的发现等，都会影响收入分配。例如，由于互联网新闻供应商所带来的竞争，报业企业的关张歇业会迫使印刷机的操作工人失业，房地产市场的暴跌也会迫使建筑工人失业。

（2）在贸易后补偿受损者总比禁止贸易要更合理。所有现代工业化国家都建立了某种维持收入的"安全网络"项目，例如失业救济、再培训补助及重新安置项目等，这些项目都可以缓冲贸易受损者的损失。经济学家认为，这些缓冲如果不足以解决问题，政府就应当提供更多类似的支持项目，而不能靠阻碍自由贸易来解决问题。这种支持也可以延伸至所有弱势群体，而不仅仅局限于间接帮助那些受到贸易冲击的人。

（3）由于存在着工会和工业联合会等自发组织，以及受损者在地域和产业方面都更加集中等原因，受损者一般比受益者要更容易被组织起来。这种不平衡就使得政治决策过程产生了倾斜，因为这个过程需要权衡各方利益，尤其是要考虑到贸易的总收益。许多贸易限制往往有利于最有组织的集团，而这些集团常常并不是最需要收入支持的集团（在很多情况下，恰恰相反）。

在认识到国际贸易对收入分配的影响的同时，绝大多数经济学家认为，应当更加强调贸易为整个国家带来的潜在收益，而不是一味强调贸易可能对一国内部特定集团所造成的损失。然而，经济学家通常不是经济政策制定中的决定性力量，尤其是在集团之间存在利益冲突时。要切实理解贸易政策的制定过程，就必须了解贸易政策的真正动机。

▶▶ 阅读材料

拜登政府"以工人为中心"的贸易政策

从经济阶层的利益变化来看，尽管特朗普执政时期美国底层和贫穷劳工阶层的收入分配状况得到改善，但劳工阶层和中产阶层的经济利益却几乎没有变化，财富大部分流向富有阶层和资产阶层。在此背景下，满足劳工阶层和中产阶层的经济利益并争取其政治支持，成为两党进行选举竞争的关键。

拜登政府的国务院政策规划司主任萨尔曼·艾哈迈德（Salman Ahmed）与国家安全顾问杰克·沙利文（Jake Sullivan）在卡耐基国际和平基金会担任智库学者期间，曾经合作完成一项有关美国经济阶层和外交政策的研究。该研究通过调研三个非沿海州的中产阶级的利益偏好，来研究美国中产阶级的政策诉求，并提出了与之对应的

"以中产阶级为中心的外交政策"。该研究的报告首先承认制造业为没有大学学位的人提供了成为中产阶级的最佳途径，然后将问题的关键聚焦于美国贸易政策对制造业工人的影响，最后以美国制造业岗位的不断流失（特别是中西部地区）为结论，认定"美国自贸协定的经济收益并没有被中产阶级的工人家庭所获得"。

概括而言，从特朗普政府倡导"美国优先"开始，美国的贸易政策已发生实质性改变。特朗普政府的"公平、对等的自由贸易"政策和拜登政府的"以工人为中心"的贸易政策，都表明美国的贸易政策正在发生嬗变。尽管民主党和共和党的表述不同，但它们都尝试改变美国贸易政策的落脚点——从自由贸易到公平贸易——以此来保护利益受损的经济阶层。另外，归属于不同执政党的美国政府在面对利益受损的经济阶层的诉求时，提出的解决方案各不相同：特朗普政府采用相对"偏激"的方式，如"退出"和"重新谈判"区域贸易协定；拜登政府则有明显的"内向"倾向，并希望通过多边主义力量来为其"内向"提供支持。经济阶层和基于党派利益的共识，是影响美国贸易政策嬗变的主要因素。

资料来源：孙天昊. 美国贸易政策嬗变的政治经济学分析——基于经济阶层和党派利益的研究视角 [J]. 美国研究，2022，36（4）：8，134－155。

4.7　对"荷兰病"的解释

开发新的出口资源有时也会带来问题，一个例子是"福利恶化型增长"；即对一个出口国来说，出口的扩张会使世界市场价格下跌，并最终使该国的福利恶化。另一个例子被称为"荷兰病"，这是根据荷兰在北海开发新的天然气资源所碰到的问题命名的。

当时的情况是荷兰已是一个工业化国家，但随着20世纪60年代巨大天然气储量的发现，其国内生产发生了巨大的变化：天然气生产得越多，生产出口产品的制造业就越萧条。尽管当时有两次石油冲击，使包括天然气在内的石油价格暴涨，荷兰因此发了一笔横财，但这好像更加剧了荷兰经济滑坡。人们就把这种情况称为"荷兰病"。不过，荷兰病并不只出现在荷兰，后来的一些新开发了自然资源的国家（包括英国、挪威、澳大利亚、墨西哥和其他一些国家）好像也都感染上了类似的经济病状。

在许多情况下，开发新的自然资源所获得的意外收益确实会造成对原有出口产业生产和盈利的不利影响，也会因为同样的原因而发生非工业化现象：即新兴部门从传统的工业部门吸引走资源而使其出现萎缩。造成这种情况的原因之一是新兴部门支付的工资高，利润高，因此劳动和资本都从传统的工业部门流入到新兴的自然资源部门。

也可以从另外一个角度来解释这种现象。自然资源出口的增加，使该国获得了更多的外国货币，因而该国货币在外汇市场上升值。货币升值使外国消费者面临更昂贵的价格，因而减少对该国产品和服务的需求，造成对该国传统出口品的需求下降以致这些部门出现萎缩。从长期来看，贸易总是要平衡的，增加了一种产品的出口，就要增加进口，或者必须减少另一种产品的出口。在本例中，传统的出口部门成了牺牲品。

我们知道，在这种情况下，有两种方式可能使传统的产业扩张。第一种方式是，如果自然资源的价格下降，那么就会促进以此为主要中间投入品进行生产和销售的传统产业扩张。第二种方式是可以对新的自然资源产业征税，然后将所征的税用于鼓励传统的产业。然而，我们要注意的是生产资源从传统工业转移到自然资源产业不一定是坏事。之所以指责自然资源的发展和出口是其他传统工业萎缩的罪魁祸首，是因为人们传统上假设工业是一个国家繁荣的关键。但无论如何，在开发资源产业的过程中，传统工业的萎缩是一种副产品。

现在我们仍假定劳动力是一个小型开放经济中唯一的移动要素。假定某一个贸易产品产业扩张了。在劳动力供给既定的情况下这一扩张必然导致工资上升，而工资的上升会提高其他部门，包括贸易产品和非贸易产品两方面的成本。其他贸易部门由于价格由世界市场决定而无法提价，因此它们必然收缩。然而，非贸易部门却能够将一部分增加的成本转移到国内消费者头上，因为它们没有进口品的竞争。因此，某一贸易商品部门的繁荣会使其他贸易部门收缩，并使贸易部门与非贸易部门的相对规模缩小，某一贸易部门的扩张最终使该国享受的来自其他出口产品的比较优势减少，而使其与进口竞争产品的比较劣势增加。

"荷兰病"的严重程度在很大程度上取决于要素的专用程度，如果特定要素的专用性越高、流动性越差，则该国在短期内越难以通过要素转移来发展非资源部门，非资源部门越难以在资源部门萧条后迅速发展起来，"荷兰病"也就会越严重。

复习思考题

1. 特定要素模型弥补了李嘉图模型的哪些不足之处？

2. 如果假定法国生产葡萄和汽车，土地是生产葡萄的特定要素，资本是生产汽车的特定要素。工人可以在这两个部门之间自由流动。在特定要素模型的框架内，讨论国内要素的报酬怎样变化：

（1）世界市场上葡萄的价格上升5%；

（2）有大量外国汽车厂商到法国投资；

（3）生产葡萄和汽车的工人都减少。

3. 日本在制造业方面的生产率大体上与美国差不多（有的行业高，有的行业低），而美国仍旧在服务业方面具有优势。然而，大多数服务都是非贸易品。有些美国学者就提出，这给美国带来了问题，因为美国的比较优势存在于它不能在世界市场出售的东西中。这一观点错在哪？

4. 虽然日本工人的所得大体上与美国工人相当，但是由于日本的物价很贵，日本工人收入的购买力大约比美国工人低1/3。请结合第3题的讨论来解释这一现象。

第5章 不完全竞争的贸易理论

前面几章介绍了曾占主流地位的古典与新古典贸易理论，本章开始介绍当代国家贸易模式的一些理论。由于这些理论改变了传统贸易理论的假设条件，分析框架也不同，故我们称之为新国际贸易理论。在第 5.1 节中介绍新国际贸易理论出现的背景；第 5.2 节介绍基于不完全竞争和规模经济的国际贸易理论，即由规模经济引起的贸易；第 5.3 节分析产品差异化引起的贸易；第 5.4 节介绍更新颖的产业内贸易模型；最后第 5.5 节分析不完全竞争中寡头垄断条件下的贸易模型。

5.1 当代国际贸易的发展

5.1.1 国际贸易新特征

第二次世界大战以后，特别是 20 世纪 50 年代末以来，国际贸易出现了许多新的倾向，主要表现在：同类产品之间的贸易量大大增加，发达的工业国家之间的贸易量大大增加，以及产业领先地位不断转移。当代国际贸易呈现出如下的新特征。

5.1.1.1 同类产品之间的贸易量大大增加

古典与新古典贸易理论认为贸易的基础是各国之间产品生产的比较优势，即国际贸易的根源在于各国不同产品生产方面的差异，包括技术的差异（李嘉图模型）或固有的资源禀赋的差异（赫克歇尔－俄林模型）。按照这些理论，国家之间技术和资源禀赋的差异越大，它们之间的贸易量也应该越大，如果两个国家之间的差异很小，它们之间的贸易量就会比较小。也就是说，各国之间的贸易主要是不同产品之间的贸易，即"产业间贸易"（inter-industry trade）。但二战结束以来，许多国家不仅出口工业产品，也大量进口相似的工业产品，工业国家传统的"进口初级产品－出口工业产品"的模式逐渐改变，出现了许多同一行业既出口又进口的现象。例如，美国每年要出口大量的汽车，但同时又从日本、德国、韩国等地大量进口汽车。这种既进口又出口同一类产品的贸易模式被称为"行业内贸易"或"产业内贸易"（intra-industry trade）。1970～1990 年的 30 年时间内，各国的产业内贸易指数都有很大幅度的上升，且发展中国家上升的幅度更大，与发达国家的差距逐渐缩小（见表 5 - 1）。由此可见，随着一国经济的增长，产业内贸易指数也不断增加。这种"产业内贸易"在许多国家都超过其贸易总额的 50%。产业内贸易在国际贸易中的重要性日益增强。

表 5 - 1　　　　　　　　部分国家制造业部门产业内贸易指数　　　　　　　单位：%

工业化国家			发展中国家			
国家	1970 年	1987 年	1999 年	国家	1970 年	1987 年	1999 年
美国	55.1	61.0	81.1	印度	22.3	37.0	88.0
日本	32.8	28.0	62.3	巴西	19.1	45.5	78.8
德国	59.7	66.4	85.4	墨西哥	29.7	54.6	97.3
法国	78.1	83.8	97.7	土耳其	16.5	36.3	82.2
英国	64.3	80.0	91.9	泰国	5.2	30.2	94.8
意大利	61.0	63.9	86.0	韩国	19.4	42.2	73.3
加拿大	62.4	71.6	92.8	阿根廷	22.1	36.3	48.7
西班牙	41.2	67.4	86.7	新加坡	44.2	71.8	96.8
平均	56.8	65.3	85.5	平均	22.3	44.3	82.5

资料来源：1970 ~ 1987 年的数据来自 Stone J. A. & Lee H. H. Determinants of Intra - Industry Trade：A Longitudinal，Cross Country Analysis [J]. Weltwirtschaftliches Archiv，1995（1）。1999 年数据是根据 WTO 的 2000 年度的国际贸易统计报告计算的。

随着经济发展和工业化程度的提高，中国产业内贸易指数也在不断提高。根据我国商务部发布的统计数据计算，按 SITC（标准国际贸易商品）分类方法，1999 年中国的工业制品部门的产业内贸易指数达到 88.5%，其中第 6 类即按原料分类的制成品的产业内贸易指数达到 98.4% 之高，第 7 类即机械及运输设备的产业内贸易指数达到 91.7%。2000 年中国的产业内贸易指数达到 88.7%，2001 年为 90.4%。

5.1.1.2　发达的工业国家之间的贸易量大大增加

在 20 世纪 50 年代，大部分贸易发生在发达国家与发展中国家之间（即"南北贸易"）。根据 WTO 相关数据，到了 60 年代以后，这种格局逐渐改变，发达国家相互之间的贸易（即"北北贸易"）不断增加，到 20 世纪末，发达国家之间的贸易已经接近全球贸易的 50%（1999 年，发达国家之间的进口占全球总进口的 48.4%，出口占全球总出口的 46.9%），成为国际贸易的重要部分。

表 5 - 2 给出了 2015 年 6 个主要国家或地区从其他工业化国家或地区进口和出口占该国或地区总进出口的比例。从表 5 - 2 中我们可以看到，这 6 个国家或地区与其他国家或地区贸易的比例均在 50% 以上（日本的进口比例除外）；这意味着工业化国家的国际贸易

中大部分是与其他工业化国家进行的。日本最低，但其出口中也有51%是运往其他工业化国家，而进口中则有39%来自其他工业化国家。把全部工业化国家放在一起考虑，工业化国家之间的出口占工业化国家总出口的70%，而它们之间的进口也占工业化国家总进口的70%，也就是说，工业化国家之间的贸易占它们总贸易的2/3以上。

表5-2　　　　　　　　　　2015年世界主要区域贸易矩阵　　　　　　　　单位：百万美元

来源地	目的地					
	中国	美国	欧盟	日本	拉美	非洲
中国		410805	356610	135897	132097	108541
美国	150544		272919	62441	385110	16884.7
欧盟	189000	411000		61878	100140	167444
日本	109278	126387	66022.6		18486	7681.8
拉美	81575.1	452162	144807.6	—		15169.5
非洲	41896	21717	134031	8065	11042	

资料来源：根据WTO数据库资料绘制。

相对而言，产业内贸易在那些资本-劳动比率、技术水平等方面相类似的国家之间比较普遍。因此，在经济发展水平比较接近的国家之间，产业内贸易会成为相互贸易的主体。当规模经济作用显著和产品高度差异化时，从产业内贸易中的所得更大。所以，在发达的工业化国家间的制造品贸易之中，最可能产生对收入分配没有强烈影响的产业内贸易。

5.1.1.3　产业领先地位不断转移

当代贸易发展中的第三个重要现象是世界市场上主要出口国的领先或主导位置在不断变化。有许多产品曾经由少数发达国家生产和出口，在国际市场上占有绝对的领先地位，其他国家不得不从这些国家进口。然而，二战后这种产业领先地位在不断发生变化。一些原来进口的国家开始生产并出口这类产品，而最初出口的发达国家反而需要进口。例如纺织业、机电业，甚至汽车制造业，都出现这种情况。纺织品是欧美最早向其他国家大宗输出的产品，20世纪初，进口布占领中国市场，挤垮了国产布。几十年后情况则相反，纺织品的主要生产出口国变成了发展中国家，尤其是中国的纺织品，充满欧美市场，而欧美成了纺织品的净进口国。家用电器是另一个例子。美国于1923年发明了第一台电视机，但到了90年代以后，美国国内连一台电视机都不生产了，全部靠进口。日本在20世纪60年代后成为电视机的主要生产和出口国，90年代以来，韩国和中国也逐渐成为电视机的生产和出口国。

这一结论被1957年成立的欧共体及后来的欧盟的发展历史所验证。欧共体成立的结果是欧洲内部国家间的贸易迅猛发展：20世纪60年代，欧共体内部的贸易发展速度是世界整体贸易速度的2倍。并且贸易发展也没有导致经济混乱和政治冲突，贸易的增长几乎全部来自行业内而非行业间。举个例子，虽然法国的汽车行业工人在德国同行收益时蒙受了损失，但是由于欧洲工业的一体化，两国工人最终均从生产效率的提高中获益颇丰。所以，欧洲内部贸易的发展所产生的社会与政治问题比人们预期的要少得多。

对产业内贸易的这种观点也有好坏两个方面。好的方面是，在一些情况下，贸易能相对容易地被接受，因而在政治上比较容易得到支持；坏的方面是，在差异显著的国家之间进行贸易仍然是个政治问题。事实上，20 世纪 50～80 年代的 30 年贸易自由化取得的进展主要集中在发达国家间的制造品贸易上。

5.1.2 对理论的新要求

国际贸易中的这些新现象立即引起了对传统贸易理论，尤其是对赫克歇尔 - 俄林理论的挑战。国际贸易中有几个基本现实是传统贸易理论难以解释的：第一，按照 H‐O 的逻辑，国际贸易在理论上应主要发生在要素禀赋差异巨大的发达国家和发展中国家之间，但实际却主要发生在资本要素都相对丰裕的国家间，尤其是美国、欧洲和日本之间（这一格局直到中国在贸易上崛起之后才被彻底改变）；第二，在发达国家之间的贸易中，资本密集型和技术密集型产品占据很大比例，发达国家间相互出口产品分类表中同一种产品的现象很常见，这显然与 H‐O 关于国家之间相互出口不同类产品的理论描述不一致；第三，尽管许多发展中国家（如中国）的人均资本在不断增加，但与发达国家（如美国、日本）相比，仍是资本相对稀缺的国家，但从 20 世纪 70 年代开始，某些制造品的比较优势出现了从发达国家向发展中国家尤其是东亚新兴经济体的转移。

国际贸易实践中发生的这些现象，需要用新的理论来作出解释。20 世纪 70 年代末，国际贸易理论在经历了二十余年的沉寂之后，终于出现了一次大的突破，以美国经济学家保罗·克鲁格曼（Paul Krugman）为代表的一批经济学家，提出了所谓的"新贸易理论"（new trade theory）。该理论放松了新古典理论中的假设，从不完全竞争的市场结构以及规模经济的角度说明国际贸易的起因和利益来源，对国际贸易基础作出了一种新的解释，扩大了贸易发生的基础，提出了一批新的贸易模型。这批经济学家以克鲁格曼为代表，此外还包括兰开斯特（K. J. Lancaster）、迪克西特（A. K. Dixit）、斯蒂格利茨（J. E. Stiglitz）、布兰德（J. Brander）等一批伟大的经济学家。

5.1.3 产业内贸易

5.1.3.1 什么是产业内贸易

产业内贸易（intra-industry trade）是产业内国际贸易的简称，是指一个国家或地区，在一段时间内，同一产业部门产品既进口又出口的现象。比如日本向美国出口轿车，同时又从美国进口轿车的现象；中国向韩国出口某种品牌的衬衣，同时又从韩国进口某种 T 恤衫的这种贸易活动。产业内贸易还包括中间产品的贸易，即某种产品的半制成品、零部件在两国间的贸易。

有关产业内贸易的一个典型例子是 1964 年美国与加拿大之间的《北美汽车贸易协定》。它清晰展现了规模经济在促进国际贸易、提高双方利益中的作用。1965 年以前，加拿大和美国的关税保护使得加拿大成为一个汽车基本自给自足的国家，且加拿大的汽车工业被美国汽车工业的几个大厂商所控制。美国厂商发现，在加拿大大量建立分散的生产体系比支付关税要划算。因此，加拿大的汽车工业实质上是美国汽车工业的缩小版，其规模大约为美国的 1/10。

但是，美国厂商在加拿大的子公司发现了小规模带来的种种不利影响。一个可能的原因是，美国的工厂更加专业地生产某一种类型的汽车或者零部件。而加拿大的工厂则不得不生产各种各样不同的产品，因此需要在不同的产品项目之间转换；不得不保持更多的库存；无法采用更多的专用化设备。因此，加拿大的汽车工业的劳动生产率要比美国低 30%。

为了应对这一问题，美国和加拿大于 1964 年建立了汽车自由贸易区，加拿大的汽车企业削减车型以便更加专业化。加拿大一方面从美国进口自己不再生产的汽车车型，另一方面向美国出口加拿大扩大生产的车型。但加拿大的总体生产以及就业水平并未改变。根据美国商务部的相关统计数据，1962 年，加拿大向美国出口和进口的汽车产品产值分别为 1600 万美元和 5.19 亿美元。但到了 1968 年，这两个数字分别为 24 亿美元和 29 亿美元，换言之，两国的进口和出口均大幅增长，贸易也取得了惊人的效果。到 20 世纪末，加拿大汽车工业的生产效率已经可以和美国同行相媲美。

5.1.3.2　产业内贸易的特征

与传统的产业间贸易相比，产业内贸易拥有许多新特征：

（1）产业内贸易在内容上与产业间贸易存在着极大的差异。

（2）产业内贸易的产品流向是双向性的，即在同一产业内，产品在发生进口贸易的同时也会发生出口贸易。

（3）产业内贸易的产品具有多样化的特点，这些产品中，既有劳动密集型产品也有资本密集型产品，既有标准技术产品也有高技术产品。

（4）虽然产业内贸易的产品具有多样性的特点，但这些产品必须具备两个条件才能进行产业内贸易：一是在消费上能够相互替代；二是在生产中需要相近或相似的生产要素的投入。

5.1.3.3　产品的异质性

产业内贸易首先表现为差异产品的贸易。所谓差异产品，是指相似但不完全相同，也不能完全替代的产品。差异产品一般分为三类：水平差异产品、垂直差异产品和技术差异产品。商品差异的类型不同，引起的产业内贸易的原因也不同。

第一，水平差异是指同一类商品具有一些相同的属性，但这些属性的不同组合会使商品产生差异。从水平差异分析，产业内贸易产生的原因是消费者偏好，即消费者的需求是多样化的。当不同国家的消费者对彼此的同类产品的不同品种产生相互需求时，就可能出现产业内贸易。

第二，垂直差异是指产品品种上的差异。从垂直差异产品看，产业内贸易产生的原因主要是消费者对商品档次需求的差异。这种差异主要取决于个人收入差异，收入高的消费者偏好高档产品，而收入低的消费者只能偏好中低档产品。为了满足不同层次的消费，就可能出现高收入国家进口高档产品和低收入国家进口中低档产品的产业内贸易。

第三，技术差异是指技术水平提高带来的差异，也就是新产品出现带来的差异。从技术差异商品看，产业内贸易产生的原因，主要是产品存在生命周期。先进工业国技术水平高，不断推出新产品，而后进国家则主要生产标准化的技术含量不高的产品，因而处于不同生命周期阶段的同类产品会发生产业内贸易。

5.1.3.4　产业内贸易指数

产业内贸易指数是用来测度一个产业的产业内贸易程度的指数，是指同产业中双方国家互有不同质的贸易往来，在统计数据上显示同一类同时存在进口和出口的商品数额，表明在该产业有着互补性的贸易需求，并且越是高位的分类显示出的产业内贸易指数越有说服力。

巴拉萨（B. Balassa）曾经对产业内贸易现象作过统计研究，并提出测量产业内贸易重要性程度的指标——产业内贸易指数（index of intra-industry trade，IIT）。其公式为：

$$T = 1 - |X - M| / (X + M) \tag{5-1}$$

式中：X 和 M 分别表示某一特定产业或某一类商品的出口额和进口额，并且对 $X - M$ 取绝对值。T 的取值范围为 $[0, 1]$，$T = 0$ 时，表示没有发生产业内贸易；$T = 1$ 时，表明产业内进口额与出口额相等；T 值越大说明产业内贸易程度越高。

5.2　规模经济引起的贸易

国际贸易中的这些变化立即引起了人们对传统贸易理论，尤其是对赫克歇尔 - 俄林理论的挑战：新的现象显然是不能用"资源配置"来解释的，因为很多发达国家的资源禀赋是相似的，都属于资本相对充裕的国家，而同类工业产品的生产技术更具有形似的要素密集性。1977 年，迪克西特（Dixit）和斯蒂格利茨（Stiglitz）共同建立 DS 模型，成为新贸易理论的基石。他们认为即使两国的初始条件完全相同，没有李嘉图所说的外生比较优势，但如果存在规模经济，两国同样可以选择不同的行业进行分工，开展贸易。市场结构是规模经济的中心问题，克鲁格曼（Krugman）提出外部规模经济产生于共同生产要素的相互使用，构建PP－ZZ 模型分析源于内部规模经济的贸易，与布兰德（Brander）共同提出相互倾销模型解释古诺垄断导致的国际贸易。新贸易理论之"新"在于，其理论突破了传统理论中完全竞争与规模报酬不变的假设，建立在不完全竞争与规模经济等全新的假设之上。正是在国际贸易规模经济等方面的贡献，克鲁格曼获得了 2008 年的诺贝尔经济学奖。所以本节从规模经济角度，通过多种分析框架与模型来分析贸易的起因，即一个扩大化的贸易发生基础。

5.2.1　规模经济的基本原理

市场结构是规模经济的中心问题。从斯密到 H－O 的传统贸易理论，都是建立在完全竞争市场和规模报酬不变的假设下分析国际贸易，即假设在完全竞争市场条件下，产出的增长和下降与要素投入的增长或下降的幅度是一样的，所有人的投入增加 1 倍，产出也增加 1 倍。在以初级产品生产为主的前工业化时代，这个假设基本是接近现实的。但是，在现代化社会尤其是技术含量越来越高的工业生产中，许多产品的生产具有规模报酬递增的特点，即扩大生产规模，每单位生产要素的投入会有更多的产出。大规模的生产反而会降低单位产品成本，即存在着"规模经济"。

所以，我们可以定义规模经济（economics of scale，EOS）是指在产出的某一范围内，平均成本随产出的增加而递减的现象。从微观经济角度讲，产品的长期平均成本会受生产规模的影响。如果生产规模太小，劳动分工、生产管理等都会受到规模限制，产品的平均成本会比较高。随着规模的扩大、产量的增加，这种限制会减少，每单位投入的产出会增加，产品的平均成本会下降。微观经济理论称之为"规模报酬递增"，也称为"规模经济"。随着产量的不断增加，这种递增的规模报酬会达到顶点，即最佳规模。在最佳的生产规模中，产品的平均成本达到最低点。在一定的范围中，平均成本可能不会再因产量的增加而降低。这一阶段称为"规模报酬不变"。但是这种成本不变的状况不会永远保持下去。如果生产规模继续扩大，平均生产成本会因为规模过大、管理和合作效率下降而上升。这就是最后出现的"规模报酬递减"或"规模下经济"。因此，长期看，平均生产成本会随着产量（规模）的扩大而下降、不变、上升，从而形成 U 形曲线（见图 5－1）。

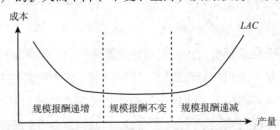

图 5－1　企业的长期平均成本与规模经济

　　规模经济又可分为"内部的"与"外部的"两种。外部规模经济主要来源于行业内企业数量增加所引起的产业规模的扩大。由于同行业内企业的增加和相对集中，在信息收集、产品销售等方面的成本会降低。外部规模经济一般出现在竞争性很强的同质产品行业中。例如，美国的"硅谷"有上百家计算机公司，每家都不是很大，但集中在一起，就形成了外部规模经济。北京的"中关村电脑城"，浙江的"纽扣城""电器城"等，也都具有外部规模经济的性质。内部规模经济主要源于企业本身生产规模的扩大。由于生产规模的扩大和产量的增加，分摊到每个产品上的固定成本（管理成本、信息成本、设计成本、科研与发展成本等）会越来越少，从而使产品的平均成本下降。具有内部规模经济的一般都为大企业、大公司，多集中于设计、管理、销售成本较高的制造业或服务业，如汽车、飞机、钢铁、软件、金融、通信业等。

　　让我们举个例子来说明内部与外部规模经济。假设第一家在北京中关村开业的计算机销售公司只有一间铺面，每天出售一台计算机。设在北京郊区的计算机生产基地不得不专程开一辆车将这台计算机送到中关村，收取 100 元。也就是说，每台计算机的运输成本为 100 元。如果现在有 10 家计算机公司聚集在中关村（行业的规模扩大了），每家公司每天只出售 1 台计算机（个体规模不变），这些公司可以共同雇用一辆车运送计算机，每家公司为此只需要支付 10 元就够了，由此产生的成本的下降就是外部规模经济。而如果该公司增加了铺面扩大了规模（行业规模不变），每天能够出售 10 台计算机（个体规模扩大），此时计算机生产基地仍然只需要用一辆车将这 10 台计算机运送到中关村，那么，每台计算机的运输成本就只有 10 元，由此产生的平均成本下降就是内部规模经济。

　　无论外部的还是内部的，企业都有可能通过规模经济降低成本从而在国际贸易中获得价格优势。下面我们分别分析外部规模经济以及内部规模经济与国际贸易的关系。前者没有放松古典和新古典贸易模型中关于完全竞争的假设，而后者我们放松这个假设，进而在不完全竞争的框架下分析问题。

5.2.2　外部规模经济与国际贸易

5.2.2.1　具有外部规模经济的竞争行业与国际贸易

　　外部规模经济是如何导致国际贸易的呢？从另一个角度讲，国际贸易是如何使企业获得外部规模经济的呢？我们可以通过一个例子来说明。

　　虽然实践中外部经济的细节是较为复杂的，但从复杂的现实中抽象出来的经济现象仍然对于我们理解外部经济有着重要的意义。我们可以把外部经济简单地表达为：行业规模越大，生产成本就越低。如果我们忽略国际贸易的存在，产品市场均衡就可以用图 5 – 2 中的供给曲线表示，在通常的市场均衡中，需求曲线向下倾斜，供给曲线向上倾斜。当外部经济存在时，就有向下倾斜的供给曲线（forward-failing supply curve）：因为工业产出的增加会使平均成本（average cost of production）下降，工业产出越大，企业的意愿售价越低。

当存在外部规模经济时，平均产品成本随产量上升而下降，假设生产者之间存在竞争，向下倾斜的平均成本曲线 AC 可以被看成是向下倾斜的供给曲线。在通常的供需分析中，市场均衡位于点1，此时供给曲线与需求曲线 D 也相交于此。均衡产出水平为 Q_1，均衡价格为 P_1。

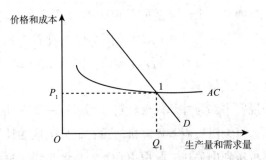

图5-2　存在外部经济时的生产和贸易

由外部经济导致的区域内国际贸易的案例在很多地方发生。例如，投资的外部性导致金融公司集中在曼哈顿，所以纽约向美国其他地区输出金融服务。类似地，欧洲的金融服务主要集中在伦敦，这就是外部经济的作用。

假设世界上只存在 A 国和 B 国两个国家。纽扣生产受到外部规模经济的影响，这会导致每个国家的纽扣生产呈现出向下倾斜的供给曲线。两个国家的纽扣生产均衡如图5-3所示，A 国和 B 国的均衡价格和产量均位于国内供给曲线和国内曲线的交点。如图5-3所示，无贸易情况下 A 国纽扣的价格比 B 国低。

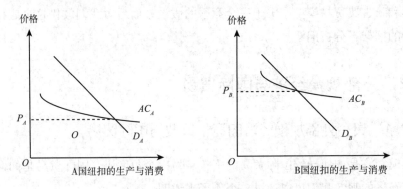

图5-3　贸易前的外部经济

当贸易发生之后情况会发生哪些变化呢？我们可以确定地估计 A 国纽扣产业将会扩张，而 B 国纽扣产业将会收缩。A 国产出增加，由于规模经济其生产成本会大大下降；反之，B 国产出下降、成本上升。最后，在理想情况下所有的纽扣产品都将集中在 A 国生产。

图 5 - 4 阐述了这种集中效应。在贸易发生前，A 国仅在国内市场供应纽扣。贸易发生后，A 国向世界市场供应，包括为 A 国和 B 国消费者提供纽扣产品。

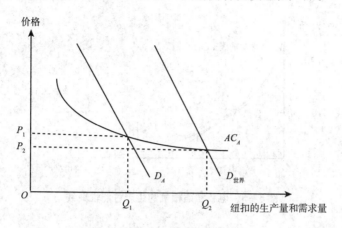

图 5 - 4　贸易后的价格

我们应该注意这种产品集中对价格带来的影响。因为 A 国的供给曲线向下倾斜，贸易的结果使生产增加，导致价格下降。而且 A 国纽扣价格要低于 B 国，这表明，在任何一个国家，贸易使得纽扣价格比之前更低。当存在贸易时，A 国将集中为世界市场生产纽扣，包括国内市场和国际市场。产出从 Q_1 上升到 Q_2，导致纽扣价格从 P_1 下降到 P_2，比贸易前的任何一个国家都低。这个简单的例子说明了贸易导致的规模经济产生的经济后果。

5.2.2.2　坎姆模型：规模经济和同类国家之间的国际贸易

经济学家莫瑞·坎姆在 1964 年提出一个模型，用于说明外部规模经济导致国际贸易从而解释了"北北贸易"。我们可以用坎姆模型来说明两个技术相同、资源禀赋相同，甚至需求相同的国家为什么会进行贸易。在这里，两国贸易的基础是规模经济带来的成本差异。

为了证明规模经济怎样引起国际贸易，我们假设有两个国家：A 国和 B 国，生产两种产品——电脑和照相机，并假定生产这两种产品的行业都具有外部规模经济。随着行业规模的扩大和生产量的增加，单位产品的成本下降。

在图 5 - 5 中，反映这种规模经济的生产可能性边界（PPT）是一条凸向原点的曲线。这意味着，对于任何一种产品来说，随着产量的增加，每个产品的相对成本逐渐下降。当某国专业化生产一种产品的时候，该产品的生产成本达到最低。

为了集中说明规模经济与贸易的关系，我们假设 A、B 两国的生产技术、资源禀赋和需求偏好都相同，因此，两国的生产可能性边界和社会无差异曲线（CIC）也完全相同（见图 5 - 5）。

在没有贸易的情况下，任何一国都必须根据本国的生产能力和消费偏好来决定两种产品的产量，在图 5-6 中，我们假设这一点为 E。在这一点上，两个国家都生产和消费一定量的电脑和照相机。社会福利水平由 CIC 的高度来表示。

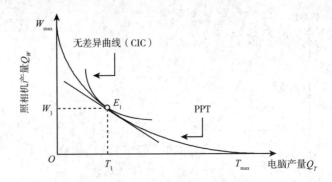

图 5-5　电脑和照相机的生产可能性曲线

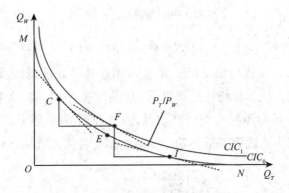

图 5-6　规模经济与国际贸易

由于两国产品的相对价格、生产量和消费量都一模一样，在比较优势理论中，两国不会发生贸易。一种情况，我们假设 A 国的电脑生产发展迅速，有更多的人从事生产，在图 5-6 中其生产点从 E 移到了 I，由于规模经济，在点 I 上，电脑的相对成本下降而照相机生产的相对成本上升。另一种情况，假设 B 国的照相机生产扩大，生产点从 E 移到了 C，B 国照相机的相对成本下降而电脑的相对成本上升。

这时，两国的生产成本发生了变化。A 国电脑的相对成本低于 B 国，而 B 国照相机的相对成本低于 A 国。两国有了贸易的动力。A 国会出口一部分电脑进口一部分照相机，而 B 国则正好相反，出口照相机进口电脑。两国在介于封闭经济中的相对成本之间的电脑相对价格 P_T/P_W 下进行交换，其结果是两国都能在 F 点上消费，社会福利水平从 CIC_0 增加到 CIC_1。

5.2.3　内部规模经济和国际贸易

5.2.3.1　具有内部规模经济的垄断竞争企业

前面我们分析了具有外部规模经济的完全竞争行业。但是，更多处于垄断竞争或寡头竞争地位的企业是那些拥有内部规模经济的企业。在垄断竞争下，行业内虽然仍有许多企业，但企业的规模一般要大得多。每个企业并不生产完全相同的产品，而是生产相互之间有一定替代性的差异产品。由于每个企业生产的产品不一样，各个企业都对自己的产品有一定的垄断力量。企业面临的是一条向下倾斜的需求曲线。也就是说，消费者不会因一种产品的稍微提价而全部转向另外的产品，也不会因为一种产品的稍微降价就全部转向该产品。

　　由于产品之间的可替代性，企业之间也存在着相当的竞争性。一方面，如果垄断竞争企业在短期有经济利润，则会引起更多的企业进入这一行业，从而造成对原有产品的需求下降，价格下跌，利润减少直至没有。这时新的企业就会停止进入。另一方面，如果垄断竞争企业在短期内亏损，一些企业就会逐渐退出从而造成对剩下产品的需求增加，价格上升，亏损减少直至没有。这时就不再会有企业愿意退出。总之，垄断竞争企业的长期竞争会造成该行业企业的平均经济利润为零[①]。

　　图 5-7 显示的是一个具有规模经济的垄断竞争企业的长期均衡状况。企业的规模经济表现在其逐渐降低的长期平均成本曲线（AC），垄断竞争表现在企业面对的向下倾斜的需求曲线。在长期竞争下，企业的平均成本曲线与需求曲线相切，产品价格等于其平均成本，利润为零。在参与国际贸易前，我们假设企业处于长期均衡状态。

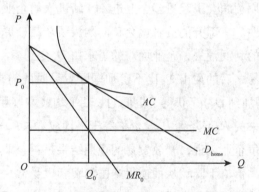

图 5-7　具有内部规模经济的垄断竞争企业

5.2.3.2　参与国际贸易的垄断竞争企业

　　那么，垄断竞争企业是怎样参与国际贸易的呢？国际贸易又带来什么影响呢？在图 5-8 中我们将分别加以说明。图 5-8（a）说明的是开放贸易后的短期影响。在参与国际贸易以前，企业所面对的只是国内的需求曲线（D_1）。在利润最大化的目标下，垄断厂商会选择生产 Q_1，即边际成本（MC）等于边际收益（MR_1）时的产量。图 5-8 中的 MC 为厂商

---

　　① 对垄断竞争企业的定价行为不熟悉的读者可以参阅有关的经济学原理的教材，如斯蒂格利茨所著的《经济学》，1997 年版（第一版）和 2000 年版（第二版）由中国人民大学出版社出版。

边际成本，说明边际成本保持不变。

参与国际贸易之后，外国需求增加，从而总需求增加，企业面对的生产需求由 D_1 增加到 D_2；边际收益曲线也从 MR_1 移动到了 MR_2。企业追求利润最大化，生产从 Q_1 扩张到 Q_2，平均成本也会因固定成本被摊薄而下降，但由于需求突然扩张，使得企业的平均成本比产品价格下降得更快，因此会产生一定超额利润，即图 5-8（a）中的阴影部分。

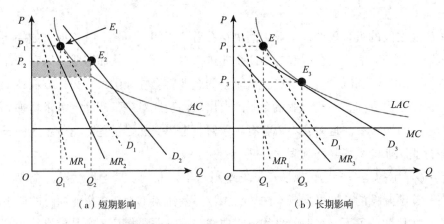

（a）短期影响   （b）长期影响

图 5-8　垄断竞争企业参与国际贸易的短期影响和长期影响

垄断竞争企业的短期利润会引起更多企业进入。新进入的企业虽然不会生产相同的产品，但会有很大的替代性。一部分消费者就会转向购买新产品，原有企业的需求下降，长期竞争的结果使得企业的利润消失，企业面对的需求由 D_1 变到 D_3，如图 5-8（b）所示。然而，由于参与国际贸易之后的需求 D_3 比不参加国际贸易时的需求 D_1 更有弹性，企业的生产依然扩张（从 Q_1 增加到 Q_3），获得了更低的长期平均成本（由原来的 E_1 下降到 E_3）。同时产品的定价也由原来的 P_1 下降到 P_3（价格等于平均成本：$P_3 = E_3$）。

所以，对于垄断竞争企业来说，开放贸易的短期结果是：企业产量增加，平均成本下降，出现短期利润；产品价格下降，从而使得本国消费者也受益，消费者剩余增加。

开放贸易的长期影响是：企业产量增加（比没有贸易时增加但不一定比短期内的产量多），平均成本和产品价格都下降且两者相等，企业经济利润回到零。本国消费者消费量增加，消费者剩余增加。从社会福利角度考虑，无论短期还是长期，整个社会福利水平都比没有贸易活动时的要高。

5.2.3.3　内部规模经济，垄断竞争企业与产业内贸易

为了进一步用不完全竞争和规模经济学说来解释发达国家之间工业品的"双向贸易"，我们假设日本和美国都是资本充裕的国家，都生产资本密集型的工业品，如汽车。但汽车的种类很多，至少有卡车和轿车两种。由于两国的生产技术和资源配置都相同，生产汽车的成本曲线也一样（见图 5-9）。

在两国发生贸易之前，各国各自生产一部分卡车和一部分轿车：日本生产 100 辆卡车

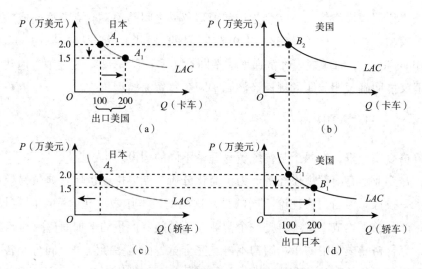

图 5 - 9　"规模经济"与工业品的"双向贸易"

和 100 辆轿车，美国也生产 100 辆卡车和 100 辆轿车。由于各自市场狭小，产品的成本价格都很高，假设都等于 2 万美元。

如果两国允许贸易，市场就不再局限于本国。企业可以增加产量从而生产规模经济使成本下降。假设日本抢先将卡车生产扩大至 200 辆，并以每辆 1.5 万美元的价格向美国出口，就有可能占领美国市场，并使本国的卡车价格也下降。由于汽车的种类很多，在这种情况下，美国没有必要再继续生产卡车去与日本竞争，因为竞争的结果最多只是把日本卡车赶出美国市场，回到原来没有贸易时的状态，美国自己也不会因此获得利益。在这种情况下，美国可以将资源转移到轿车上，将轿车的生产扩大至 200 辆，并以较低的价格（每辆 1.5 万美元）向日本出口。这种分工和贸易的结果是使两国生产成本和产品价格都降低，资源利用都更加有效，而各国的消费量都没有减少。事实上，由于产品价格的降低，各国的消费量都会增加。

由于工业产品的多样性，任何一国都不可能囊括一个行业的全部产品，从而使工业制造品生产上的国际分工和贸易成为必然。但具体哪一国集中生产哪一种产品，则没有固定的模式，既可以自然（竞争）产生，也可以协议分工。但这种发达国家之间工业产品"双向贸易"（产业内贸易）的基础是规模经济，而不是技术不同或资源配置不同所产生的比较优势。

5.2.4　克鲁格曼模型：规模经济和不完全竞争下的国际贸易

保罗·克鲁格曼首次用规模经济和不完全竞争来分析当代国际贸易并建立起理论模型。在他以前虽然也有人认识到规模经济在二战后国际贸易中的作用（如巴拉萨、克莱维斯等），但这种观点并没有在主流贸易理论中引起重视，原因之一是没有人能建立起一个标准的模型来说明规模经济、不完全竞争和国际贸易之间的关系。克鲁格曼成功地建立起了这样一个模型。在克鲁格曼发表在 1979 年 11 月的《国际经济学杂志》（Journal of International Economics）上的《规模经济递增、垄断竞争和国际贸易》一文中，他建立了一个非常简单但又能明确说明问题的规模经济和垄断竞争贸易模型。

5.2.4.1 基市假设

在克鲁格曼模型里，有两个与传统贸易理论不同的假设。

第一，是企业具有内部规模经济。为了简化分析，克鲁格曼也像古典贸易模型那样假设劳动是唯一投入。但与古典理论不同的是，这里的成本函数中包含一个固定投入成本。这样的话，产品的平均成本就不再是一个常数，而是随着产量的增加而递减的函数。

第二，克鲁格曼模型中的市场结构不再是完全竞争而是垄断竞争。同行业各个企业所生产的产品不是同质的而是具有替代性的差异产品。也就是说，各个厂商虽都在同一个行业中，但实际生产的不是同一种产品。

在这两个基本假设下，克鲁格曼建立了一个独特的 PP – ZZ 模型。我们用下面一系列等式来简单说明这个模型。首先我们来看 3 个基本等式：

$$l_i = \alpha + \beta x_i, \quad \alpha > 0, \ \beta > 0 \tag{5-2}$$

$$L = \sum l_i = \sum (\alpha + \beta x_i) \tag{5-3}$$

$$Lc_i = x_i \tag{5-4}$$

式（5-2）表示的是企业 i 所需的要素（劳动）投入。其中，α 是固定投入，x_i 是企业 i 的产出，β 是反映投入产出关系的系数。式（5-2）表明企业具有规模经济。给定固定投入（α）和系数 β 不变，如果产出 x_i 增加 1 倍的话，企业的劳动投入 l_i 是不需要增加 1 倍的。

式（5-3）表达的是要素市场供给与需求的均衡。L 是社会总劳动力或总人口，等于各个企业劳动需求 l_i 的总和。

式（5-4）表示的是产品市场的均衡，其中，c_i 是每人对产品 i 的消费，Lc_i 代表的是产品 i 在市场上的总需求，x_i 是产品 i 的总供给。

5.2.4.2 垄断竞争企业的利润最大化均衡

在给定规模经济和市场均衡的条件后，我们来看企业的生产决策。

根据克鲁格曼的假设，这些企业都是垄断竞争企业。因此，每个企业面对的需求曲线不是一条水平直线，而是一条斜率为负向下倾斜的曲线。换句话说，企业的价格不是给定的，而是企业产量的函数：$P_i(x_i)$。

像所有其他类型的企业一样，垄断竞争企业的目标是利润最大化，其生产决策的原则也是在边际收益（MR）等于边际成本（MC）的地方生产 x_i。与完全竞争企业不同的是，垄断竞争企业的边际收益不等于价格，而是 $P_i\left(1 - \dfrac{1}{\varepsilon}\right)$，其中，$\varepsilon$ 是需求价格弹性的绝对值，$\varepsilon > 0$。ε 是需求量 c 的函数。在一般情况下，随着需求量的增加，价格弹性下降，即 $\mathrm{d}\varepsilon / \mathrm{d}c < 0$。由于劳动是企业的唯一投入，给定劳动工资率为 W，企业 i 的总成本为 $Wl_i = W(\alpha + \beta x_i)$，边际成本则是 βW，企业利润最大化的短期均衡条件则可写为：

$$P_i \left[1 - \frac{1}{\varepsilon(c)} \right] = \beta W \qquad (5-5)$$

整理后，得：

$$\frac{P_i}{W} = \frac{\beta \varepsilon(c)}{\varepsilon(c) - 1} \qquad (5-6)$$

5.2.4.3　垄断竞争企业的长期均衡

垄断竞争企业的另一个特点是长期利润为零，即总收益（TR）等于总支出（TC）。总收益等于价格乘以产量：$P_i x_i$。总支出等于工资率乘以劳动投入：Wl_i，而 $l_i = \alpha + \beta x_i$。根据这一长期均衡条件，我们可以得出：

$$P_i x_i = W(\alpha + \beta x_i) \qquad (5-7)$$

将式（5-4）代入式（5-7），并经整理后得：

$$\frac{P_i}{W} = \frac{\alpha}{L c_i} + \beta \qquad (5-8)$$

5.2.4.4　PP-ZZ 模型

至此，克鲁格曼根据垄断竞争企业的特征，分别推导出两个等式：在企业利润最大化原则下推导出来的式（5-6）和在长期竞争下利润为零原则下推导出来的式（5-8）。在这两个等式中，用工资单位衡量的产品价格（P/W）都是产品需求量（c）的函数。

为了研究垄断竞争企业产品的均衡价格与个人需求量（消费量）的关系，克鲁格曼构建了 PP-ZZ 模型。图 5-10 即为 PP-ZZ 模型图，其纵轴为 P/W，横轴为 c。其中的 PP 曲线由式（5-6）导出，ZZ 曲线由式（5-8）导出。

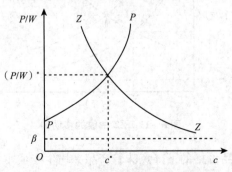

图 5-10　克鲁格曼模型的基本图解

在式（5-6）中，$d\varepsilon/dc<0$，P/W 与 c 的关系是正相关的。也就是说，在企业利润最大化的均衡条件下，个人对产品的需求量越大，企业所能出售的产品价格就越高。因此，PP 曲线的斜率为正。

在式（5-8）中，P/W 与 c 的关系是负相关的，即个人对产品的需求量越大，企业的生产规模越大，产品的价格（在长期等于平均成本）就越低。因此，ZZ 曲线的斜率为负。

PP 曲线和 ZZ 曲线的交点是每种产品的均衡价格和每个个人对该产品的消费（需求）量。由于 $Lc_i = x_i$，所以我们又可由消费量求出每个企业的生产量 x_i。在充分就业的假设下，企业数或产品种类等于总劳动除以企业的劳动投入，即：

$$n = \frac{L}{\alpha + \beta x} \qquad (5-9)$$

或

$$n = \frac{1}{\dfrac{\alpha}{L} + \beta c} \qquad (5-10)$$

5.2.4.5　国际贸易的影响

在建立起 PP-ZZ 模型的分析框架之后，克鲁格曼引入了国际贸易。

假设存在另一个同类的经济体，有相同的偏好、资源储备和技术，并有人口 L^*。当双方开放自由贸易时，对本国的任何一种商品都意味着一个更大的市场和更多的消费人口。由于技术是给定的，反映投入产出关系的系数 β 不会因为贸易而变化，所以在 PP-ZZ 模型中，PP 曲线没有影响。但是，贸易使每种产品的消费人口增加了 L^*，导致 ZZ 曲线下移（或左移）至 $Z'Z'$。在新的均衡点（$Z'Z'=PP$）上，相对于工资的产品价格（P/W）和每个人对任何一种产品的消费量（c）都下降了（见图 5-11）。

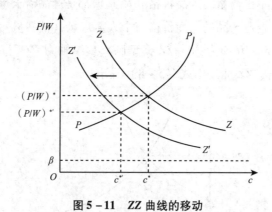

图 5-11　ZZ 曲线的移动

在长期均衡点上，产品价格的下降意味着产品平均生产成本的下降，也反映了每个企业扩大生产（x_i）后产生的规模经济①。虽然每个人对任何一种产品的消费量下降了，但每种产品的消费人口却大大增加，从而使整个产量提高了。从式（5-9）又可以知道，消费人口 L 的增加（从 L 到 $L+L^*$）和每种商品消费量 c 的下降（从 c^* 到 $c^{*'}$）意味着产品种类的增加。新的商品种类 $n' = \dfrac{1}{\dfrac{\alpha}{L+L^*}+\beta c'}$ 比贸易前的 $n = \dfrac{1}{\dfrac{\alpha}{L}+\beta c}$ 多。

克鲁格曼从这一模型的分析中得出一些重要的结论。首先，垄断竞争企业可以通过国际贸易扩大市场增加消费人口来扩大生产获得规模经济，降低平均成本和产品价格。其次，每个消费者对某种产品的消费量会有所减少，但消费品的种类则大大增加。消费者通过产品种类的增加提高了福利。

值得一提的是，在以往的模型中，人们主要用社会无差异曲线和消费者/生产者剩余来衡量贸易所得和社会福利水平，而在克鲁格曼模型中，他强调了"产品多样性"所带来的消费者福利，为衡量贸易所得提供了更多的工具。

更重要的是，克鲁格曼通过这一模型的分析指出了贸易的基础不一定是两国之间技术或要素禀赋上的差异而造成的成本价格差异，扩大市场获得规模经济也是企业愿意出口的重要原因之一。企业可以通过出口来降低成本获得短期利润。当然，贸易前两国的市场规模不同也会导致出现产品价格的差异，并成为贸易发生的原因。不过，造成这种价格差异的原因不是各国技术和资源上的不同，而仅仅是规模上的区别。克鲁格曼的这一理论令人信服地解释了发达工业国家之间的贸易和产业内贸易的重要原因，补充和发展了国际贸易的理论。

5.3　产品差异化引起的贸易

正如本章开篇所言，产业内贸易是如今国际贸易的主要形式，本节将对产业内贸易进行系统的介绍。所谓产业内贸易又称为行业内贸易，是指一个国家或地区在一段时间内，同一产业部门的产品既有进口又有出口的现象，或者说，产业内贸易是指"同一产业内具有较为严密的生产替代或消费替代关系的产品的双向贸易活动"。

产业内贸易理论从动态出发进行分析，以不完全竞争市场和经济中具有规模收益为前提，考虑需求不相同与相同的情况，更符合实际。该理论将符合产业内贸易的商品分为两类：同质产品（相同产品）和异质产品（差异产品）。同质产品的产业内贸易的主要形式包括不同国家间大宗产品的交叉型产业内贸易；经济合作或因经济技术因素而产生的产业

---

① 式（5-4）$Lc_i = x_i$ 说明了消费人口、人均消费量和生产量的关系。只要 PP 曲线的斜率大于等于 0，L 增加的幅度就一定会超过由此引起的均衡人均消费量 c 的下降程度，从而使每个产品的总产量 x_i 增加。

内贸易；大量的转口贸易；政府干预产生的价值扭曲使一国在进口的同时为占领其他国家的市场而出口同种产品从而形成的产业内贸易；季节性产品贸易；跨国公司内部贸易等。产品异质性是产业内贸易的基础，体现在产品的水平差异、技术差异（新产品出现带来的差异）和垂直差异（产品质量方面的差异）三方面，这三类情况都有着从供给角度看存在的规模经济、从需求角度看存在的需求偏好方面的重叠，所以可以认为本节是 5.2 节规模经济更深入的延伸性扩展。

5.3.1　在同类产品中开展产业内贸易的原因

非常遗憾的是，以要素禀赋为基础的比较优势对于预测产业内贸易几乎没有什么帮助。事实上，所研究国家的资本和劳动禀赋越相似，产业内贸易（与产业间贸易相比）的规模相对就越大，考虑到 H － O 模型这一个缺陷，产业内贸易开展的原因可能在于[①]：产品异质性、运输成本、动态规模经济、产品加总程度、各国不同的收入分配、不同的要素禀赋和产品种类。

5.3.1.1　产品差异

如前所述，生产者为了在消费者的心目中把自己的产品与其他产品区分开从而使消费者忠诚于自己的产品品牌，或者消费者本身希望产品具有多样化特征以供选择，一种产品就会有许多不同的品牌。由于消费者的偏好差异巨大，远远超过任何一个国家所能生产的产品品种数目，因此，产品差异化就导致了部分产业内贸易的发生，更为详细的解释我们会在后面的内容逐步展开。

5.3.1.2　运输成本

一个地理意义上如美国一样的大国，产品的运输成本对产业内贸易的形成也有重要作用，特别是对那些价值相对小而体积庞大的产品来说。因此，对于某种同时在加拿大东部和美国加利福尼亚生产的产品，缅因州的购买者可能宁愿购买加拿大的产品而不是加利福尼亚的产品，因为前者的运输成本更低一些。同时，墨西哥的购买者则可能去买加利福尼亚的产品。所以，美国同时在出口和进口同种商品。运输成本促进产业内贸易形成的另一个机制已经在本章前面的相互倾销模型中做过具体讨论。

5.3.1.3　动态规模经济

动态规模经济与产品差异化的原因有关。如果产业内贸易发生在一种产品的两种不同款式之间，那么每 1 单位生产厂商（本国与外国）都在经历"干中学"的过程或所谓的

---

① 对于深入探讨产业内贸易原因具有开创性的著述，请参见格鲁伯和劳埃德（Grubel & Lloyd, 1975）。

动态规模经济（dynamic economics of scale）过程。这意味着由于生产某种产品的经验积累就可以降低其单位产品的成本。由于成本降低，每种款式商品的销售都可能随时间流逝而增长。对两国而言由于这种生产经验的积累而不断发展。

5.3.1.4　产品加总程度

一种观点认为，产业内贸易是对贸易数据进行记录和分析的方式而产生的。如果产品目录定得宽泛一些（如饮料和烟草），与目录定得较细致的情况相比（如对饮料进行更细的分类，分出鲜葡萄酒之类等），就会出现更多的产业内贸易。假设一国出口饮料而进口烟草，使用宽泛的分类"饮料与烟草"（在联合国标准国际贸易分类体系中广泛使用这样一个目录）就会有产业内贸易发生，但如果使用稍微细致的分类，如分为"饮料"和"烟草"，产业内贸易就不会出现了。但是，大多数贸易分析人员认定产业内贸易是贸易的一种经济特征，从根本上看不是分类加总而出现的结果。

5.3.1.5　不同的要素禀赋和产品种类

法尔维（Falvey）等人的研究试图将产业内贸易与赫尔歇克 – 俄林理论结合起来，他们设计了一个模型，在这个模型中，每个国家出口具有不同相对要素禀赋的同种但属不同系列的产品。假设一种产品的高品质系列需要使用更多的资本密集型技术，根据他们的模型就可推知资本丰裕的国家出口高品质系列的商品，而劳动丰裕的国家出口低品质系列的商品。这样，在这个框架中，赫尔歇克 – 俄林理论也能够产生产业内贸易。在其他相关的研究中，琼斯、贝拉迪和马伊特（Jones, Beladi & Marjit, 1999）根据高品质产品在生产中需要的资本密集度也高的假设，认为劳动丰裕的国家（如印度）可以将一种商品的资本密集型系列产品出口到高收入国家（如英国或美国），而将低品质、劳动密集型系列产品供应国内市场。由此看来，贸易理论也在复杂化。

5.3.2　在异质产品中开展产业内贸易的原因

与需求多样化相适应，产品是异质性的，产品的种类是多样化的，这就与规模经济构成了矛盾，克鲁格曼、范尔威、迪克西特等人所构建的产品差异性模型旨在解决这种矛盾。这些模型具有以下三个共同特点：市场结构是垄断竞争型的，市场上的产品是异质的，每一种产品系列的生产都具有内部规模经济的效果。

5.3.2.1　需求多样化模型（DS 模型）

迪克西特和斯蒂格利茨于 1977 年在 "Monopolistic Competition and Optimum Product Diversity" 一文中建立了一个规模经济和多样化消费之间的两难冲突模型，即 D – S 模型。这篇文章的主要贡献在于对内部规模经济和垄断竞争市场的分析提供了一个简洁的途径。

简单地说，从生产方面来讲，产品的生产规模越大成本越低，因此，厂商生产的产品的品种会比较少；从消费者方面来讲，由于多样化消费的偏好，产品的品种应越多越好。这就产生了一个两难冲突，即斯蒂格利茨两难：消费者要求产品的品种越多越好，而生产者在资源稀缺性的约束条件下，生产规模就会缩小，导致每种产品的生产成本及价格上升。但由于规模经济的作用，能够使两难冲突的解决空间增大，因为市场规模的扩大有利于发挥规模经济优势，同时使更多的人有机会消费更多样化和更物美价廉的产品。市场竞争能使这种两难状态达到最优或是一种次优的均衡：每一个生产者都会去生产一种差别性产品——既能满足消费者多样化和廉价的消费需求，又能使生产者本身获得一定程度的垄断利益——从而形成某种垄断竞争的局面。

在福利经济学中，有关生产的基本问题是市场最优下的产品种类和数量是否就是社会最优情况下的产品种类和数量。而这个问题的产生是由于以下三个原因：分配公平问题、外部效应问题和规模经济问题，而他们的目的是对其中的内部规模经济问题进行研究。两人在效用函数是不变弹性、可变弹性和非对称性的情况下对问题进行了深入探讨。为了问题说明的简便，本书只对其中的不变弹性情况进行浅析。

迪克西特和斯蒂格利茨将问题转化为产品数量和产品种类的权衡取舍。由于规模经济，因此产品种类越少每种产品的产量越大，从而节约资源。但是这会使得多样性减少从而降低消费者的效用水平。为了直接对问题进行研究，假设传统的效用函数的无差异面是凸的，因此，消费者将会偏爱多样化的产品组合；另外，处于同一组或同一部门或同一产业的产品之间具有良好的替代性，但对于以外的产品的替代性较差。将经济中其他产品记为 x_0，并将其作为计价物，具有良好替代性的产品记为 $x = (x_1, x_2, x_3, \cdots)$，假设效用函数的一般形式为：$u = U(x_0, V(x_1, x_2, x_3, \cdots))$，其中，函数 V 为对称函数，且同一组中的产品具有相同的固定成本和边际成本，所有产品的收入弹性为 1。

假定效用函数为：$u = U\left(x_0, \left\{\sum_i x_i^\rho\right\}^{1/\rho}\right)$，同时为了保证函数的凸性以及函数 U 的位似性，令 $0 < \rho < 1$，从后文可以得出 $1/(1-\rho)$ 是行业内部各种产品之间的替代弹性。

预算约束为 $x_0 + \sum_{i=1}^n p_i x_i = I$，另外他们又建立了两个指标 $y = \left\{\sum_{i=1}^n x_i^\rho\right\}^{1/\rho}$ 和 $q = \left\{\sum_{i=1}^n p_i^{-1/\beta}\right\}^{-\beta}$，其中，$\beta = (1-\rho)/\rho$，由于 $0 < \rho < 1$，所以 $\beta > 0$。根据效用最大化原则可以求出最优消费数量：$x_i = y(q/p_i)^{1/(1-\rho)}$，也即对 x_i 的需求函数。从这里也可以看出：$\frac{x_i}{x_j} = \left(\frac{p_j}{p_i}\right)^{1/(1-\rho)}$，即 $1/(1-\rho)$ 是行业内部各种产品之间的替代弹性。除此之外，还可以得出 $y = I\frac{s(q)}{q}$ 以及 $x_0 = I[1 - s(q)]$，$s(q)$ 是 q 的函数且依赖于函数 U 的形式。

假设 n 足够大，则 p_i 对 q 从而对 x_i 的影响可以忽略，所以可以得出弹性公式：$\frac{\partial \log x_i}{\partial \log p_i} =$

$\dfrac{-1}{1-\rho}=\dfrac{-(1+\beta)}{\beta}$，根据张伯伦的理论，可以看出这是单个厂商的需求曲线——dd 曲线的弹性。另外，在大的商品组的情况下，交叉价格弹性 $\dfrac{\partial \log x_i}{\partial \log p_j}$ 也是可以忽略的。但是，如果所有的商品价格一起变化，那么总的影响将不能忽略，相应的弹性也变成了张伯伦理论中市场需求曲线——DD 曲线的弹性。一般而言，dd 曲线和 DD 曲线都向下倾斜，但 dd 曲线更加富有弹性，这是由于各厂商的产品之间替代性比较大。

为求解市场均衡时的价格、产量和产品种类，需要考虑供给方面的因素。如果每个厂商只生产一种产品，且都追求利润最大化，当"边际厂商"出现收支相抵时，进出行业的均衡状态便形成了。因此，这样的市场均衡就是张伯伦的垄断竞争情形下的市场均衡。

假设边际成本为 c，固定成本为 a，根据利润最大化的条件，以及单个厂商面对的需求弹性为 $\dfrac{-(1+\beta)}{\beta}$，所以对单个厂商有 $p_i\left(1-\dfrac{\beta}{1+\beta}\right)=c$，用 p_e 代表均衡价格，则有

$$p_e = c(1+\beta) = \frac{c}{\rho}。$$

垄断竞争均衡下，厂商的利润为零，即（对第 n 个厂商来说）：$(p_n-c)x_n=a$，再假设 $I=1$，则由上可得 $\dfrac{s(p_e n_e^{-\beta})}{p_e n_e}=\dfrac{a}{\beta c}$，其中暗含了均衡时的厂商数量 n_e。综合上述内容，可以求得均衡时的产量 $x_e=\dfrac{a}{\beta c}$。

综上所述，根据需求函数和生产条件，求得均衡价格 $p_e=c(1+\beta)=c/\rho$、均衡产量 $x_e=\dfrac{a}{\beta c}$ 和产品种类 n_e。

以上就是 D–S 模型的核心内容，概括而言：构造了一个反映产品种类的效用函数，假定厂商的固定成本和边际成本都不变，根据效用最大化和利润最大化即可求出均衡产量、均衡价格和产品种类。市场竞争会去折中规模经济和多样化消费之间的两难冲突，达到某种垄断竞争的均衡。由于国际贸易能增加整个世界市场的规模，这就使得折中这种两难冲突的空间加大，所有人都将有更多机会消费更多样化和更廉价的产品。D–S 模型说明：第一，国际贸易使生产成本和价格下降；第二，扩大的市场使产品种类增加，因而使消费者多样化的需求得到更多满足；第三，国际贸易使厂商之间的竞争增加，使市场价格更接近于完全竞争价格，因而减少了垄断造成的资源分配扭曲。

5.3.2.2　水平异质性模型（新张伯伦模型）

新张伯伦模型（neo—Chambelinian model）是指，运用张伯伦对规模经济和垄断竞争市场的分析来构架新的贸易模型，解决我们在前面谈到过的所谓水平型差异产品间的贸易现象。水平异质性（horizontal differentiation）是指产品各品种之间的差异性是来自它们特

性上的不同，或者说是产品特征组合方式的差异。在一组产品中，所有的产品具有某些共同的本质性特征，即核心特征，这些特征不同的组合方式决定了产品的差异。比如同一产业内部一系列不同规格的产品。水平差异性模型都可以归入新张伯伦模型，其中最具代表性的是克鲁格曼模型。克鲁格曼模型表明，在产品具有水平差异性，并且生产的平均成本递减的情况下，即使在两个收入完全相同的国家之间也能展开产业内贸易，并且这种贸易会增进两国的福利，消费者将从消费品种数量的增加和消费者剩余分配的改变中获益，我们会在下一节对模型进行细致的学习。

5.3.2.3 垂直异质性模型

垂直异质性（vertical differentiation）是指在一组产品中各个产品具备的核心特征在绝对数量上的差异，或理解为产品质量上的差异。比如同一产业生产不同等级的可替代的产品。垂直异质性模型中，最具代表性的是范尔威（1981）模型。它的思想是每一行业不再仅仅生产一种同质产品，相反，一系列质量不同的产品都被制造出来（每种同质产品都被许多竞争厂商制造）。

如果一个国家的平均收入水平比另一个国家高，则该国在自给自足时生产的产品质量也比另一个国家高。高收入国家会专门生产质量较高的品种，并出口其中的一些品种，同时从低收入国家进口某些质量较低的品种，可供给的品种比收入相同时要多，价格下降，同时产品的质量总体上可能会得到改进。

5.3.3 一国的产业内贸易水平的计量

在本章开篇，通过一些实例和数据简要地描述了产业内贸易的发展，在前面对产业内贸易原因也进行了剖析，下面我们将对一国的产业内贸易和我国的产业内贸易进行更为细致的分析。人们在对产业内贸易的分析研究中试图判断不同国家的产业内贸易水平是否会有系统性差异。贝拉·巴拉萨（Bela Balassa，1986）的一项研究就是其中的一个示例（见表5-3）。

表5-3 2006年一些国家的产业内贸易指数（依据SITC的3分为产品和5分为产品）

国家	3分为产品	5分为产品	国家	3分为产品	5分为产品
德国	0.570	0.419	印度尼西亚	0.291	0.117
英国	0.503	0.317	保加利亚	0.287	0.140
日本	0.398	0.238	摩洛哥	0.150	0.091
巴西	0.373	0.137	俄罗斯	0.146	0.047
中国	0.305	0.182	沙特阿拉伯	0.070	0.011

资料来源：Marius Briillart. An Account of Global Intra-industry Trade, 1962 - 2006 [J]. The World Economy, 2009, 32 (3)：410 - 416。

通常，对于产业内贸易程度的度量，使用最广泛的指标是 1975 年的 G-L（Grubel-Llord）指数，又称产业内贸易指数：

$$B_i = \frac{(X_i + M_i) - \left| X_i - M_i \right|}{X_i + M_i} \tag{5-11}$$

其中，B_i 即为一国 i 产业的产业内贸易指数，X_i 为 i 产业出口额，M_i 为 i 产业进口额。

5.4　产业内贸易的一般模型

5.4.1　新张伯伦模型（克鲁格曼模型）

那些归入新张伯伦模型的产业内贸易理论与 5.3 节模型的不同之处在于，它们以所谓的水平差异性（horizontal differentiation）来讨论问题。这种理论认为，产品各品种之间的差异性基于它们特性（characteristics）的不同。这种特性可以是"实际的"（actual），如酒的颜色，也可以是"领悟的"（perceived），如酒的味道。尽管每个消费者会根据不同品种符合他个人偏好的程度作出唯一的评价，从而使它们有唯一的排列组合。当然，我们很难想象有哪一种实际商品是具有水平差异性而没有垂直差异性的，但对有些产品来说，水平差异性可能起主导作用。因而下面主要讨论水平差异性起作用的情况。

张伯伦模型中比较有影响、有代表性的就是克鲁格曼（Krugman）提出的一个模型。在这个模型中，一国被假定为只有一种生产要素——劳动，并且其供给是固定的。存在着许多厂商，每个厂商都生产 X 商品中的一个品种，几个厂商中的每一个，或者其生产的品种都用下标 i 表示。厂商可以自由进入或退出该产业。能够生产的 X 产品不同品种的数目没有限制。每个厂商需要固定数量的劳动投入，然后每个厂商都以不变的边际劳动投入要求来生产他的品种，这样，厂商 i 所需要的总劳动投入就是：

$$l_i = \alpha + \beta x_i \tag{5-12}$$

式中，x_i 是 X 商品 i 品种的产出。这里需要注意，随着产出的增加，平均劳动投入下降。

克鲁格曼的模型还假设每个消费者的效用函数都相同，而且所有的品种都对称地进入效用函数。这就是说：其一，每增加 1 单位任何品种的消费，总效用的增加都是相同的；其二，消费的品种越多，总效用增加越多。克鲁格曼提出的实际效用函数就是：

$$u = \sum_{i=1}^{n} v(c_i) \tag{5-13}$$

式中，$\partial v(c_i)/\partial c_i > 0$，在保持总消费不变的情况下增加另一个品种会提高福利水平。

上述四个假设（固定的劳动供给、自由进入和退出、平均劳动投入递减以及所有品种对称地进入效用函数）足以保证没有两个厂商会生产相同的品种，并且该经济体中厂商的数目是确定的，从而品种的数目也得以确定。

如果每个厂商都面临一个给定的工资率 w，那么其总成本就是 $w(\alpha + \beta x_i)$。如果品种 i 的价格为 p_i，那么每个厂商的利润就是：

$$\pi_i = p_i - w(\alpha + \beta x_i) \tag{5-14}$$

但是如果厂商能够自由进入该产业，长期均衡就要求每一个厂商都只能得到正常的利润，因此在长期均衡中必然就有价格等于平均成本，即：

$$p_i = w\left(\frac{\alpha}{x_i} + \beta\right) \tag{5-15}$$

模型的对称性意味着每个厂商会以同样的平均成本将其所选择的品种进行同样数量的生产，并以同样的价格销售，即对所有厂商都有 $x_i = x$，$l_i = l$，$p_i = p$。

生产所有品种所要使用的劳动不能超过固定的劳动供给者这一条件决定了厂商的数目。每个厂商使用一定数量的劳动 l，其中 $l = \alpha + \beta x$。如果总劳动供给为 L，那么厂商的数目 n 就由式（5-16）确定：

$$n = \frac{L}{l} = \frac{L}{\alpha + \beta x} \tag{5-16}$$

每个消费者会对每个品种消费完全相同的数量，因此其总效用就是 $u = nv(c)$。

显然，用于该商品所有品种的全部开支必然等于支付给劳动的全部报酬。

我们把上面讨论的国家叫作本国，并假定有一个外国，它在所有方面都与本国一样。如果允许两国进行自由贸易，并且不存在运输成本或其他任何障碍，那么两国就会进行这一相异产品的贸易。其中一个国家生产与另一个国家完全相同品种的厂商会改变生产的品种，转而去生产任何其他厂商都没有生产过的新品种。厂商之所以会这样做是因为不论它生产哪一个品种，生产成本都是一样的，并且它能销售的新品种的数量与老品种一样多。这样一来，随着厂商的调整，最后每一个品种（其中某些是新品种）都只由一个厂商生产，因此每一个品种就只会在两国中的一国生产。自由贸易的均衡与自给自足下的均衡一样，每个国家生产几个品种，每个品种都以同样的成本生产，并以同样的价格出售。然而，现在两国的每个消费者都只对 $2n$ 个品种中的每个品种消费 $0.5c$ 的数量，这样他的效用函数就是：

$$u = \sum_{i=1}^{2n} v(0.5c_i) \tag{5-17}$$

根据前面所说的效用函数的特点，我们知道消费者的效用得到了提高。

对两国来说，贸易使它们的福利水平都得到提高。在生产方面，两国都没有损失，因为两个国家的厂商数目没有变，实际工资率也没有变。福利的变化只发生在消费方面，而对此我们已经看到，虽然消费者消费的总数量未变，但是他们能够享用的品种范围扩大了，从而获益了。

注意：在上述模型中虽然我们可以推断每个国家会生产所有品种中的一半，但是我们无法预测哪些品种在本国生产，哪些在外国生产，从而无法预测本国和外国各自会出口和进口什么样的品种。

上述克鲁格曼模型表明，在产品具有水平差异性，并且生产的平均成本递减的情况下，即使在两个完全相同的国家之间也能展开产业内贸易，并且这种贸易会增进两国的福利。其他一些经济学家在这方面所做的研究也得出了相同的结论。

克鲁格曼等所建立的新张伯伦模型由于其严格的假设而在使用时受到限制。模型中关于效用函数的假设排除了消费者对某些品种（而不是全部品种）偏好的可能性，从而隐含着"不可能有更多的品种"的条件。同时，在这种模型里，产品的品种是完全独立于需求的。另外，模型还意味着厂商在调整产品品种时是没有调整成本的，并且展开贸易后没有一种品种会消失。

5.4.2　兰开斯特模型

本节讨论的兰开斯特模型仍以产品的水平差异为基础。兰开斯特在模型中提出了一些基本假设：

（1）产品水平差异性。兰开斯特认为，每个产品品种都有一组不同于其他品种的特性，这种特性构成了产品的水平差异。消费者对不同特性有不同的偏好。但消费者无法购买某一产品的多个品种并将它们"混合起来"得到一个新的品种来更好地满足自己的偏好。也就是说，如果消费者只喜欢一个品种中的某些特性和另一个品种中的另一个特性，他不可能把两个品种都买下来却只消费他喜欢的特性。兰开斯特提出过很多贸易模型，这些模型都是以特性为基础的产品相异性模型。我们介绍其中最简单的。兰开斯特最简单的模型假定相异产品只有两个特性，而消费者的偏好将根据这两个特性在每个品种中的比例来排列。一种表达可得品种范围的办法就是把它们看作散在一条直线上的点，这是所谓的"光谱"分析法（spectrum approach）。在图 5 - 12 中，线段 ab 代表了可得品种的范围。在线段的 a 端，品种只具有特性 A；随着我们逐步向右移动，特性 B 出现，并且它与特性 A 的比例逐步提高。这样到了最右面的 b 端，品种中就不再有特性 A 而只有特性 B 了。

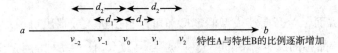

图 5 - 12　特性 A 与特性 B 示意

注：v 代表图中某个消费品种的组合，d 代表不同品种之间的距离。

（2）消费者偏好具有对称性。每个消费者被假定为有一个最偏好的，或说是最理想产品，对这一品种他最愿意付钱购买。现假定图 5 – 12 中的品种 v_0 是某一消费者的理想品种。他对该品种的需求就取决于他的收入和该品种的价格。现在我们暂时假定他的收入是固定的，他的需求就可用图 5 – 13 的需求曲线 $D(v_0)$ 来表示。消费者当然还会购买其他品种，但是在价格和收入水平给定的情况下，离他理想的品种越远的其他品种，他会买得越少。这就是说，在任一给定的收入水平下，消费者对他较不偏好的品种的需求曲线就位于他较偏好的需求曲线下面。通常的假定是消费者的偏好具有对称性，即消费者对于"高于"他的理想品种距离为 d 的品种和"低于"他的理想品种距离也为 d 的品种是偏好无差异的。图 5 – 12 中，理想品种为 v_0 的消费者对于 v_1 和 v_{-1} 这两个品种的偏好是无差异的，因为它们与 v_0 的距离都为 d_1，因此它对这两个品种中任何一种的需求曲线都是图 5 – 13 中的 $D(d_1)$。相应地，对于离 v_0 更远的品种，如 v_2 和 v_{-2}，他的需求曲线就是 $D(d_2)$，处于更低的位置上。

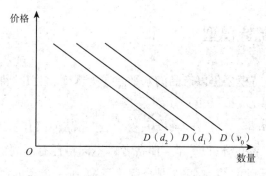

图 5 – 13　消费者需求曲线

消费者对某一给定品种的需求除了受收入和价格影响外，还受其他品种存在的影响。假定一个消费者由于其理想的品种 v_0 不存在而正在购买 v_1，这时如果 v_2 的价格足够低的话，他就会转而购买 v_2。v_2 离 v_1 的距离越近，让他改变主意所需要的价格差就越低。就是说消费者对 v_1 的需求将越来越受它本身价格变动的影响。

上面说的是某一个消费者的情况。但是现在这个模型假设消费者对品种的偏好是不一样的。简单起见，我们假定消费者均等地分布在图 5 – 12 中品种范围的各段上。我们还假定那些"极端的"消费者（选择特性比例最高或最低的消费）所选择的理想品种离点 a 和 b 仍有一段距离，因而原则上他们也仍旧能够选择特性比例比他们的理想品种高或低的品种。

（3）在供给方面，兰开斯特模型假定厂商可以自由进入或退出市场，并能生产任何品种，同时生产任一品种的成本都相同。这一模型还假定，任一品种的生产平均成本的变化是 U 形的，一开始是递减的，到一定点以后转为递增。这样生产的品种数目就不可能是无限的，某些消费者就可能买不到他们最偏好的品种。

进入市场的厂商就必须决定他们准备生产哪一个品种并以一定价格出售。厂商索取的价格越低，其销售量就越大。在其他条件不变的情况下，一个厂商降低价格就会吸引那些其理想品种离该厂商生产的品种较远的购买者。如果两个相邻的品种之间的距离太小，那么两家厂商中的一家撤离市场，或是一家改变生产品种，也可能是两家都改变生产品种，这就确保没有两家厂商会生产相同的品种。反之，如果两个相邻品种的距离太远，就会有新的厂商进入市场利用这一机会获利。

自由进入和退出、相同密度的偏好以及一样的成本函数确保了在长期均衡中实际生产的品种会均等地分布在"光谱"上，并且每一品种的生产数量和销售价格都相同。每一厂商都获得"正常的"利润，即价格等于平均成本。兰开斯特把这种情况称为完全垄断竞争（perfect monopolistic competition）。

（4）我们假定世界仍由两个国家组成，它们在所有方面都完全一样。存在着布和麦两个产业。前者生产相异产品，后者生产规模报酬不变的无异产品。劳动是可移动的生产要素，但是每个部门还都另有一个产业特定的生产要素。对相异产品布的需求假定为收入弹性大于1。

在自给自足条件下两国的均衡是一样的。特别是两国生产的布的品种及其数量是一样的，它们的农业产出、价格和收入也都是一样的。那么现在如果允许两个相同的国家展开贸易，并且不存在任何贸易障碍的话，会发生什么？

由于两个国家是完全相同的，因此允许自由贸易就等于创造了一个新的国家，其规模比原来两国中的任何一国大1倍，只是生产要素不能在两国之间流动。这时相异产品布的生产就会调整到每一品种只由一家厂商生产（显然它就必然只在其中一个国家），并且各个品种均等地散布在"光谱"上，每个产品都将以同样的数量生产并以同样的价格出售。但所有的品种都将在两国消费。

模型的对称性保证了每个国家生产一半的品种。每家厂商都会将产出的一半在国内市场销售，另一半出口。这就是说每个国家都有一半的消费者选择另一个国家生产的品种，一半选择本国的品种。显然，贸易必然是平衡的，因为每个国家都以相同价格出口相同数目品种，且每一品种的出口数量也都相同。像在克鲁格曼模型中一样，这里需要指出的是我们不能预测哪个国家生产哪些品种。

开展贸易后生产的相异产品品种数目必然比自给自足时多。为了说明这一点，我们先假定贸易后品种数目和特性都不变，但是每个国家有一半厂商撤离市场。这样，留下的厂商就能以相同的价格比自给自足时销售量增加1倍。产出的增加会降低平均成本，这使厂商获得超额利润。超额利润吸引新的厂商进入，每个新厂商都生产一种新的品种。当新的均衡建立起来时，品种的数目就比以前多，并且所有品种仍旧以均等的间距分布在"光谱"上。然而，只要对布的需求的收入弹性大于1，并且对价格不是完全无弹性的，两个国家织布部门厂商的总数量就会比自给自足情况下少。这样，每个厂商生产的数量就会比自给自足时大，平均成本下降，从而价格就会较低。

图 5-14 显示了一个典型的厂商在自给自足和自由贸易情况下的两种均衡。厂商生产

的平均成本一开始随着生产的增加而降低。在自给自足时，厂商面临的需求曲线为 D_1，其长期均衡点为 E_1，生产的数量为 Q_1，出售价格为 P_1（图 5 - 14 中没有显示边际收益曲线和边际成本曲线，但是它们也将在产出为 Q_1 的地方相交）。开展贸易后会增加产品品种，该厂商可能会被迫改变产品的特性，即生产另一个产品，同时由于生产的成本没变，AC 的形状不变。潜在消费者数量的增加会使该厂商面临的需求曲线向上移动，但是品种数目的增加又会使需求曲线向下移动，同时相邻品种间距离的缩短又会使需求更具有弹性。这样，新的长期均衡就会移向 E_2。在该点产出达到 Q_2，高于 Q_1，价格随平均成本降到 P_2 低于 P_1。

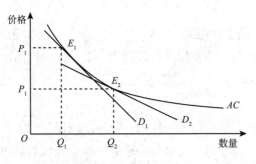

图 5 - 14　厂商的均衡曲线

那么开展贸易后的福利效应如何？消费者将从品种数量的增加和消费者剩余分布的改变中得益。在图 5 - 15 中，横轴表示特性光谱上的一段。在自给自足情况下两国生产的品种中有两个为 A_1 和 A_2。在消费者方面，我们知道有些人是所谓的"边界"（borderline）消费者，他们对购买相邻的两个品种中的任何一个都是两可的。在图 5 - 15 中，这种消费者就是其理想品种为 V_1、V_2 或 V_3 的消费者。以 V_2 为例，消费者的理想品种是 V_2，但厂商的生产决策却不同，他能得到的是 V_1 或 V_2，他就是一个边界消费者。在我们讨论的兰开斯特模型中，这种消费者对他们要消费的品种的需求曲线是传统的向下倾斜的，因而在消费时能获得消费者剩余。对于消费品种 V_1 的边界消费者来说，它们的消费者剩余的总水平就是纵轴上的 M_A。由于我们假定消费者在"光谱"上是均等分布的，这种消费者剩余水平对所有边界消费者必然是一样的。

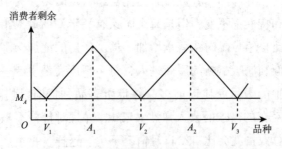

图 5 - 15　无贸易情形下的消费者剩余

　　一个消费者的理想品种越是接近于被生产出来的品种，他就会比边界消费者越多地消费该品种，并能获得越多的消费者剩余。能够享受最大消费者剩余的是那些理想品种与某一种实际被生产出来的品种正好吻合的消费者，就像图 5 - 15 中的 A_1 是理想品种那样。如果我们假定消费者剩余是随着理想品种逐步接近实际选中的品种而线性地增加的话，我们就可以得到图 5 - 15 中那样的"锯齿状"函数。

　　现在假定允许进行贸易。简单起见，我们假定可得的品种数目在两国正好增加 50%，并且新的品种在"光谱"上分布就如图 5 - 16 所示，即在自给自足条件下由两个品种占据的空间在自由贸易下由 3 个品种占据。

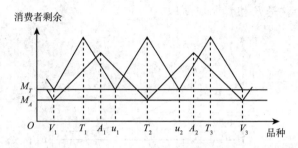

图 5 - 16　贸易后的消费者剩余

　　我们首先来看自给自足条件下那些理想品种为 V_1 但选择 A_1 的边界消费者。他们仍旧是边界消费者，但是由于下列两个理由他们的境况必然变好了。第一，他们现在可以购买品种 T_1 了，并且由于 T_1 更接近于他们的理想品种，即使在价格不变情况下也会增加他们的消费。然而现在由于厂商变少、平均成本下降，价格也下降了，因此他们的消费和消费者剩余都会增加。在图 5 - 16 中，这些边界消费者的新的消费者剩余由 M_T 表示。第二，有一些在自给自足条件下处于两可状态的消费者现在可以得到他们的理想品种了。在图 5 - 16 中，那些理想品种为 T_2（即在图 5 - 15 中为 V_2）的消费者就是这样一些人。这些消费者显然由于贸易而得益了。而且由于价格的下跌，他们的消费者剩余必然比在自给自足条件下能够买到理想品种的消费者要多。

　　另外，有些在自给自足条件下能够买到理想品种的消费者现在买不到了。这就是说在图 5 - 15 中原来购买 A_1 和 A_2 的消费者现在因为这两个品种已经没有了而只能购买相邻的、在他们看来是较次的品种了。从这个意义上而言，他们的消费者剩余减少了。但是现在这些品种的价格降低了，这又会使他们的消费者剩余增加。所以对于这些消费者，我们很难确定总体上他们的消费者剩余是增加还是减少。然而很明显，其中有些消费者会受到损失。例如，在图 5 - 16 中，如果一个消费者原来的理想品种是 u_1，在自由贸易下他就是一个边界消费者，其消费者剩余为 M_T，但在自给自足时他选择 A_1，消费者剩余会大于 M_T。

　　虽然以上的例子较为简单，但是如果开展贸易后品种增加的比例大于或小于 50%，总的情况也不会有什么改变。许多消费者会从自由贸易中得益，有的得益相当多，但也有一些消费者会受损，因此开展自由贸易后对不同的消费者会有不同的影响。但是从图 5 - 16

我们可以看出，开展贸易后总的消费者剩余增加了，自由贸易下"锯齿状"以下的面积必然大于自给自足下的面积。

自由贸易对生产者会产生什么影响呢？如果我们仍旧假定每个生产者有一个线性的总成本函数，并且品种数目增加50%，分析就很简单了。图5-17与图5-14相比，加上了一条边际成本线，并注明了生产者剩余的区域。为了简明些，我们省略了需求曲线，但是我们知道E_1和E_2分别是自给自足条件下和自由贸易条件下的均衡点。在自给自足条件下，厂商将生产Q_1的产出并以P_1的价格出售。这时他的生产者剩余就是A和B两块面积。在自由贸易条件下，厂商将生产（可能是另一品种）Q_2的产出并以P_2的价格出售。这时他的生产者剩余就是B和C两块面积。

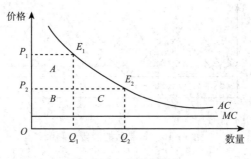

图5-17　生产者剩余

如果厂商的总成本是其产出的线性函数，即：

$$C = \alpha + \beta Q \tag{5-18}$$

那么其平均成本就是：

$$AC = \frac{\alpha}{Q} + \beta \tag{5-19}$$

在长期均衡中价格等于平均成本，因此厂商在产出为Q_1时的售价就是：

$$P_1 = \beta + \frac{\alpha}{Q_1} \tag{5-20}$$

其生产者剩余就是：

$$(P_1 - MC)Q_1 = \left(\beta + \frac{\alpha}{Q_1} - \beta\right)Q_1 = \alpha \tag{5-21}$$

在自由贸易下厂商的产出为Q_2，其售价为：

$$P_2 = \beta + \frac{\alpha}{Q_2} \tag{5-22}$$

其生产者剩余就是：

$$(P_2 - MC)Q_2 = \left(\beta + \frac{\alpha}{Q_2} - \beta\right)Q_2 = \alpha \tag{5-23}$$

显然，生产者剩余没有变化，厂商既没有获益也没有受损。当然如果厂商的成本不是线性的，那么开展贸易后其生产者剩余可能增加或者减少。

5.5　寡头垄断结构下的贸易：布兰德 – 克鲁格曼模型

在上面的讨论中，都是有许多厂商存在的产业内贸易模型，从这一模型开始，我们讨论几个只有少数厂商的寡头模型。寡头模型与前面讨论的模型的基本区别是，在寡头模型中我们必须考虑产业中厂商之间的战略性相互依赖（strategic interdependence）。现在市场上的每家厂商都知道他的决策会影响其他厂商的利润，因此他也就必然要考虑他的竞争对手会对他的决策作出什么样的反应，一般把这种针对竞争对手行为作出反应的考虑称作"揣摩变动"（conjecture variation）。

由于寡头至今还没有一个一致认可的模型。我们这一节先介绍由布兰德和克鲁格曼（Brander & Krugman）首先提出的一种模型。这是一种局部均衡模型，它假设两个国家在所有方面都完全一样。每个国家有一个生产者，以同样的成本生产同样的产品，并且两国对该产品的国内需求函数也一样。两国厂商采取的是"古诺行为"（Cournot behavior），即每家厂商在决定自己的产出时都把对方的产出作为既定的。也就是说，产出是厂商的战略变量。

两家厂商共同的总成本函数被假定是线性的，即：

$$C(Q) = \alpha + \beta Q \tag{5-24}$$

式中，Q 是产出，α 代表固定成本，β 是（不变的）边际成本。国家 i（$i=1$ 是本国，$i=2$ 是外国）的需求函数是：

$$P^i = a - b(Q_1^i + Q_2^i), \ i=1,2 \tag{5-25}$$

式中，上标表示消费该产品的国家，下标表示生产的国家。本国生产者在本国市场的收入就取决于他自己的销售和外国竞争者的销售，可以写作：

$$R_1^1 = [a - b(Q_1^1 + Q_2^1)]Q_1^1 \tag{5-26}$$

同样，他在外国市场上的收入就是：

$$R_1^2 = [a - b(Q_1^2 + Q_2^2)]Q_1^2 \tag{5-27}$$

他的总成本是：

$$C_1 = \alpha + \beta(Q_1^1 + Q_1^2) \tag{5-28}$$

因此，他的利润就是：

$$\pi_1 = R_1^1 + R_1^2 - C_1(Q) = [a - b(Q_1^1 + Q_2^1)]Q_1^1 + [a - b(Q_1^2 + Q_2^2)]Q_1^2 - \alpha - \beta(Q_1^1 + Q_1^2) \quad (5-29)$$

相应的，外国厂商的利润就是：

$$\pi_2 = R_2^1 + R_2^2 - C_2(Q) = [a - b(Q_1^1 + Q_2^1)]Q_2^1 + [a - b(Q_1^2 + Q_2^2)]Q_2^2 - \alpha - \beta(Q_2^1 + Q_2^2) \quad (5-30)$$

古诺行为的假设意味着每个厂商都是在对方销售不变的假定下选择他对两个市场的销售来使其利润最大化的。这样，本国厂商就会在假定外国厂商的销售不变的情况下选择他在两个市场的销售，使其满足：

$$\frac{\partial \pi_1}{\partial Q_1^1} = a - 2bQ_1^1 - bQ_2^1 - \beta = 0 \quad (5-31)$$

$$\frac{\partial \pi_1}{\partial Q_1^2} = a - 2bQ_1^2 - bQ_2^2 - \beta = 0 \quad (5-32)$$

同样，外国生产者的销售目标也要满足：

$$\frac{\partial \pi_2}{\partial Q_2^1} = a - 2bQ_2^1 - bQ_1^1 - \beta = 0 \quad (5-33)$$

$$\frac{\partial \pi_2}{\partial Q_2^2} = a - 2bQ_2^2 - bQ_1^2 - \beta = 0 \quad (5-34)$$

当然，他是假定本国厂商的销售是不变的。两个生产者的均衡可以通过解上面四个偏导方程组来得到。然而由于假定边际成本不变，我们这里就能把问题一分为二。我们可以通过解前两个偏导方程组来得到本国市场上的均衡销售；再通过解后两个偏导方程组来得到外国市场上的均衡销售。这一模型中这种对称的假设意味着在均衡时，每家厂商会生产同样的产品，并且每家都将产出的一半在国内市场销售，另一半出口。

解方程式（5-31），得到本国厂商在本国市场的销售情况：

$$Q_1^1 = \frac{1}{2b}(a - \beta) - \frac{1}{2}Q_2^1 \quad (5-35)$$

式（5-35）是本国生产者在本国市场的反应函数，它说明了本国厂商面临外国竞争者在本国市场的销售量时，为了使利润最大化会选择的销售量。同样，解方程式（5-33），得到外国厂商在本国市场的反应函数：

$$Q_2^1 = \frac{1}{2b}(a - \beta) - \frac{1}{2}Q_1^1 \quad (5-36)$$

图5-18显示了本国市场上的这两个反应函数。R_1是本国生产者的反应函数，R_2是外国竞争者的反应函数。两条函数的交点就是该市场的均衡点。为了说明这一均衡点是如何得到的，我们假设一开始外国厂商试图在本国市场上销售的数量为q_1。我们从本国生产者的反应曲线上可以看到，本国生产者只有使其销售量为q_2（即R_1曲线上的点1）才能达到利润最大化。对此，外国生产者作出的反应就是将其销售量改为q_3（即R_2曲线上的点2）。一旦他作出这样的决策，本国厂商的反应就是将销售点从R_1的点1移到点E。这

时两家厂商在本国市场上销售都为 q^*。对于外国市场均衡的分析与此相同。

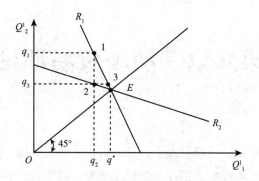

图 5-18 本国市场上的均衡点

上面这一模型与一般代表古诺双垄断的模型有一些细微差别，那就是在这个模型中两家厂商是在不同的国家里的，因而会产生产业内贸易。上面的模型里还没有涉及运输成本的问题，当引入运输成本后，本国市场中，外国生产者的出口减少，而本国生产者的销量增加。外国出口的减少大于本国销售的增加，总供给减少，市场价格上升，消费者福利受损。因此，运费会弱化分工。

总结：由于两个市场的价格是相同的，生产者在自己国内市场销售的价格和国外市场的销售价格一样，但在国外市场销售必须支付额外的运输费用。每个厂商宁可支付这笔运费，也要向国外出口，因此这种模型被称为相互倾销模型。

复习思考题

1. 说明规模经济引起国际贸易的内在逻辑。
2. 说明内部规模经济和外部规模经济的异同。
3. 说明差异化产品引起国际贸易的原因。
4. 推导克鲁格曼模型。

第6章 动态贸易理论

传统的国际贸易理论是一种静态理论,其静态化主要表现为:严格的假设,如完全竞争、充分就业、不存在技术进步、不存在规模经济等;政策含义的静态化,即各国应按既定的比较优势开展国际贸易;分析方法单一,如静态或比较静态的局部或一般均衡理论。事实上,传统国际贸易理论自它诞生之日起,就不断遭到严峻挑战。一则,这些理论对战后国际贸易领域一些新出现的现象(如产业内贸易)缺乏应有的解释力;二则,静态理论因分工模式固化而存在"比较优势陷阱"问题,对发展中国家制定贸易战略、工业化战略以实现后发赶超的指导力有所不足。

6.1 国际贸易的动态收益

国际贸易的利益可分为两类:静态利益和动态利益。所谓静态利益,是指贸易后双方所获得的直接经济利益,它表现为在资源总量不增加、生产技术条件没有改进的前提下,通过分工贸易而实现的实际福利的增长。所谓动态利益,是指贸易后对贸易双方的经济和社会发展所产生的间接的积极影响。静态利益侧重于一国通过贸易所获得的消费方面的收益,而动态利益则重视开展贸易后对生产的刺激作用。与获取静态的比较利益相较,通过贸易获取动态利益更加重要。

6.1.1 市场竞争效应

竞争将会改变垄断的思维定式、服务意识,改变垄断的低效率,降低垄断的高成本,提高市场透明度,改善资源配置效率,这种由竞争带来的改进可以统称为竞争效应。在封闭情况下,国内的主要工业部门,如高科技部门、重化工业部门等都会形成某种程度的垄断,这种垄断在一定程度上不利于国内竞争局面的形成,而且这些部门在保持长期稳定的情况下,缺乏竞争压力,存在组织惰性,进而缺乏技术进步的动力。当该国市场对外开放后,各国的垄断企业在一个较大的市场中变成了竞争企业。为了企业自身的生存,它必须改进技术,扩大生产规模,力争实现在共同体市场范围内的规模经济,占领整个市场。即使在寡头垄断的市场结构下,在产品差异和规模经济存在的条件下,市场竞争也将限制或削减寻租、串谋等滥用非市场力量所带来的社会成本，并将刺激公司改组、产业合理化，推动先进技术的使用，从而提高经济效率和增进社会利益。因此，对外贸易为企业间的竞争注入了动力，客观上有利于单个企业生产规模的扩大和技术的进步。

6.1.2　规模经济效应

在存在规模效应的情况下，企业的长期平均成本（LAC）会随着生产能力的扩大而下降。在参与国际贸易以前，企业所面向的只是国内的需求。由于国内市场需求有限，企业不能生产太多，从而使生产成本和产品价格不得不保持在较高的水平上。如果企业参与国际贸易，产品所面临的市场就会扩大，国内需求加上国外需求，企业生产就可以增加。由于生产处于规模经济阶段，产量的增加反而使产品的平均成本降低，从而在国际市场上增加了竞争能力。这种现象，我们称之为内部规模经济。

国际贸易不仅使单个出口厂商的产品市场得以扩大，而且通过关联效应使所有相关企业和行业受益，促进了其所在行业、供应链体系和服务性行业的扩张。随着整个行业产品市场规模的扩大，更多的企业将进入该行业从事相关产品的生产，行业内企业数量的增加与集中，使得相关企业在信息收集、产品销售等方面的成本进一步降低，从而使得厂商的平均成本随着产业规模的扩大而降低。供应链体系和服务性行业的完善也会反过来进一步促进该厂商经营成本的下降。我们称这种现象为外部规模经济。

6.1.3　技术进步效应

6.1.3.1　专业化与学习效应

所谓学习效应是指生产单位产品所需的时间（成本）会随着其他单位产品的生产而减少的现象。在开放条件下，随着产品市场规模的扩大，企业可以在只生产一种或少数几种产品的情况下实现自身的发展，因此一国经济的专业化分工程度会不断加深。一方面，专业化分工程度的加深，意味着企业将更多的资源投入一种或少数几种产品的生产中来，专注于一种或少数几种产品的生产，这样有利于提高劳动者的熟练程度，使得劳动者可以在产品生产过程中不断学习并积累生产技能。另一方面，随着生产者生产技能的不断提高，其对生产技术的理解会随之加深，这样有利于在原有生产技术的基础上催生出新的生产技术，实现技术进步。学习效应体现了熟能生巧。

现实的生产过程，需要的不仅仅是原料和资本，还需要把各种生产要素有效组合起来的知识，即知识成为一种重要资源。那么知识从哪里来？1962 年阿罗（Arrow）在著名的《干中学的经济含义》中提出了干中学效应（learning – by – doing），来说明生产对知识积累的意义，由此，技术动态变迁在国际分工中的作用由于导致干中学效应而更加受到关注。所谓干中学，是指人们在生产产品与提供服务的同时也在积累经验，从经验中获得知识，从而有助于提高生产效率和知识总量的增加。

6.1.3.2 进口的溢出效应

罗默（Paul M. Romer）继承了阿罗的思想，认为知识是公共产品，具有正的外部性，即外溢效应（spill-over effect）。知识溢出效应是指通过国际贸易等对国内相关产业或企业的产品开发技术、生产技术、管理技术、营销技术等产生的提升效应。国际贸易是国家间技术转移和扩散的重要渠道，国际贸易带来的知识溢出效应对一国的技术进步意义重大，尤其是对资本存量较少、科学技术水平较低的发展中国家更是如此。通过进口，国际贸易可以把国外企业先进的技术、管理经验和产品带到国内，这使得国内的进出口相关部门可以直接进行模仿和吸收以提高自身的技术水平，缩短与发达国家的技术差距。这种技术进步带来了全要素生产率的提高，从而促进了经济增长。罗默认为知识溢出足以抵消固定生产要素存在引起的知识资本边际产品递减的趋势，从而使知识投资的社会收益率保持不变或递增。

6.1.3.3 知识的国内扩散

由国际贸易产生的技术外溢效应还会带动与对外贸易活动直接相关联的各个部门、行业和企业技术水平的提高，从而获得较高的劳动生产率并实现较低的生产成本。在与对外贸易直接相关联的企业受益于技术外溢时，那些与对外贸易不直接相关的企业或行业会模仿和复制与对外贸易相关的企业或行业所获得的国外先进技术，从而带来这些企业的知识积累。

6.1.4 制度创新效应

新制度经济学认为：只有在制度安排使得生产性活动有利可图时，才会出现经济增长。对外贸易作为国内外经济联系的最重要部门，会率先产生制度变迁的要求，由此必将引发与贸易有关的一系列政策和制度的调整，推动贸易自由化的进程。对发展中国家而言，由封闭或相对封闭状态走向对外开放，增进了对先进国家制度的了解，有助于借鉴、学习外部有效的制度，使制度创新的成本降低。一则，在对外开放中，外资特别是跨国公司投资企业的进入、本国与国际经济组织联系的加强、双边和多边经济协定的签署都将使不同国家的法律、政策以及贸易惯例相互碰撞，不断调适，因而外部力量对一国贸易制度的选择必然发生重要影响，从而推动一国贸易体制的改革，加速其实施符合国际惯例的贸易制度，实现贸易制度的不断变迁。二则，对外贸易还会引进国外的思想观念，开阔人们的视野，促进国内思想观念的变革，为制度创新提供新的意识形态。

6.2　动态比较优势理论

动态优势理论主要有筱原三代平的动态比较成本说、赤松要的雁行形态理论和小岛清的国际互补原理。

6.2.1　动态比较成本说

动态比较成本说由日本经济学家筱原三代平提出，它是在对战后日本经济贸易发展经验进行总结的基础上形成的。该理论的主要观点是：比较成本具有动态性，一个国家要建立动态比较成本优势就必须与产业结构调整相结合。其主要内容包括：

（1）静态比较成本会使贫富国家差距扩大。筱原三代平认为，一个国家如果根据静态的比较成本参与国际分工，将会不利于产业结构的高级化、合理化。他指出，如果按比较成本进行国际分工，必然会使发达国家与落后国家的差距不断扩大。这就是所谓的"比较优势陷阱"问题。因此，应用动态的、长期的、发展的观点修正传统的静态比较成本理论，将比较成本优势的形成视作一个动态过程。

（2）动态比较成本的形成应与产业结构调整相结合。筱原认为，动态比较成本不能完全依靠市场机制自发形成，而应与产业结构调整结合起来。为此，必须动用国家力量对市场进行干预，扶植和促进战略主导性新兴产业进行培育和发展，从而实现比较优势的可持续升级。对这些新兴产业，只有当其具备国际竞争力即成为国家比较优势的主要支撑部门后，国家才应考虑实行自由贸易正常化。

（3）产业结构和贸易结构应不断调整。随着国民经济的发展，一国的比较成本优势所在部门是不断变化的，所以应根据这种变化及时调整产业结构和贸易结构。只有这样，才能充分发挥贸易优势。可见，产业结构和贸易结构的相互适应及动态合理化是形成一国比较优势的重要途径。正因为如此，筱原的理论又被称为产业—贸易结构论。

6.2.2　雁行形态理论

雁行模式理论（the flying-geese model）1935 年由日本学者赤松要提出。在这一理论模式中，赤松要认为，日本的产业发展实际上经历了进口、进口替代、出口、重新进口四个阶段，因为这四个阶段呈倒 V 型，在图上酷似依次展翅飞翔的大雁，故得此名。

19 世纪 60 年代末到 70 年代初，日本实行门户开放，西方棉纺产品大量流入扩大了日本国内市场，为国内棉纺织工业的发展准备了条件。后来，西方的棉纺织技术与日本的低工资相结合，加上需求旺盛的国内市场，使日本棉纺织工业应运而生。由于规模经济和低工资优势，使日本棉纺织品在国际市场中具有很强的价格竞争优势，从而推动了日本棉纺织产品的大量出口。如果将日本棉纺织产品从进口、国内生产到出口的发展过程用图形表示，就犹如三只飞行的大雁：第一只大雁是进口浪潮，第二只大雁是国内生产浪潮，第三只大雁是出口浪潮（见图6-1）。后来，一些日本学者发现其他产业也有类似的发展过程，如汽车、钢铁、电子等莫不如此。这是国内版的雁行模式理论。

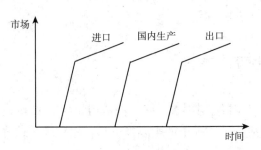

图6-1　产业与贸易发展的雁行形态

20世纪80年代以来，一些日本学者引用赤松要"雁行产业发展形态论"，将二战后东亚地区的国际分工体系和经济发展过程也喻为一种"雁行形态"或"雁行模式"，从而形成国际版的雁行模式理论。东亚传统"雁行模式"的基本内涵是：二战后，率先实现工业化的日本依次把成熟了的或者具有潜在比较劣势的产业转移到亚洲"四小龙"，后者又将其成熟的产业依次转移到东盟诸国（泰国、马来西亚、菲律宾、印度尼西亚等），80年代初，中国东部沿海地区也开始参与东亚国际分工体系，勾勒出一幅以日本为"领头雁"的东亚经济发展的雁行图景，在他们之间形成了技术密集与高附加值产业—资本技术密集产业—劳动密集型产业的阶梯式产业分工体系（见图6-2）。

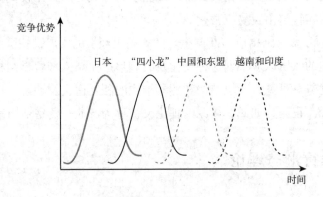

图6-2　亚洲发展梯度与雁行模式

6.2.3　国际互补原理

国际互补原理是日本经济学家小岛清在《对外贸易论》一书中提出来的。这一理论实际上是雁行形态理论的深化，其主要论点是：建立在新古典比较成本优势基础上的一国贸易与其对外投资活动实际上是相互补足、相互促进的，生产要素的移动不仅可以弥补一国资源禀赋的稀缺，还可以通过生产要素的优化组合形成比较优势以形成出口，因此对外贸易与对外直接投资可以在一个统一的理论框架下进行分析。

小岛清的理论重视生产要素的国际移动对一国形成动态比较优势的重大作用。他发现，日本重化工业的建立及其产品比较优势的形成，就与国外自然源和先进技术的进口密切相关。这种通过自由贸易下生产要素移动而形成比较优势的机制，小岛清称之为"推进国民生产过程的国际互补原理"。小岛清认为，国际互补的途径主要有：与贸易相关的生产设备和原材料的进口（比国内生产更便宜）、对外直接投资、技术转让、开放性援助等，上述各种途径都可导致相关国家产业结构的调整和比较优势的变动。他进一步指出，国际互补又分为顺贸易和逆贸易两种类型的国际互补：顺贸易型的互补是由本国比较劣势产业对外直接投资，通过增强东道国的产业比较优势来扩大两国比较成本差距，从而扩大国际贸易规模；而逆贸易型互补是由本国比较优势产业向外直接投资，结果只能缩小两国比较成本差距而减少国际贸易规模。

小岛清主张顺贸易型的国际互补，并认为，要使对外直接投资促进对外贸易的发展，条件是对外直接投资应该从本国已经处于或即将处于比较劣势的产业依次进行。"边际产业"具有双重含义，对于投资国来说，它位于投资国比较优势顺序的底部，而对于东道国来说，则位于比较优势顺序的顶端。20 世纪 70 年代，日本的海外直接投资产业顺序是从资源密集型产业为主向劳动密集型产业为主再向重化工业为主的产业结构转变。这一投资顺序的演进符合小岛清的边际产业扩张论。

6.2.4　比较优势阶梯论

经济学家巴拉萨（Bela Balass）从物质资本和人力资本要素比例变化的角度完善了传统比较优势理论，提出比较优势阶梯论。该理论认为，在国际贸易和国际生产中，不同国家之间客观上存在着比较优势的差别，但这种差别并不是一成不变的。每个国家的经济发展都是一个动态的过程，在这一过程中，包括生产要素禀赋在内的一切经济因素都会发生变化，这种变化体现在物质资本和人力资本的相对密集使用程度不断提高的动态过程中。巴拉萨将处于不同发展阶段的国家划分为不同类型：处在第一阶梯的是发达国家；第二阶梯是亚洲"四小龙"和拉美的巴西等新兴工业化国家；第三阶梯为次级新兴工业化国家和地区，如东盟、中国和印度等国家；第四阶梯是其他发展中国家和地区。在这一阶梯式发展格局中，发达国家和新兴工业化国家分别发展各自的新兴产业，同时将失去优势的产业转移给较低发展阶段的国家。实施出口导向战略的落后国家通过承接发达国家转移的产业，利用自己的比较优势，进入更高的经济和贸易发展阶梯，从而呈现出阶梯比较优势的动态演变过程。

6.3　新要素理论

传统贸易理论最初以劳动单一要素作为分析基本（绝对成本和比较成本理论），后来扩展到土地和资本要素（要素禀赋理论）；里昂惕夫悖论从实证角度对此提出了质疑，并催生了战后以新要素为基础的贸易理论产生；新要素贸易理论基本上沿用传统贸易理论的要素分析方法，强调的仍然是生产要素的供给对国际贸易的影响。所不同的是，它赋予生产要素新的内涵，提出了人力资本、研究开发、管理及信息等新的生产要素对国际贸易的影响，从而形成了相对独立的理论分支。

6.3.1　要素外延拓展

传统的生产要素从最初的土地和劳动，最终发展到土地、劳动、资本和企业家才能这四种（见表 6-1）。随着现代国际经济的发展，上述要素理论受到了挑战。现代西方经济学家认为，可以通过拓展生产要素的外延把更多有经济价值的事物纳入要素范围。在极端意义上，可以把物质生产所必需的一切要素及其环境条件，包括物质、能量和信息，都称为生产要素。

表 6-1　　　　　　　　　　　传统要素论的提出

提出者	关于生产要素的论述	主要贡献
配第	财富的最终源泉只能是土地和劳动	在 1662 年《赋税说》中提出，"土地为财富之母，劳动为财富之父"（被马克思誉为"政治经济学之父"）
萨伊	从财富的生产过程分析生产要素，即劳动、资本和自然力	第一位系统论述生产要素构成的法国经济学家
西尼尔	把生产的三要素归结为劳动、自然资源和节欲	第一位用人的心理因素来解释社会经济现象的英国经济学家，他的"节欲说"是一曲资本的凯歌
穆勒	继承了前人的观念，把生产要素归纳为土地、劳动和资本	以一般的形式更详尽地论述了各种生产要素（尤其是资本和劳动）的存在方式、性质和条件
马歇尔	肯定了三要素的存在，在此基础上进一步指出组织的领导协调者企业家的才能是第四要素	马歇尔赋予企业家以创新者的角色，认为企业家是资本主义经济发展的发动机，是最具活力的因素

波特把生产要素分为初级生产要素和高级生产要素。初级生产要素包括天然资源、气候、地理位置、非技术人工和半技术人工等，这些要素是被动继承的，或是仅需要简单的

私人及社会投资就能拥有的。这与比较优势论中的外生性生产要素概念基本是一致的。高级生产要素通常是创造出来的，包括现代化通信的基础设施、受过高等教育的人力资源以及大学研究所等，它们是动态比较优势论中的内生性生产要素。高级要素通常具有如下特性：稀缺性，即需求大而供给少；高能性，即对其他要素的配置有引导和支配作用；高回报性，即边际产出和边际回报比一般要素要大。波特进一步指出，除了在天然产品或农业为主的产业以及对技能要求不高或技术已经普及的产业，初级生产要素的重要性已经越来越低。一个国家想要通过生产要素建立起产业强大且持久的竞争优势，则必须发展高级生产要素。有关国家竞争优势理论在本章后文中有详细阐述。

6.3.2　主要新要素形态

6.3.2.1　技术要素

传统经济学把生产要素定义为生产过程中的投入物，但却忽略了作为生产过程中的知识、技巧和熟练程度的积累的技术。技术不仅能够提高土地、劳动和资本要素的生产率，而且可以提高三者作为一个整体的全要素的生产率，从而改变土地、劳动和资本等生产要素在生产中的相对比例关系，从这个意义上说，技术也应该作为一种独立的生产要素。技术要素按其表现形态可分为三类：经验形态的技术要素、实体形态的技术要素和知识形态的技术要素。

6.3.2.2　人力资本要素

体现在劳动者身上的、以劳动者的数量和质量表示的资本就是人力资本。人力资本理论是由美国经济学家舒尔茨（T. W. Schultz）创立的：这一理论用人力资本的差异来解释国际贸易发生的原因和流向。人力资本理论主张把劳动分为两大类：一类是简单劳动，即无须经过专门培训就可以胜任的非技术的体力劳动；另一类是技能劳动，即必须经过专门培训形成一定的劳动技能才能胜任的技术性劳动。劳动者要获得生产技能就要进行专门培训，所以人力资本是由教育投资形成的。教育投资和实物投资相比，同样可以提高劳动生产率而且持续作用的时间更长，因此在现代生产方式中的地位日益提高。由于人力资本投资持续时间不同、投资形式存在差别、投资领域不一致等原因，造成了劳动力的质的差别。

人力资本的投资形式通常包括：合理的营养配备、必备的卫生条件及迁移费用；正规的学校教育、在职的岗位培训。人力资本投资效果的衡量方法主要有：一是以收入水平计算，二是以成本计算，三是以进出口产品的技能比率进行比较。后来，一些西方学者对此开展实证研究，发现"技能禀赋"即人力资本丰裕度是国际贸易和流向的重要决定因素。他们认为，资本丰裕的国家往往同时也是人力资本丰裕的国家，其比较优势实际上是人力资本的丰裕，这是它们参与国际分工和贸易的基础。在贸易流向上，这些国家往往是出口技能劳动密集型产品并进口简单劳动密集型产品。基辛（Kissing）把劳动技能分为五类并以此计算美国制造业中每单位进出口产品中所需的劳动技能比率，结果证明美国出口产品的技能劳动密集型比率高于其他国家。这就决定了美国出口中必然以技能劳动密集型产品占主导地位，并合理解释了里昂惕夫悖论。

6.3.2.3　研发要素

传统贸易理论以技术不变为前提假设，只能说明战前的初级产品贸易而难以解释二战后的工业品贸易。克鲁勃（W. H. Cruber）、梅达（D. Mehta）、弗农（R. Vernon）和基辛等人则重视技术进步对国际贸易的影响，试图从产品的研究和开发方面找到国际贸易发生的原因，从而提出了研发要素理论。研发要素是指和创新相关的相关资源和能力的组合，通俗地讲，就是支持企业技术创新的人、财、物，以及将人、财、物组合的机制。社会对企业技术创新的需要与企业技术创新的资源之间永远处于一种矛盾和对立状态，技术创新都处在这种对立两极的张力之中。与其他要素不同，研究与开发要素是以投入新产品中的与研究和开发活动有关的一系列指标来衡量的。在进行国际比较时，可以通过计算研究与开发费用占销售额的比重、从事研究与开发工作的各类科学家和工程技术人员占整个就业人员的比例以及研发投入占国内生产总值的比重等方法，来判断各国研究与开发要素在经济贸易活动中的重要性及其差别。

6.3.2.4　信息要素

作为生产要素的信息是指来源于生产过程之外、作用于生产过程的能带来利益的一切信号的总称，其具体形态主要表现为经济活动和相关环境的数据、资料和情报等。信息要素区别于传统生产要素，是无形的、非物质的，然而它本身有价值并能参与市场交换。随着现代社会的发展和市场在世界范围内的不断拓展，以及各种经济贸易活动的日益频繁，社会每时每刻都在产生着大量的信息，这些信息都在不同方面、不同程度上影响社会经济活动，影响企业生产经营的决策和行为方式，甚至有时还决定着企业的命运。国际市场信息包括国际市场环境信息、产品信息、价格信息、销售渠道信息和竞争对手信息等。由于信息能够创造价值并具有强烈的时效性，所以加强对相关信息的收集和分析显得十分重要。掌握信息的数量、质量以及对信息的利用能力，在很大程度上影响一个国家的比较优势，从而改变该国在国际分工体系中的地位。

6.3.2.5　管理要素

管理是指在一定的技术条件下保持最优的组织以及配置和调节好各种生产要素之间的比例关系。管理既可以看成是生产函数的一个单独要素，也可以看成特殊劳动要素。但美国经济学家熊彼特认为，企业家才能非常重要，因而把它列为一个单独的要素，也就是说，管理要素与其他生产要素之间的关系不是相互替代关系，而是补充的关系。与其他要素不同，它是生产要素的补充而非替代，即它与其他生活要素之间不存在相互替代的关系。管理要素的重要性随着生产经营规模的扩大而提高，并通过相应管理人员的工作来体现。一般而言，经济发展比较落后的国家管理要素也相对稀缺，表现在管理人员比重偏低且管理能力较弱。哈比逊曾指出，20 世纪 50 年代埃及的工厂在工艺技术上与美国类似，但劳动生产率仅为美国的20% 左右，其原因就在于埃及管理要素的稀缺。可见，管理要素也能影响一国的生产成本，进而影响该国的比较优势。

6.3.3 要素积累与优势升级

根据 H－O 定理，一国的比较优势取决于该国的要素结构。既然要素结构可以随着后天高级要素的积累而变化，那么比较优势不能被看成既定的、一成不变的，而是随着资本积累和技术进步而发展。这样，一国要素供求状况将发生变化，随着时间的推移，旧的比较优势将逐步丧失，新的比较优势将不断产生，当一国的比较优势发生变化之后，其产业结构和贸易结构也将随之改变。这一要素积累与比较优势升级的螺旋式升级被中国经济学家林毅夫称为"新结构经济学"或"结构经济学2.0"。其主要思想可概括为：经济增长过程也是一个产业升级的过程，而一个国家的产业升级要建立在给定时点上特定要素禀赋结构的基础之上，在没有市场扭曲的情况下，市场价格将会给出必要的信号，引导先驱企业根据要素禀赋结构的变化，重新配置资源，实现产业升级。但是，由于存在市场扭曲，国家应该介入，通过一系列政策措施以纠正这种扭曲，使企业得以实现符合要素禀赋结构变化的产业升级。

6.4 技术进步与贸易

当代经济生活中科学技术的作用越来越重要，这也同样反映在国际贸易的变化上。在发达国家，技术进步已经成为国内生产总值增长的主要源泉，其相对的贡献大大超过了资本和其他投入要素的增长，国际贸易的发展更是有赖于科学技术的进步。

6.4.1 技术进步的类型

英国经济学家希克斯提出的有关技术进步的定义被广泛接受。所有的技术进步都会使单位产出所需要的资本、劳动或其他物质性要素的投入得到节约，但依照对资本和劳动要素节约程度的不同，他将技术进步划分为三种类型：

（1）中性技术进步。中性技术进步（neutral technical progress）时，劳动和资本的生产效率同比例增加。因而发生中性技术进步后，资本/劳动的相对要素价格（工资率/利率）比率不变。也就是说，由于工资率/利率比率未变，生产过程中不会发生劳动替代资本（或相反）的情况，因而资本/劳动比率保持不变，所发生的只是生产原有的产量现在只需要较少的劳动和较少的资本。

（2）劳动节约型技术进步。劳动节约型技术进步（labor – saving technical progress）时，生产中的资本要素的生产效率的增加大于劳动的生产效率的增加。结果，由资本替代劳动，在工资率/利率比率不变的情况下，资本/劳动比率上升，由于对每单位劳动来说，现在使用更多的资本，因而这种技术进步成为劳动节约型的。这样，达到原有的产量现在可使用较少单位的劳动和资本。

（3）资本节约型技术进步。资本节约型技术进步（capital – saving technical progress）时，劳动要素的生产效率的增加大于资本的生产效率的增加，结果，在工资率/利率比率不变的情况下，发生了以劳动替代资本及劳动/资本比率上升（或资本/劳动比率下降）的情况。由于每单位资本使用更多的劳动，这种技术进步就被称为资本节约型的。这样，达到原有的产量现在只需较少的劳动和资本。

6.4.2 两部门均衡技术进步与贸易

技术进步从根本上讲与生产要素增长的作用是相同的，所有类型的技术进步都将引起一国的生产可能性曲线向外移动。技术进步的类型不同，生产可能性曲线移动的类型和程度也不一样。对于一个小型经济体来说，如果两种商品的生产过程中技术进步的速度相同，且都是中性的技术进步，则该国的生产可能性曲线会平等地向外推移，但形状保持不变，与均衡型的要素增长是一样的。换言之，资本和劳动的生产率都提高 1 倍与资本和劳动的投入都增长 1 倍的效果相同。这样，该国比较优势会保持不变，但贸易量会扩大。

如果是劳动节约型的技术进步，则该国密集使用劳动要素所生产出来的商品在国内要素相对价格不变的条件下会有大的增长，因为此时单位资本所雇用的劳动数量已经下降。要使该国劳动要素得到充分利用，就需要把资本从密集使用资本要素的生产中释放出来，结果是密集使用资本要素的商品的产量绝对地下降，即这种技术进步改变了 PPF 曲线的形状。在对外贸易中，该国会出现劳动密集型产品出口增加或进口减少，而资本密集型产品进口增加或出口减少。反之，则结果一切反之。

6.4.3 两部门非均衡技术进步与贸易

在多数情况下，不同部门的技术进步类型不同，速度也往往存在差异，这时情况就变得相当复杂。这里仅以相对简单的中性技术进步为例进行说明，而相对复杂的另外两种技术进步则可能会在其他教材中给予交代。

第一，技术进步对要素价格的影响。假定一国同时使用资本 K 和劳动 L 两种要素生产两种产品 X（劳动密集型）和 Y（资本密集型），中性技术进步会对生产要素价格产生这样的影响：某一部门的中性技术进步会使该部门中密集使用的那种生产要素的价格提高，从而使该要素在两个部门的相对投入量都下降（见图 6-3）。

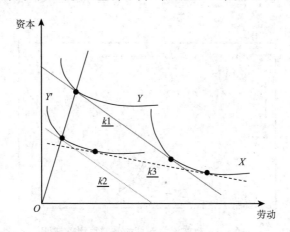

图6-3　技术进步对要素价格的影响

图 6-3 中，X 和 Y 分别为两种产品在技术进步前的等产量线，$k1$ 为共有等成本线，其斜率为生产均衡时劳动要素的相对价格。假设在 Y 部门出现了中性技术进步，等产量线移动到 Y'，表示在产量不变时要素投入下降了。$k2$ 平行于 $k1$，说明技术进步没有改变 Y 部门资本和劳动的技术替代率。$k3$ 是技术进步后两部门的共有等成本线，其斜率与 $k1$、$k2$ 相比要小，说明劳动的相对价格降低，即资本变贵了。同时，两部门均衡点均右移，说明两部门资本-劳动比例均出现下降。

第二，技术进步对商品相对产出的影响。技术进步不仅可以改变要素价格比和商品的资本-劳动比，而且还可以改变商品的相对产出数量和相对价格。这可以用埃奇沃思盒来表示。一般说来，在商品相对价格保持不变的条件下，某一部门中性技术进步会使该部门的产出增加，而另一部门的产出减少。这是因为资本密集型部门中的技术进步会节约较多的资本要素，其影响相当于资本要素以较快速度增长。可以看出，技术进步与要素增长之间有一定的替代关系。如果商品价格保持不变，生产点仅由技术条件决定，则 Y 部门技术进步会降低两部门的 K/L，使生产点沿着生产契约线向左下移动到 P'，即 Y 部门的产出相对增加，而 X 部门的产出相对减少。这一结论与罗布钦斯基定理类似。

第三，技术进步对商品相对价格和比较优势的影响。根据 H-O 定理，在不发生要素密集度逆转的情况下，要素价格的比率与商品价格的比率之间存在着一一对应关系。当要素价格因某种原因变动时，商品的价格也必然发生调整。显然，如果技术进步改变了要素相对价格，那么商品价格不可能保持不变。就是说，图 6-4 中的所谓生产点 P' 并不是一个均衡点。如果 X 和 Y 都是正常商品，技术进步带来的国民收入提高必然会按照原来的消费比例转化为需求。然而从供给方面看，Y 部门的技术进步导致了 Y 供给的相对增加，X 的供给相对减少。这样，就会形成 Y 产品的超额供给和对 X 产品的超额需求，从而导致 X 相对于 Y 的价格的提高。根据李嘉图比较优势原理，比较优势由商品相对价格来决定。这一情形中，X 部门由于价格提高而出现竞争力下降，Y 部门因价格降低而出现竞争力上升。换言之，技术进步会使该部门的竞争力提高，从而扩大该产品的出口或减少该产品的进口。

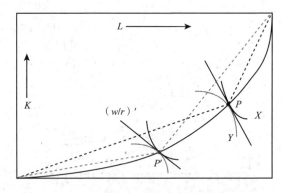

图 6 - 4　技术进步对商品相对产出的影响

6.4.4　技术进步对福利的影响

很明显，在没有国际贸易的条件下，一国各种类型的技术进步都肯定能提高国民的福利水平。原因是当一国的生产可能性曲线由于技术进步而向外移动时，劳动和人口数量没有变动，因此人均国民收入无疑会增加。如果考虑国际贸易的因素，上述结论也应当不会有根本性的变化，而常常只会更为有利。而在正常的贸易条件下，技术进步会使一国福利得到更多的改善。

6.5　产品生命周期理论

6.5.1　技术差距理论

美国经济学家波士纳（Bosna）提出的技术差距论，完整解释了创新技术对国际贸易的影响。他认为要素禀赋理论的静态分析的局限之一就是忽略了技术不断进步的影响。事实上，科技水平时刻都在提高。技术创新和新技术的运用在各国间的不平衡导致国家间技术差距的形成。波斯纳在描述技术差距时，提出了模仿时滞的概念。他把产品创新到进口国模仿生产的时间称为模仿时滞。模仿时滞可分为三段：国外反应时滞、国内反应时滞和学习期。从创新国生产出新产品到进口国生产者认识到新产品是自己强有力的竞争者的一段时间称为"国外反应时滞"，当然，这基于该创新产品是进口国内某种产品的优化品种或替代品；从进口国出现仿制品到国内其他厂商感到威胁也决定仿制的一段时间称为"国内反应时滞"；从决定仿制到生产出新产品的一段时间为"学习期"。前两段时间的长短由新产品的竞争性决定，后段时间的长短由新产品的技术复杂程度决定。新产品总是在工业发达国家最先问世，并在本国销售后再进入国际市场，创新国由此获得初期的比较利益。其他国家虽然也想仿效生产新产品，但由于存在着技术差距，从产品创新到其他国家能够模仿生产，往往存在着时滞。时滞的存在可以使创新国的技术优势在一段时期内得以保持，在这段时期，其他国家对该产品的需求就只能通过进口予以满足。由此可见，不同国家之间技术差距的存在，不但是国际贸易的成因之一，同时也是国际贸易得以不断延续的原因之一。

波士纳之后，赫夫鲍尔（G. Hufbauer）则发展了技术差距理论。他将模仿时滞分为反应时滞和掌握时滞。反应时滞是指技术创新国开始生产新产品到其他国家模仿其技术开始生产新产品的时间；反应时滞的初始阶段是需求时滞，指新产品出口到其他国家，一时因消费者尚未注意或不了解，而不能取代原有的老产品所需要的时间差；而掌握时滞是指仿制国家从开始生产到达到同创新国同一技术水平，国内生产扩大，进口变为零的时间间隔。

技术差距理论首次将技术作为一种独立的生产要素，为产品生命周期理论的提出奠定了基础。传统国际贸易理论仅仅把生产要素归结为土地、劳动和资本三种。技术差距理论将技术作为一种独立的生产要素，改变了传统理论的假设，让后来的学者对技术在产品生产中所发挥的作用越来越重视，战后的新贸易理论都普遍承认技术进步对国际贸易的发生起着重要作用。弗农的产品生命周期理论也是以技术在国家间的转移为基础，才能将产品划分为创新期、成熟期和标准化时期三个阶段，创新国在产品的创新期所拥有的比较优势，也就是该国基于对先进技术的掌握而衍生的领先优势，凭借此优势向外出口创新产品，产生国际贸易。

6.5.2　产品生命周期理论

6.5.2.1　提出背景

产品生命周期理论（product life cycle theory）是解释工业制品贸易流向最有说服力的理论之一。1966 年，弗农在其《生命周期中的国际投资与国际贸易》一文中，提出了产品生命周期理论。它是关于技术变化在国际贸易中的作用的重要理论。产品生命周期理论把技术变化作为国际贸易的又一个决定因素，试图解释国际贸易形态的动态变化特征。后来，许多经济学家如威尔斯（Louis T. Wells）、赫希哲（Hirsch）等对该理论进行了验证，进一步充实和发展了这一理论。

6.5.2.2　前提假设

产品生命周期理论主要有以下前提假设：

（1）国家之间的信息传递是有限制的，即国际技术市场是不完全的。

（2）生产函数是变化的，生产达到一定规模后会形成规模效应。

（3）产品在其生命周期各阶段以不同要素密集类型出现。

（4）不同收入水平的国家需求和消费结构是不同的。

6.5.2.3　产品生命阶段论

产品生命周期理论认为，一种产品从生产者到消费者手里，需要很多不同的投入成本，如研究与开发、资本和劳动、促销及原材料等投入。随着技术的变化，产品像生物一样，从出生到衰落，完成一次循环。在产品生命周期的不同阶段，各种投入在成本中的相对重要性也将发生变化。由于各国要素禀赋不同，要素重要性的相对差异决定了该部门不同国家的比较优势差异。例如，如果在某一阶段，资本在生产成本中居支配地位，而资本又是某一国的相对丰裕要素，那么该国在这一阶段就处于比较优势地位。

第一，创新阶段。创新阶段是指新产品开发与投产的最初阶段。少数在技术上领先的创新国家的创新企业凭借其雄厚的研究开发实力进行技术创新，首先开发出新产品并投入本国市场。新产品不仅满足了国内市场需求，而且出口到与创新国家收入水平相近的国家和地区。该创新企业在生产和销售方面享有垄断权。在此时期，创新企业几乎没有竞争对手，企业竞争的关键也不是生产成本，同时国外还没有生产该产品，当地对该新产品的需求完全依靠创新国家的出口来满足。因此，这一阶段无须到海外进行直接投资。

第二，成熟阶段。成熟阶段是指新产品及其生产技术逐渐成熟的阶段。随着技术的成熟，出口的增加，生产工艺和方法扩散到国外，研发的重要性下降。对生产企业来说，资本要素成了产品成本和价格的决定性因素，产品由技术密集型逐渐转向资本密集型。与此同时，随着国外该产品的市场不断扩大，出现了大量的仿制者，进口国为了保护新成长的幼稚产业开始实施进口壁垒，限制创新国产品输入，从而极大地限制了创新国的对外出口能力。因此，创新国企业开始到其他发达国家投资建立海外子公司，直接在当地从事生产与销售，而其他发达国家也开始成为出口国。

第三，标准化阶段。标准化阶段是指产品及其生产技术的定型化阶段。生产技术的进一步发展使产品和生产达到了完全标准化，研发费用在生产成本中的比重降低，非技术熟练型劳动成为产品成本的主要部分，劳动要素在产品成本与价格竞争中的作用十分突出，创新国已经完全失去垄断优势。于是，企业通过对各国市场、资源、劳动力价格进行比较，选择生产成本最低的国家建立子公司或分公司从事产品的生产活动。由于发达国家劳动力价格较高，生产的最佳地点便从发达国家转向发展中国家，发展中国家开始成为出口国。创新国的技术优势已不复存在，国内对此类产品的需求转向从国外进口。创新国家为了继续保持优势，便将资源转向新的发明创新。

6.5.2.4　动态的贸易模式

随着产品及其生产技术的生命周期演进，比较优势呈现出动态转移的特点，国际贸易格局相应发生变动，各国的贸易地位也随之发生变化，创新国由出口国变为进口国，而劳动成本低的欠发达国家最终则由进口国变为出口国。根据该理论，各国应当依据比较优势的动态转移来决定生产区位的选择以及贸易方向。

如图 6-5 所示，在 $t_0 \sim t_1$ 时期，新产品刚被开发出来，由于生产规模较小，消费仅局限于国内市场；到了 t_1 时刻，开始有来自高收入国家的需求；到 t_2 时刻，一些发展中国家有所需求，创新国的产品也开始出口到一些发展中国家；在 t_3 时刻，来自发达国家的第二代生产者开始大量生产并出口该产品，创新国的出口大幅度下降；到 t_4 时刻，创新国成为净进口国。随着生产走向标准化，该产品由资本密集型向劳动密集型转变，发展中国家加快了进口替代，到 t_5 时刻开始成为净出口国。

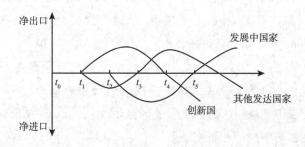

图 6-5　技术扩散对贸易模式的影响

从以上分析可见，由于技术的传递和扩散，不同国家在国际贸易中的地位不断变化，新技术和新产品创新最初在技术领先的发达国家，尔后传递和扩散到其他发达国家，再到发展中国家。新技术和新产品的转移和扩散像波浪一样，一浪接一浪地向前传递和推进。目前，美国在生产和出口计算机、宇航、生物和新材料等新兴产品方面处于领先地位，其他发达国家生产和出口汽车和彩电等产品，而纺织品和半导体设备生产通过前两类国家已转移到发展中国家。近年来，新技术扩散滞后期大为缩短，使得新产品的生命周期变动越来越短。

6.5.2.5　对产品生命周期理论的评价

产品生命周期理论对二战后制成品贸易模式、贸易动态和直接投资作出了令人信服的解释。它考虑了生产要素密集性质的动态变化、贸易国比较利益的动态转移，以及国家之间贸易方向的变化，同时对发展中国家利用外国直接投资和本国劳动力优势来规划自身的产业转型升级具有指导意义。该理论突破了以前的国际贸易理论的静态格局，将静态分析和动态分析有效地结合起来，实现了分析模式的突破。首先，该理论对产业贸易、跨国公司境外经营现象给出了合理解释，较为全面地阐述了跨国公司对外投资的动机、时机与区位选择；其次，该理论实现了比较观念由静态到动态演变的飞跃，说明企业的比较优势会随着产品生命周期的发展而发生变动。

然而该理论也有其局限性：它难以说明当贸易双方不存在要素禀赋差异时如何进行贸易的问题；对大部分发达国家之间的产业内的双向投资和贸易行为无法解释；也无法解释跨国公司全球生产体系的建立及以后遍及全球的投资行为；等等。

▶▶ 阅读材料

弗农·雷蒙德

弗农·雷蒙德（Vernon Raymond）是二战以后在国际经济关系研究方面一位多产的作者。他的著作反映了他多方面的职业生涯，包括将近 20 年在政府部门供职，短时期从商，担任过 3 年"纽约市区研究"中心的主任，以及从 1959 年开始与哈佛大学有成果的合作，先是在商学院，在那里他是国际商业的教学和研究骨干，后来是在约翰·F. 肯尼迪（John F. Kennedy）管理学院，在那里直到退休他一直是克拉伦斯·狄龙（Clarence Dillon）国际问题讲座教授。

他的著作的政策导向，以及反映他对外国政府及其制度构成与局限的兴趣和观点的真知灼见，无疑主要归功于他在美国国务院工作数年的经历。他对重建国际贸易、投资和支付体系、经济发展——特别是拉美的经济发展，以及东西方经济关系的持久兴趣，肯定也与他在国务院的经历有关。

弗农早期的研究贡献之一是区位经济学。在"纽约市区研究"中心工作时，他把"外在经济"的概念应用于城市聚集的特定环境，说明位于市区的企业所享有的成本优势。信息和专业化服务也很显著地出现在弗农论述多国公司的大量著作中。弗农揭示了信息和专业化服务是如何内在化的和怎样转化为专有知识，多国企业利用这种知识获取在国内和国际市场上的垄断地位。通过把生产转移到位于常规的生产要素最便宜的国家中的子公司，同时把总部放在新产品和新工艺的发祥地——最发达的市场，从而使这些企业的垄断地位从"产品周期"的初始阶段一直延续到成熟阶段。

弗农在哈佛商学院时，单独或与同事和博士生合作，出版了大量关于多国公司的著作，并发表了多篇论文。他分别研究了多国公司在以技术为基础的行业和在以资源为基础的行业的世界生产和贸易中的主导作用，他使用"产品周期"理论和更为传统的产业组织模型来解释它们特有的竞争结构，它们同东道国和母国之间不可调和的冲突，以及通过一个可预测的权力关系周期——弗农恰当地称之为"过时的契约"——而发展起来的冲突。

弗农早先作为一名文官时对企业—国家的关系进行了研究。在他研究多国公司时又回到了这个论题上。这个主题在他后来在肯尼迪管理学院时的研究工作中甚至占有更突出的地位，在这方面，他集中地研究了国有企业，以及在 20 世纪 70 年代中期及以后的能源危机背景下政府与私营企业的关系。马克思主义学说宣称：国家被资本家利用来促进他们的阶级利益。弗农的分析提供了一个对国家的作用不那么教条的观点：增加它们的目标，甚至"市场经济"的国家也在不断地加强利用国营和私有企业作为国家政策和工具。

资料来源：伊特韦尔. 新帕尔格雷夫经济学大辞典（第四卷）［M］. 北京：经济科学出版社，1996：870 – 871。

6.5.3　国家竞争优势理论

国家竞争优势理论（the theory of competitive advantage of nations）是由美国哈佛大学商学院教授迈克尔·波特（Michael Porter）在他的《国家竞争优势》一书中提出的，该理论从企业参与国际竞争这个微观角度来解释国际贸易现象，正好弥补了比较优势理论的不足，在赫克歇尔 – 俄林理论与产品生命周期理论的基础上，波特试图赋予国家的作用以新的生命力，提出了国家具有"竞争优势"的观点。

第二次世界大战后，世界经济中出现的产业全球化和企业国际化的现象，导致一些人认为企业的国际竞争已不具有国家的意义，跨国企业已成为超越国家的组织。但波特并不同意这种观点，他认为经济发展的事实是：几十年来，在某些特定的产业或行业中，竞争优胜者一直集中在少数国家并保持至今。不能离开国家谈论产业竞争力的原因在于：竞争优势通过高度的当地化过程是可以创造出来并保持下去的，国民经济结构的差别、价值观念、文化传统、制度安排、历史遗产等种种差别都对竞争力有深刻的影响。竞争全球化并没有改变产业国的重要作用，国家仍然是支撑企业和产业进行国际竞争的基础。20 世纪80 年代美国的一些传统支柱产业，如汽车制造业的竞争力被日本和西欧国家超过，一些新兴产业也受到这些国家的强大竞争压力。如何提高国际竞争力是当时美国学术界、企业界和政府有关部门急需解决的一个问题。同时，随着经济全球化进程的加快，国际竞争日趋激烈，获取企业、产业乃至国家的竞争优势已成为一个现实的迫切需求。

波特的国家竞争优势理论内容十分丰富，既有国家获取整体竞争优势的因素分析，也有产业参与国际竞争的阶段分析，以及企业具有的创新机制分析，波特的理论对于国际贸易有重要影响，下面就波特的主要理论进行说明。

6.5.3.1　钻石模型

波特认为，财富是由生产率支配的，或者它取决于由每天的工作、每 1 单位的所投资本以及每 1 单位所投入的一国物质资源所创造的价值。生产率根植于一国或地区的竞争环境，而竞争环境则产生于某一框架，这一框架在结构上如同一枚由四个基本面所构成的钻石，因而通常被称为"钻石理论"。钻石理论认为，生产要素、需求因素、相关和支持产业以及国内竞争状态所构成的不同组合是一国在国际贸易中取得成功的关键决定因素（见图6-6）。激烈的国内竞争对国际竞争成功具有特别重要的意义，从而获取国家整体竞争优势。

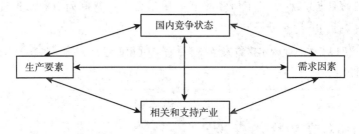

图6-6　国家竞争优势的决定要素

（1）生产要素。波特把生产要素分为基本要素（basic factors）和高等要素（advanced factors）两类。基本要素包括自然资源、气候、地理位置、非熟练劳动力、债务资本等一国先天拥有或不需太大代价便能得到的要素；高等要素包括现代化电信网络、高科技人才、高精尖技术等需要通过长期投资和后天开发才能创造出来的要素。对于国家竞争优势的形成而言，后者更为重要。在特定条件下，一国某些基本要素上的劣势反而可能刺激创新，使企业在可见的瓶颈、明显的威胁面前为提高自己的竞争地位而奋发努力，最终使国家在高等要素上更具竞争力，从而创造出动态竞争优势。但这种转化需要条件：一是要素劣势刺激创新要有一定限度，不可各方面都处于劣势，否则会被淘汰；二是企业必须从环境中接收到正确信息；三是企业要面对相对有利的市场需求、国家政策及相关产业。

（2）需求因素。一般企业的投资、生产和市场营销首先是从本国需求来考虑的；企业从本国需求出发建立起来的生产方式、组织结构和营销策略是否有利于企业进行国际竞争，是企业是否具有国际竞争力的重要影响因素。所谓有利于国际竞争的需求，取决于本国需求与别国需求的比较：一是需求特征的比较，这包括：第一，本国需求是否比别国需求更具有全球性；第二，本国需求是否具有超前性，具有超前性需求会使为之服务的企业处于同行企业领导者的地位；第三，本国需求是否最挑剔，往往最挑剔的购买者会迫使当地企业在产品质量和服务方面具有较高的竞争力。二是需求规模和需求拉动方式的比较，当地需求规模大的某一产品有利于提高该行业的国际竞争力。而在需求拉动方式中，消费偏好是很重要的，一国国民的普遍特殊消费偏好容易激发企业的创新动力。三是需求国际化的比较，一国的需求方式会随着本国人员在国际上的流动而传播到国外，反过来本国人员在异国接受的消费习惯也会被带回国并传播开来。因此，只要一国对外开放程度越高，其产品就越容易适应国际竞争。

（3）相关和支持产业。对一国某一行业的国际竞争力有重要影响的另一因素是该国该行业的上游产业及其相关行业的国际竞争力。相关和支持产业的水平之所以对某一行业的竞争优势有重要影响，其原因有以下三点：可能发挥群体优势；可能产生对互补产品的需求拉动；可能构成有利的外在经济和信息环境。显然，是否具有发达而完善的相关产业，不仅关系到主导产业能否降低产品成本、提高产品质量，从而建立起自己的优势；更重要的是，它们与主导产业在地域范围上的邻近，将使得企业相互之间频繁而迅速地传递产品信息、交流创新思路成为可能，从而极大地促进企业的技术升级，形成良性互动的既竞争又合作的环境。

（4）国内竞争状态。良好的企业管理体制的选择，不仅与企业的内部条件和所处产业的性质有关，而且取决于企业所面临的外部环境。因此，各种竞争优势能否被恰当匹配在企业中，很大程度上取决于国家环境的影响。国家环境对人才流向、企业战略和企业组织结构的形成的影响都决定了该行业是否具有竞争能力。波特强调，强大的本地本国竞争对手是企业竞争优势产生并得以长久保持的最强有力的刺激。正是因为国内竞争对手的存在，会直接削弱企业相对于国外竞争对手所可能享有的一些优势，从而促使企业努力去苦练内功，争取更为持久、更为独特的优势地位；也正是因为国内激烈的竞争，迫使企业向外部扩张，力求达到国际水平，占领国际市场。

除了上述四个基本因素外，波特认为，一国所面临的机遇和政府所起的作用对国家整体竞争优势的形成也具有辅助作用。他主张政府应当在经济发展中起催化和激发企业创造能力的作用。政府政策和行为成功的要旨在于为企业创造一个宽松、公平的竞争环境。

6.5.3.2 优势产业阶段理论

任何国家在其发展过程中，产业的国际竞争都会表现出不同的形式和特点，因而，产业国际竞争的过程会经历具有不同特征的发展阶段。波特的竞争优势理论特别重视各国生产力的动态变化，强调主观努力在赢得优势地位中所起的重要作用。他将一国优势产业参与国际竞争的过程分为四个依次递进的阶段。

（1）要素驱动（factor-driven）阶段。此阶段的竞争优势主要取决于一国在生产要素上拥有的优势，即是否拥有廉价的劳动力和丰富的资源。这种表述与传统的比较优势理论的表述是一致的，表明比较优势蕴含在竞争优势之中。在这一阶段，企业参与国际竞争的方式，只能依靠较低的价格取胜，所以，参与国际竞争的产业对世界经济周期和汇率十分敏感，因为这会直接影响产品的需求和相对价格。虽然拥有丰富的自然资源可以在一段时间内维持较高的人均收入，但要素推动的经济缺乏生产力持续增长的基础。按波特的标准，几乎所有的发展中国家都处于这一阶段，某些资源特别丰富的发达国家，如加拿大、澳大利亚，也处于这一阶段。

（2）投资驱动（investment-driven）阶段。此阶段的竞争优势主要取决于资本要素，大量投资可更新设备、扩大规模、增强产品的竞争能力。在这一阶段，企业仍然在相对标准化的、价格敏感的市场中进行竞争。但随着就业的大量增加，工资及要素成本的大幅度提高，一些价格敏感的产业开始失去竞争优势。因此，政府能否实施适当的政策是很重要的，政府可以引导稀缺的资本投入特定的产业，增强承担风险的能力，提供短期的保护以鼓励本国企业的进入，建设有效规模的公用设施，刺激和鼓励获取外国技术，以鼓励出口等。按波特的标准，只有少数发展中国家能进入这一阶段，从而晋升为发达国家。二战后，只有韩国获得成功。

（3）创新驱动（innovation-driven）阶段。此阶段的竞争优势主要来源于产业中整个价值链的创新，特别要注重和投资高新技术产品的研究和开发，并将努力的目标定为把科技成果转化为商品。在这一阶段，民族企业能在广泛领域成功地进行竞争，并实现不断的技术升级。一国进入创新驱动阶段的显著特点之一是，高水平的服务业占据越来越高的国际地位，高级服务业所需的人力资源及其他要素也发展起来，这是产业竞争优势不断增强的反映。不仅服务的国内需求随着收入和生活水平的提高而大大增强，而且本国服务业进入国际市场，该国的国际竞争力也大大增强。政府的直接干预程度越来越低，而是鼓励创造更多的高级要素，改善国内需求质量，刺激新的产业领域的形成，保持国内竞争，等等。按波特的标准，英国在 19 世纪上半叶就进入了创新驱动阶段，美国、德国、瑞典在 20 世纪上半叶进入这一阶段，日本、意大利在 20 世纪 70 年代进入这一阶段。

（4）财富驱动（wealth-driven）阶段。在这一阶段产业的创新、竞争意识和竞争能力都会出现明显下降的现象，经济发展缺乏强有力的推动，企业开始失去国际竞争优势。企业更注重保持地位而不是进一步增强竞争力，实体投资的动机下降，投资者的目标从资本积累转变为资本保值，有实力的企业试图通过对政府施加影响，以达到保护企业的目的。长期的产业投资不足是财富驱动阶段的突出表现。进入财富阶段的国家，一方面是"富裕的"，一些资金雄厚的企业和富人享受着成功产业和过去的投资所积累的成果；另一方面又是"衰落的"，许多企业受到各种困扰，失业和潜在失业严重，平均生活水平下降。这就提醒人们要居安思危，通过促进产业结构的进一步升级来提高价值链的增值水平，防止被淘汰的厄运。按波特的标准，英国在二战之后已经进入这一阶段，还有其他一些国家如美国、德国等在 20 世纪 80 年代也开始进入这一阶段。

6.5.3.3 创新机制理论

波特认为，一个国家的竞争优势，就是企业、行业的竞争优势，也就是生产力发展水平上的优势。一国兴衰的根本在于是否能在国际市场竞争中取得优势地位，而国家竞争优势取得的关键又在于国家能否使主导产业具有优势、企业具有合宜的创新机制和充分的创新能力。创新机制可以从微观、中观和宏观三个层面来阐述。

（1）微观竞争机制。国家竞争优势的基础是其企业内部的活力。企业不思创新就无法提高生产效率，生产效率低下就无法建立优势产业，从而国家就难以树立整体竞争优势。企业活动的目标在于使其最终产品的价值增值，而增值要通过研究、开发、生产、销售、服务等诸多环节才能逐步实现。这种产品价值在各环节上首尾相贯的联系，就构成了产品的价值链。价值链有三个含义：其一，企业各项活动之间都有密切联系，如原料供应的计划性、及时性和协调一致性与企业的生产制造有着密切联系；其二，每项活动都能给企业带来有形无形的价值，例如服务这条价值链，如果密切注意顾客所需或做好售后服务，就可以提高企业信誉，从而带来无形价值；其三，不仅包括企业内部各链式活动，而且更重要的是，还包括企业外部活动，如与供应商之间的关系以及与顾客之间的联系。

（2）中观竞争机制。中观层次的分析由企业转向产业、区域等范畴。从产业看，个别企业价值链的顺利增值，不仅取决于企业的内部要素，而且有赖于企业的前向、后向和旁侧关联产业的辅助与支持。从区域上看，各企业为寻求满意利润和长期发展，往往在制定区域战略时，把企业的研究开发部门设置在交通方便、信息灵通的大城市，而将生产部门转移到劳动力成本低廉的地区，利用价值链的空间差，达到降低生产成本、提高竞争力的目的。

（3）宏观竞争机制。波特认为，一国的国内经济环境对企业开发其自身的竞争能力有很大影响，其中影响最大、最直接的因素就是生产要素、需求因素、相关和支持产业以及国内竞争状态。如前所述，在一国的许多行业中，最有可能在国际竞争中取胜的是那些国内"四要素"环境对其特别有利的行业，因此"四要素"环境是产业国际竞争力的最重要来源。

6.5.3.4　"产业集聚"理论

产业集聚（clustem）是国际竞争优势产业的一个共同的特征。产业集聚是指经营同一种产业的一群企业在地理上的集中。它的提出是为了解决如何改善企业环境的问题。以美国为例，重要的产业和资本的集聚有：微电子、生物技术、风险资本投资集聚在硅谷；汽车设备与零部件集聚在底特律；互惠基金、生物技术、软件与网络、风险资本投资集聚在波士顿；金融服务、广告、出版、多媒体集聚在纽约；飞机设备与设计、软件、金属加工集聚在西雅图；房地产开发集聚在达拉斯；化工业集聚在得克萨斯与路易斯安那两州南部交界处；影视娱乐业集聚在好莱坞。产业集聚的概念是把注意力集中在生产率和企业间的彼此联系之上。围绕着一个共同的、建设性的和可行的议事日程，产业集聚把政府实体、公司、供应商以及当地各项制度结为一个整体。

产业集聚这种新的空间产业组织形式获取竞争优势的主要来源表现在以下四个方面：一是外部经济效应。集聚区域内企业数量众多，从单个企业来看，规模也许并不大，但集聚区域内的企业彼此实行高度的分工协作，生产率极高，产品不断出口到区域外的国内市场和国际市场，从而使整个产业集聚区获得一种外部规模经济。二是空间交易成本的节约。空间交易成本包括运输成本、信息成本、寻找成本以及合约的谈判成本与执行成本。产业集聚区内的企业地理邻近，容易建立信誉机制和相互信赖关系，从而大大减少机会主义行为。三是学习与创新效应。产业集聚是培育企业学习能力的温床。企业彼此接近、激烈竞争的压力、不甘人后的自尊需要以及当地高级顾客的需求，迫使企业不断进行技术创新和组织管理创新。产业集聚也刺激了企业家才能的培育和新企业的不断诞生。四是品牌与广告效应。产业集聚的影响力不断扩大以后，会在消费者中间形成一个良好的品牌形象，增强消费者的购买欲望。有时这种形象会惠及一些相关互补性产品，由此产生一个优势产业群。在波特的理论中，他极力赋予政府和企业在追求竞争力提高和经济繁荣的进程中以新的、建设性的和可行的作用。对政府作用来说，自由放任与干预的传统划分已经过时。政府所面临的首要任务就是努力创造一个能够促进生产率提高的环境。这表明在某些领域如定价，政府应尽量减小发挥作用的余地，而在另一些领域如提高素质教育和培训等，政府却应该发挥积极的作用。也就是说，政府应为有效竞争提供一个良好的环境，而不是自身也作为一个实体去直接参与竞争。

波特指出，国家环境因素十分关键，特别是存在国内市场具有不同寻常的或与众不同的特征，或者存在国内具有支撑特定产业的先进的基础设施与专业技能等情况。在世界市场存在众多竞争企业时，企业的竞争优势常常以本国要素是否充裕为基础条件。企业同样最可能主动地对本地刺激因素作出积极的反应。企业在满足国际需求前肯定会先满足本地需求，而且通常会先于国际竞争者之前对本地竞争者作出反应。再者，企业还会首先在国际机会之前看到本地尚未满足的需求所带来的机会。即使是面对竞争的跨国公司也会直接加强国家环境因素对贸易的影响。

波特提出的竞争优势理论，是对传统的国际贸易理论的一个超越，是对当代国际贸易现实的接近。波特第一次明确地阐述了竞争优势的内涵。他关于竞争优势来源的论述，以及关于取得或保持竞争优势途径的探讨，对任何一个国家、行业和企业来说都具有重大的借鉴意义。但是，波特的竞争优势理论也存在着一些局限性。这表现在竞争优势理论中对产业的选择是基于已经存在的产业而言的，是对已结构化或未完全结构化产业进行的选择，这样使企业在所选择的产业中取得领先地位是相当困难的。在一个已结构化的产业中，企业生存发展的空间十分有限。因为产业结构化程度越高，产业内的竞争强度就越大，企业选择的余地（即竞争空间）也越小，并且边际产出递减。此外，波特的竞争优势理论过多地强调了企业和市场的作用，而对政府在当代国际贸易中所扮演的角色的重要性认识还不足，仅把政府的作用作为一个辅助性的因素来对待。

复习思考题

1. 从网络上搜索林毅夫新结构经济学，用动态比较优势理论阐述其合理性。
2. 如何拓展生产要素的外延？新生产要素主要有哪些？
3. 结合某个国家或者某个地区或者某个行业的情况，说明产品生命周期的变化对其对外贸易产生的影响。
4. 中国应如何利用国家竞争优势理论来增强企业的国际竞争力，进而进一步提升我国的全球价值链地位？

第7章　垂直专业化与产品内贸易

20 世纪后半期，全球经济的一个显著特征是国际贸易的迅速增长，标准国际贸易理论将这种增长的原因归结为世界范围内关税的普遍削减，但世界贸易对关税降低超90％的反应弹性显然大大超过标准贸易模型的判断。理论与实践脱节的根源在于，国际分工开始发生了实质性的改变，国际垂直分工及建立在此基础上的产品内贸易盛行。传统的国际贸易理论主要围绕贸易条件、贸易模式、贸易利益和贸易政策等方面展开，20世纪国际贸易理论相继发生几次重大突破性进展：一是利用要素禀赋结构和相对价格差异解释国际分工和贸易的 H－O 模型；二是超越要素禀赋和比较优势的分析范式，通过在市场结构、规模报酬、技术进步、需求属性等方面改变基本模型假设来解释产业内贸易，构成不同形态的新贸易理论（new trade theories）模型。然而，这些标准贸易理论大都研究最终产品，排除了对工序国际分工现象的关注和重视，自然也就没有把当代垂直专业化和产品内贸易纳入正面观察和分析视野。从 20 世纪 90 年代开始，以赫迈尔斯（Hummels）为代表的一批经济学家开始运用垂直专业化的概念来对全球国际贸易的增长进行解释。

7.1　基本概念

7.1.1　垂直专业化

一种商品的生产过程延伸为多个连续的生产阶段，中间产品贸易不断增加，形成了跨越许多国家的垂直型贸易链，每一个国家在其中某个连续的特殊阶段进行专业化生产，这种现象被称为垂直专业化（vertical specializing）或垂直分工。垂直专业化至少满足三个条件：产品生产至少经历两个连贯生产阶段；至少有两个国家在产品生产过程中贡献了增加值；至少一个国家在生产过程中使用了进口中间投入品，并且部分产出被再次出口。

国际垂直分工于 20 世纪 80 年代开始盛行，在此之前虽然有少数学者从国际经济学、经济学与管理学交叉领域对这一现象进行了关注，但是其概念并不统一。巴拉萨（Balassa, 1967）最早将生产过程横跨多个国家、每个国家专门从事一种商品生产序列的特定阶段的现象称为垂直专业化。迪克西特（Dixit）和格罗斯曼（Grossman）等人用"多阶段生产"（multi-stage production）、"生产非一体化"（disintegration of production）、"外包"（outsourcing）、"价值链切片化"（slicing up the value chain）、"产品内专业化"（intra-product specialization）等描述这一现象，并利用这一跨越多国境的垂直型分散化生产解释国际贸易量的增加，研究其对生产效率、国民福利及收入分配的影响。

赫迈尔斯等（Hummels et al. , 2001）将生产出口商品时使用进口投入定义为垂直专业化，根据产品增值的过程给出了一个狭义的垂直专业化的定义。他们认为，垂直专业化概念应包括以下三方面的内容：其一，一种商品在两个或两个以上的连续阶段进行生产；其二，两个或两个以上的国家在商品生产过程中提供价值增值；其三，至少有一个国家必须在它的生产过程中使用进口投入品，产出的产品除了部分用于国内消费及投资外，还必须有一部分用于出口。从该定义看，垂直专业化的内涵可以概括为参与垂直分工的主体之间三个层面的关联：生产工序关联、价值链关联和中间品关联。我们可以用图7-1来表示国际垂直分工，该图可以很好地说明二战后东亚兴起的新国际劳动分工的成因、特点和效应，特别是该地区新兴工业化经济体（NIEs）如何在跨国公司资本带动下通过嵌入全球价值链而实现产业升级的。具体来说，这些经济体主要是通过承接发达国家的技术密集型产业的劳动密集型工序而迅速推动工业化发展的。

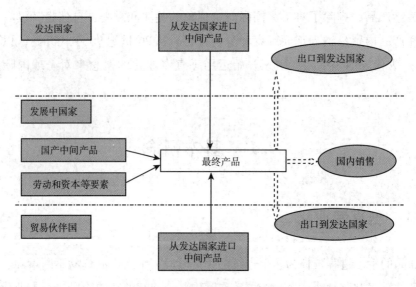

图7-1 国际垂直分工示意

7.1.2 垂直专业化的度量

度量国际垂直专业化程度与趋势的主要方法包括应用投入-产出表计算出口中包含的进口中间投入比重或进口中间投入占总产出、总投入的比重，以及使用中间品贸易、加工贸易等国际贸易统计数据间接说明垂直专业化贸易的情况。其中较好的方法是赫迈尔斯等建立的 VS（vertical specialization）指标，即计算出口中包含的进口中间投入价值及其占总出口的比重。前者是绝对指标，衡量进口中间投入中用于生产出口品的那部分投入价值；后者是相对指标，在度量一国垂直专业化分工与贸易的程度时通常使用该指标。

具体而言，绝对指标的表达式为：

$$VS = (进口中间投入／总产出) \times 出口 \qquad (7-1)$$

其中，等式右边第一项表示进口投入对总产出的贡献，这一比例乘以出口即表示出口中包含的进口投入价值。为了计算一国总的 VS 值，可以使用行业数据，计算各行业的 VS 值并进行加总，即：

$$VS_k = \sum_i VS_{ki} \qquad (7-2)$$

其中，k 表示 k 国，i 表示 i 行业。k 国 VS 比例的表达式为：

$$\frac{VS_k}{X_k} = \frac{\sum_i VS_{ki}}{\sum_i X_{ki}} \qquad (7-3)$$

其中，X 表示出口。

在计算 VS 指标时使用投入－产出表，从中可以获得行业水平的投入（包括来自国内和国外的投入）、产量与出口等数据。相应地，可以将式（7-3）写为矩阵的形式：

$$\frac{VS_k}{X_k} = uA^M X / X_k \qquad (7-4)$$

其中，u 是由 1 组成的 $1 \times n$ 向量，n 是行业数目，A^M 是 $n \times n$ 的进口系数矩阵（即对进口中间产品的依存系数矩阵），X 是 $n \times 1$ 出口向量，X_k 是 k 国总出口。如果将间接包含在出口中的进口投入考虑进来，则有：

$$\frac{VS_k}{X_k} = uA^M (I - A^D)^{-1} X / X_k \qquad (7-5)$$

其中，I 为单位矩阵，A^D 是 $n \times n$ 的国内消耗系数矩阵，$A^D + A^M = A$，A 是投入－产出表的直接消耗系数矩阵。

20 世纪后半期以来国际垂直专业化分工与贸易的快速发展，得益于经济全球化背景下的技术进步、运输与通信成本降低、贸易自由化等因素。技术进步使生产过程能够分割为不同的阶段，而运输与通信的发展便于生产环节分配到不同的国家。关税等贸易壁垒的削减则极大地促进了国际垂直专业化贸易及整个世界贸易的增长，因为垂直专业化涉及原材料、零部件、中间产品等多次跨越国界，当世界平均关税水平降低时，散布在垂直贸易链上的不同环节均能享受到贸易自由化的利益，使贸易对关税的反应弹性大大提高。并且，如果关税水平较高时不存在垂直专业化，而当关税下调到某个临界值以下时垂直专业化出现，关税削减就会产生较之临界值以上更显著的贸易增长效果，这样贸易对关税削减的反应就呈现出非线性的变化，这正解释了 20 世纪 80 年代中期之前与之后国际贸易对关税不同反应弹性的实际情况。

7.1.3　产品内贸易

一般的，我们可以把国际垂直分工理解成一种特定产品生产过程内部的分工，不同国家专业化于不同的生产环节，涉及大量的中间产品进口及最终产品的出口，而不同国家所属的环节不同，所获得的分工效应就有较大的差异，如图 7-2 所示。

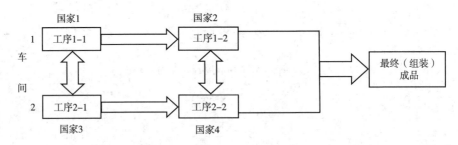

图 7-2　在国际范围展开的工序分工

所谓的产品，是指社会经济系统在一定时期产出的具有某种或多种经济功能的物品和劳务。依据研究产品内分工现象的特定需要，可以把产品区分为最终产品和投入品。最终产品是能独立发挥某种消费和生产功能的物品，包括两类：一是家庭和政府等不同主体能够直接消费利用的最终产品；二是厂商之间提供的机器、设备等资本品。中间产品在自身形态上不具备独立的消费和生产功能，但是通过组装、连接或加工等程序，以原生或转换形态构成最终产品的特定组成部分。投入品也可以分为两个子类，一类是零件、部件、配件、子系统组件或模块等通常被称为中间产品的物品，另一类是原料如棉花、木材、化纤、钢材和其他金属等。不少零件类中间产品，如汽车发动机等，生产过程本身是一系列工序和区段分工的结果，这种价值链分解如果在国际范围内展开，也可以用产品内分工概念框架来分析。本书侧重讨论最终产品生产过程的工序国际分工现象，除非特别说明，后面所用产品内分工概念涉及的产品概念均具有上述定义内涵。

所谓的生产过程，微观经济学用生产函数描述生产活动，把生产过程归结为投入产出关系。因而生产过程包含若干加工工序和活动区段连接而成的过程，如纺织服装产品生产过程，包含纺纱、织布、印染、裁剪、缝纫等主要工序，其中又通常要经过更为细分的程序化操作或次生工序。把特定产品生产过程分解为若干工序来完成，是技术分工的基本含义。技术分工的出现和发展，既是技术和社会生产力进步的标志，也是人类经济活动效率提升的源泉。技术分工导致产品生产分解为不同工序，这些工序活动的空间分布可采取三种形态：一是在某个空间点上完成，极端而言如某个工厂内部完成特定产品生产过程包含的所有工序；二是在一国内部不同地点或区域完成，对应本书理解的国内产品内分工类型；三是在不同国家完成，构成国际产品内分工即本书着重讨论的分工形态。

在特定空间点上完成所有工序分工，表现为一个工厂内部完成产品工序间分工，这类工厂经常被称为"全能工厂"。工厂内分工在特定空间点上，通过车间（或分厂）和班组（或工段）之间展开的生产分工来实现。当产品内分工把不同工序散布到不同国家，这一分工就表现为国际分工的生产方式。

7.1.4　全球价值链

价值链是迈克尔·波特于 1985 年提出的概念。企业要生存和发展，必须为企业的股东和其他利益集团包括员工、顾客、供货商以及所在地区和相关行业等创造价值。企业是产品在设计、生产、销售、交货和售后服务方面所进行的各项活动的聚合体。如果打开企业组织的"黑匣子"，我们可以把企业创造价值的过程分解为一系列互不相同但又相互关联的经济活动，或者称之为增值活动，其总和即构成企业的价值链，每一项经营管理活动就是这一价值链条上的一个环节。价值链的各环节之间相互关联，相互影响。一个环节经营管理的好坏可以影响到其他环节的成本和效益。比如，如果多花一点成本采购高质量的原材料，生产过程中就可以减少工序、提高成品率、缩短加工时间。虽然价值链的每一环节都与其他环节相关，但是一个环节能在多大程度上影响其他环节的价值活动，则与其在价值链上的位置有很大的关系。在企业的基本价值活动中，材料供应、产品开发、生产运行可以被称为上游环节，成品储运、市场营销和售后服务可以被称为下游环节。

当分工在空间范围上突破了国界的制约，不同环节配置于世界不同国家或地区时，便形成了全球价值链。全球价值链是指为实现商品或服务价值而连接生产、销售、回收处理等过程的全球性跨企业网络组织，涉及从原料采购和运输、半成品和成品的生产和分销，直至最终消费和回收处理的整个过程。联合国工业发展组织（UNIDO）给出这样的定义：全球价值链是指为实现商品或服务价值而连接生产、销售、回收处理等过程的全球性跨企业网络组织，涉及从原料采购和运输、半成品和成品的生产和分销，直至最终消费和回收处理的整个过程。从功能组成上看，全球价值链包括所有参与者和生产销售等活动的组织及其价值、利润分配。当前散布于全球的处于价值链上的企业进行着从设计、产品开发、生产制造、营销、交货、消费、售后服务到最后循环利用等各种增值活动。

从上述定义可以看出，产品越复杂，其生产过程包含的工序越多，其纵向维度越长；产业越庞大，专业化分工越有可能获得规模经济，其横向维度也会越发达，因而也更有可能形成规模宏大、结构复杂的生产网络。全球生产网络可以被认为是全球价值链发展的外在表现，而全球价值链则可以看作生产网络的抽象和简化，这种抽象和简化对于理论研究来说是必要的。

案例 1：美国苹果公司 2005 年推出了集多年研发成果、最终改变该公司命运的一款重点产品——iPod（具有播放歌曲功能的数码音乐电子产品），成为全球市场的畅销品。消费者都知道 iPod 是苹果公司的产品，该产品的知识产权为苹果公司所有，但是，除了业界人士，很少有人知道，苹果公司推出了这种产品，但却不是该产品的生产者。准确地讲，该产品没有一个部件是在苹果公司的工厂里完成的（实际上苹果公司已经没有了自己的工厂），世界上参与这个产品生产的企业有很多家，而且多数不在美国国内。

苹果第五代 iPod 产品总价值 299 美元，共有 451 个部件，其主要部件的分工网络和价值分割体系基本如下：

——销售：美国渠道商和零售商获取 75 美元；

——资源整合：美国苹果公司获取 80 美元；

——硬盘：日本东芝公司提供，价值 73 美元，东芝得 19 美元，实际生产地在中国；

——显示器模块：东芝合资公司提供，20 美元，在日本生产；

——芯片：美国公司提供，13 美元，生产地在美国或新加坡或中国台湾；

——存储器：韩国公司提供，2 美元，韩国生产；

——组装：中国：得近 4 美元。

从苹果公司第五代 iPod 的生产网络和价值链可以看出，其生产的分工和价值链的形成已经完全在全球范围内进行。苹果公司是产品的拥有者，但并不实际从事生产，在 299 美元的价值链中也只得到 80 美元。日本东芝公司是这一价值链的主要参与者，因为其中的关键部件，即内存达 30G 的硬盘是由该公司提供的，但硬盘的实际生产地在中国，而硬盘中又有许多零部件是由其他国家的企业提供的，东芝合资公司只能得其中的 19 美元。美国公司提供的芯片是另一关键部件，价值 13 美元，但生产地也可能不在美国。在这一价值链中所得最少的是韩国和中国。韩国的企业提供价值量不大的存储器，只获得 2 美元的价值。如果不算硬盘在中国的制造价值部分，中国只得到 3.70 美元。①。

案例 2：航空制造业已越来越成为一个全球性产业，航空企业专业化分工也越来越细化，飞机制造的系统集成商把越来越多的业务环节通过国际转包和风险合作的形式外包给散布在世界各地的供应商，从而形成了航空制造业的全球价值链。由于在航空制造业全球价值链中，不同环节的技术能力要求、市场能力要求、资本要求不尽相同，从而使各环节表现出不同的空间分布特点（见图 7-3）。

在飞机整机制造领域，基本形成了以美国波音公司和欧洲空客公司为主体的双寡头垄断竞争格局。在支线飞机领域，巴西航空工业公司和加拿大庞巴迪公司拥有明显的竞争优势。在通用飞机领域，美国的塞斯纳飞机公司、湾流飞机公司、西锐设计公司、雷神公司，法国的达索公司，奥地利的钻石飞机公司，以及欧洲直升机公司构成了多极鼎立的竞争格局。

---

① Greg Linden, Kenneth L. Kraemer, Jason Dedrick. Mapping the Value of an Innovation：An Analytical Framework [J]. Personal Computing Industry Center, 2007（5）：1-17.

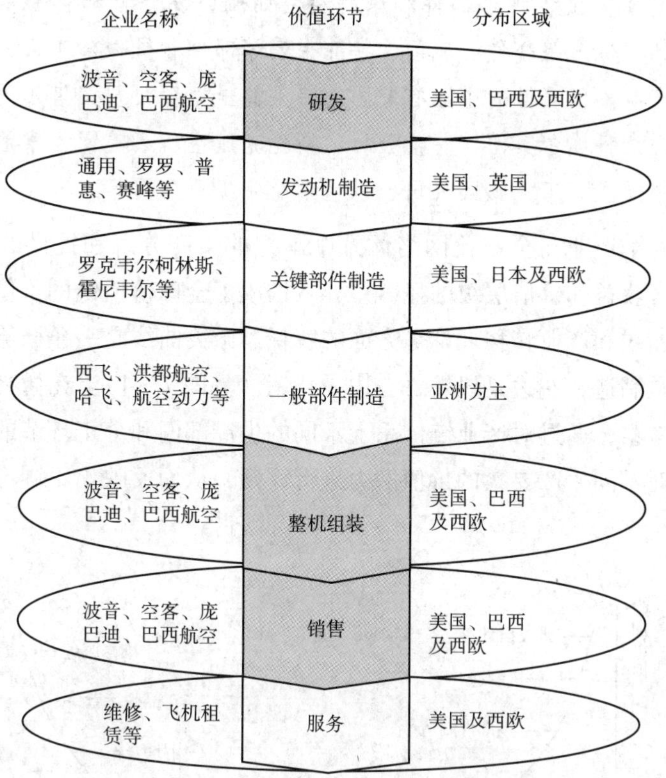

企业名称	价值环节	分布区域
波音、空客、庞巴迪、巴西航空	研发	美国、巴西及西欧
通用、罗罗、普惠、赛峰等	发动机制造	美国、英国
罗克韦尔柯林斯、霍尼韦尔等	关键部件制造	美国、日本及西欧
西飞、洪都航空、哈飞、航空动力等	一般部件制造	亚洲为主
波音、空客、庞巴迪、巴西航空	整机组装	美国、巴西及西欧
波音、空客、庞巴迪、巴西航空	销售	美国、巴西及西欧
维修、飞机租赁等	服务	美国及西欧

图7-3 航空制造业全球价值链及区域分布

资料来源：阮菊明.临空经济［M］.上海：上海三联书店，2017。

在飞机发动机领域，英国的罗罗公司、美国的普惠公司和 GE 航空处于行业领先地位；霍尼韦尔国际公司、斯奈克玛公司下属的透博梅卡公司、普惠加拿大公司主要控制着小型发动机市场；德国的 MTU 航空发动机公司、意大利的阿维奥集团、瑞典的沃尔沃航空公司、日本的石川岛播磨重工和西班牙的 ITP 公司在发动机关键子系统和部件领域具有很强的实力。

在飞机结构件领域，数量不多的供应商垄断了主要的结构件，并同飞机整机系统集成商建立了非常紧密的联系。这些供应商主要分布在美国、欧洲和日本，代表性的企业有：美国的沃特飞机工业公司、古德里奇公司和斯普利特航空系统公司，欧洲的阿莱尼亚航空公司、梅西埃－道蒂公司、BEA 系统公司、空客西班牙公司，日本的川崎重工和三菱重工等。

在机载设备和航空电子系统领域，这类企业数量相对较多，比如，法国赛峰集团下属子公司、法国泰雷兹公司、英国史密斯工业集团、意大利芬梅卡尼卡集团，美国联合技术公司下属的汉胜公司、霍尼韦尔国际公司，派克－汉尼芬公司下属的航空制造业集团、古德里奇公司、罗克韦尔－柯林斯公司等。

在零部件和原材料领域，企业数量非常多，散布于世界各地，为整机制造商、发动机和机体结构件制造商提供各种零部件和原材料，如航空复合材料、金属材料、机身零部件、发动机零部件、机翼组合件、舱门、特殊金属零部件和机械加工件，以及其他复合材料零部件等众多产品。代表性的企业有美国的弗莱德里克森公司、塔尔萨公司和海克斯赛尔公司，欧洲的拉泰科埃尔集团、萨伯公司、斯托克航空航天集团、索纳卡集团和史密斯航空航天公司、中国航空工业集团公司、以色列航宇工业公司等。

各个地区、各个产业在全球化网络体系中承担的生产分工和提供的产品服务各不相同，由此带来地区收益和价值层级的显著差异，构成了全球价值链的价值等级结构，研究者对此提出微笑曲线和产业转移理论等方面的解释。微笑曲线是一条微笑嘴型的曲线，两端朝上，其中间是制造，左边是研发，右边是营销（见图7-4）。在微笑曲线中，基于对国际分工模式的考察，通过对产业链体系上不同的生产部门和分工环节的价值增加率差异进行描述，通过对不同生产要素的价值潜力进行评判，从而反映出不同产业部门在价值链体系上的等级。

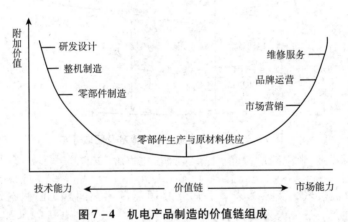

图7-4 机电产品制造的价值链组成

7.2 国际垂直分工的条件与特征

7.2.1 历史条件

第一，技术进步与产品模块化。国际垂直专业化是产品生产链上的纵向分工，生产链上的每一个工序在价值生产过程中的作用与地位是不同的。垂直专业化的前提条件就是产品生产过程中在空间上可以分割，这种分离表现为空间分离与时间分离。其中，时间分离是指一个产品的生产过程可以不连续，即不同的工序可以在不同的时间内完成；空间分离是指生产过程可以分散到世界各地进行。科学技术进步支持了这种分割，即科学技术改变了生产的组成与工序的可分性。依据产品可分离程度的差异，不同行业的产品发生产品内贸易的可能性及强度存在明显差别。一般而言，机械产品、运输设备、电子产品、纺织服装等在技术上表现出较高的可分离性，容易实现时空分离，因此这些行业的产品内贸易很发达；而化工、冶金等行业在生产产品时因技术上不易分离，产品内贸易程度较低。

第二，跨国公司的迅猛发展。跨国公司在国际垂直分工中是整合生产与贸易环节的主要载体，具有全球经营的特点，不受资本、人力、市场的跨国限制，它通过无形资产的让渡、公司内部交易、快速便利的信息传递实现公司在全球范围内寻找最佳生产区位的计划，从而最大可能地降低运营费用，实现资源配置最优与利润最大化。20 世纪 90 年代以来，全球跨国公司在技术进步、运输成本降低的刺激下，得到了空前的发展。

第三，贸易及投资自由化的趋势。在国际垂直分工的模式下，产品的生产阶段与工序被分割为不同的价值链环节，并根据各国与地区的要素禀赋优势在全球范围内进行生产与贸易，不同的生产阶段生产中间产品、上游与下游产业环节之间需要通过国际贸易来完成。过去几十年，运输、通信、金融等贸易交易成本的大幅度降低，推动了垂直专业化的进一步发展。同时世界各国致力于通过贸易与投资自由化保持经济的长期增长，从制度层面保障了垂直专业化的分工成本，极大地促进了垂直专业化发展。

第四，鼓励加工贸易的政策。许多国家在经济发展过程中都采取了鼓励加工贸易的政策，加工贸易的发展对发达国家和发展中国家都有着非常重要的意义。一方面，加工贸易为发展中国家跨越资本、技术门槛，融入国际生产体系提供了舞台；另一方面，对于发达国家而言，可以在全球范围内进行产业结构调整，整合资源集中于核心业务的培育，提高自身的竞争力。在产业结构调整过程中，发达国家往往把资本和技术含量高的关键环节留在本国，倾向逐渐把资源、劳动密集型加工环节转移到资源更为丰富、劳动力价格更为低廉的国家和地区。

7.2.2　主要特征

世界经济发展的不同时期，国际分工也体现为不同形式和特征，当今的国际分工体系呈现垂直分工（即产品内国际分工）的特点。

（1）它是国际层面的地域劳动分工。技术分工导致产品生产环节的空间分布。第一种形式是可以集中在某个空间点上，如在某个工厂内部完成所有生产环节，即早期的全能工厂时代。第二种形式是在某一国家内部不同区域完成，形成国内分工体系。第三种形式是通过不同国家参与不同生产环节来完成国际分工，形成的即为国际垂直分工体系。

（2）分工的层次已深入产品内部。在垂直专业化分工下，需要存在控制整个价值链的组织者，将价值增值环节进行细分，并安置在生产成本最低的区位。由于跨国公司具有空间上跨越国界经营以及子公司在全球分布的特点，往往占据研究开发、品牌创新与维护、市场营销、关键零部件的生产，而某些劳动密集的制造过程则转移到发展中国家，从而实现企业内部分工与国际分工的统一。从这个意义上说，国际贸易界限就包括在产品设计、制造、流通直至最后进入消费领域的全部流程中，而不应只理解为独立产品的交换过程。需要进一步明确的是生产过程有狭义与广义之分。狭义的生产过程是特指产品的制造过程及其包含的若干生产环节；广义的生产过程则指产品从产品设计、原料供应到最终消费者的整个过程，即现代管理学价值链概念所涵盖的内容，尤其是将产品的生产制造向设计研发和流通营销环节延伸，这两个环节并不隶属于传统制造业的范畴，而是可以大致划归为生产服务业。垂直分工体系所涉及的正是广义的生产过程。

（3）它是生产过程的纵向分解。传统国际分工体系中有垂直分工和水平分工的划分，但这种划分是根据参与分工国家的经济发展水平来进行的。传统意义上的垂直分工指的是参与分工的国家要素禀赋及经济发展水平差异较大，参与分工的国家分别依据不同的要素优势进行不同产业的分工。与之相对应的水平分工是指要素禀赋和经济发展水平相似的国家之间的分工，参与分工的国家依据不同的规模优势及消费偏好进行不同产品的分工。而如今随着分工与其理论的深化，垂直和水平的含义与传统意义上的含义已经不同。当今的垂直分工体系下的垂直分工及水平分工，是基于产品内分工的视角、根据生产环节而不是参与国的经济发展水平来进行的。不同生产环节之间进行的分工，尤其是研发环节及营销环节与制造环节的分工称为垂直分工；而同一环节的分工，如 R&D、营销、制造等则属于水平分工。

（4）跨国公司成为产品内贸易主体。跨国公司是国际直接投资的主体，随着生产国际化程度的进一步扩大，其直接投资规模不断扩大，跨国公司内部贸易迅速发展。跨国公司母公司通过向国外子公司出口中间投入品然后再进口制成品，或者通过从国外子公司进口上游产品再在其他国家子公司加工为成品销往世界各地。这种内部贸易除部分是不同产品之间的贸易之外，大部分是同一产品内不同零部件之间的贸易，因此，跨国公司成为产品内贸易的主体。

在二战后特别是冷战结束以来，东亚国家经济发展很大程度上依赖跨国公司投资，所以以零部件贸易为代表的产品内贸易成为东亚贸易增长中最快的一个领域。相对于世界其他地区，东亚的产品内贸易发展更快、更完整，并且这种产品内分工在很大程度上是在区域内部国家之间完成的（见表 7-1）。

表 7-1   东亚主要经济体的产品内贸易比例   单位:%

经济体	1990 年		1995 年		2000 年		2005 年		2010 年		2013 年	
	进口	出口	进口	出口	进口	出口	进口	出口	进口	出口	进口	出口
中国	9.8	2.4	7.1	4.8	12.4	10.3	24.9	22.4	30.7	28.8	31.9	31.8
中国香港	11.4	6.4	14.3	3.6	15.4	3.1	17.2	2.1	18.0	1.2	18.0	0.7
中国台湾	10.4	9.7	10.0	10.3	10.1	12.2	7.8	9.6	6.7	10.1	5.7	1.0

续表

经济体	1990 年		1995 年		2000 年		2005 年		2010 年		2013 年	
	进口	出口	进口	出口	进口	出口	进口	出口	进口	出口	进口	出口
日本	16.4	58.7	14.1	48.6	14.7	36.2	11.4	27.8	9.0	22.0	8.3	19.3
韩国	13.1	7.1	10.5	10.8	10.1	10.2	8.0	12.3	7.7	14.3	7.9	15.3
新加坡	16.0	6.9	19.5	8.3	15.9	8.0	13.2	6.6	11.8	6.1	11.1	5.7
泰国	8.3	2.0	7.6	3.1	5.1	3.3	4.3	3.5	4.5	4.0	4.6	3.7
菲律宾	2.0	2.0	2.0	2.2	4.0	5.4	3.8	5.0	2.5	3.6	1.9	2.9
马来西亚	8.6	5.1	11.5	7.6	10.5	9.8	7.7	8.9	6.6	8.1	5.4	7.9
印度尼西亚	3.7	0.2	3.3	0.6	1.3	0.1	1.2	0.1	2.4	0.1	2.4	1.3
越南	0.0	0.0	0.0	0.0	0.5	0.1	0.6	0.3	0.1	0.6	2.5	1.0

资料来源：任祎卓.产品内贸易对国际经济周期的传导研究 ［D］. 杭州：浙江大学，2016。

7.3　赫克歇尔 - 俄林模型对产品内贸易的解释

垂直专业化是产业内分工的进一步深化与表现，是国际分工的最新发展阶段，产品内贸易是垂直专业化的必然结果。国际垂直分工作为一种特殊的经济全球化演进过程，其核心是通过空间分散化展开成跨区域的生产链条。分工地位的选择与发展基本动因仍然是对比较优势的追求与利用，也得益于生产技术的进步、交易效率的提高或国际贸易成本的降低。

7.3.1　标准分工模型

我们在这里以比较优势理论为例，说明国际垂直专业化如何使贸易理论的研究由产品间分工扩展到产品内分工。考虑一个 2×2×2 的要素禀赋理论模型，即两个国家：资本相对丰裕的 A 国与劳动相对丰裕的 B 国，两种产品：资本密集型产品 X 与劳动密集型产品 Y，两种要素：资本（K）与劳动（L）。

在图 7-5 中，AA 与 BB 分别表示 A、B 两国两条价值相等的等成本线，假定为单位 1，AA 与 BB 的斜率差异反映了两国要素价格的差异。可以看出，A 国的劳动相对资本价格较高，其要素禀赋是资本丰裕的，而 B 国的劳动相对资本价格较低，其要素禀赋是劳动丰裕的。OX 是产品 X 的生产扩展线，OY 是产品 Y 的生产扩展线，前者的斜率更大，说明 X 生产中投入的资本更多，因此是资本密集型的，而 Y 生产中投入的劳动更多，是劳动密集型的。依据标准的比较优势国际分工理论，劳动（或资本）相对密集的产品，应当在劳动（或资本）相对丰裕抑或相对价格较低的国家进行生产。

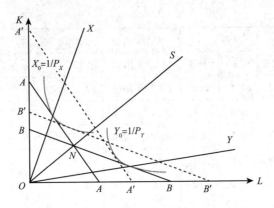

图 7 - 5　生产扩展线与标准分工模式

通过 AA 与 BB 交点 N 的射线 OS 具有国际分工临界线的经济含义：生产扩展线斜率大于 OS 斜率的产品，生产中资本投入密集度高于 OS 线代表的资本投入密集度，应当由资本丰裕的 A 国进行专业化生产并出口；生产扩展线斜率小于 OS 斜率的产品，生产中资本投入密集度低于 OS 线代表的资本投入密集度，应当由劳动丰裕的 B 国进行专业化生产并出口。

在图 7 - 5 中，X_0 和 Y_0 分别为 X 和 Y 的等产量线，由于它们都与数值为单位 1 的等成本线相切，所以其数量均为产品价格的倒数，即 $X_0 = 1/P_X$，$Y_0 = 1/P_Y$。显然，在 OS 线的左边，A 国生产单位价值产品 X 的成本要低于 B 国，因为按照 B 国现行的要素价格，表示其生产单位价值产品 X 成本的等成本线是 $B'B'$，$B'B'$ 位于 BB 的上方，即 $B'B' > BB = AA$；同样，在 OS 线的右边，B 国生产单位价值产品 Y 的成本低于 A 国，这是因为如果让 A 国生产，其成本为等成本线 $A'A'$，而 $A'A' > AA = BB$。

7.3.2　产品内贸易原理

前面分析的前提，就是认为特定产品的所有生产过程必须在特定国家内部完成。现在考虑国际垂直专业化的情况。以产品 X 为例，假定 X 的生产过程可以分割为 X_1 和 X_2 前后两个紧密相连的生产工序，X_1 是劳动密集型工序，X_2 是资本密集型工序。两个工序的要素投入比例分别由生产扩展线 OX_1、OX_2 的斜率表示，二者分别分布在 OS 的右侧和左侧，产品 X 的总要素密集度可通过 X_1 和 X_2 两个工序要素密集度的加权平均来获得。生产扩展线 OX 上单位价值产品 X 的实际生产点，可以采用平行四边形法则将 X_1 和 X_2 两道工序的矢量进行加总处理来确定。如图 7 - 6 所示，首先在价值链初始起点 O 的基础上完成价值为 OV 的工序 X_1，然后再在 V 的基础上完成价值为 OZ 的工序 X_2，这样就得到价值为 1 元的最终产品 X。其中，VE 平行于 OZ，且长度相等，可认为这两个矢量相等。在 X_1 阶段所花费的成本由 V 点的坐标（L_V，K_V）和两种要素的价格共同决定，在 X_2 阶段所花费的成本 OZ 的大小由 Z 点的坐标（L_Z，K_Z）和两种要素的价格共同决定，要素价格则取决于该工序完成国的要素存量结构。可以看出，由于在 X_2 阶段所花费的成本在总成本结构中所占比例更高等原因，产品 X 的两道工序加权投入比例的最终结果是产品 X 表现为资本密集型产品，即 OX 的斜率大于临界点 OS 的斜率。

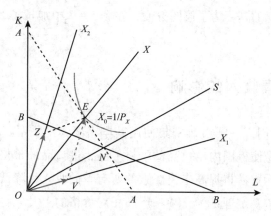

图 7-6　产品内部不同工序间的分工

当存在产品内分工时，劳动投入相对比较密集的 X_1 工序应该转移到 B 国来完成，而 A 国仅保留 X_2 工序，这种分工可以带来成本的节约。在这个例子中，国际分工与贸易仍然建立在比较优势的基础之上，但是分工层次由产品间细化到同一产品的不同生产工序之间。

7.3.3　产品内贸易的得益

下面用图 7-7 说明比较优势是如何通过产品内分工创造利益的。过 V 点分别做等成本线 AA 和 BB 的平行线 A_1A_1 和 B_1B_1。A_1A_1 和 B_1B_1 也是等成本线，不过它们表示的价值大小要分别小于 AA 和 BB。其含义是，如果工序 X_1 在 A 国完成，其成本为 A_1A_1，而如果该工序在 B 国完成，则其成本为 B_1B_1。只要判断出 B_1B_1 的斜率小于 A_1A_1，就可以认为工序 X_1 在 B 国完成要比在 A 国完成更划算。判断方法如下：假定 B_1B_1 与 OS 相交于 N_1 点，过

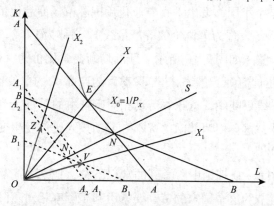

图 7-7　产品内部分工的得益

N_1 点做 AA 或 A_1A_1 的平行线 A_2A_2。与 AA 和 BB 相比，A_2A_2 和 B_1B_1 是等比例缩小的，既然 AA 和 BB 等值，那么 A_2A_2 和 B_1B_1 也是等值的。所以可得出 B_1B_1 小于 A_1A_1，即 $B_1B_1 = A_2A_2 < A_1A_1$。这意味着，如果把 X_1 环节的完成地从 A 国转移到 B 国，则成本可以从 A_1A_1 下降到 A_2A_2。需要注意的是，为了绘图方便，在图 7-7 中加长了 OV，这与图 7-6 中有所不同。

7.3.4　对要素收入的影响

H-O 理论告诉我们，一国出口密集使用其丰裕要素的产品，进口密集使用其稀缺要素的产品，通过贸易使得国内出口品的价格上涨，进口品的价格下降。同时，要素价格均等化定理认为国际贸易将提高丰裕要素的所有者的收入，降低稀缺要素所有者的收入，斯托尔珀-萨缪尔森定理认为，某一产品相对价格的上升，将导致该产品密集使用的生产要素的实际价格或报酬提高，而另一种生产要素的实际价格或报酬则下降。这些理论模型主要是分析产业之间、产品之间贸易中要素含量与要素价格变动之间的关系，而对于新型国际分工体系下，国际垂直专业分工引起的贸易与收入要素分配之间的关系没有涉及。

在图 7-6 中，资本丰裕的 A 国将出口部门（即资本密集型产品 X）的劳动密集型工序转移到劳动丰裕的 B 国，会导致 A 国工人的工资水平下降；但如果发生垂直专业化的不是 A 国的出口部门，而是其进口竞争部门——劳动密集型产品 Y，A 国的工资水平则会上升。这一点似乎让人费解，图 7-8 描述了这一种情况。假定进行国际垂直分工的是产品 Y，同样考虑其生产过程可以分为两个阶段：劳动投入比较密集的 Y_1 工序与资本投入相对比较密集的 Y_2 工序。在不存在垂直专业化的情况下，A 国出口产品 X、进口产品 Y，国内要素比价为 w/r，出口部门与进口竞争部门的生产扩张线分别为 OX 与 OY。考虑存在国际垂直专业化的情况：A 国将产品 Y 生产中的劳动密集型工序 Y_1 转移到 B 国，国内产品 Y 的生产只保留资本密集型工序 Y_2，在 w/r 的要素比价下产品 Y 的生产扩张线变为 OY_2。假定 A 国是个小国，发生垂直专业化后国际市场商品比价不变，而垂直分工使产品 Y 的生产成本降低（表现为单位价值等产量线 Y_0 内移为 Y'），这将使 Y 的产量提高，要素价格比也将随之调整。如图 7-8 所示，新的均衡要素比价为 $(w/r)'$，相应的等成本线同时与产品 X 的单位价值等产量线 X_0 与移动后的产品 Y 的单位价值等产量线 Y' 相切。显然，$(w/r)'$ 线比 w/r 线更陡峭，意味着劳动相对于资本的价格上升，收入分配发生了有利于劳动的变化。当然，这会使两部门的资本-劳动投入比例发生变化，两部门的生产扩张线分别变为 OX' 与 OY_2'。

上述结论与我们在 H-O 理论中所学到的常识不符：把某个产品的劳动密集型工序转移出去，似乎可以通过节约这个国家的劳动要素引起工资率相对下降，但这里的结论却是工资率相对上升。造成这一悖论的原因在于，A 国所保留的 Y_2 工序相比于资本密集型产品

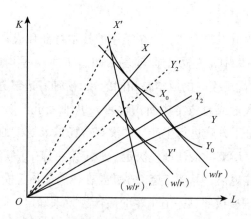

图 7 - 8   国际垂直专业化的收入分配效应

X 仍然是劳动密集型的，只是其同 Y_1 相比具有较高的资本密集度，分工造成的 Y_2 部门更高效率的发展反而提高了对劳动要素的相对需求，从而提高了其价格。如果 Y_2 的要素密集度高于产品 X 的，则分工的结果可能会造成劳动报酬的下降。

如果将图 7 - 8 中纵轴的资本不仅理解为物质资本，而且也包括人力资本，横轴的劳动则可代表非熟练劳动，那么上述关于劳动与资本之间收入分配的分析，也可以推广到非熟练劳动与熟练劳动之间。不同学者的研究同样表明，从理论上分析国际垂直专业化对非熟练劳动收入的影响，结论是不确定的。

20 世纪 90 年代，美国等发达国家熟练与非熟练劳动力工资差距明显扩大，非熟练劳动力的实际工资与相对工资均有所下降，引起了垂直专业化对要素收入影响的关注。国际垂直专业化对要素收入效应的影响主要包括影响路径与程度，即对非熟练与熟练劳动力就业与工资收入有无影响、影响程度多大及其影响的机理与机制。国际垂直分工将通过要素价格变化来影响要素所有者的收入分配。发达国家通过垂直分工，从具有比较优势的国家进口其要素稀缺的中间产品，或者将要素密集型中间产品出口到发展中国家，结果对发展中国家来讲，会提高劳动要素所有者的收入，对发达国家而言，则提高资本要素所有者收益，从而降低国内非熟练劳动力的工资，相对地提高熟练劳动力的需求及收入。

7.4   规模经济理论对产品内分工的解释

如果产品不同生产工序对应的有效规模不同，在生产过程不存在分工的情况下，只能依据某个关键生产工序的有效规模安排整体生产过程的规模，这样做会造成有效规模较大的那些生产工序无法实现最佳经济，造成利益损失。因此，通过垂直专业化，将有效规模不同的生产工序加以分离，并安排到不同的空间场所进行生产，就可以实现成本节约，从而提高资源配置效率的目标。

　　假定某产品需采用四道工序生产，每个工序的技术特征和成本特征决定了各自具有不同的最佳规模。在图7-9中，左边坐标轴表示四道工序的平均成本曲线及其最佳规模（这里假定各工序达到最优规模时的成本是相同的），横轴右边部分用间隔宽度表示不同工序在整个生产过程中投入量或总成本中所占比重，纵轴表示长期平均成本（LAC）。如果采取福特式工厂化内部分工方式进行生产，即没有市场需求规模的约束，整个生产过程的最佳规模只能由某个工序环节的最佳规模决定。假定第一道工序最为重要，其最佳规模决定了整个生产过程的最佳规模，其他三道工序就要在偏离最佳规模的数量水平上进行生产。在图7-9中，如果生产规模按照第一道工序的最佳规模来确定，则该产品的规模只能定为Q^*。当规模定为Q^*时，仅有工序1的生产成本能够实现最小成本C_{min}，工序2、工序3和工序4的平均成本C_2、C_3和C_4，均高于各自满足最佳规模要求时的成本C_{min}。这样，总成本中C_{min}以上的部分A、B和C表示每个工序因偏离最佳规模所造成的成本损失。由此可以推理，如果能够进行产品内贸易，把不同的工序分配到不同的地区或国家，然后通过贸易来把各环节串联起来并生产出最终产品，A、B和C这三部分成本就可以被节省出来。

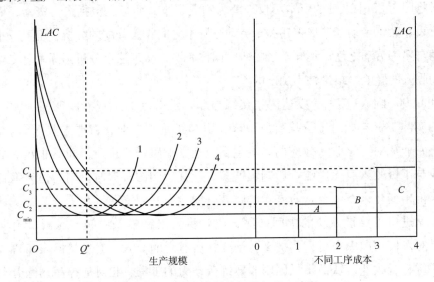

图7-9　不同工序最佳规模与分工动因

▶▶ 阅读材料

福特生产方式

　　福特生产方式是典型的资本主义大工业生产的组织形式，代表了传统机器大工业生产的最高水平。工业化时代的主题，就是追求更多的产量，创造更大的市场。对此，泰罗进行了理论上的创建，而福特采取了实践上的行动。老福特的梦想是每一个自食其力的美国人都有一辆福特车，同他的家人一起在上帝的广袤土地上共享快乐时光。

为了实现他的梦想，他创立了流水作业线。1913 年，亨利·福特（Henry Ford）在底特律创办了高地公园汽车厂，开始了现代流水生产方式的探索性创新。福特不仅设计出完善的装配线和统一精确的通用零部件，还创造出依靠非熟练工人在中心装配线上使用通用零件的大规模生产方式。依照装配线工作原理，进一步降低了对工人手工技能的依赖，工人无须动脑思维就可以完成单一而简单的工作，从而降低成本，提高效率，实现了机械化的大批量生产。

7.5　产品内分工的效应

在标准国际贸易理论中，贸易与分工的经济效应研究通常都是集中于对贸易利益与要素收入分配机制、国际间的技术扩散、产业的空间集聚与世界经济增长的影响。贸易利益考查贸易与分工后给相关产业或总体经济带来的经济福利上的改善；要素收入变化主要分析在相关要素收入分配上，不同部门与产业的要素所得利益会因分工受到不同的影响；技术扩散指通过分工导致资源节约以及贸易产品本身技术溢出的效应；分工的集聚效应指分工带来的规模经济，促进产业在空间上的集聚分工；对经济增长的关系指分工能加速资本、人力等要素流动，提高效率，促进经济的增长。国际垂直分工作为一种新型国际分工形式使得国际贸易理论中的经济效应研究范围进一步扩展，使得对经济效应的研究从宏观层次进一步深入企业与产品分工的微观领域。

7.5.1　福利效应

与标准贸易理论相类似，在国际垂直专业化贸易模型中，一般情况下，自由贸易可以带来国民福利的提高。研究表明，与不存在垂直分工的国际贸易模型相比，垂直专业化扩展了贸易利益的范围。国际分工的细化与深化使得那些在某种产品特定环节生产上具有优势的国家也能从国际分工和贸易中获利，而且可能使原本就从最终产品贸易中获利的国家福利进一步提高。

考虑资本丰裕的 A 国将产品 X 生产中劳动投入相对比较密集的 X_1 阶段转移到 B 国进行的情况。图 7 – 10 反映了当国际分工由产品间扩展到产品内时 A 国的福利变化，其中两个坐标轴分别表示资本密集型产品 X 与劳动密集型产品 Y 这两种最终产品的产量和消费量。在不存在国际垂直专业化的情况下，A 国的生产可能性边界为 TT_1，自由贸易下的国际比价为 P_W，A 国在 Q 点生产，在 C 点消费，相应的效用水平由无差异曲线 u 表示，A 国出口 X 换取 Y。当 A 国将 X 生产中的 X_1 阶段转移到 B 国时，如上面所述，这种分工符合比较利益原理，可以使产品 X 的生产成本下降，与此相适应，A 国的生产可能性边界将外移为 TT_2。假定国际比价不变，A 国的生产点移到 Q' 点，消费点移到 C' 点，产品 X 的产量上升，产品 Y 的产量下降，A 国达到了更高的无差异曲线 u'，国民福利比不存在国际垂直分工的情况下提高了。当然，国际垂直专业化扩大贸易利益是一种可能性，是一般性的结论。像在标准贸易理论模型中一样，即使在自由贸易下，贸易参加国的福利也有可能恶化。例如，如果在发生国际垂直分工与贸易后国际比价不是固定不变，而是发生了变化，那么贸易参加国的贸易条件就存在恶化的可能，其国民福利也就有可能降低。

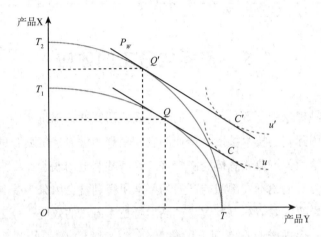

图 7 - 10   国际垂直专业化的福利效应

7.5.2   动态效应

7.5.2.1   贸易增长效应

国际垂直分工和产品内贸易是对产品间分工的重要补充，是对比较利益的进一步挖掘，因此其发展能够对国际贸易产生促进作用。在 20 世纪 80 年代和 90 年代的全球贸易中，垂直专业化对总出口增长的贡献超过 1/3，而且那些对出口增长贡献大的行业（如化工、机械）也是产品内贸易增长快的行业①。由于国际垂直专业化与产品内贸易涉及（中间）产品多次跨越国界，因此关税削减与运输成本降低等因素对贸易增长的影响被放大。但是，产品内贸易也存在负面作用：一是可能会导致发展中国家贸易条件恶化。产品内贸易使发达国家利用发展中国家的廉价劳动力进行劳动密集型中间品和制成品的生产，并通过对产品价格的影响力，使参与产品内贸易的发展中国家贸易条件恶化。二是不利于发展中国家的产业升级。产品内分工和贸易阻断了发展中国家产业链的自然延伸，限制了其产

---

① Hummels D, Ishii J, Yi K. The Nature and Growth of Vertical Specialization in World Trade [J]. Journal of International Economics, 2001, 54 (1): 75 - 96.

业的发展空间，技术含量相对较低、对环境生态不利的技术还将影响发展中国家的持续发展。三是贸易附加值因价值链较短而有限。产品内贸易中的加工贸易"两头在外"，产业链短，产业关联带动作用不强，影响了国内积累，大大降低了引资国的经济增长质量。因此，为最大限度地获取产品内贸易利益，在经济全球化进程中趋利避害，发展中国家总体上应选择外贸导向型经济发展战略，产业结构的高级化进程应与本国技术引进、消化、吸收和创新能力相适应，必要时可以辅之以外资导向型的经济发展战略。

7.5.2.2　技术进步效应

国际贸易带来的技术进步效应很大程度上归因于知识的跨国界流动。国际垂直分工以中间产品为载体，每个国家通过利用本国相对要素比较优势，尽可能地嵌入国际分工体系的某一个环节。当一个国家加入国际分工体系之后，它便能接触到国际生产所累积的巨大的知识库，也能够更快地接触到国际上最新的科技前沿信息，就有可能学习到新的技术知识，并将其转化为生产能力。同时，垂直专业化中间产品可能蕴含了一国无法生产的异质产品技术，中间产品的进口量越大，该国通过研究此类产品得到的知识也就越多，中间品的进出口贸易则充当了技术进步的主要载体。垂直分工把生产链拆分给不同的企业，一方的生产环节质量对另外一方的生产环节质量有着直接的影响，企业之间在价值网络体系内结成了利益共同体，使得资源共享对各自的利益存在帕累托改进。作为利益共同体一方的发达国家认为能够通过输出部分技术，使得发展中国家的产品质量达到本国的要求，则技术转移在两者之间就可能成为自觉行为。最后，大量的垂直专业化又是由跨国企业来完成，跨国企业为使中间产品符合本国的要求，将向发展中国家提供相关产品的技术援助，这就意味着技术将通过示范与模仿、产业关联及人力资本的流动效应传导给本地企业，对本地企业产生积极影响。

7.5.2.3　集聚效应

国际垂直分工在过去的几十年间得到了飞速的发展，特别是在汽车、家电、计算机、服装等诸多产业部门中，全球性垂直专业化分工已经非常普遍，但在全球分割生产的背景下，这些行业同时又出现了集聚。一方面，从国际垂直专业化分工本身的定义来说，国际分工的深化，使得分工更为细致，原有的分工被"分割"到不同的国家或地区进行，这个过程是从整体到分散的分工路线；另一方面，被分割的产业或有垂直关联的产业被重新集聚到一起来，发达国家集聚了产品的研发或设计，发展中国家集聚了产品的组装或加工，类似的生产环节被分割后再集中。这两个显著但看似矛盾的现象不断在各国生产与贸易中发生。

7.5.2.4　经济增长效应

国际分工是国内分工超越国界的产物，国际分工的一个重要结果就是各国开展贸易，将各国富余的产品或要素通过贸易促进经济增长。因为贸易是国民收入恒等式的重要组成部分，通过贸易扩大了出口，加速了各种要素的流动，自然就可以增加产出，促进经济增长。

复习思考题

1. 什么是垂直专业化？
2. 什么是价值链分工？它是如何形成的？

第8章 全球化时代的公司

尽管国际交易表现为国家与国家的交易，但其完成者是作为市场微观主体的企业，不过是企业选择国外企业作为交易伙伴，因此交易关系超越了国界，从而使这种交易表现为国家之间的交易。所以，对国际交易的考察最终需要回归到对企业市场行为的考察。企业追求的目标是利润最大化，只有经营成本最小化才能让企业获得最大利润，而比较优势仅仅说明企业如何实现要素成本最小化，但不能说明如何实现企业总成本最小化，因为要素成本仅仅是企业成本的一部分。在全球化时代，企业为降低经营成本、获得最大利益，往往会采用包括对外贸易（产品销售）、服务外包、专利许可和对外投资等多种交易手段进行组合。严格意义上说，服务外包、专利许可和对外投资等也可以看作广义的国际贸易行为，都是广义的利益交换或权利交换。

8.1 跨国公司

8.1.1 跨国公司定义

跨国公司（transnational corporation）又称多国企业（multinational enterprises）、国际公司、全球公司等。严格意义上的跨国公司必须符合两个基本条件：一是在国外有直接投资，而不仅仅是从事出口贸易。直接投资是指建立生产、经营或服务性经济实体，是相对于证券类间接投资而言。二是对海外资产进行主动的经营管理，而不是简单地拥有海外资产。跨国公司通常表现为在本国设立总部，在其他一个或多个东道国设立分支机构和生产经营网点的企业系统。它是一种与现代化大生产相适应的先进的企业组织形式，以世界市场范围规划生产经营，在地理上更经济、更有效地组织各生产要素的投入，追求全球利润最大化。

联合国 1974 年把跨国公司定义为："同时在两个或两个以上国家控制资产、工厂、矿山、销售办公室等类型的企业。"1984 年联合国又把跨国公司定义为满足以下条件的公司：首先，它是由两个或两个以上国家的经济实体组成，而无论这些经济实体的法律形式及活动范围如何；其次，它是在一个决策系统制定的连贯政策和一个或多个决策中心制定的共同战略下从事经营活动；最后，它的各个实体通过所有权或其他方面相联系，它的一个或多个实体能够对其他实体的经营活动施加有效影响，特别是在与其他实体分享知识、资源和责任等方面的影响尤为有效。

8.1.2　跨国公司认定标准

一是结构标准：在企业的跨国程度方面，至少在两个国家进行制造和销售业务；在企业的所有权方面，由众多国家的企业拥有所有权；在企业高级管理者的国籍方面，来自一国以上的公民；在企业的组织形式方面，以全球地区和全球性产品为基础，法律形式不限，可采取合资、有限责任公司、无限责任公司、合作社、公私合营等形式。

二是业绩标准：公司的国外活动在全公司业务活动中（资产额、销售额、产值、盈利额、雇员人数等）必须占一定比例。具体比例标准不一，一般认为公司的国外活动应达到25%以上才能称其为跨国公司；但《财富》及VERNON认为国外销售额须达到1亿美元；联合国贸易和发展会议曾经以10亿美元为标准。

三是行为标准：真正的跨国公司应有全球战略目标和动机，公司按照全球目标处置世界各地所出现的机遇与挑战，逐步从本国走向国际，最终定位于全球化目标。这一过程通常经历三个阶段。第一阶段为民族中心：公司业务活动以本国为中心进行决策，优先考虑本国企业利益，按本国的法律法规和文化习俗开展经营。第二阶段为多元中心：公司所有决策既考虑本国利益又兼顾众多国外子公司的要求，以充分利用当地资源和环境优势。第三阶段为全球中心：公司所有决策出自全球战略，以全球利益为目标，母公司企业和国外企业之间相互配合、相互依存、协作经营。

综合起来，跨国公司应具备三个条件：其一，它是一个工商企业，组成该企业的实体在两个及两个以上的国家经营业务，而不论组织的法律形式和经济部门；其二，企业有一个中央决策体系（决策中心多少不论），因而具有使企业内部协调一致的政策和共同的战略，它反映企业的全球战略目标；其三，企业的各实体共享资源、知识并分担责任。

8.1.3　跨国公司的类型

根据跨国公司母公司对子公司的持股程度，可以将子公司分为全资子公司（母公司持有100%股权，即我国所说的外商独资企业）、绝对控股子公司（母公司持有50%以上的股权）、相对控股子公司（一般股权比例为25%～50%）、参股子公司（一般标准是持股比例低于25%）四类。国外学者在研究内部贸易时（主要指实证数据的选取）一般只统计母公司与前三类子公司之间的贸易。

8.1.4　跨国公司的经营特征

跨国公司是一类特殊的企业，具有一般企业的共有性质。企业是在商品经济范畴内，作为组织单元的多种模式之一，按照一定的组织规律，有机构成的经济实体；一般以营利为目的，以实现投资人、客户、员工、社会大众的利益最大化为使命，通过提供产品或服务换取收入。经济学中，假定利润最大化是企业竞争生存的基本准则和唯一目标。企业从事生产或出售商品的目的是赚取利润，利润最大化就是厂商使用各种销售手段使利润达到最大的一种方式。企业要想在市场中生存，除了以收抵支，到期偿债外，还必须最大限度获取利润，用于扩大再生产，提高自身抗风险能力，在发展中求得生存。跨国公司与一般企业有所不同，其在经营中表现出以下这些特征：

第一，以综合优势为基础。跨国公司的组建一般以对外直接投资为主要方式，而对外直接投资又以跨国公司拥有的特定优势为基础。一般而言，跨国公司拥有三种特定优势：一是所有权优势，即一国企业拥有或能获得而国外企业没有或在同等成本条件下无法获得的资产及其所有权方面的优势，通常包括技术优势、专门知识优势、规模经济优势、组织管理优势和资金融通优势等；二是内部化优势，即企业将所拥有的所有权优势在内部使用，而不经过市场所带来的经营优势；三是区位优势，即企业在投资区位选择方面的优势。其中所有权优势是最基本的优势，但是只有当三种优势都具备时，对外直接投资才能实现，没有综合性优势，就没有对外直接投资，也就没有跨国公司。

第二，以对外直接投资为纽带。跨国公司通过对外直接投资，在世界范围内进行生产力配置，从而将跨国公司潜在优势转化为现实效益。对外直接投资不仅是组建跨国公司和实现潜在优势的主要方式，也是跨国公司实现全球战略的重要手段，是实现一体化和市场控制不可或缺的基础。不同区位上的不同经营实体，之所以成为跨国公司的有机组成部分，就是由于对外直接投资发挥了连接作用。

第三，以全球战略为导向。跨国公司具有全球经营战略目标，在经营决策时考虑的是整个公司的最大利益和整个公司将来的发展，按照效率最优原则规划、组织和运作跨国生产。跨国公司全球战略服从于长远利润最大化的宗旨，对公司各方面的活动如研究开发、生产布局、投资计划、价格体系、市场策略和利润分配等作出统筹安排，力求获得全球性的发展机会，提高整体效率。跨国公司在制定进入战略、经营战略、市场购销战略和科技开发战略时都会按照其全球战略目标的要求进行，以规范和协调不同时期、不同组成部分的行动。全球战略是跨国公司的灵魂。

第四，以一体化为准则。跨国公司的建立、运作和管理具有高度的统一性，必然按照一体化的准则来行事，即在公司体制内部，各组成部分之间构成相互依赖、彼此配合的有机统一体。一体化为准则在内容上主要包括组织结构的一体化，行为规范的一体化，生产经营活动的一体化，资源、机会、风险、责任的一体化等。不管跨国公司拥有如何庞大的全球生产经营体系，拥有多少个分支机构，也不管这些分支机构分布在多少个国家，其具体任务有多么的不同，每家跨国公司始终都是一个整体，一个统一决策和协调行动的市场竞争者。跨国公司始终追求母公司与所有分支机构协同一致的行动。

第五，以控制为保障。跨国公司具有高度集中统一的经营管理体制，最高决策权集中在总公司，由各子公司分散经营，互相配合，互相协作。跨国公司全球战略的有效实施和一体化准则的贯彻落实需要公司内部卓有成效的控制来保障。控制是跨国公司的生命线。

第六，以技术为先导，实行综合性的多种经营。经营的商品范围及行业跨越生产、运输、销售以及其他第三产业。

第七，实行限制性的商业惯例，加强对国外市场的垄断和争夺。跨国公司以限制性商业惯例打击局外企业来取得高额垄断利润。

第八，跨国公司在内部交易中采用内部市场特有的转移价格（transfer price），以获取整体利益最大化。实行转移价格的目的是税收统筹，实现整个公司全球税负最小化、财务收益最大化。

8.2　时代条件变化

时代条件变化是指与历史相比，今天生产力发展的条件已经发生了很大变化，特别是出现了现代化的交通运输技术和通信技术。

8.2.1　运输技术发展

运输是商品流动的物理载体，是商品实现空间位移的前提条件。纵观整个贸易发展历程，我们会发现每一次贸易的跨越式发展都伴随有运输工具和运输技术的变革，如果说运输工具不是贸易发展的充分必要条件的话，那至少运输工具和运输技术的发展是贸易发展的必要条件，不可或缺。亚当·斯密很早就注意到运输成本降低对区域间贸易发展的重要性，他在《国富论》中指出，水运为每一种产业开辟了更加广大的市场，这是陆运所不能单独办到的，因此，正是在海岸，以及在通航河道的两岸，各种产业自然而然地开始分工（亚当·斯密，2015）。但是，观察古典经济学家的经济理论，包括斯密的绝对优势理论以及后来李嘉图的比较优势理论，我们发现，无论这些古典经济学家关于国际贸易产生的原因持有何种不同的看法，他们都作出了一条共同的假定，那就是，假定不存在交易成本和运输费用。这样的假设固然可以使分析变得简便，但在运输成本可能会超过商品本身价值的那个年代，这种简化处理排除了影响国际贸易十分重要的一个因素，使得真实的贸易很大程度上失去了现实基础。

运输技术和通信技术发展产生了时空压缩，为跨国公司向外投资提供了有利条件，促进了生产要素的全球流动，从而革命性地改变了世界经济地理。1992 年美国学者卡萨达提出了一个"第五冲击波"的理论（见表 8-1），把交通方式的变化表述为五个冲击波，首先是海运，其次是内河水运，然后是铁路、公路、航空。他认为目前迅猛发展的航空运输业是交通方式的第五冲击波。冲击波的形成是从水运、海运开始的。

表 8-1　　　　　　　　　　　运输技术发展的五个波次

阶段	兴起时间	运输方式	主要表现
第一个冲击波	17 世纪	海运	一些海港周围出现世界级大型商业中心城市
第二个冲击波	18 世纪	天然运河	水运成为欧洲、美国工业革命的推动力量
第三个冲击波	19 世纪	铁路	一些内陆城市（如美国亚特兰大）成为内地商品生产、交易、配送中心
第四个冲击波	20 世纪	公路	发达国家的大型购物商城、商业中心、工业园区、企业总部远离城市中心
第五个冲击波	21 世纪	空运	航空运输适应了国际贸易距离长、空间范围广、时效要求高等要求，因而成为经济发展的驱动力，是现代化国际经济中心城市迅速崛起的重要依托

资料来源：阮菊明. 临空经济［M］. 上海：上海三联书店，2017。

8.2.2　通信技术发展

人类进行通信的历史已很悠久。早在远古时期，人们就通过简单的语言、壁画等方式交换信息。千百年来，人们一直在用语言、图符、钟鼓、烟火、竹简、纸书等传递信息，古代人的烽火狼烟、飞鸽传信、驿马邮递就是这方面的例子。这些信息传递的基本方法都是依靠人的视觉与听觉。19 世纪中叶以后，随着电报、电话的发明，电磁波的发现，人类通信领域产生了根本性的巨大变革，实现了利用金属导线来传递信息，甚至通过电磁波来进行无线通信。从此，人类的信息传递可以脱离常规的视听觉方式，用电信号作为新的载体，并开启一系列技术革新，开始了人类通信的新时代。为了解决资源共享问题，单一计算机很快发展成计算机联网，实现了计算机之间的数据通信、数据共享。通信介质从普通导线、同轴电缆发展到双绞线、光纤导线、光缆；电子计算机的输入输出设备也飞速发展起来，扫描仪、绘图仪、音频视频设备等，使计算机如虎添翼，可以处理更多的复杂问题。20 世纪 80 年代末多媒体技术的兴起，使计算机具备了综合处理文字、声音、图像、影视等各种形式信息的能力，日益成为信息处理最重要和必不可少的工具。电子计算机和通信技术的紧密结合，标志着数字化信息时代的到来。

企业内部存在不同的功能单元，其中最主要的是生产功能单元和管理功能单元。这两类功能单元对资源需求存在差异：生产功能部分倾向于分布在劳动力成本低廉、市场较为广阔的国家、地区或城市；而行使管理功能的企业总部则倾向于分布在人才丰富、交通便利、信息通畅的国家、地区或城市。在二战之前，由于运输技术和通信技术较为落后，限制了企业向外投资，这两类功能是一体化的；但二战后，随着现代运输技术和现代通信技术的发展，为企业进行远距离生产管理提供了方便，从而推动了企业生产功能和管理功能在空间上的分离，推动了全球性的投资行为。当然，这并不意味着以前没有国际投资和跨国公司的形成，只是那时相对较少。

8.2.3　经济全球化

经济全球化是指世界经济活动超越国界，通过对外贸易、资本流动、技术转移、提供服务、相互依存、相互联系而形成的全球范围的有机经济整体的过程。经济全球化是指在新科技革命和社会生产力发展到更高水平的推动下，社会再生产的各个环节和各种资本形态（货币资本、生产资本、商品资本）的运动超出国界，在全球范围内进行的过程。经济全球化的实质是资本的全球化，是生产社会化和经济关系国际化发展的客观趋势。经济全球化是在科学技术和社会生产力发展到更高水平，各国经济相互依存、相互渗透的程度大为增强，阻碍生产要素在全球自由流通的各种壁垒不断削弱，经济运行的国际规则逐步形成并不断完善的条件下产生的。工业革命以后，资本主义商品经济和现代工业、交通运输业迅速发展，世界市场加速扩大，世界各国间的贸易往来大大超过历代水平。20世纪90年代以来，经济全球化得到了迅速的发展，现已成为以科技革命和信息技术发展为先导，涵盖生产、贸易、金融和投资各个领域，囊括世界经济和与世界经济相联系的各个方面及全部过程。

经济全球化主要有四种表现：

第一，贸易自由化程度和贸易规模迅速发展。随着全球货物贸易、服务贸易、技术贸易的加速发展，经济全球化促进了世界多边贸易体制的形成，从而加快了国际贸易的增长速度，促进了全球贸易自由化的发展，也使得加入WTO组织的成员以统一的国际准则来规范自己的行为。

第二，国际资本流动达到空前规模，金融国际化的进程加快。世界性的金融机构网络使得大量的金融业务跨国界进行，跨国贷款、跨国证券发行和跨国并购体系已经形成。世界各主要金融市场在时间上相互接续、价格上相互联动，几秒钟内就能实现上千万亿美元的交易，尤其是外汇市场已经成为世界上最具流动性和全天候的市场。

第三，跨国公司推动国际一体化生产。生产力作为人类社会发展的根本动力，极大地推动着世界市场的扩大。以互联网为标志的科技革命，从时间和空间上缩小了各国之间的距离，促使世界贸易结构发生巨大变化，促使生产要素跨国流动，它不仅对生产超越国界提出了内在要求，也为全球化生产准备了条件，是推动经济全球化的根本动力。

第四，跨国公司的研发全球化。它是指各国科技资源在全球范围内的优化配置，这是经济全球化最新拓展和进展迅速的领域，表现为先进技术和研发能力的大规模跨国界转移，跨国界联合研发广泛存在。以信息技术产业为典型代表，各国的技术标准越来越趋向一致，跨国公司巨头通过垄断技术标准的使用，控制了行业的发展，获取了大量的超额利润。经济全球化的四个主要载体都与跨国公司密切相关，或者说跨国公司就是经济全球化及其载体的推动者与担当者。

8.3　跨国公司内部贸易

8.3.1　内部贸易含义

跨国公司内部贸易是指通过企业内部机制，采取转移价格形式，母公司与国外子公司之间以及子公司之间在产品、技术和服务等方面展开的交易活动。公司内部交易动机是为了克服国际市场不完全所带来的风险损失，并不以一次性交易为目标，而是着眼公司长远发展，以综合交易为基础。交易价格不是由国际市场的供求关系来决定的，而是公司根据自己的战略自行确定。从某种意义上讲，跨国公司内部贸易是公司内部经营管理的一种形式，是把外部的市场通过组织机构内部化。某种意义上，这种公司内部市场是一种理想的真正的国际一体化市场。表 8-2 给出了 20 世纪末美国跨国公司母公司（MNE）与海外控股子公司（MOFA）之间的贸易情况。

表 8-2	美国跨国公司的内部贸易		单位：十亿美元	
项目	1989 年	1994 年	1999 年	2000 年
美国 MNE 的出口总额	236.371	344.504	435.192	438.798
MNE 内部贸易（出口）	89.539	136.128	162.503	175.639
美国母公司向 MOFA 的出口	86.050	132.694	158.575	167.646
美国 MNE 的进口总额	201.182	256.820	388.480	425.920
MNE 的内部贸易（进口）	77.307	113.415	164.449	179.971
美国母公司来自 MOFA 的进口	71.283	107.202	158.958	172.643

资料来源：Mataloni R J, Jr. U. S. Multinational Companies：Operations in 2000 [J]. Survey of Current Business, 2002 (12)：111-131。

8.3.2　公司内部贸易的特征

跨国公司在内部两个实体之间进行的跨国界商品和劳务交换，尽管其交易半径突破了国界，属于国际贸易范畴，但实际上又不过是其跨国经营的一种方式，与一般意义的国际贸易又有很大区别。这种贸易主要有以下显著特征：

（1）内部贸易的获利动机以公司综合利润最大化为原则。跨国公司的内部贸易只不过是公司内部经营管理的一种形式，服从于公司整体和综合利润最大化以及资本增值的目的。通过内部贸易创造的是一个内部一体化的市场，其交易动机主要是实现企业内部的经营与管理，使经营过程中各要素实现有计划的运动。跨国公司的内部市场成为真正的国际一体化市场，使贸易的国别界限、地区市场界限、企业界限消失了。

（2）内部贸易是价值在同一所有权内部的转移。跨国公司内部贸易虽然采取国际贸易的形式，交易的数量同样要进入各国的对外贸易统计，交易的结果也同样会对各国的国际收支产生影响。一般国际贸易反映的是各国企业之间商品和劳务的交换，这些企业之间在所有权上没有联系，它们依靠国际市场相互联系并完成交换过程，交易完成后标的物的所有权即从卖方完全转移到买方。而跨国公司内部贸易中商品或劳务在母子公司之间的流动意味着商品或劳务是从同一所有权主体的一个分支机构流向另一个分支机构，并没有流向其所有权之外的企业，尽管由于各主体有不同的经济利益，并有各自的独立核算，彼此间仍然需要通过交换的形式来互通产品。

（3）内部贸易价格相对独立于市场供求关系。内部贸易采取转移价格的定价策略。转移价格又称为划拨价格、内部价格等，是跨国公司内部贸易发展的产物，是跨国公司内部母子公司之间、子公司与子公司之间进行内部交易、销售商品和劳务时的价格。从企业整体角度看，商品的价格并不重要。由于转移定价在一定程度上不受市场供求的影响，而是根据子公司所在国的具体情况和母公司在全球的战略目标和经营管理需要人为制定的，所以跨国公司的决策者可在很大程度上随意给企业系统内部的商品定价。因此转移定价就不仅成为企业内部交易和偿付的方法，而且成为企业调节内部经济关系，避开公开市场缺陷，扩大企业总体利益，追求利润最大化的手段。也就是说，转移价格策略实质上只是跨国公司内部的一种会计手段，其目的在于使整个公司的长期利益极大化。内部交易和转移定价为跨国公司克服贸易障碍、减轻税收负担、降低交易风险、提高经济效益提供了合法的有效手段，使跨国公司在市场中获得竞争优势。

（4）内部贸易服务于跨国公司全球战略。跨国公司内部贸易的商品数量、结构以及地理流向等要受跨国公司长期发展战略规划的控制与调节。跨国公司在公司内部开展贸易活动，实现资源、资金的内部最优配置，统筹税收，规避经营风险，人为地调低或调高子公司的经营业绩，其根本目标就是为了实现全球利益的最大化。跨国公司将其投资、生产、销售以及研究与开发等活动根据公司发展战略安排到全球范围内的子公司，在子公司之间实现有序的分工和紧密的协作，具有很强的计划性。随着跨国公司生产的进一步集中和公司规模的不断扩大，以及跨国公司内部国际分工的日益深化，跨国公司就更需要在公司范围内进行全面的计划管理，以保证内部再生产各个环节能彼此协调发展。内部分工的计划性决定了内部贸易的计划性，主要表现在内部贸易的数量、商品结构以及地理流向等要受跨国公司长期发展战略规划、市场销售计划、生产投资计划及资金和利润分配计划等的控制和调节。

（5）大多数进行内部贸易的公司都具有垄断性。公司内部贸易是跨国公司在全球范围内拓展其公司特定垄断优势的重要策略。公司内部贸易以中间产品为主，这里的中间产品不仅是指传统意义上的半成品、零部件等，更重要的是指信息、技术、管理能力以及产品的研究与开发能力，这类中间产品会直接给企业带来竞争中的垄断性优势。研究资料表明，公司内部贸易的比重是与产业的技术含量正相关的，成长越快、技术含量越高的产业，公司内部贸易的比例越高。

8.3.3　内部贸易的动力机制

第一，内部贸易可有效降低公司交易成本。交易成本又称交易费用，是指完成一笔交易所要花费的成本，也指买卖过程中所花费的全部时间和货币成本，包括传播信息、广告、与市场有关的运输以及谈判、协商、签约、合约执行的监督等活动所花费的成本。

内部化把交易费用思想引入跨国直接投资理论中，认为国际企业内部国际分工和交易体系的建立代替了外部的国际市场，这种内部市场的管理费用低于外部市场的交易费用，跨国公司就有存在和发展的动因和条件。市场不完全或垄断因素存在导致企业参加市场交易的成本上升，企业就会创造内部市场进行交易。这里所指的市场不完全性主要是指中间产品市场，包括半成品，特别是技术、信息（渠道）、营销技巧、管理方式和经验等无形资产市场的不完全性。市场不完全性导致许多交易无法通过外部市场来实现，即使实现，企业也要承担较高的交易成本，这必然促使企业创造其内部市场进行交易。

如果外部市场是完全竞争的，并无必要采取公司内部贸易形式，因为公司内部贸易并无任何优势可言。但由于外部市场的不完全性，包括政府对贸易的干预和限制、市场信息交流的不完全、缺乏合理的资产和技术定价机制等，都会导致市场联系的时滞、中间产品供应不稳定等一系列结果。因此，通过传统的外部市场进行交易会引致许多附加成本。为了避免外部市场经营的不确定性和交易成本过高的劣势，跨国公司采取公司内部贸易，可以使贸易障碍最小，市场创造成本也最小。当然，跨国公司为了要统一组织和安排内部贸易，也需要增加一些额外的成本，主要是建立和维护管理层级组织的费用，其中包括管理人员的工资、购买先进的通信设施等。但是，这些额外成本显然要比外部市场交易成本低得多，并且随着管理水平的提高和通信技术的进步而越来越低。

第二，内部贸易可提高交易效率。跨国公司内部贸易的效率高于外部市场，主要原因有以下四点：一是，内部贸易可以消除因所有权独立所造成的利益对立，从而避免交易过程中因所有权交换引起的摩擦；二是，信息在跨国公司管理层级组织内部的传递具有权威性，从而消除了信息传递过程中的不确定性，信息的内部传递还可以减少传递成本；三是，跨国公司有较强的进行连续应变决策的能力，从而可以减少因市场交易波动或中断造成的损失；四是，跨国公司在内部贸易中对其拥有的核心技术有良好的应用和保护能力。正是因为跨国公司内部贸易比一般的国际贸易在某些商品的交易上有更高的效率，所以跨国公司在进行国际贸易时更倾向于将国际商品交换放在企业内部市场来完成。

第三，内部贸易可帮助跨国公司规避市场风险。内部贸易实行计划性管理，可以保证特定投入要素的供应数量、质量、价格和应用期限，健全跨国经营稳定性的内部保障体系。世界市场是跨国公司赖以发展的基础，跨国公司只有依靠健全有效的市场网络才能顺利地完成其在内部国际分工生产的运营。然而现实中的世界市场具有不完全性，受市场自发力量支配的企业经营活动面临诸多风险，如投入供应数量、质量、价格等不确定，以及不同生产工序和零部件由独立企业承担带来的协调问题等。此外，市场还容易被少数大公司垄断和政府干预。正是因为如此，跨国公司被迫将生产过程中的各环节内部化，以内部市场的发展来营造跨国公司赖以生存的健全有效的市场网络。通过内部贸易可以大大降低上述的各种经营不确定性，使公司的商品数量、商品结构以及地理流向都服从于公司长远发展战略计划、生产投资计划、市场营销计划和利润分配计划，公司内部的资源配置得到优化，公司发展将更加适应外部环境的要求。

第四，内部贸易有助于跨国公司垄断技术。知识产品包括知识、信息、技术、专利、专有技术、管理技能及商业信誉等。跨国公司是进行技术创新的主要组织者和风险承担者，也是绝大多数现代先进科学技术与生产工艺的采用者和受益者，技术优势是跨国公司进行跨国经营并实现经营目标的核心资源。跨国公司技术价值的实现可以通过两种方式：技术转移，包括外部转移和内部转移；生产高技术含量产品再出口，包括外部出口和内部出口。由于技术具有容易扩散和使用上的排他性等特点，如果跨国公司的技术产品和中间投入品置于外部交易中，那么它拥有的技术或产品优势就会被竞争者所仿制。内部转移和内部出口则可以使跨国公司继续保持其技术优势，因为技术在跨国公司内部转移，完全是由跨国公司最高管理层统一控制和协调的，基本上隔断了技术向外扩散的途径，减少了被竞争者仿制的机会，延长了跨国公司拥有技术优势的时间。

第五，有助于跨国公司保持供应链稳定。跨国公司生产对原材料需求大，要求原材料供应要及时、稳定。由于原材料的供给地点分散、质量差异大、自然条件和人为限制使得价格波动和供给中断的可能性很大。跨国公司自然要把原材料供应内部化，在原材料储量相对集中的区域设立开发采掘分公司，通过内部贸易来满足整个公司系统生产上的需要。此外，跨国公司所采购的中间投入品在质量、性能或规格和交货期限上都有特殊要求，而且在价格和供应量方面存在不确定性，外部市场一般难以提供。为保证中间产品投入的供给在质量、规格、性能及时间上符合要求，并保持稳定，就要求把这部分的产品生产纳入跨国公司的生产体系，并交由内部市场来完成贸易。这样，既可以消除价格的不规则波动、供求量难以均衡等通过外部市场交易时所带来的风险，又可以直接利用跨国公司内部在生产技术和销售技术上的优势，确保产品质量的稳定性和生产过程的连续性。

8.4 跨国公司对外投资

本章所说的跨国公司对外投资，特指直接投资。跨国公司只有先进行对外直接投资，通过资本和产权安排控制国外企业的生产和经营，然后才能开展公司内部贸易。

8.4.1 对外投资的动机

跨国公司对外投资的直接动机主要包括以下几种类型。

第一，规避东道国的贸易壁垒。国际贸易与国际直接投资的替代关系包括国际直接投资替代国际贸易的关系和国际贸易替代国际直接投资的关系法。在替代贸易的投资中，跨国公司向外投资的最主要原因是规避东道国的贸易壁垒。在自由贸易条件下，各国都积极参与贸易和投资，在贸易中不设置任何贸易障碍。在这种自由开放的经济中，本国技术的绝对成本优势产品的对外直接投资无疑将极大地促进东道国出口贸易的发展。这种情况在许多新兴工业化国家和发展中国家表现尤为突出。特别在东亚地区，通过国外跨国公司的直接投资，促进了本国对外贸易的发展，在实施出口替代战略的国家中表现得更为突出。

但是，在保护贸易条件下，进口控制或关税措施使外国企业很难将自己的产品直接出口到这些市场中，因此只能通过投资建厂的方式绕过贸易壁垒。出口国为了绕开关税和非关税壁垒，会用直接投资取代出口贸易。以关税为例说明其中逻辑：B 国对来自 A 国的进口商品 X 征收高关税——→A 国的 X 商品在 B 国的价格提高——→B 国的 X 商品生产部门生产规模扩大——→B 国生产 X 商品所需的资本要素的国内需求量上升——→B 国资本要素价格上升——→B 国资本报酬率提高——→吸引 A 国的资本通过直接投资流入 B 国——→B 国 X 商品的生产规模进一步扩大——→A 国的直接投资取代 A 国的出口贸易。另外，通过在国外投资，可充分利用东道国的各种资源，包括原材料和劳动力，实现规模化生产，从而将其资本、技术的绝对成本优势充分发挥出来。由于投资国在东道国投资的产品是投资国具有绝对技术和成本优势的产品，这种产品在国际市场上具有很强的竞争力，除了在东道国内销，大量的产品用于外销，从而带动和促进了东道国出口贸易的发展。

除了规避贸易壁垒外，还有四种原因引发市场寻求型投资：一是由于国内主要供应商或主要顾客已经在国外某市场建立了工厂，为了保持业务上的联系，本国市场上相互协作的企业也被迫进入海外市场进行投资。如 20 世纪 80 年代日本汽车零部件供应商在美国的投资就主要是由它们的主要客户日本整车企业在美国投资所引起的。二是为了使产品和服务更好满足当地消费者的偏好，同时也是为了更好利用当地的资源，更好熟悉当地的语言环境、商业习惯、法律要求和市场规则等，需要在当地进行投资。这类投资主要发生在洗衣机、音响设备等家用电器以及视频、饮料等消费品上，同时在建筑机械、石化产品和木制品以及金融和职业服务领域也比较多。三是作为全球生产和营销战略的一部分，跨国公司在它的竞争对手的主要市场进行投资也是非常必要的。这可能是一种防御型投资，也可能是一种进攻型投资。四是有些产品不适合长距离运输，这也是跨国公司在消费市场进行投资的原因。

第二，寻求丰富且廉价的劳动力。这类投资主要是为了利用东道国廉价的劳动力，完成劳动密集型产品或工序的生产，然后将产品出口。这类投资还要由工资较高的发达国家或新兴工业化经济体的跨国公司来完成。劳动力要素在很大程度上难以实现跨国流动，是跨国公司进行劳力寻求型投资的重要原因。在各种生产要素中，劳动力的流动性最差，低于资本和技术。这主要是因为，自然人是劳动力的载体，劳动力流动需要以人口流动为基础，而人口流动与移入地居民的政治、经济和文化可能冲突。

第三，保证原料和中间品供应的稳定性。中间产品贸易有别于传统国际贸易理论所描述的最终产品的贸易，这是因为其市场具有不完全性，包括原材料、半成品，特别是技术、信息渠道、营销技巧、管理方式和经验等无形资产市场的不完全性等。由于市场的不完全性，跨国公司在进行原料和投入品采购时会面对很多不确定性，即使能克服风险并最终完成购买，它也要承担较高的交易成本。而通过国际直接投资，可以将本来应在外部市场交易的业务转变为在公司所属企业之间进行，并形成一个内部市场。也就是说，跨国公司通过国际直接投资和一体化经营，采用行政管理方式将外部市场内部化。

> ▶▶ **阅读材料**
>
> ### 供应链管理
>
> 中间产品市场不完全造成企业在获取零部件等中间品上面临风险，企业为了保证生产秩序稳定，将会强化供应链管理。供应链是由原材料供应商、生产商、经销商、零售商、运营商等一系列企业组成的。原材料在依次通过链中的每个企业后，交到最终的用户手中，而原材料在依次通过每个环节后变成产品。这一系列的活动就组成了一个完整供应链的全部活动。供应链管理在国际上已经成为企业管理中的新热点，它可以简单地定义为对供应、需求、原材料采购、市场、生产、库存、订单、分销、发货等的管理，包括供应商、生产商、批发商和零售商等不同组织在内的整个链的计划和运作行为的协调，它还包括计划、采购、制造、配送、退货等五大方面。供应链管理的本质就是跨企业的集成管理。

第四，通过垄断技术获取高额利润。跨国公司的内部贸易，不仅仅是简单的、有形的、中间产品的调拨，更主要的是知识、技术、信息的扩散和共享。专利、商标、专有技术、管理经验、商业信誉、市场渠道等技术产品的特殊性质使企业以内部市场代替外部市场，从而形成企业竞争优势。但是，由于技术有着以下三点与一般商品不同的性质，所以跨国公司更倾向于利用这些优势进行生产获取高额利润，而不是将专利和品牌等这些核心资产出售给别人：其一，成本高昂。一项技术的研发与商业化，至少需要技术部门、市场部门和财务部门的协同开展，而且历时长久。技术自然垄断的性质是企业获得超额利润的有效途径。其二，具有强外部性。技术很容易扩散，容易被其他企业免费获取或直接模仿，从而具有某种程度的公共物品性质——消费的非排他性。技术的内部市场转移，可避免技术被他人剽窃，以确保跨国公司的技术垄断优势。其三，难以交易。由于信息不对称，买卖双方对知识产品的评价往往差异很大。对技术的不了解通常会让买方不愿意支付令研发者满意的价格，而了解技术又会使技术泄密，使买方失去购买这项技术的必要。

8.4.2　科斯 – 威廉姆森 – 巴克利范式

西方国际投资学家们认为，之所以在国际经济交往中存在排斥传统估计货物买卖活动的直接投资这种新型国际经济合作形式，是因为传统的凭借国际市场中既有的不完善价格机制，以及市场交易谈判、签订买卖合同等本身存在着成本，即科斯所说的交易费用。如果把这种交易转移到多分部企业的内部加以实现，就可以节约事前交易费用和事后交易费用。于是企业便会在经营中实施纵向一体化战略，通过向上兼并和向下兼并把更多价值链环节配置于同一所有权公司的内部，从而实现内部投入产出的稳定化。当这种对外的纵向扩张超出国界，便形成国际纵向直接投资。

科斯于 1937 年在《论企业的性质》一文中提出交易成本理论。它的基本思路是：围绕交易费用节约这一中心，把交易作为分析单位，找出区分不同交易的特征因素，然后分析什么样的交易应该用什么样的体制组织来协调。科斯认为，交易成本是获得准确市场信息所需要的费用，以及谈判和经常性契约的费用。也就是说，交易成本由信息搜寻成本、谈判成本、缔约成本、监督履约情况的成本、可能发生的处理违约行为的成本所构成。后来，威廉姆森进一步将交易成本加以整理区分为事前与事后两大类，事前交易成本包括签约、谈判、保障契约的成本等，事后交易成本包括适应性成本、讨价还价成本、建构及营运的成本和约束成本等。威廉姆森认为，交易成本有 6 个来源：有限理性、机会主义、不确定性与复杂性、少数交易、信息不对称、气氛。

自 20 世纪 70 年代中期，以英国雷丁大学学者巴克利（Peter J. Buckley）、卡森（Mark Casson）与加拿大学者拉格曼（A. M. Rugman）为主要代表人物的西方学者，以发达国家跨国公司（不含日本）为研究对象，沿用了科斯的新厂商理论和市场不完全的基本假定，于 1976 年出版的《跨国公司的未来》一书中提出了跨国公司内部化理论。这一理论主要回答了为什么和在怎样的情况下，到国外投资是一种比出口产品和转让许可证更为有利的经营方式。

内部化理论的主要观点：由于市场的不完全，若将企业所拥有的科技和营销知识等中间产品通过外部市场来组织交易，难以保证厂商实现利润最大化目标；若企业建立内部市场，可利用企业管理手段协调企业内部资源的配置，避免市场不完全对企业经营效率的影响。企业对外直接投资的实质是基于所有权之上的企业管理与控制权的扩张，而不在于资本的转移。其结果是用企业内部的管理机制代替外部市场机制，以便降低交易成本，拥有跨国经营的内部化优势。

内部化理论的基本假设：第一，企业在不完全市场竞争中从事生产经营活动的目的是追求利润最大化。第二，中间产品市场的不完全，使企业通过对外直接投资，在组织内部创造市场，以克服外部市场的缺陷。第三，跨国公司是跨越国界的市场内部化过程的产物。

内部化过程的决定要素：一是行业特定因素，主要是指产品性质、外部市场结构以及规模经济；二是地区特定因素，包括地理位置、文化差别以及社会心理等引起的交易成本；三是国别特定因素，包括东道国政府政治、法律、经济等方面政策对跨国公司的影响；四是企业特定因素，主要是指企业组织结构、协调功能、管理能力等因素对市场交易的影响。在上述四组因素中，行业特定因素对市场内部化的影响最重要。当一个行业的产品具有多阶段生产特点时，如果中间产品的供需通过外部市场进行，则供需双方关系既不稳定，也难以协调，企业有必要通过建立内部市场保证中间产品的供需。企业特定因素中的组织管理能力也直接影响市场内部化的效率，因为市场交易内部化也是需要成本的。只有组织能力强、管理水平高的企业才有能力使内部化的成本低于外部市场交易的成本，也只有这样，市场内部化才有意义。

前向一体化和后向一体化：前向一体化战略是企业自行对本公司产品做进一步深加工，或者对资源进行综合利用，或公司建立自己的销售组织来销售本公司的产品或服务。如钢铁企业自己轧制各种型材，并将型材制成各种不同的最终产品即属于前向一体化。后向一体化则是企业自己供应生产现有产品或服务所需要的全部或部分原材料或半成品，如钢铁公司自己拥有矿山和炼焦设施；纺织厂自己纺纱、洗纱等。

8.4.3　埃德尔曼 – 斯班格勒生产费用节约理论

与内部化理论从交易成本角度的解释不同，早期的埃德尔曼和斯班格勒从生产成本的角度解释跨国公司对外直接投资①。这一理论认为，跨国公司实施纵向一体化投资追求的是由各工艺阶段技术和经济上的密切联系所带来的成本节约。这种节约可归结为四个方面：

一是技术上的相似性，即指不同的工艺或生产环节属于相同科学领域，具有共同的工程生产经营基础。相对于混合型投资，在同等条件下，垂直型直接投资的扩张更偏好于以往长期凭借其专业经营特长所从事的生产经营领域，或以往的市场交往相对频繁的紧密相关领域。

二是组合经济效益，即跨国公司由于生产经营规模扩张所形成的成本节约以及内部要

---

① Adelman M A. Integration and antitrust policy [J]. Harvard Law Review, 1949, 63 (1): 27 – 77; Spengler J J. Vertical integration and antitrust policy [J]. Journal of Political Economy, 1949, 53 (4): 347 – 352.

素综合利用效率的提高。例如，通过纵向一体化投资把两条以上的产品生产线统一划入跨国公司内部调配生产，此时纵向一体化已突破单线型模式，形成纵向一体化的多生产线或多厂经营。

三是工艺技术上的联合操作效益，即工艺的衔接程度由于纵向一体化所得的增加，及进而在上下紧邻阶段间的某些重复性经营操作和工艺程序环节上的减少。这种效益的实现基础来自投资目标企业与跨国公司及分支机构在技术工艺和经营流转上的互补关系。

四是工艺技术及经营管理的协调效率。跨国公司实施的纵向一体化直接投资，使其分支机构之间不同生产经营设备及零部件、不同生产环节、生产线乃至工厂之间的硬件匹配和协调效率大大增加，同时也使跨国公司经营管理在制度上的协调能力大大增加。

8.4.4　国际生产折中理论

产品生命周期理论、边际产业扩张理论、内部化理论和国际生产折中理论都能部分解释跨国公司的对外投资行为。国际生产折中理论是英国著名学者邓宁（John H. Dunning）在综合各类学者关于跨国公司的研究的基础上提出的。该理论在对跨国公司对外直接投资进行分析的同时，也对国际技术转移的成因进行了分析。该理论的主要贡献：具有较强的适应性和实用性，克服了以前对外直接投资理论的片面性。

折中理论认为，企业对外直接投资需要满足以下三个条件：其一，企业在供应某一特定市场时要拥有对其他国家企业的净所有权优势。这些所有权优势主要表现为独占某些无形资产的优势和规模经济所产生的优势。其二，如果企业拥有对其他国家企业的净所有权优势，那么，对拥有这些优势的企业来说，他自己使用这些优势时，必须要比将其转让给外国企业去使用更加有利。即企业通过扩大自己的经营活动，将优势的使用内部化要比通过与其他企业的市场交易将优势的使用外部化更为有利。其三，如果企业在所有权上与内部化上均有优势，那么，对该企业而言，将这些优势与东道国的区位因素结合必须使企业有利可图。区位因素包括东道国不可转移的要素禀赋优势以及对外国企业的鼓励或限制政策，要素禀赋一般指东道国的自然资源、人力资源、市场容量等。

折中理论的分析过程和主要结论：第一，国际直接投资是遍布全球的产品和要素市场不完全性的产物，市场不完全导致跨国公司拥有特定的所有权优势，所有权优势是保证跨国公司补偿国外生产经营的附加成本并在竞争中获得成功的必要条件。第二，所有权优势还不足以说明企业为什么一定要在国外进行直接投资，而不是通过发放许可证或其他方式来利用它的特定优势，必须引入内部化优势才能说明为什么直接投资优于许可证贸易。第三，仅仅考虑所有权优势和内部化优势并不足以说明企业为什么把生产地点设在国外而不是在国内生产并出口产品，因此必须引入区位优势，才能说明企业在对外直接投资和出口之间的选择。第四，产品拥有的所有权优势、内部化优势和区位优势，决定了企业的对外直接投资的动机和条件。

国际生产折中理论的核心是"三优势模式"（OLI paradigm）理论，即所有权优势（ownership advantage）、区位优势（location advantage）和内部化优势（internalization advantage）（见表 8-3）。所有权优势包括技术供给方所具有的来自对有形资产和无形资产的占有上产生的优势、生产管理上的优势和多国经营的优势；区位优势是指技术引进国所拥有的要素禀赋、政策及市场环境优势；内部化优势是指企业在内部运用自己的所有权优势节约交易成本、降低交易风险的能力，主要表现为企业缓和或克服中间产品特性与市场不完全的能力。

表 8-3   不同条件下的企业经营选择

行为选择	所有权优势	区位优势	内部化优势
对外直接投资	具备	具备	具备
出口	具备	不具备	具备
无形资产转让	具备	不具备	不具备

8.5   离岸外包

跨国公司在全球范围内组织生产活动时，往往面临着两种选择：一是通过一体化投资，在东道国建立子公司或者附属机构，生产所需的中间产品，然后利用企业内部市场进行交易，以获得这些中间品；二是把特定的生产环节外包出去，在东道国市场上搜寻合适的中间产品供应商，利用外部市场获取这些中间产品。跨国公司究竟如何选择，关键取决于市场交易成本或交易效率的大小。总体而言，当国际市场因交通和通信技术进步、自由化和法治化程度提高而变得更有效率时，会导致国际分工深化，出现外部市场对跨国公司内部市场的替代，诱导跨国公司更多采用外包来代替在海外的直接投资。

8.5.1   离岸外包的含义

外包（outsourcing），也称资源外包、资源外取、外源化，是一个战略管理模型，在讲究专业分工的20世纪末和21世纪，企业为维持组织核心竞争力，且因组织人力不足的困境，可将组织的非核心业务委托给外部的专业公司，以降低营运成本、提高品质、集中人力资源、提高顾客满意度。外包业是新近兴起的一个行业，它给企业带来了新的活力，外包将组织解放出来以更专注于核心业务。外包合作伙伴为组织带来知识，增加后备管理时间，在执行者专注于其特长业务时，为其改善产品的整体质量。

外包根据供应商的地理分布状况划分为境内外包和离岸外包两种类型。所谓离岸外包，是指外包商与其供应商来自不同国家，外包工作跨国完成。在世界经济全球化的潮流中，通过国际合作，利用国家或地区的劳动力成本差异，是企业实现降低生产成本、增强综合竞争力的有效途径。由于劳动力成本的差异，外包商通常来自劳动力成本较高的国家和地区，如美国、日本和西欧，外包供应商则来自劳动力成本较低的国家，如印度、菲律宾和中国。虽然境内和离岸外包具有许多类似的属性，但它们差别很大。境内外包更强调核心业务战略、技术和专门知识，企业关注点从固定成本转移到可变成本、规模经济，重价值增值甚于成本减少；离岸外包则主要强调成本节省、技术熟练的劳动力的可用性，利用较低的生产成本来抵销较高的交易成本。在考虑是否进行离岸外包时，成本是决定性的因素，技术能力、服务质量和服务供应商等因素次之。

与外商直接投资（FDI）相比，由于离岸外包更具有降低成本、强化核心能力、扩大经济规模等作用，越来越多的跨国公司将离岸外包作为国际化的重要战略选择。离岸外包兴起于制造业，但进入 21 世纪以来，由于发展中国家的技术、人力资源等要素水平不断提高，而且保持了低成本优势，大量的服务业离岸外包从发达国家转向发展中国家。因此，承接新一轮跨国公司服务业外包成为许多发展中国家利用外资实现经济增长的新途径。新一轮跨国公司服务业外包也无疑为中国服务业发展和有效利用外资提供了新的发展机遇和广阔的市场空间。

8.5.2　离岸外包与企业

20 世纪 90 年代后期的高科技热潮创造了大量的就业机会，发达国家的技术工人供不应求，同时发展中国家教育水平的提高也培养了大量高素质劳动力，一些金融服务和高科技制造领域的先锋企业启动了离岸外包战略，这些企业大多获得了成功，由此带来了“滚雪球”效应，为其他行业树立了典范。通信技术的发展则为外包提供了技术支持。以前，离岸外包企业的行为协调总是受到距离的限制，但是通信技术的突破消除了这一障碍。更廉价、更便捷、更先进的通信技术使得相距半个地球的沟通变得像面对面一样容易。

离岸外包本质是把本来组织内部分工环节放到组织外部，通过外部市场替代内部市场来解决部分中间品——包括零部件和专业化服务等的供给，其能为企业带来明显效益。

第一，能大大降低企业成本。一半以上的网络运营商进行离岸外包的初衷就是削减成本。及早采取离岸外包战略的企业，预计可节省约两至三成的成本开支以及其他额外开支。这些开支主要包括劳动力开支、招聘费用、国家保险费用和办公室租赁费等。

第二，离岸外包能提高产品质量。随着电信业迈向先进的数据化服务，技术熟练而薪酬要求较低的员工对企业非常重要。在印度等发展中国家，受过良好教育的员工甚至比美国本土的员工具有更高的素质，这些员工的加盟对企业的产品和服务质量的提升大有益处。

第三，离岸外包有助于加强企业竞争力。工作团队遍布世界不同时区，可以全日 24

小时不停运作，缩短开发应用方案所需的时间。在当前竞争激烈的全球电信业中，以往运营商要花半年甚至更长时间来测试产品的低效率已经一去不复返了。

8.5.3 生产外包

生产外包，又称制造外包，习惯上称为"代工"，是指客户将本来在内部完成的生产制造活动、职能或流程交给外国企业来完成，从而达到降低成本、分散风险、提高效率、增强竞争力的目的。其通常是将一些传统上由企业内部人员负责的非核心业务或加工方式外包给专业的、高效的服务提供商，以充分利用公司外部最优秀的专业化资源。例如，苹果公司将手机制造业务外包给富士康公司，宝元鞋业分别接受耐克、阿迪达斯、匡威的生产外包业务。

> ▶▶ 阅读材料
>
> ### 苹果公司的生产外包
>
> 在 1997 年以前，苹果公司的所有生产制造任务都是自行完成，包括主板的生产和最后的组装。更令人觉得不可思议的事情是，苹果公司竟然自行生产芯片。但是 IT 产品分工紧密，技术不断进步，生产设备不断更新换代，这种生产模式早已不合时宜。苹果公司采用制造外包策略已经势在必行。自 1997 年开始，苹果公司压缩制造资产；将一些简单的非核心制造业务外包给其他公司。1998 年苹果公司终止了自己的电脑主板生产业务。后续苹果公司不断拓展外包制造业务的范围。2003 年关闭了在新加坡的工厂，2004 年又关闭了美国赛克曼托工厂。目前苹果公司仅仅在爱尔兰保留极少部分高端定制产品的生产业务，而将制造业务外包给亚洲的代工企业，其中主要是我国的富士康科技集团公司。
>
> 资料来源：李丹. 考虑再销售退货产品和渠道竞争的退货策略研究 ［D］. 成都：西南财经大学，2020。

按照代工企业是否完成产品研发设计活动，生产外包可分为原始设备制造（OEM）与原始设计制造（ODM）等合作形式。OEM 是指具有生产组装能力的企业，在买方提供产品规格、制作技术规范、产品品质规范，甚至指定部分或全部零组件的情形下，提供买方所指定的产品的分工形态。ODM 是指产品生产者在无须买方提供产品与技术相关规范的前提下，同时具备产品开发设计与生产组装的能力，生产符合买方所需功能的产品，同时在买方所拥有的品牌下行销。OEM 仅涉及产品的生产组装，而 ODM 则涉及产品设计开发及生产组装两种活动。

8.5.4 服务外包

8.5.4.1 什么是服务外包

服务外包是以 IT 作为交付基础的服务，服务的成果通常是通过互联网交付与互动，广泛应用于 IT 服务、医药、人力资源管理、金融、会计、客户服务、研发、产品设计等众多领域。服务层次不断提高，服务附加值也明显增大。调查资料显示，在全球的服务外包领域中，扩张最快的是 IT 服务、金融服务、人力资源管理、媒体公关管理、客户服务、市场营销。

随着区块链、云计算、大数据、移动互联、物联网等新一代信息技术的快速发展和广泛应用，服务外包与各垂直行业的融合逐步加深，业务合作由单纯的接发包关系向战略合作关系转变。服务外包业务不再局限于非核心业务环节，数据分析、设计、研发等核心业务环节的外包活动日益增多，高附加值的知识流程外包与商业解决方案的业务流程外包占比日益增大。经过多年的技术积累和人才储备，服务外包企业开始由单纯提供技术服务向提供综合解决方案转型。

8.5.4.2 服务外包的特点

（1）以 IT 技术应用为基础。部分服务外包合作双方都处于不同的地域，即以离岸外包为主，合作双方关系的确立以及业务的进行必须依赖互联网和通信技术。也正是互联网的出现，使原先在国际上不可贸易的"服务贸易"得以实现，并构成了服务外包的技术条件。各种服务外包都以 IT 为内容或基础，特别是离岸服务外包，对承接国的信息化基础设施建设和信息化发展水平提出了很高的要求。如果一个承接国的信息化基础设施建设和信息化发展水平滞后，就难以承接服务外包业务。即使已经承接到服务外包业务，一旦通信网络出现问题，业务就会被迫终止。

（2）跨国公司为主导。跨国公司在扩大生产制造外包的同时，迅速扩大了服务外包的规模，它们纷纷把价值链中一些组装环节和一些辅助性服务外包出去。跨国公司在服务外包中的主导作用主要体现在跨国公司"以世界为工厂，以各国为车间"，促使服务外包不断国际化，从而扩大和加强了东道国与母国的经济联系，加深了世界各国之间生产、交换、流通、消费、技术与产品研发等方面的协作关系。各国在制定一些国内政策如环境保护、货币政策时，都需考虑国际因素。服务外包促进了生产和服务的国际化分工，有助于建立新的全球性生产和服务的专业化协作体系，有利于劳动生产效率的提高。服务外包使跨国公司内部及相互之间的贸易成为当今国际贸易的一个重要影响因子，跨国公司在全球范围内配置生产要素，设立工厂、组建子公司进行生产和经营，从而大大推动了经济全球化的发展。

（3）流程化与标准化管理。服务外包具有强大的流程化管理和标准化运营体系。从服务外包的定义可以知道，服务外包是把基于 IT 的业务流程剥离出来后，外包给企业外部专业服务提供商来完成的经济活动，因此服务外包本身就具有流程化的特征，尤其在业务流程外包和知识流程外包方面更为明显。在服务外包行业中，标准化在提供技术互换性、遵守相应准则和提高客户信任度方面起着重要的作用，尤其在业务流程外包方面。

（4）契约化管理。外包供应商是独立运作的法人实体，外包供应商和发包商的关系是合作关系，而不是行政隶属关系，也不是一般性的买卖关系，因此发包商必须与外包供应商签订长期的合同或协议。

（5）伴随着白领工作转移。与制造业的转移相比，服务外包相当于发达国家白领工作岗位的转移。随着新一轮全球化产业转移浪潮的推进，大约从 2003 年起，发达国家许多服务行业开始大规模地向海外转移。其显著特征是：发达国家的白领工作即科技产业和服务业向发展中国家转移。据联合国贸易与发展大会发布的《2016 年世界投资报告》，全球前 100 家非金融类跨国公司雇用的外国员工比例从 1990 年的 48% 增加到 2000 年的 55% 和 2015 年的 60%。发达国家白领工作机会流失严重，同时高薪职务如工程师、金融专家等的薪资水平开始下降，但这一趋势对于发展中国家而言无疑是个千载难逢的好机会。

（6）专业化程度高。服务外包属于知识密集型产业，专业性强，附加价值高，很多业务都需要从业人员有相关的培训教育经历和丰富的实践经验，并非像制造业一样只是对工人进行简单的技能培训就可以从事生产，因此对人力资源的要求很高。

8.5.4.3 服务外包业务类型

（1）信息技术外包（ITO）。信息技术外包服务包括软件研发外包、信息技术研发服务外包、信息系统运营维护外包三种（见表 8-4）。信息技术外包是社会分工和信息技术发展相结合的产物，是服务外包的重要实践内容。信息技术外包使得企业通过外包可以便捷地获得专业技术支持能力，实现对信息系统的妥善管理。

表 8-4　　　　　　　　　　　　信息技术外包服务的主要内容

项目		主要内容
软件研发外包	软件研发及开发	用于金融、制造业、零售、物流和交通等行业，为客户供应链、财务管理和客户管理等业务进行软件开发
	软件技术服务	软件咨询、维护、培训、测试等技术服务
信息技术研发服务外包	集成电路和电子电路设计	集成电路和电子电路设计以及相关技术支持等服务
	测试平台	为软件、集成电路、电子电路的开发运用提供测试平台
信息系统运营维护外包	信息系统运营维护服务	客户内部信息系统集成、网络管理、桌面管理与维护服务；信息工程、地理信息系统、远程维护等信息系统应用服务
	基础信息技术服务	基础信息技术管理平台整合、IT 基础设施管理、数据中心、托管中心、安全服务、通信服务等基础信息技术服务

（2）技术性业务流程外包（BPO）。技术性业务流程是服务外包组织为达到特定的目标，由不同的人或机器在一段时间内共同完成的，以客户为导向的一系列活动（见表 8-5）。简而言之，技术性业务流程是企业中一系列不断创造价值的活动的组合。

表 8-5　　　　　　　　　　　　技术性业务流程外包服务的主要内容

项目	主要内容
企业业务流程设计服务	为客户企业提供内部管理、业务运作等流程设计服务
企业内部管理服务	为客户企业提供后台管理、人力资源管理、财务审计与税务管理、金融支付服务、医疗数据及其他内部管理业务的数据分析、数据挖掘、数据管理、数据使用的服务；承接客户专业数据处理、分析和整合服务
企业运营服务	为客户企业提供技术研发服务，为企业经营、销售、售后服务提供应用客户分析、数据库管理等服务，主要包括金融服务业务、通信与公用事业业务、呼叫中心、电子商务平台等
企业供应链管理服务	为客户提供采购、物流的整体方案设计及数据库服务

（3）技术性知识流程外包服务（KPO）。它是指服务提供商以技术专长而非流程专长为客户创造价值，是比业务流程外包更为高端的外包，包括研究、设计、分析、咨询、策划、制定规程等服务；其主要内容是知识产权研究、医药和生物技术研发和测试、产品技术研发、工业设计、分析学和数据挖掘、动漫及网游设计研发、教育课件研发、工程设计等。

8.5.4.4　服务外包案例

印度是迄今为止最受离岸外包业务青睐的地区，2020 年其在全球离岸 BPO 市场中占有 65% 的份额。根据世界银行的相关报告，全球至少 80% 的 IT 外包业务都去了印度，其他外包目的地则遍及亚洲、欧洲、非洲和南美洲，包括中国、菲律宾、俄罗斯、墨西哥、新加坡、爱尔兰、北爱尔兰、以色列、南非、巴基斯坦和东欧等。这主要得益于印度以更低成本获得更多的互联网普及率、庞大的远程劳动力、卓越的人才、高质量的结果以及较长的周转时间。

（1）IT 外包。任何行业所需的主要 IT 支持服务是：技术支援、软件开发、网站和移动应用开发。许多公司都希望印度将这些 IT 服务外包，因为印度软件行业拥有经验丰富的软件开发人员，能面向未来的基础架构和高质量的工作。印度是世界上最大的 IT 服务提供商，IT 外包行业在印度服务外包中排第五。技术的创新和进步在印度的业务和 IT 外包解决方案中正在日益增长。

（2）BPO/虚拟呼叫中心。由于可以访问各国每个偏远地区的高速互联网，代理商可以在家里工作而无须付出太多努力，这种现象在全球外包市场如火如荼地蔓延。而且，印度的 BPO 行业已变得流行，并成为企业的首选地点。由于印度习惯于在业务方面适应环境，因此它将保持基本不变。印度 BPO 业务将技术进步和通信与远程互联网渗透功能完美结合在一起，促使公司在大流行中将其业务流程外包给印度。从那以后，印度的外包市场迅猛发展。

（3）知识流程外包。知识流程外包涉及与信息有关的业务活动。一些需要信息处理的主要任务是：金融与投资研究、研究与开发、数据分析与解释。为了执行这些高端任务，需要了解业务的性质，需要处理大量数据，这将需要大量资源和更多时间。因此，它涉及在特定领域具有高级学位和专业知识的员工队伍。

（4）企业后台支持。随着先进技术的不断变化，市场需求也在发生变化。如今，社交媒体正以指数级的速度增长。因此，迫切需要进行内容审核以确保为客户提供安全可靠的平台。交易和复杂数据处理是企业外包给印度的后台办公流程中最受欢迎的部分。

8.6　国际技术转让

所谓国际技术转让是指技术的跨国界转移，所谓跨国界包括两层含义；一是技术转让双方当事人不在同一国内；二是被转让的技术必须是跨越国界传递的。但也有少数国家规定，除上述跨国界的技术转让外，在同一国家内两个有母子公司关系的当事人之间的技术转让也属于国际技术转让。

8.6.1　国际技术转让的种类

第一，许可贸易。许可贸易是交易双方通过签订许可协议进行技术使用权转让的一种技术转让方式。提供技术使用权的一方称为许可方（licensor），引进技术的一方称为被许可方（licensee）。在技术许可贸易中、许可方允许被许可方使用其专利或专有技术制造销售产品，被许可方支付使用费。有时技术许可贸易也伴随商标许可，即许可方允许被许可方在使用其技术所生产的产品上使用其商标。被许可方使用许可方商标的好处在于，可以利用许可方已经树立的商业信誉，扩大产品销售。

（1）单纯许可贸易。许可贸易可以单独进行，也可以与设备或产品买卖、直接投资、合作生产等相结合构成综合性项目。单纯许可贸易是指技术输出方只将有关的技术许可给技术引进方使用，其中不包含货物买卖或经济合作项目。相对而言，单纯的技术许可贸易对技术输出方来说风险较小。

（2）与国际直接投资结合的许可贸易。这是指投资一方，在向合营企业投资的同时，还以签订许可协议的形式，向合营企业转让技术使用权，合营企业则向该方支付许可使用费。同单纯许可贸易相比，在与直接投资相结合的许可贸易中，由于许可方是合营企业的投资方之一，许可方和被许可方的利益紧密相连，因此，更有利于引进先进、适用的技术和引进技术的有效实施。

（3）与设备或产品买卖结合的许可贸易。在这种方式下，进口的设备或产品往往都是技术转让项目所需的或相关的设备或产品。在国际技术转让中，出口方国家都大力鼓励技术与货物相结合的出口方式，通过技术出口带动设备、产品出口，这样可以从附带的交易中获得额外收益，对进口方来说，在引进技术的同时，进口相关的设备、原材料、零部件等，有利于技术引进的配套，使引进项目更好地发挥效益，因此在价格合理和非强制搭售的条件下，可考虑采用这种方法。

（4）与国际合作生产结合的许可贸易。国际合作生产（co-production）是指不同国家的企业通过相互提供或由一方向另一方提供组装件、零部件共同生产某种产品，由一方或双方共同销售。合作生产中所需的技术往往由其中一方合作者提供，在合同期满时，另一方合作者最终能全部掌握该项技术，实现国产化。

（5）与加工装配和补偿贸易结合的许可贸易。加工装配贸易是指由国外委托方提供一定的原料、辅料、零部件、元器件、包装材料、样品、图纸和部分设备工具，由加工方按照委托方要求的规格、质量、式样、数量、商标及包装在规定的时间内进行加工装配，成品交委托方，并缴纳加工费。在加工装配贸易中，加工装配所需的技术有时由委托方通过许可贸易方式提供给加工方，这就构成了与加工装配相结合的技术许可贸易。

第二，技术咨询服务。技术咨询服务是咨询服务方利用自己掌握的技术、知识、技能、经验，按照委托方的要求，为完成某项特定的技术经济任务而提供的某种服务。国际技术咨询服务内容广泛，包括技术培训、技术咨询、技术项目的可行性研究、技术经济论证、工程承包等。

第三，知识产权转让。知识产权转让是指技术输出方将专利或其他工业产权的所有权转让给技术引进方的转让方式。这种转让方式在国际技术转让中采用较少。这一方法一般在技术需求方想获得技术垄断时才采用。

8.6.2 企业转让技术的动机

总体来说，企业转让技术是为了将技术产业化、市场化，以从中获得相应收益。对于个人来说，技术研究出来后若是无法应用，则是一种浪费，当自身不具备投产条件时，就会选择通过转让或合作方式，实现技术产业化。对于企业来说，当企业自身发展到一定阶段，可能会通过转让非核心技术，同时引进新的技术，寻求企业更好地发展。

对企业来说，销售更多的产品、确保市场垄断地位就可以获得超额利润。与这种销售产品、占有市场所获得的收入相比，转让技术所获收入并不大。尽管如此，技术的国际交易仍然在进行。而且，技术出口后会在对方国家培养出竞争性产业，并生产出产品甚至返销技术出口国。这时，技术出口的动机可能有这样几种情况：一是获得仅仅以专利费、技术费、特许权使用费等为目的的技术费收入；二是通过技术出口来确保国外市场份额；三是技术出口作为机械设备出口特别是成套设备出口的补充；四是以技术交流为目的的技术出口。

可以看到，第一种情况是比较货物贸易和技术贸易哪种更有利，是替代货物贸易的问题。第二种情况是为了确保市场份额，根据技术优势进行直接投资的问题。第三种情况可以说是补充货物贸易的问题。第四种情况是为了提高技术水平而相互交换技术，相对于货物贸易，它是中立互惠的。这样，我们可以把上述四种情况称为"替代型""直接投资型""补充型""中立型"，并可以根据不同情况考虑进行技术贸易的条件。

8.6.3　影响技术价格的因素

技术价格是技术作为商品出售时买卖双方所认同的使用价值的货币表现。技术价格的制定常常不反映一般商品的价值属性，而主要遵从买卖双方生产力水平所规定的对其使用价值的认同。所以，技术的价格是一种特殊商品的价值表现。在实际的技术贸易活动中，技术的价格包含技术服务费、技术专利费、技术诀窍费、技术设备费，以及使用技术进行生产活动的提成费等。在表现形式上，有定金、总付、提成，以及技术作价用于合资、技术供方向受方的购回、生产产品的折扣等。

技术价格的影响因素：

第一，技术研制费用因素。任何一项技术的研制、发明和发展，都要耗费巨大的人力物力，尤其在当代信息、电气、化工、生物、精密加工、新材料等技术融于一体的社会中，发明一项新的专门技术及产品极为困难，一般只有国有机构或大型公司能够承担其费用，且常常投以巨资而不能取得进展。因此，一旦某项技术脱颖而出，持有该技术的企业不但希望通过垄断的生产获得高附加值的利润，而且也期盼在结束垄断之前通过技术买卖来回收一部分研制费用。

第二，技术生命周期。正像产品的生命周期一样，任何一项技术也有它自身的发展、成熟和衰退阶段。技术处于不同的阶段，它的使用价值也有很大差异。某项技术在刚刚发明、研发出来，多以蓝图、原理等形式出现时，尚无显著商业价值可言，此时技术的公开程度较大，并多以专利等形式加以保护。这一阶段技术转让的出卖价格一般较低，但接受方将其完全商业化所需费用则很高。只是当产品进入成熟期或趋向衰退时，技术的转让才会比较完整，技术价格也才会逐渐降低。特别对超过专利保护期的技术，其价格相对较低。

第三，技术的转让成本因素。技术转让的过程涉及人员、物力，要耗费一定的财力和人工，是技术供方出售技术的直接花费。因此，技术的转让成本因素是决定技术价格的基本考虑，也是技术供方的报价下限。

第四，技术提供方的机会成本因素。一项技术的成功转让，意味着技术接受方获得了一种新的生产能力并可能就此开辟一个新的市场，同时，这也意味着技术提供方可能失去了一部分市场，甚至为自己树立了一个竞争对手。因此，技术提供方在技术转让初期都要对自己销售市场份额可能的损失和对方可能的盈利作一个估算，并把这个数量反映在技术价格中。这种由技术转让带来的预期的利润损失便是提供方的机会成本。

第五，技术转让的政治、经济、法律环境因素。技术转让都是在特定的有个性特征的买者和卖者间进行的。其中，除了技术能力水平的内在个性之外，双方所处的政治、经济、法律环境也构成重要的外部特性。政治、经济情况不稳定，办事体制、程式差异大，法律机制不相同，或法律条件不完备，等等，都会在技术转让的谈判实施、履约、技术保密、付款方式，甚至索赔等多方面出现困难。

复习思考题

1. 为什么国际贸易和投资能够互补？
2. 企业为什么要对外投资？
3. 企业为什么要将某些业务外包？
4. 企业在什么条件下用专利进行生产，然后出口产品？什么情况下要对外投资？什么情况下直接向外转让专利？

第 9 章 　关税政策效应

关税是一种最为古老、最常用的贸易政策工具，一直是各国进行贸易保护、实施贸易反击或报复的主要手段。调整关税税率、采取各式各样的贸易救济手段、征收各种关税附加税包括反倾销、反补贴、特殊保障等以及关税征管方式发生变化，都是各国运用关税实施贸易保护、实现国家经济利益最大化的手段。本章就以贸易政策工具中的关税为切入点，讨论在设置贸易壁垒过程中关税的经济效应。

9.1 　关税概述

9.1.1 　关税的概念

关税是一国通过海关对进出口商品所课征的一种税收。早期关税概念与两个专用名词"customs"和"tariff"相关。英文中的关税（customs）一词原意为习惯、惯例、例行。据《大英百科全书》解释，古时欧洲商人进入市场交易时需向当地领主缴纳一种例行的、常规的入市税（customary tolls），其后"customs"就成了关税的专用名词。这个词有通行费或通行税的含义。而"tariff"一词也代表关税，该词与古代地中海直布罗陀附近一个叫塔利法（Tariffa）的海盗盘踞的港口有关。那些因贸易往来而进出地中海的商船为了避免被抢劫，不得不向塔利法港口的海盗缴纳一笔价值可观的买路费。此后"tariff"就成为关税的另一通用名称，这一词也有通行费的含义。

在我国，西周时期就在边境设立关卡。《周礼·地官》中有"关市之征"的记载，春秋时期以后，诸侯割据，纷纷在各自领地边界设立关卡，"关市之征"的记载也多起来。关税从其本来意义上讲是对进出关卡的物品征税；市税是在领地内商品聚散集市上对进出集市的商品征税。征税的目的是"关市之赋以待王之膳服"。据《周礼·天官》记载，周朝中央征收九种赋税，关税是其中一种，直接归王室使用，关和市是相提并论的。边界关卡之处也可能是商品的交换集市。关税和市税都是对商品在流通环节中征税。《管子·问篇》曾提到"征于关者勿征于市，征于市者勿征于关"，对同一商品不主张重复征税，以减轻商人负担。关市之征是我国关税的雏形，我国"关税"的名称也是由此演进而来的。

现代关税的内涵可以总结为五个方面：

第一，关税的类属问题。关税是一种流转税（commodity turnover tax），同时也是一种间接税（indirect tax）。流转税具有以下三个特征：结合流通环节确定征税环节；不考虑被征税对象是否盈利的问题；与所得税类相比，这种"无理"税在对外贸易中可以起到重要的作用，即"无理税"的"理"在于起到了"有理税"起不到的作用。

第二，关税的征税对象及税种界限问题。关税的征税对象是进出境货物和物品（inward and outward goods and articles）。进出境货物是指自进境起到办结海关手续止的进口货物，自向海关申报起到出境止的出口货物，自进境起到出境止的过境、转运和通运货物。物品，是指以自用合理数量为限的个人携带进出境的行李物品、邮寄进出境的物品和其他物品，具有非贸易性质。通常情况，海关按照物品进出境的运输方式把物品分为行李物品、邮递物品和其他物品三类。另外，按照海关对物品的管理限制程度，物品可划分为禁止进出境物品、限制进出境物品和非限制物品。

第三，关税应税经济活动的地域问题。关税的地域是一国的关境（customs territory）。在《国际海关术语汇编》里"关境"一词是指一个国家的海关法得以全部实施的区域。《关税与贸易总协定》中指出"本协定所称关境应理解为，任何与其他区域之间的大部分贸易保持着单独的税则或其他贸易规章的区域"。关境和国境（national territory）具有一定的差异。国境是指一个主权国家以国界为界线，全面行使主权的领域范围，包括领土、领海、领空。

第四，关税的征税主体问题。关税的征税主体是国家，或者说代表国家的海关。就国民收入分配的法律关系而言，关税的征税主体是国家；就行政管理的法律关系而言，关税的征税主体是海关。

第五，征收关税的最终目的问题。征收关税的最终目的是确保货物进入国内市场以后的自由流通与被支配，顺利融入国民经济，所以一般将征税环节安排在货物放行之前。

9.1.2　关税的分类

（1）根据商品流向，可以把关税分为：进口税、出口税和过境税。进口税是进口国家对本国进口商进口外国商品所征收的正常关税（normal duties）。出口税则是对本国出口的货物在运出国境时征收的一种关税。过境税是一国对于通过其关境的外国商品征收的关税。

（2）从征收方法来看，关税又可以分为：从价关税、从量关税、混合关税、选择关税、滑动关税。

（3）从征收关税的目的来看，可以把关税分为财政关税、保护关税和收入再分配关税。财政关税是为了增加国家财政收入而征收的关税。保护关税则是为了保护国内某些幼稚产业，为促进本土该产业的发展，降低国际竞争对手进入的可能性而设置的关税。

（4）从征税待遇上来看，关税又可以分为：普通关税、特惠税、最惠国税和普惠制。

普通关税是对本国没有签署贸易或经济互惠等友好协定的国家原产的货物征收的关税。特惠税是给予来自特定国家的进口货物的排他性优惠关税。普惠税遵照普惠制（generalized system of preferences，GSP）进行征收，它指的是发达国家承诺对从发展中国家和地区输入的商品，特别是制成品和半制成品，给予普遍的、非歧视的和非互惠的关税优惠措施。

（5）其他的关税。除了以上介绍的关税外，实际贸易往来中关税还存在进口附加税和差价税。进口附加税指的是反补贴税（counter vailling duties）、反倾销税（anti-dumping duties）、报复性关税（retaliatory tariff）、惩罚性关税（penalty tariff）和紧急关税（emergency tariff）。

> **▶▶ 阅读材料**
>
> #### 反补贴税
>
> 反补贴税亦称反津贴税、抵销关税，是对接受出口补贴的外国商品在进口环节征收的一种进口附加税。所征税额一般与该商品所接受的补贴额相等。反补贴税始创于英国19世纪末。当时英国曾对接受出口补贴的欧洲砂糖征收此税，随后一些国家相继效仿。目的在于抵销进口商品享受的补贴金额，削弱其竞争能力，防止廉价倾销，以保护本国生产和国内市场。进口商品在生产、制造、加工及出口过程中所接受的直接、间接补贴和优惠，都可以构成进口国对其征收反补贴税的理由。

反补贴税案例：欧美对我光伏产品征收反补贴税[①]

2012年9月初，欧盟委员会宣布对中国产光伏组件、硅片等发起反倾销调查。11月8日，欧盟委员会发布公告称，欧洲太阳能企业协会9月26日向欧盟委员会提出申诉，指控从中国进口的太阳能电池板及其主要部件得益于不公平的政府补贴，欧盟即日起启动相关调查。从涉案的太阳能产品的进口额来看，这是欧盟委员会迄今为止接到的最大的一起反补贴申诉。欧盟的数据显示，2011年中国向欧盟出口了价值约210亿欧元的太阳能电池板和主要部件。按照欧盟的贸易防御政策，此次调查将需要13个月的时间。如果有充分证据证明上述补贴指控属实，欧盟可以在9个月内征收临时的反补贴关税。

而就在欧盟立案前一天，美国国际贸易委员会（ITC）作出终裁，认定中国晶体硅光伏产品对美国产业造成了实质损害，美国将对此类产品征收最高达249.96%的反倾销和反补贴关税。按照程序，美国商务部将于11月30日签发反倾销和反补贴令，此后美国海关开始进入征收保证金的程序。

9.1.3　关税的特点

第一，关税的征税对象是进出国境或关境的货物和物品。属于贸易性进出口的商品为

---

① 王璐，孙韶华．我将欧盟光伏补贴措施诉至WTO［N］．经济参考报，2012 - 11 - 09.

货物；属于入境旅客携带的、个人邮递的、运输工具服务人员携带的，以及用其他方式进口个人自用的非贸易性商品为物品。关税不同于因商品交换或提供劳务取得收入而课征的流转税，也不同于因取得所得或拥有财产而课征的所得税或财产税，它是对特定货物和物品途经海关通道进出口征税。

第二，以货物进出口统一的国境或关境为征税环节。关税是主权国家对进出国境或关境的货物和物品统一征收的税种。在封建社会，由于封建割据，国内关卡林立，重复征税，所以那时的关税主要为国内关税或内地关税，它严重地阻碍着商品经济发展。资本主义生产方式取代封建生产方式之后，新兴资产阶级建立起统一的国家，主张国内自由贸易和商品自由流通，因而纷纷废除旧时的内陆关税，实行统一的国境关税。进口货物征收关税之后，可以行销全国。

第三，实行复式税则。关税的税则是关税课税范围及其税率的法则。复式税则又称多栏税则，是指一个税目设有两个或两个以上的税率，根据进口货物原产地的不同，分别适用高低不同的税率。复式税则是一个国家对外贸易政策的体现。目前，在国际上除极个别国家外，各国关税普遍实行复式税则。

第四，具有涉外统一性。关税是一个国家的重要税种。国家征收关税不单纯是为了满足政府财政的需要，更重要的是利用关税来贯彻执行统一的对外经济政策，实现国家的政治经济目的。在我国现阶段，关税被用来争取实现平等互利的对外贸易，保护并促进国内工农业生产发展，为社会主义市场经济服务。

第五，关税由海关机构代表国家征收。税收通常由各国的税务机构征收管理，而关税则由海关总署及所属机构具体管理和征收，征收关税是海关工作的一个重要组成部分。《中华人民共和国海关法》规定："中华人民共和国海关是国家的进出关境（以下简称'进出境'）监督管理机关。海关依照本法和其他有关法律、行政法规，监督进出境的运输工具、货物、行李物品、邮递物品和其他物品（以下简称'进出境运输工具、货物、物品'），征收关税和其他税、费，查缉走私，并编制海关统计和其他海关业务。"监督管理、征收关税和查缉走私是当前我国海关的三项基本任务。

9.1.4　关税的作用

关税的征收对一个国家来说是相当重要的，这表现在：

（1）关税有利于维护国家主权和经济利益。对进出口货物征收关税，表面上看似乎只是一个与对外贸易相联系的税收问题，其实一国采取什么样的关税政策直接关系到国与国之间的主权和经济利益。

（2）关税可以保护和促进本国工农业生产的发展。国际上许多发展经济学家认为，自由贸易政策不适合发展中国家的情况。相反，这些国家为了顺利地发展民族经济，实现工业化，必须实行保护关税政策。

（3）关税能够调节国民经济和对外贸易。关税是国家的重要经济杠杆，通过税率的高低和关税的减免，可以影响进出口规模，调节国民经济活动。

（4）关税是国家财政收入的一个重要源泉。对一些发展中国家，主要是那些国内工业不发达、工商税源有限、国民经济主要依赖某种或某几种初级资源产品出口，以及国内消费品主要依赖进口的国家，征收进出口关税仍然是他们取得财政收入的重要渠道之一。

进出口关税的经济效应可用图9－1表现出来：

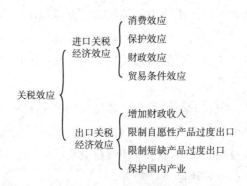

图9－1　进出口关税的经济效应

9.1.5　关税税则

海关征收关税时按照一定的规则进行，即税则。关税税则又叫海关税则，它是指一国对进口商品计征关税的规章和对进口的应税商品和免税商品加以系统分类的一栏表。它是海关征税的依据，是一国关税政策的具体体现。从内容上来看，海关税则一般包括两部分：一是海关征收关税的规章、条例和说明；二是关税税率表。关税税率表又由税则号、商品名称、海关税率等栏目组成。全球普遍是遵守这3种规则进行货物分类的。即，联合国国际贸易标准分类（standard international trade classification，SITC）、布鲁塞尔税则商品目录（Brussels tariff nomenclature，BTN）和协调制度（harmonized system，HS）。

▶▶ **阅读材料**

海关估价协议

进口商申报的价格并不能直接成为进口货物的完税价格，只有当该价格被海关接受，才能称为完税价格。海关估价的目的就是为了客观、合理地确定应税商品的完税价格。《1947年关税与贸易总协定》规定，海关征收关税的完税价格应以进口货物或同类货物的"实际价格"为依据，不应采用同类国内产品的价格及任意或虚构的价格；计价采用的汇率应符合国际货币基金组织的有关规定。由于该规定不够具体，可操作性不强，因此，在1973年开始的东京回合谈判中，关税与贸易总协定缔约方通过谈判，达成《关于实施关税与贸易总协定第 7 条的协议》(亦称《海关估价守则》),对如何实施上述规定作了详细解释。尽管《海关估价守则》在一定程度上消除了海关估价过程中的武断和歧视行为,反对将海关估价作为一种贸易保护主义手段来使用,但由于该守则与东京回合达成的其他协议一样,缔约方可自主决定是否加入,因而其适用性就受到了很大限制。1986 年乌拉圭回合在对《海关估价守则》进行修订和完善的基础上,达成了《关于实施 GATT1994 第 7 条的协议》(又称《海关估价协议》)。

9.2　关税效应的局部均衡分析

9.2.1　主要关税效应

(1)关税的价格效应:一个国家对进口商品课征关税立刻会表现为其对价格的影响。一个商人在他的商品被课征关税后,总是要设法把关税税负转嫁出去,这就会引起进口国国内外市场价格的变化。对进口货品征收关税产生的价格影响,称为关税的价格效应(price effect)。进口国为贸易大国或是贸易小国,征收关税产生的价格效应并不完全相同。

(2)关税的贸易条件效应。进口国对进口产品征税,会提高国内价格,导致国内进口需求下降,从而在一定程度上改变世界市场均衡,从而影响国际交换价格。关税对贸易条件的影响程度取决于进口国的规模。对贸易大国来说,进口关税对国际交换的影响较为明显,但对贸易小国而言,由于进口数量少,其关税对国际交换价格的影响可忽略不计。

(3)关税的消费效应。征收关税后,进口国国内市场的价格提高,理性的消费者因价格提高而减少消费,这一结果称为消费效应(consumption effect)。从积极方面看,利用关税的这一效应,可以引导人民的消费倾向或人民的生活习惯,限制对非必需品或奢侈品的高消费;从消极方面看,减少消费数量将降低进口国社会福利水平。

(4)关税的生产效应:征收关税后,进口竞争部门的价格将会提高,国内生产者因市场价格提高而增加产品供给,被称为生产效应(production effect)。这是关税为国内产业提供保护的结果,因此,也被称为保护效应(protection effect)。

(5)关税的贸易需求效应:对进口商品征收关税产生的生产效应和消费效应,使进口国对进口品的需求数量减少,逐渐减少该商品的进口数量,减少进口的数量等于增加生产的数量与减少消费的数量之和,被称为贸易效应(trade effect)。贸易效应的大小在理论上等于生产效应和消费效应之和。

(6)关税的国际收支效应:进口数量的减少导致外汇支付的缩减,改善了国际收支状况，称为国际收支效应（balance of payment effect）。当一个国家进口商品数量过大，出现贸易逆差时，可以利用关税的这种作用调节进出口商品数量，维持国际收支平衡。

（7）关税的财政收入效应：对进口品征收关税，进口国为此取得财政收入，称为关税收入效应（tariff revenue effect），又称为财政收入效应（revenue effect）。关税是一种税收，组织财政收入是关税的最基本属性，也就是关税最基本的职能。自关税产生以来，它就负担着为国家筹集财政资金的职责。

（8）关税的再分配效应：关税的再分配效应包括损益两个方面。对进口征收关税导致进口替代部门的价格提高，使生产者获益、消费者受损、政府收入增加，因此称为收入再分配效应（income redistribution effect）。

（9）关税的社会福利效应：社会福利效应（social welfare effect）亦称净损失（deadweight loss）。对进口征收关税后，该产品的国内价格上涨，国内厂商扩大生产，厂商被迫使用效率更低的资源，造成了生产扭曲；产品价格上涨后，消费者的需求无法得到满足，这部分损失称为消费扭曲。二者之和即为净损失。

9.2.2 消费者剩余和生产者剩余

9.2.2.1 消费者剩余

消费者剩余（consumer surplus）又称为消费者的净收益，是指买者的支付意愿减去买者的实际支付量后的净收益。消费者剩余衡量了买者自己感觉到所获得的额外利益。一般认为，消费者剩余最大的条件是边际效用等于边际支出。简单地说，就是买者希望从市场活动中获得收益。总的消费者剩余可用需求曲线下方、价格线上方和价格轴围成的三角形的面积表示。如图 9-2 以 OQ 代表商品数量，OP 代表商品价格，D 代表需求曲线，则消费者购买商品时所获得的消费者剩余为图中的灰色面积。消费者愿意为某商品支付的最高价格应等于 1 单位该商品为其带来的效用，需求曲线向右下倾斜，反映了消费者的支付意愿随商品边际效用递减而递减。

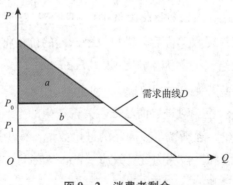

图 9-2　消费者剩余

任何理性的消费者都认为商品的价格越低越好，渴望着商品能降价。如果价格上升，则消费者剩余下降；如果价格下降，则消费者剩余上升。在图 9-2 中，价格由 P_0 下降到 P_1，消费者剩余从原来的 a，增加到 $(a+b)$，b 就是由于商品价格下降带来的消费者剩余增量。

消费者剩余概念告诉我们，消费者总是在交易当中获取额外的利益，我们社会的总福利总是在交易当中不断增长的。

$$\text{消费者剩余} = \text{买者的评价} - \text{买者的实际支付} \tag{9-1}$$

消费者剩余源于递减的边际效用。边际效用递减规律告诉我们：随着人们对同一物品占有数量的增加，边际效用是递减的，即每增加一单位商品的效用是递减的。但总效用是增加的，当总效用达到极大值时，边际效用趋于零；当超过极大值继续消费时边际效用为负，从而总效用开始下降。

在理解消费者剩余时要注意两点：第一，消费者剩余并不是实际收入的增加，只是一种心理感觉；第二，生活必需品的消费者剩余大。因为消费者对此类物品的效用评价高，愿意付出的价格也高，但此类物品的市场价格一般并不高。

9.2.2.2　生产者剩余

生产者剩余（producer surplus），是指生产者由于生产商品所花费的成本——购买要素的支出低于当前产品供给价格而为其带来的额外收益。生产者剩余通常用市场价格线以下、供给曲线（即 SMC 曲线的相应部分）以上的面积来表示。在图 9-3 中，生产零到最大产量 Q_0 之间的价格线以下和供给曲线以上的阴影部分面积就表示生产者剩余。其中，价格线以下的矩形 $OP_0E_1Q_0$ 的面积 $(c+d)$ 表示厂商的总收益，即厂商实际接受的总支付或总收益，S 曲线以下直角梯形 $OE_0E_1Q_0$ 的面积 d 为厂商愿意接受的最小总收益，两个收益的差值部分 c 即为生产者净收益——生产者剩余。很明显，厂商以市场价格 P_0 生产和销售一定数量 Q_0 的商品，意味着厂商增加耗费了相当于 $AVC \cdot Q_0$ 数额的生产要素或者生产成本。但是，厂商同时实际得到了相当于市场价格总额 $P_0 \cdot Q_0$ 的总收益。由于平均变动成本

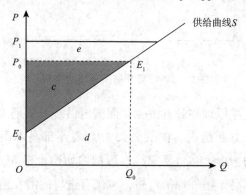

图 9-3　生产者剩余的计算

始终小于P_0，因此，从Q_0的商品生产和销售中，厂商不仅得到了与变动成本相当的销售收入，而且还得到了额外的收入。这部分超额收入，反映了厂商通过市场交换所获得的福利增加。

同消费者剩余类似，生产者剩余也会随着价格的变化而变化。生产者总是渴望能获得更高的销售价格。在图9-3中，当价格从P_0提高到P_1时，生产者剩余增加了e。

9.2.3 自由贸易的得益

在没有对外贸易时，商品的国内市场价格是根据国内供求均衡条件决定的。所谓供求均衡是指在某一价格下，供给方愿意并且能够提供的商品数量与需求方愿意并且能够购买的商品数量相等的一种稳定状态。通常，价格越高，愿意提供的商品数量越多而愿意购买的商品数量越少；相反，价格越低，愿意提供的商品数量越少而愿意购买的商品数量越多。这样，供求双方在市场上不断调整价格和他们愿意供求的数量，从而使价格和数量趋向于均衡点。在均衡点上，价格称为均衡价格，供求数量相等称为均衡数量。把图9-2和图9-3合并在一起，可得到图9-4。在图9-4中，a是这场交易为消费者创造的净收益，c是这场交易为生产者创造的净收益，$(a+c)$则是该交易为整个社会创造的净收益。可见，市场交易提高了社会所有人的福利水平。这是市场经济具有强大生命力的根本原因。

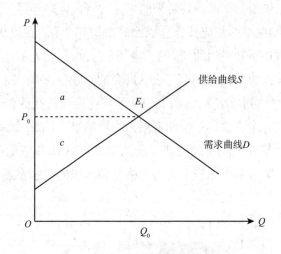

图9-4 市场交易所创造的福利

在有对外贸易时，上述原理并没有改变，但国内供给不单是国内生产供给，而是由国内生产供给和进口供给两方面组成。在图9-5中，右半部是本国供给和需求的情形，左半部是外国供给和需求的情形。在贸易前，本国国内均衡价格为P_H，外国国内为P_F，显然本国国内均衡价格明显高于国外均衡价格，本国有进口的潜在需求，外国有出口的潜在愿望，这就为商品跨国流动创造了条件。当贸易发生后，会形成一个均衡的国际交换价格，在这个价格水平上，本国的进口恰好等于外国的出口，即本国的供给缺口——需求大于供给部分恰好为外国的过剩供给所填补。

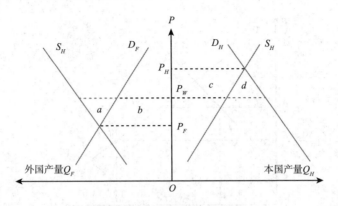

图 9 - 5　自由贸易产生的福利

对本国来说，参与国际贸易后，本国国内市场成为世界市场的一部分，厂商和生产者面临的价格信号从原来的 P_H 下降为 P_W，消费者剩余增加了（$c + d$），但生产者剩余减少了 c，其参与贸易的净收益（经转移支付调整后）为 d；而对外国来说，其国内市场也成为世界市场的一部分，其厂商和生产者面临的价格信号从原来的 P_F 上升为 P_W，消费者剩余减少了 b，但生产者剩余增加了（$a + b$），可认为其参与贸易的净收益（经转移支付调整后）为 a。这样，这场国家间的交易为整个世界带来的净福利为（$a + d$）。这说明，贸易可以提高所有参与国家的福利，使这些国家形成相互依存关系；其潜在含义是：贸易可以促进和平。这便是国际政治中自由主义学派所倡导的贸易和平论的逻辑所在。

9.2.4　小国模型

这里小国指的是经济学意义上的"小国"，其含义是小型经济体。其在世界生产和贸易中所占的份额甚小，定义为其进口不会影响商品的全球价格的国家或地区。而大国则定义为其贸易往来会影响商品全球价格的国家或地区。

假设收取关税的国家为小国，该国在世界贸易中的贸易地位很弱，因此，该国进口量的变动不足以强大到能够影响到世界市场价格，这就好比在完全竞争的企业，该国只是价格的接受者。该假设保证了该国征收关税后进口商品国内价格上涨的幅度等于关税税率引起的部分，即关税全部由进口国消费者负担。关税的征收相当于直接增加了产品的成本，且这部分成本是直接反映在价格上的。为研究方便，一般都是假设价格变化没有时滞，就是说，价格直接受关税征收的影响，并不受其他因素影响。

图 9 - 6 是一个贸易小国的情形。在贸易前，均衡点为 E，E 的横坐标为均衡时的产量和消费量，纵坐标为均衡时的价格。在自由贸易时，即征收关税之前，该国的国内价格 P_0 与世界价格 P_W 相等，国内供给量是 S_1，国内需求量是 C_1，（$C_1 - S_1$）为供需缺口，这个

缺口需要由外国厂商的供给来满足。假定该国对进口商品征收了一个税率为 t 的从价关税后，将会面临什么样的经济效应呢？

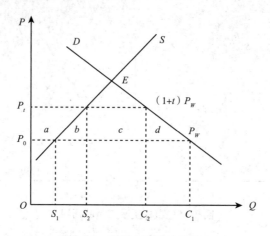

图 9 - 6　贸易小国的关税效应

（1）价格效应：可以确定的是，无论税率为多少，也无论税负在两国间如何分配，对进口商品征税都会导致该国对该商品的进口需求减少、国内价格上升，只是幅度大小的问题。由于该国进口量及其变化量相对于庞大的世界市场而言是微不足道的，所以该国减少进口并不会改变世界市场均衡，也不会因此改变国际交换价格，即该国从国外采购的价格与征税前相同，仍然为 P_W。在商品入关时，进口商需要为每 1 单位进口商品缴纳一笔税收，其大小为 $t \cdot P_W$，因此进口商只有把销售价格定为 $(1+t)P_W$ 才不会亏损，此时整个国内市场价格就从原来的 P_0 变为 $P_t = (1+t)P_W$。这意味着，小国对进口征税无法迫使国外出口商降价销售，其所造成的税负必须全部转嫁到本国消费者身上。

（2）贸易条件效应：由于国际交换价格不变，所以征税对小国的贸易条件没有影响。

（3）生产效应：当市场价格由 P_0 上升到 P_t 后，厂商面对的价格信号变了，其产量会从征税前的 S_1 增加到 S_2。

（4）消费效应：当市场价格由 P_0 上升到 P_t 后，消费者面对的价格信号也变了，其需求量会从征税前的 C_1 减少到 C_2。

（5）贸易效应：当市场价格由 P_0 上升到 P_t 后，国内供给缺口从 $(C_1 - S_1)$ 下降到 $(C_2 - S_2)$，即进口规模从 $(C_1 - S_1)$ 下降到 $(C_2 - S_2)$。

（6）财政效应：通过对进口征税，政府获得了一笔大小为 c 的税收。此时，税收 = 税基 × 税率，税率为 t，税基为 $(C_2 - S_2)$。

（7）国际收支效应：在出口不变的情况下（征税不会引起国外贸易伙伴的报复），进口减少会改善该国的国际收支。

（8）再分配效应：经过对进口征税，政府和厂商的利益增加了，但消费者的利益降低了。在图 9 - 6 中，a 是福利从消费者向生产者的转移，c 是福利从消费者向政府的转移，二者都不是损失，而是转移。

通过以上分析可知，当小国条件下征收关税，对于社会整体的福利效应为负，因此可得出结论：对于小国而言，最优关税水平就是零关税。但是，这种效应仅仅是一种静态效应。考虑到动态效应，例如关税可以增加政府的财政收入，更主要的是通过关税调节价格，进而引导社会资源更多地使用到国内的进口替代产业的生产中，小国的最佳关税率未必是零。

（9）福利效应：消费者剩余减少了 $(a+b+c+d)$，生产者剩余增加了 a，政府税收为 c，可粗糙认为，经过转移支付后，该国的净福利变化为 $-(b+d)$。它意味着对贸易小国而言，关税会降低其社会福利水平，且其对应的净损失为 $(b+d)$，这部分损失也称为保护成本或净损失（deadweight loss）。其中，b 为生产扭曲（production distortion），表示征税后国内厂商用成本高的生产替代原来来自国外成本低的生产而导致资源配置效率下降所造成的损失。d 为消费扭曲（consumption distortion），表示征税后因消费量下降所导致的消费者满足程度降低，是消费者剩余的净损失。征收关税后，整个社会的福利损失为 $(b+d)$，这是生产者和消费者共同而言的。

9.2.5 大国模型

除去福利效应，其他效应与小国模型基本雷同，所以这里重点介绍大国进口关税的福利效应。其主要区别在于，对大国而言，当其政府对进口商品征收关税时，所引起的进口量减少足以打破世界市场原有均衡，这会导致进口品的国际交换价格下跌。它征收关税在提高了国内价格的同时，也压低了国外出口商的价格，降低了本国的进口成本。这样，外国出口商和国内消费者共同承担了关税。

假定一个大国对进口商品征收了一个税率为 t 的从价关税，该行为会产生一系列市场变化：首先，国内该产品的销售价格会在一定程度上上升；其次，价格上涨会刺激国内厂商增加供给、国内消费者减少消费，因此进口需求下降；再其次，国外采购量的下降会刺激国外出口商，由于该出口商无法用世界其他地方的市场来消化这部分需求减少，他会被迫降价销售，即本国进口采购成本下降；最后，本国进口商在采购成本基础上加上关税成本，以这个税后价格在本国市场销售。这样，本国征税后的价格相较于征税前的价格，其上涨幅度小于 t，这意味着出现了税负的国际转嫁。

（1）价格效应：对进口征税会导致国内价格上涨，只是幅度大小的问题，这一点与小国类似。在图 9-7 中，国内价格从征税前的 P_E 上涨到 P_{T2}，而在国际市场的采购价格则从 P_E 下降到 P_{T1}。P_E 是自由贸易时的世界市场价格、本国进口商的采购价格和销售价格，P_{T2} 是征收关税后本国市场上的价格，P_{T1} 是征税后本国进口商在国际市场的采购价格，也是外国的出口价格。价格差 $(P_{T2}-P_{T1})$ 就是本国征收关税的幅度，$P_{T2}=(1+t)\cdot P_{T1}$。需要注意的是，与小国模型不同，大国征税后造成的国内价格上涨幅度 $(P_{T2}-P_E)$ 要小于关税的大小 $(P_{T2}-P_{T1})$，这是因为国外出口商吸收了税负中的 (P_E-P_{T1}) 部分。

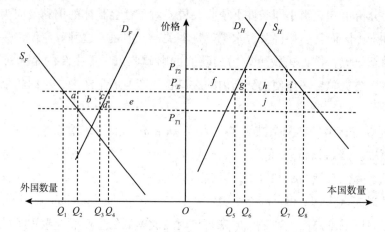

图 9 – 7　贸易大国的关税效应

（2）贸易条件效应：由于进口品的国际交换价格下降，所以本国的贸易条件改善了，本国获利了。

（3）生产效应：厂商在价格上涨后会把产量从 Q_5 增加到 Q_6。

（4）消费效应：由于价格上涨，本国消费者会把消费量从 Q_8 下降到 Q_7。

（5）贸易效应：由于国内供给增加且需求减少，本国进口量会从（$Q_8 - Q_5$）下降到（$Q_7 - Q_6$）。

（6）财政效应：用税率与税基相乘，可得到政府税收增加了（$h + j$），其中，h 由国内消费者承担，反映了财富从消费者向政府部门的转移，而 j 由国外出口商承担，反映了财富的国际转移。

（7）国际收支效应：由于进口减少，在出口不变的情况下，本国的国际收支会改善。

（8）国内再分配效应：生产者和政府收入增加，消费者支付成本加大，产生了从消费者向生产者的国内财富转移 f，以及从消费者向政府的国内财富转移 h。大国关税的再分配效应包括国内再分配和国际再分配，这里仅为国内再分配（国际再分配效应在后面讨论）。

（9）福利效应：生产者剩余增加了 f，而消费者剩余减少了（$f + g + h + i$），政府税收增加了（$h + j$），g 为生产扭曲，i 为消费扭曲，经过转移支付调节后，本国福利净变化为（$j - g - i$）。与小国不同的是，这里关税的净效应未必为负值，当 j 大于（$g + i$）时，会出现本国福利增加的情形。其含义是，尽管本国征收关税会产生一个大小为（$g + i$）的国内市场损失，但只要从国外出口商那里获得的财富转移 j 足以弥补这个国内损失，本国的福利就会增加。这与小国征税一定会带来净损失有所不同。也就是说，大国存在一个不为零的最佳关税。

（10）国际再分配效应：大国征收关税，迫使出口的出口商降价销售，因此会产生财富从出口国到进口国的跨国转移，其大小为 j。

（11）国外净福利变化：出口国因出口减少而出现价格下降，因此生产者剩余减少了（$a + b + c + d + e$），而消费者剩余增加了（$d + e$），政府税收没变，因此其净损失为（$a + b + c$）。

（12）世界福利变化：进口国的净福利变化为 $(j - g - i)$，出口国的福利变化为 $-(a + b + c)$，由于 b 等于 j，所以整个世界福利净损失为 $(a + c + g + i)$。就是说，尽管大国的征税行为可能为自己带来好处，是个体理性行为，但对全球而言是非理性的。

9.2.6 税负的国际分配

前面假定小国是国际价格的接受者，其单方面行为不改变世界市场均衡，而大国的贸易政策对世界价格有着显著影响，但这仅仅是一种近似假设，事实上小国对价格的影响力并不为零。精确地说，关税造成的负担并非由小国百分之百吸收，大国或多或少也要吸收一部分，这就涉及关税在进口国和出口国之间的分配问题。那么，在国际贸易中，两国承担税负的比例取决于什么呢？为说明这一点，需要引入进口需求曲线和出口供给曲线。进口需求曲线适用于某种在本国生产和消费但同时也进口的商品整体市场中的一个细分市场；而出口供给曲线同样也只适用于某种在本国生产和消费同时也出口的商品整体市场中的一个细分市场。贸易政策的影响一般是先直接作用于这些细分市场，随后才由此波及整个世界市场。

在图 9 - 8 中，XS 是国际市场中某商品的出口供给曲线，由出口国的供给曲线和需求曲线的差额所导出，MD 是该商品的进口需求曲线，由进口国的供给曲线和需求曲线的差额所导出。两条曲线的导出方法已在第 2 章中介绍。

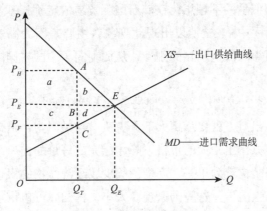

图 9 - 8 税负的国际分配

征税后，由于国内市场价格提高，本国进口下降，进口规模从 Q_E 减少到 Q_T；外国出口商由于出口价格下降，出口规模也从 Q_E 减少到 Q_T，国际市场的进出口始终平衡。

对本国来说，消费者剩余减少了 $(a + b)$，但政府获得了大小为 $(a + c)$ 的税收，a 是财富的国内转移（从本国消费者转移到本国政府），c 是征税导致的国际财富转移（从外国出口商转移到本国政府）。如果 c 大于 b，征税可以增进本国福利。

对外国来说，生产者剩余减少了 $(c + d)$，其中 c 是转移到国外的部分。

对全球来说，福利净损失是 $(b+d)$。

可以看出，图 9 - 8 能反映税负的国际分配情况，即均衡价格以上是由进口国消费者负担的，均衡价格以下是由出口国生产者负担的。税负在两国间的分配取决于进口需求弹性与出口供给弹性的对比，弹性愈大者承受的税负比例愈小。为了简便起见，这里可简单分为两种情形进行讨论，一是进口需求缺少弹性的情况，二是进口需求富有弹性的情况。

情形 1：进口需求弹性较小（表现为该曲线斜率较大），而出口供给弹性较丰富（表现为该曲线斜率较小），在关税负担中，进口国承担的比例要大于出口国承担的比例。这是因为，征税后，为保持国际市场继续均衡，进口国进口规模的减少量应该等于出口国出口规模的减少量，由于刚性需求，进口国需要很大的价格上涨才能实现这个规模的进口下降，而对出口国而言，只需要较小的价格下跌即可完成同等规模的出口下降。一个极端的情形是，当出口供给为无限弹性（曲线水平）时，一个无限小的价格下降即可完成特定规模的出口下降，从而保证国际市场进出口平衡，这就是进口国为小国的情形。

即使进口国为一个贸易大国，如果其对进口商品的需求较为强烈，弹性小，也会使其议价能力大打折扣，而实现不了压低采购价格的目的。该原理可以解释一个国际经济现象：在国际铁矿石市场中，中国是世界最大的进口方，澳大利亚的必和必拓、力拓与巴西的淡水河谷三大公司是主要出口方，从 21 世纪第一个十年开始，中国钢铁企业即在中国钢铁协会的统一组织下联合与这三大公司展开价格谈判。中国每年进口的铁矿石约占到全球铁矿石贸易的 70% 左右，似乎可以通过买方垄断极大压低国际价格，然而事实是中国与这三大公司的博弈成绩似乎并不理想，铁矿石国际贸易的定价权基本掌握在必和必拓、力拓与淡水河谷三大公司手中①。之所以出现此现象，主要是因为高速发展的工业化和城市化造成了中国对铁矿石需求较为明显的刚性，从而削弱了中国在国际铁矿石价格谈判中的议价能力。

情形 2：当进口需求曲线比较平缓，即进口需求弹性较大，而出口供给曲线较为陡峭，即出口供给弹性较小，出口方就要承担大部分税负。这是因为，进口方征收关税所造成的进口量下降，需要出口方作出很大的价格下降才能完成等量的出口下降。一个典型的例子是，一些非洲国家经济结构较为单一，高度依赖少数经济作物的出口，例如加纳依赖可可出口，塞内加尔依赖花生出口。这些国家规模太小，在国际可可市场和花生市场中，面对的是一条近乎水平的需求曲线，如果西方发达国家对进口的可可或花生征收关税，就会迫使这两个国家大幅下调出口价格，因为只有较大幅度的价格下降才能保证其产品能够销售出去。这便造成了发展中国家在国际分工体系中对发达国家的依附。这就是国际依附理论形成的经济背景。

---

① 孙晓华等. 中外铁矿石价格谈判的演化博弈分析 [J]. 南京财经大学学报，2010（7）：14 - 18.

► **阅读材料**

国际依附理论

二战后，先前欧洲中心国家所殖民的广大亚非拉国家先后获得了政治上的独立，建立了拥有独立主权的民族国家。但从经济上分析，这些国家要么不发达，要么在经济上附属于西方发达国家。对于世界经济格局中这种现状的经济学理论上的解释——不发达与依附理论（the dependency theory）由此产生。在 20 世纪六七十年代，依附论得到了广泛的发展，可以说，它已经成为当代西方发展经济学理论流派中的一种激进的学说。该理论由阿根廷学者劳尔·普雷维什（Raúl Prebisch）在 20 世纪六七十年代最先提出。该理论认为广大发展中国家与发达国家之间是一种依附的、被剥削与剥削的关系。在世界经济领域中，存在着中心－外围层次。发达资本主义国家构成世界经济的中心，发展中国家处于世界经济的外围，受着发达国家的剥削与控制。该理论是新马克思主义的一个重要理论学派之一。

9.3　小国一般均衡

关税不仅对一国进口市场有影响，而且对出口部门的生产和消费也有影响。局部均衡分析只是针对一国征收关税对该征税商品的价格、生产、贸易、利益分配和消费等经济行为产生了影响。然而，一种商品的变动相对地影响了其他商品的价格，进而影响其他商品的生产、贸易、利益分配和消费。因此，本节将用一般均衡的方法来分析关税对进口国两部门的总影响。

假定一个小国参与自由贸易（见图 9－9），X 是农产品部门，Y 是纺织品部门，在自由贸易时（征收关税之前），国际市场和国内市场的价格都是 P_X/P_Y，消费在 C_0 点进行，生产在 P_0 点进行，该国出口 X_0 数量的农产品，进口 Y_0 数量的纺织品，效用水平用 IC_0 表示。

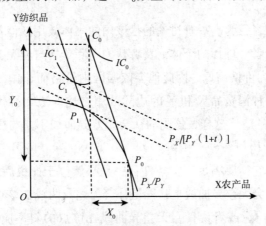

图 9－9　小国征收关税的一般均衡分析

9.3.1　征税后的价格

为了通过保护国内纺织产业促进工业化，现在该国对进口的纺织品开始征收税率为 t 的从价税。由于该国是贸易小国，纺织品的国内市场价格将因此上涨 $100t$ 个百分点，即纺织品市场价格变成了 $P_Y(1+t)$。国内的相对价格由原来的 P_X/P_Y 变为现在的 $P_X/[P_Y(1+t)]$，可以看出，新价格低于征税前的国际相对价格 P_X/P_Y，因此价格曲线变得更为平缓了。

9.3.2　征税后的生产点

纺织品相对价格上涨后，价格变动必然使国内生产者作出生产上的调整：在新的价格条件下，生产点会从 P_0 沿着 PPF 曲线向左上移动到 P_1 点，出口行业——农产品部门会缩小，而与进口竞争的行业——纺织品部门会扩大，调整生产直至边际转换率等于新价格 $P_X/[P_Y(1+t)]$ 时为止，也就是较为平缓的国内市场价格线与生产可能性边界在 P_1 点相切时。

9.3.3　征税后的消费点

第一步，确定预算约束线。该国的消费能力受其收入水平的约束，因此消费点一定在预算线上。正如第 2 章所分析的，该国的预算约束线是这样一条直线：它过新的生产点 P_1，它的斜率是国际交换价格 P_X/P_Y。之所以斜率用国际交换价格，而不是用此时该国国内价格，是因为在国际市场里国家组织已抽象为一个"点"，可看作一个统一行为体，我们讨论的是该国作为一个整体的国民收入和集体效用，而非某个特定居民的个体收入和效用。

第二步，分析消费者行为。尽管讨论的是该国的集体效用，但作出消费选择的却是一个个活生生的个体消费者。理性的个体消费者认为国际价格与他无关（那是进口商关心的事），他所关心的是国内价格高低，因此他会依据国内价格而非国际价格进行选择，不断调节消费组合，直到两种消费品 X 和 Y 的边际效用之比即边际替代率等于两种产品的国内价格之比 $P_X/[P_Y(1+t)]$。这样，该国的社会无差异曲线不是与国际价格线 P_X/P_Y 相切，而是与国内价格线 $P_X/[P_Y(1+t)]$ 相切。

新的消费点是 C_1，它需要满足三个条件：一是必然位于征税后该国的预算约束线上；二是必然位于某一条社会无差异曲线上；三是社会无差异曲线在该点的切线必然平行于国内价格线 $P_X/[P_Y(1+t)]$，或者说社会无差异曲线在该点的斜率应等于 $P_X/[P_Y(1+t)]$。这样，我们可以根据这三个条件写出三个不相关的方程，从而求出三个未知数：该国 X 的消费量、Y 的消费量和所实现的效用水平 U。这三个不相关的方程是：

方程 1：$Y - Y_1 = P_X/P_Y(X - X_1)$，$(X_1，Y_1)$ 是 P_1 的坐标。

方程 2：$U = U(X,Y)$，这是集体效用函数。

方程 3：$\dfrac{\partial U}{\partial X}\Big/\dfrac{\partial U}{\partial Y} = P_X/[P_Y(1+t)]$。

9.3.4　征税后的福利

在图 9 - 9 中，征税导致生产商偏离专业化生产，从而降低了该国的消费可能性边界，即从 P_0C_0 萎缩到 P_1C_1。当消费者被迫在新的消费可能性边界进行选择时，它们也必须移到较低的无差异曲线上，福利必然受损。消费点从 C_0 移动到 C_1 点。显然，与自由贸易时相比，该点福利状况恶化。

另外，可根据征税后的消费点和生产点计算进口规模，这是征税的税基，乘以税率 t 后就得到政府税收。

9.4　大国关税的一般均衡分析

与小国征收关税效果不同的是，大国进口商品国内生产的扩张和由于进口品的国内价格上升、消费减少双重原因导致的进口量减少会影响世界市场价格，造成进口品的世界价格下跌，同时出口供给的减少造成出口商品的世界市场价格上升。因此，大国征收关税的一般均衡分析要比小国征收关税的一般均衡分析复杂得多：一方面，大国关税的保护会降低大国的社会福利水平；另一方面，其贸易条件的改善又会增进大国的社会福利水平。这两种反向的关税效应使大国最终整体福利水平的变化方向是不确定的，既可能降低总体福利水平，也可能提高总体福利水平，关税征收带来的净福利取决于两种效应的对比。

9.4.1　关税的福利效应

不同于对小国征收关税的影响的研究，我们使用提供曲线来说明大国征收关税后的影响。使用提供曲线的目的是考察征收关税对大国贸易条件会产生怎样的影响。注意，我们的分析都是建立在其外贸伙伴国不会进行报复的前提条件下。下面我们用两个图形分别解释大国征收关税降低福利和增加福利的两种情形。

首先，会出现净福利效应为负的情形（见图 9 - 10）。这是一种与小国较为相似的情形。假定该国是出口布匹、进口小麦的贸易大国，具有影响国际市场的力量。在自由贸易条件下，面对国际均衡贸易条件 W_0，该国的生产均衡点为 P_0 点，消费均衡点为 C_0 点，效

用水平为 IC_0。该国征收关税之后，小麦在国内市场上价格上升，故国内生产者面对比国际市场价格线 W_0 更平坦些的新的相对价格线 H。由于该大国征收关税，进口减少，使得小麦的国际市场相对价格下跌，因此国际市场价格线变为比 W_0 更为陡峭的 W_1 线。W_0 比 W_1 更为陡峭的原因是，在国际市场中（P_X/P_Y）中的分母 P_Y 变小了。

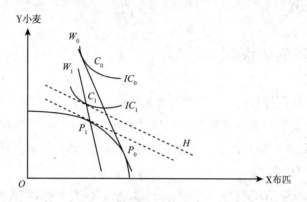

图 9 – 10　大国关税降低福利的情形

此时，可以仿照小国情形确定新的生产点 P_1 点和新的消费点 C_1 点。在这种情形中，关税对国内相对价格的影响比较大，以至于其扭曲相对比较严重，福利损失很大；贸易条件虽然也改善了，但只是轻微改变，因此所带来的福利增加很少。由此可以得出结论，在这种情况下，大国征收关税的净效应使其社会整体福利水平下降，在图 9 – 10 上表现为消费点落到了一个较低的无差异曲线上。

其次，也会出现净福利效应为正的情形（见图 9 – 11）。与上一种情形不同的是，在本情形中，大国对进口征税极大地改善了本国贸易条件，以至于贸易条件改善带来的好处超过了国内价格上涨带来的损失，此时征收关税可以提高大国的社会福利水平。在图 9 – 11 中，大国征税后的国际交换价格为 W_1，非常陡峭，或者斜率的绝对值非常大，这意味着进口国征税造成国外出口产品的价格发生了非常明显的下降。

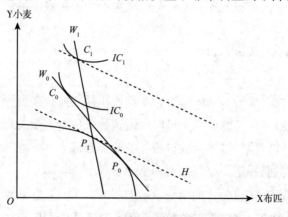

图 9 – 11　大国关税增加福利的情形

9.4.2　关税的贸易条件效应

在一般均衡分析中，分析关税贸易条件效应常用的方法是提供曲线法。在第 3 章，我们在假定各国的提供曲线给定的情况下，看到了均衡相对价格和贸易量如何决定的问题，然而提供曲线并不是固定不变的，而是随着时间的流逝发生改变的，提供曲线的变动可以引起国际交换价格和贸易数量的变化。关税是造成提供曲线变动的重要原因之一。

首先，观察 A 国的提供曲线变动。假定有两个国家，A 国出口 X 并进口 Y，B 国出口 Y 并进口 X。在图 9 – 12 中，A 国初始提供曲线是 OC_A，假设某一天该国的消费者突然改变了偏好，想要购买更多的 Y 产品，即该国的贸易意愿增强了。在提供曲线分析中，贸易愿望增强意味着，在任意一种贸易条件下，其愿意提供更多的 X 产品以需求更多的进口产品 Y。这将导致提供曲线从 OC_A 向右移动或摆动到 OC_A'。

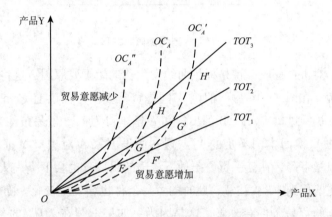

图 9 – 12　A 国提供曲线的移动

除了对进口产品的偏好变化之外，其他原因也会推动提供曲线发生移动，例如收入水平的提高导致对进口产品需求增加，或者该国出口行业生产技术改进导致生产率提高，增加了该国的出口供应。

请注意，这种移动是通过下面方法完成的：对潜在价格线上的每一点我们都从其初始位置向外移动一段距离，然后连接画出。例如，在 TOT_1 的贸易条件下，原来在 F 点贸易，现在扩展到 F′ 点贸易；在 TOT_2 的贸易条件下，原来在 G 点贸易，现在扩展到 G′ 点贸易；在 TOT_3 的贸易条件下，原来在 H 点贸易，现在扩展到 H′ 点贸易。

同样地，提供曲线也可向左边或向内偏转，例如从 OC_A 偏转到 OC_A'' 所示。与向右偏转的机制类似，向左偏转是因为该国从事国际贸易愿望降低或者相互需求减少，这反映的可能是该国对进口产品偏好降低了，或国民收入减少了，或者特别重要的一个原因是该国对进口产品开始征收关税了。

然后，再观察 B 国提供曲线的变动（见图 9 – 13）。类似的分析过程同样适用于 B 国，只是 B 国提供曲线的弯曲方向和偏转方向与 A 国相反。由于更愿意进行贸易，所以在任何贸易条件下，一国愿意出口和进口的产品数量都会增加，表现为初始的OC_B将向上移至OC_B'。注意，仍然是在每一条价格线上，贸易愿望提升后的点画在比原有曲线靠外的位置。国家 B 进行贸易的愿望降低后的情形如提供曲线OC_B''所示。

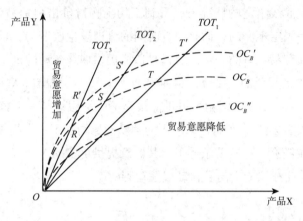

图 9 - 13   B 国提供曲线的移动

对大国来说，对进口征收关税是提供曲线发生移动的重要原因，这将改变本国的均衡贸易条件和贸易额。在图 9 - 14 中，假定 A 国是贸易大国，征税前 A 和 B 的贸易均衡点在 E，A 国出口和 B 国进口为X_E，B 国出口和 A 国进口为Y_E，贸易条件为TOT_E，即 A 国用出口本国过剩的X_E换回本国不足的Y_E。现在假设国家 A 对进口 Y 征收一定比例的关税，则该国的进口量下降，在任一贸易条件下该国的出口量也会下降，从而导致该国的提供曲线从OC_A向左偏移到OC_A'。注意，此时的贸易条件也会发生变化。随着 A 国进行贸易的愿望弱化，该国的贸易条件会改善，这是因为：如果继续在TOT_E的条件下展开贸易，A 国仅仅愿意出口X_2，而 B 国却希望进口X_E，所以 X 的价格会上升；A 国仅仅愿意进口

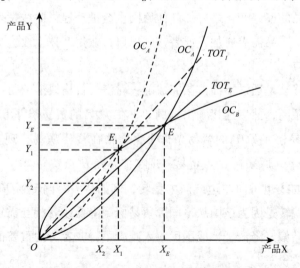

图 9 - 14   大国关税对贸易条件的影响

Y_2，而 B 却想出口 Y_E，所以 Y 的价格会下降。最后两国相互妥协，在 $E_1(X_1, Y_1)$ 达成新的均衡，国际交换价格从 TOT_E 变为 TOT_1，A 国的贸易条件改善了，B 国的贸易条件则恶化了。贸易条件改善意味着 A 国出口 1 单位的 X，能换回来的 Y 的数量增加了，因此本国的福利水平提高了。B 国则相反。

如果 A 国是小国，提供曲线的移动会影响贸易条件的结论就不成立了。小国无法通过减少进口迫使其他国家降价销售，所以对小国来说，其所面对的其他国家的提供曲线其实是一条从原点出发的射线。在图 9 - 14 中，如果 A 国是小国，TOT_E 线就是其所面临的世界上其他国家和地区的提供曲线，无论 A 国如何努力，它都无法改变自己的贸易条件。

9.4.3　最优关税问题

通过前面的分析，可知大国可以通过征收关税改善自己的贸易条件。由于关税提高引起贸易条件改善所带来的福利增进与市场扭曲带来的福利损失在变化速度上并不一致，在理论上就会存在一个净福利最大化的关税水平，即最优关税率。

在图 9 - 15 中，OC_B 是 B 国的提供曲线，OC_A、OC_A' 和 OC_A'' 分别是 A 国在征收关税前、征收较低关税和征收较高关税时的提供曲线。自由贸易时，均衡点是 1 点。关税率越高，进口规模下降幅度也越大，对贸易条件的影响也就越大，所以可以认为 OC_A' 是较低关税时形成的提供曲线，OC_A'' 是较高关税时形成的提供曲线。可以在图 9 - 15 中画出 A 国的无数条贸易无差异曲线，其中仅有 1 条（TIC_2）与 B 国的提供曲线相切，切点是 2 点。在第 3 章已经分析过，每条贸易无差异曲线都与一条社会无差异曲线相对应，更高的贸易无差异曲线对应着更高的社会无差异曲线，也代表着更高的效用水平。可以认为，在 TIC_2 上面还存在着很多贸易无差异曲线，但它们均是现实贸易中无法实现的效用水平，因此没有画出来。同时，在 TIC_2 下面也存在着很多条贸易无差异曲线，例如过征税前均衡点 1 的 TIC_1，

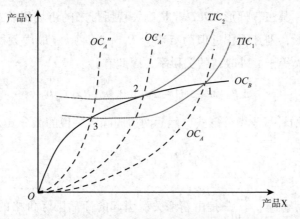

图 9 - 15　A 国的最优关税率

这些贸易无差异曲线固然在现实贸易中可以实现，但其对应的社会无差异曲线和效用水平却不是最高的。在图 9 - 15 中，TIC_1 除穿过 1 点外，还与 B 国提供曲线 OC_B 相交于 3 点。显然，TIC_2 是 A 国所能实现的贸易无差异曲线中位置最高的那条，所以在 1、2、3 三个点中，只有通过 2 点的提供曲线 OC_A' 所代表的关税水平才是能保证 A 国实现福利最大化的关税，即最优关税。可见，对大国来说零关税和非常高的关税均偏离最优关税水平，正所谓"过犹不及"。

最优关税既然存在，那么它是多少呢？A 国是贸易大国，图 9 - 16 是其增加关税的情形。

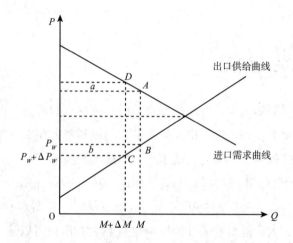

图 9 - 16　A 国关税边际增加的效应

在图 9 - 16 中，当关税水平为 t 时，A 国的进口规模为 M，国际交换价格为 P_W。如果该国把关税水平增加一个边际量 Δt，提高到 $(t + \Delta t)$，则该国进口量从原来的 M 变为 $(M + \Delta M)$，世界价格从原来的 P_W 变为 $(P_W + \Delta P_W)$。这样，该国福利发生了这样的 3 点变化：其一，矩形 a 是国内财富转移，即本国政府新增关税收入中来自本国消费者的部分；其二，矩形 b 是国际财富转移，即本国政府新增关税收入中来自国外的部分，其大小为 $\Delta P_W(M + \Delta M)$；其三，梯形 $ABCD$ 是提高关税所带来的市场扭曲造成的损失。把该梯形近似看成一个矩形，则其面积近似为 $\Delta M[t(P_W + \Delta P_W)]$。最优关税率就是恰好使关税变化引起的额外损失等于额外收益的关税率，因此有：

$$\Delta P_W(M + \Delta M) - \Delta M[t(P_W + \Delta P_W)] = 0 \qquad (9 - 2)$$

把式（9 - 2）中的增量写成微分形式，然后两边同除以关税的微分 $\mathrm{d}t$，得：

$$M\frac{\mathrm{d}P_W}{\mathrm{d}t} - t \cdot P_W\frac{\mathrm{d}M}{\mathrm{d}t} = 0 \qquad (9 - 3)$$

其中，M 是进口商品数量；$\dfrac{\mathrm{d}P_W}{\mathrm{d}t}$ 是由新增关税引起的商品国际价格的变动，$M\dfrac{\mathrm{d}P_W}{\mathrm{d}t}$ 是国际价格下降带来的政府收入增加，即新增关税造成的国际转移，也就是提高关税的边际收益；$\dfrac{\mathrm{d}M}{\mathrm{d}t}$是税率变动造成的进口量的变化，单位商品的税额（税率 t 与价格 P 的乘积）与

$\dfrac{\mathrm{d}M}{\mathrm{d}t}$的乘积是提高关税后由于贸易量的减少而造成的福利损失，即提高关税带来的边际成本。进一步化简式（9 - 3），并用 T 表示最优关税，则：

$$T = \frac{M \cdot \mathrm{d}P_W}{P_W \cdot \mathrm{d}M} = \frac{1}{(\mathrm{d}M/M)/(\mathrm{d}P_W/P_W)} = \frac{1}{e_X} \tag{9-4}$$

式（9 - 4）中右侧的分母 e_X 表示外国出口的供给弹性。所以，贸易大国 A 的最优关税率等于其他国家出口该商品的出口供给弹性的倒数。

需要强调的是，由于大国面临的外部世界的出口供给曲线的弹性不可能无限大，所以最优关税税率必然大于零。对 A 国来说，根据进口商品的供给弹性来确定关税税率可以使其经济利益达到最大，无论是低于还是高于该税率，它都将损失一部分利益，如果关税已在最优关税之上继续提高关税，则损失会越来越大。

9.5 保护性关税

关税作为一种间接税，对于产量、价格以及贸易量都发挥着重要的调节作用。福利经济学之父庇古指出，每种税收对于负担税款的纳税人而言，都是一种牺牲。政府征收关税的主要目的有两个：一是获得财政收入，这叫财政性关税；二是保护国内弱势产业，这叫保护性关税。在现代社会中，通过关税获得税收的作用已经不那么重要，保护相关产业成了关税的最主要目的。要达到保护国内相关产业或促进这些产业发展的目的，除去关税手段外，政府还拥有其他政策工具，例如进口配额和产业补贴等。这些政策各有自己的优点，也有自己的缺点，将关税政策与这些政策进行比较，既了解每种政策的正面作用，也清醒地看到每种政策的缺点，政府在根据不同目的制定政策时，才能做到心中有数、趋利避害。

9.5.1 幼稚产业保护

德国历史学派的先驱者、经济学家弗里德里希·李斯特（Friedrich List）是德国保护关税政策的首倡者，从他开始逐渐建立起了完整的贸易保护理论体系。

李斯特所处时代的德国是一个政治上分裂割据、经济上十分落后的封建农业国家。在经济上，经济发展水平不但远远落后于已经完成工业革命的英国，而且与早已进入工业革命阶段的法国，甚至美国、荷兰等国之间也存在着相当大的差距。德国 19 世纪 30 年代才开始工业革命，到 1848 年革命爆发时，它甚至还没有建立起自己的机器制造业，工场手

工业和分散的小手工业仍占据主导地位。因此，对于对外贸易政策的选择问题，德国国内产生了激烈的辩论。李斯特受到汉密尔顿的关税保护论的启发和影响，从当时德国的实际情况出发，强烈呼吁实行保护贸易。1827 年在美国出版的《美国政治经济学大纲》一书中，李斯特首次系统地表述了他的贸易保护主张。保护贸易思想主要集中在他于 1841 年出版的主要代表作《政治经济学的国民体系》一书中。

李斯特主张建立和合理实施保护关税制度，壮大国家综合生产力。李斯特指出，从统计和历史资料分析，国家在立法和行政方面的干预往往是随着经济发展的进程而不断加强的。为了国家的最高利益，国家必须保持对经济活动的干预。从保护关税制度来看，保护关税制度来源于国家要求独立和富强的自然努力，它是战争与优势工业国家实行敌对性法规的必然结果。

在保护关税制度的具体实施方面，李斯特认为，国家应该保护受到冲击的有前途的幼稚产业。李斯特强调，对产业的保护不应是全面的，而是有选择的。国家应选择那些目前处于幼稚阶段的、受到竞争的强大压力的，但经过一段时期的保护和发展能够扶植起来并达到自立程度的产业。因此，如果幼稚产业没有强有力的竞争者，或者，预期经过一段时期的保护和发展不能实现自立的幼稚产业，就不应保护。李斯特认为，那些有关国计民生的重要产业部门，保护程度要高一些。

关于保护关税和税率确定的问题，李斯特认为，从税种来看，一是要区别从量税和从价税，对外国进口商品应设置从量税，而不应设置从价税，这样可以避免外国商人利用隐瞒商品真实价值的方法偷逃关税；二是要区别保护关税和收入关税，对进口的自然产品如谷物、畜牧产品等只能征收收入关税，不能课以保护关税，收入关税的主要课税对象应该是奢侈品。

李斯特还强调，保护制度要分阶段按步骤渐进实施。他认为，保护制度实施的第一步是通过保护关税的实施把外国工业品逐渐从国内市场上排挤出去，并造成外国的工人和资本等过剩，逼迫其到国外寻找出路。第二步是通过特惠、奖励或补助等措施，配合保护关税，吸引外国的工人和资本，增强国内的工业生产能力。

李斯特同时指出，保护关税制度也不是绝对没有缺点的，但比起它的优点来，这些缺点是微不足道的。李斯特承认，保护关税制度可能会在一定时期内使本国生产率下降，但从长期看，这种损失不过是一项再生产支出，它将会得到加倍的补偿。因此，一个国家应把长远利益放在重要的位置上，不应只看眼前的得失。

对李斯特保护幼稚产业理论的评价：保护幼稚产业的理论许多观点是有价值的，整个理论是积极的，对经济不发达的国家制定对外贸易政策有着深刻的借鉴意义。他的关于生产财富的能力比财富本身更重要的思想具有较强的说服力；他的关于处于不同经济发展阶段的国家应实行不同的贸易政策的观点是科学的，为经济落后国家实行保护贸易政策提供了理论依据；他的关于以保护贸易为过渡时期和仅以有发展前途的幼稚产业为保护对象，且保护也是有限度的而不是无限期的主张是积极的和正确的，说明了他对国际分工和自由贸易的利益也予以承认。但是李斯特的保护贸易理论体系从总体上看是不科学的，有不少观点是错误的，尤其是片面扩大了保护制度的积极作用与自由贸易制度的消极作用。

9.5.2 关税保护率

1947 年关税与贸易总协定签订之时，全世界的平均关税税率超过 40%。后经多轮多边贸易谈判，到 1995 年世界贸易组织正式成立并运行以来，关税税率持续下降。发达国家的平均关税税率降为 4%，发展中国家的平均关税税率降为 12%。与此同时，世界贸易总额则从 1947 年的 500 多亿美元增加到 2007 年的 142110 亿美元。2016 年，发达国家中，加拿大加权平均关税税率仅仅 0.8%，而美国则达到 1.6%。在发展中国家中，中国加权平均关税税率只有 3.5%，远远低于巴西的 8.0%、印度的 6.3%。世界上关税最高的是巴哈马，加权平均关税税率为 18.6%，加蓬也高达 16.93%。①

名义保护率，也叫名义关税税率，就是一个国家法定的关税税率，通常在关税税则中载明。其经济意义是指一国实行关税保护使商品的国内市场价格高于国际市场价格的百分比，因国内外价格差价与国外价格之比等于关税税率，因而在不考虑汇率的情况下，名义保护率在数值上和关税税率相同。其公式为：

$$名义保护率 = \frac{国内价格 - 进口价格}{进口价格} \times 100\% \qquad (9-5)$$

有效保护率，又称为有效关税，是指一国实行关税保护使本国某产业加工增值部分提高的百分比。其经济意义是在有关税保护下生产单位产品的净增值量与无关税保护下生产单位产品的增值量之比。

$$有效关税 = (V' - V)/V \qquad (9-6)$$

式中，V' 为保护贸易条件下被保护产品生产过程的增值，V 为自由贸易条件下该生产过程的增值。

有效保护率研究的对象不是关税对进口商品价格的影响，而是某一被保护商品生产的增值量。增值量越高，保护程度越高，生产部门所获利润越大。有效保护主要是关税制度对加工工业的保护。有效保护率计算的是某项加工工业中受全部关税制度影响而产生的增值比。

有效保护率概念可以得出如下政策启示：

（1）关于关税结构：有效关税保护的一个突出特征是关税税率随产品加工程度的逐渐深化而不断提高。制成品的关税税率高于中间产品的关税税率，中间产品的关税税率高于

---

① 世界综合贸易解决方案（WITS）[EB/OL]. https://wits.worldbank.org/WITS/WITS/Restricted/Login.aspx.

初级产品的关税税率。这种关税结构现象称为关税升级、阶梯式关税结构或"瀑布式"关税结构（cascading tariff structure）。但级差过大也是不合适的，有效保护率会因此而以更大的幅度提高，形成保护过度。需要注意的是，无论投入品还是成品，国内外产品必须是同质产品，不能只单独比较它们的价格差异，而是应该依据它们质量存在的差异比较它们的价格差异。

（2）关于实现路径：如果要对国内的最终成品加工工业提供保护，可以有两条选择路径。一是提高成品的名义关税税率，二是降低投入品的名义关税税率。降低投入品的名义关税税率开辟了通过降低关税达到保护某种加工工业的关税政策新途径。有时，一些国家的关税水平虽然有所下降，但实际上保护程度却不断提高，就是利用了有效关税的判别公式（9-6），从而保护了国内已成为重要工业部门的加工工业。

（3）关于投入品关税：并非每一种投入品的名义关税税率都必须不高于其成品的名义关税税率。对于一些重要的投入品，其名义关税税率可以高于其成品的名义关税税率，只要满足判别公式（9-6）即可，这样也能够使国内的最终成品加工工业得到保护。这一推论为重要的投入品国产化提供了依据。对于某种加工工业而言，只要其零部件的加权平均名义关税税率不高于其成品的名义关税税率，而个别关键零部件的名义关税税率可以等于甚至略高于其成品的名义关税税率。因此，当重要投入品的加工工业成为新的幼稚工业时，可以提高其名义关税税率进行保护。

（4）关于减税的效果：关税有效保护理论必然削弱关税职能。其推理过程可分为四个环节：降低投入品关税以保护成品加工工业；投入品关税的下降极限是零；任何投入品，在保护该产品的国内替代部门时，也可将其看作是成品；当最终成品的关税因其上游产品关税的大幅度下降而显得过高时，也将被迫下调税率水平。这四个层次在实践中不断推进的结果必然是：关税作用微乎其微，职能削弱。由此，关税又可以分为正常关税和非常关税。货物进口关税的最惠国税率可称为正常关税，而配额关税、特别关税、临时关税、反倾销反补贴税、反不正当竞争税等则可被称为非常关税。

9.5.3 与生产补贴的比较

反对征收关税的人士，往往提出以国内生产补贴取代进口关税的主张。因为，国内生产补贴使国内生产者可以以较低的价格出售其产品，而降价的损失又从政府的生产补贴中得到补偿，国内生产者从补贴中可得到与进口关税同样的利益；又因为国内市场的均衡价格没有上升，国内需求者也没有损失，整个过程中损失的只是政府的补贴额。

在图9-17中，这是一个小国，S是该国的供给曲线，D是需求曲线，P_W是世界市场价格，即国际交换价格。在自由贸易情况下，该国的国内价格与外部世界价格一样，供给量是Q_1，需求量是Q_4，进口量是消费与生产的差额Q_4-Q_1。如果该国政府为保护该产业的发展，目标是想让国内的产业规模从原来的Q_1提高到Q_2，它有两个政策选项，既可以对进口征收关税，抬高国内价格，也可以直接对国内厂商进行财政补贴，二者都能起到刺激国内厂商生产的效果。如果用关税的方法，其效应如下：征收一定税率的从价关税，让国内价格从原来的 P_W 上升到 P'，增加厂商产量的目标自然会实现，但会造成 $(b+d)$ 的净损失。

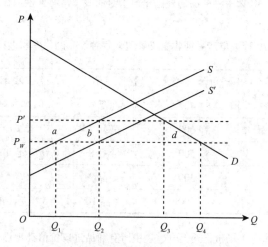

图 9-17　小国的关税与生产补贴比较

如果政府决定采用直接补贴的形式来刺激生产，补贴就相当于对生产者征收一个负的税收，税基是 Q_2，税率是 $P_W - P'$。这样会造成其供给曲线向右下平行移动，对供给曲线 S 上任一点的纵坐标减去单位产品得到的补贴额，就会得到新的供给曲线 S'。理性的生产商会按照 S' 进行生产决策，而非按照 S 进行决策。需要注意的是，原供给曲线 S 反映厂商边际生产成本，而 S' 并不反映厂商生产成本，是市场扭曲信号的产物。在补贴情形下，当国内厂商让产量提高到 Q_2 时的福利效应为：生产者剩余增加了 a，消费者剩余因国内价格未发生变化而不变，但政府财政产生了 $(a+b)$ 的减少。显然，a 是财富从政府向生产者的转移，b 才是生产扭曲的损失。

比较关税与补贴可以看到，同样是把产量从 Q_1 提高到 Q_2，补贴的福利损失仅为 b，而关税的福利损失为 $(b+d)$，这说明补贴政策要优于关税政策。产生这一差别的原因在于，对于发展国内产业这一目标，补贴是一种针对该目标的政策，其传导机制比较直接，传导路径比较短，所以造成的市场扭曲比较小；而关税政策是一种贸易政策，作为产业保护手段，其传导路径相对比较迂回，因此产生了更多市场扭曲。

但是，应看到政策是由政府制定的，由于财政补贴需要消耗政府手中的资源，而关税不仅不会带来政府支出，反而会为政府带来更多的收入，如果是大国还会带来税负国际转嫁，所以通常情况下关税政策比补贴政策更容易获得支持和实行。

复习思考题

1. 关税的经济效应指的是什么？

2. 当国内某产业进口的最终产品的名义关税税率上升而产业投入品的名义关税税率保持不变时，会提高该产业的增加值。请解释原因。

3. 关税是如何影响消费者剩余和生产者剩余的？请分别解释。

4. 征收关税谁会受益，贸易大国还是贸易小国？整个社会的净效应会怎样变化？

5. 其他情况不变时，为什么一种商品的外国出口供给曲线越富有弹性，该商品进口国的消费者比外国供应商承担的关税比例越大？

6. 假设某贸易大国对 10 种进口产品征收名义关税，每种产品的税率和进口价值如下表：

商品	名义税率	价值（美元）	商品	名义税率	价值（美元）
商品 1	10%	400	商品 6	2.5%	400
商品 2	5%	600	商品 7	15%	100
商品 3	免税	500	商品 8	0.5 美元/单位	400（100 单位）
商品 4	30%	300	商品 9	40%	200
商品 5	2%	200	商品 10	2.5 美元/单位	100（10 单位）

最近发生通货膨胀，世界市场价格均上升，表中所有商品进口价值都上涨了 25%。假定每种商品的进口数量都保持不变。请计算：

（1）该国非加权平均的名义关税税率。

（2）该国加权平均的名义关税税率。

第10章　非关税政策与保护贸易理论

自20世纪70年代以来，发达国家越来越多使用非关税壁垒作为新贸易保护主义的手段，有关非关税壁垒（NTBs）的研究也随之兴起。一般而言，一国对外国商品和劳务进口所实施的各种限制措施总称为贸易壁垒。大体上可以分为两大类，一类是关税壁垒，另一类是非关税壁垒。所谓关税壁垒是指进出口商品经过一国关境时，由政府设置海关向进出口商征收关税形成的一种贸易障碍。而随着WTO、区域关税协定的兴起，各国的关税大幅下降，但随之产生了大量更为隐蔽的非关税壁垒。

10.1　非关税措施的定义、特点与分类

10.1.1　非关税措施的定义

非关税措施也被称为非关税壁垒（non-tariff barriers），通常情况下这两种叫法可以互换。在本书中，不同的场合，或者在一些引文中，两种说法都会出现，其含义实际是一致的。有时在特指某一种或几种有关的措施时，有人也将其称为非关税壁垒措施。

对非关税壁垒进行定义最大的难度在于，它不是通过"什么是非关税壁垒"来定义，而是通过"什么不是非关税壁垒"来定义，即非关税壁垒包括所有不是关税的壁垒类型。所谓非关税措施，是指关税之外的其他所有限制进口的政府政策与措施。非关税壁垒则没有统一定义。非关税壁垒与关税壁垒一起称为贸易壁垒。

根据WTO规定，政府实施的措施，具有下列情形之一的，视为贸易壁垒：第一，违反该国（或地区）参与的多边贸易条约或者双边贸易条约；第二，对产品或服务进入该国（或地区）市场或第三国（地区）市场构成或者可能构成不合理的阻碍或限制；第三，对该国产品或服务在该国（或地区）市场或第三国（地区）市场的竞争力造成或可能造成不合理的损害。在实践中，较为常见的贸易壁垒主要体现在如下几个方面：违反承诺的关税措施；缺乏规则依据的进口管理限制（包括通关限制、国内税费、进口禁令、进口许可证等）；缺乏科学依据的技术法规、产品标准、合格评定程序、卫生与植物卫生措施；不合理的反倾销、反补贴、保证措施等贸易救济措施；政府采购中违反有关规定限制进口的

做法；出口限制；补贴；贸易服务准入和经营限制；不合理的与贸易有关的知识产权措施、其他贸易壁垒等。

当今世界的国际贸易领域，能够限制进口的措施不胜枚举。对某些特殊的产品领域，例如农产品、奢侈品等来说，使用高关税这种古老的限制进口的手段当然仍旧能发挥重要作用。有些国家将某些敏感的商品的关税定得超过1000%，在实际功能上几乎就等于非关税措施中的"进口禁令"。不过对于世界市场绝大多数商品来说，由于进口关税已经多次下降并限制在很低的水平，其对进口的影响作用已非常有限，因而在需要限制进口的时候，就不得不求助于关税之外的其他手段。

进口非关税壁垒起源于20世纪30年代的世界经济大危机。50年代以来，由关税及贸易总协定倡导的贸易自由化，使各国关税大幅度下降，约束性也越来越强，20世纪70年代的世界经济危机又触发了新一轮保护主义浪潮，各国纷纷开始强化非关税措施的运用，并且不断创新，以避开关贸总协定的约束，致使进口非关税壁垒盛行。以至于每当出现一种新的技术或科技的进步，就会带来一种新的限制措施，每当出现一种新的观念、新的认识，也会创造出一种新的壁垒，以至于人们有时将本来正当的措施发展到滥用的地步，而使其成为一种隐蔽的非关税壁垒。

10.1.2 非关税措施的特点

观察所有存在的正式或非正式贸易壁垒，很难找到一个单一的分析框架囊括所有的非关税贸易壁垒。不像关税，使用一个数字就可以对这种壁垒做一个完整的定义，但非关税壁垒需要多个参数才能对壁垒的特征进行完整的描绘。下面将对这些壁垒的所有特征进行描绘。

第一，非关税措施的有效性。非关税措施能够比关税措施更加有效地限制进口。一旦关税不能达到限制进口的目的，则只有求助于非关税措施，而名目繁多、功效各异的非关税措施中总能找到一种或数种可以起到限制进口的作用。有时，即使在目前所有的非关税措施中找不到合适的措施，也可以临时发明出新的措施。

例如，一些国家可能出于各种不同的原因（发展民族工业，保护已经高度发展但技术已属于落后的产业，维持国际收支平衡等），限制外国小汽车的进口。这些国家的小汽车的进口关税可以高达100%或更高。但是，由于国内的需求与供给的缺口较大，或出于国民的偏好，进口的小汽车在缴纳了高额关税之后，在国内市场销售仍有很高的利润。在这种情况下，高额关税已不能有效地限制小汽车的进口，而必须求助于关税措施。

一个发展中国家若要限制小汽车的进口，可供选择使用的非关税壁垒的措施多得不胜枚举。下列各项非关税措施的一种或数种结合在一起，就曾被不同的国家在限制小汽车进口中使用：

（1）配额制：严格的数量限制，还可有针对性地使用国别配额；

（2）进口许可证制度：领取许可证才可进口，并可与配额相结合；

（3）自动出口限制：与出口国谈判达成自限协议，由出口方自行实施限制；

（4）进口外汇管制：必须申请拨付外汇才能进口；

（5）征收国内消费税：高额的国内消费税可以抑制消费，进而减少进口；

（6）预付押金制：提高进口资金负担并相应减少进口的利润；

（7）制定苛刻的产品标准：包括安全标准、油耗标准、车型标准、尾气排放标准等；

（8）设立复杂的海关手续：包括估价、报表，以及要求进口商到指定的偏远地点报关等；

（9）实行最低限价制度：规定进口价格不得低于某一水平，否则不准进口；

（10）发布进口禁令：政府发放命令，不得进口某些国家的产品。

第二，非关税措施的灵活性与隐蔽性。关税税率的制定往往需要一个立法程序，一旦以法律的形式确定下来，便具有相对的稳定性。且受到最惠国待遇条款的约束，进口国往往难以有针对性地调整。特别是经过贸易谈判达成的关税水平，如关税及贸易总协定各回合达成的降低关税的协议，不但将税率固定下来，其实施的情况还要受到其他国家与有关组织的监督。非关税措施的制定和实施，则通常采用行政手段，进口国可根据不同的国家作出调整，因而具有较强的灵活性和针对性。

第三，非关税壁垒的歧视性。非关税措施是不公正的，歧视性越来越明显，它不是一视同仁，而是根据与不同国家的政治经济关系采取不同的或不同程度的措施。如欧洲共同体明确主张"有选择的限制"，对中国的限制的歧视性尤为明显。有些非关税措施就是针对某些国家的某些产品设置的。

第四，非关税壁垒的不确定性和可塑性。所有的政府政策在实施的时候都存在不确定性。非关税措施很多涉及产品标准和产品以外的东西，涉及面较广，纷繁复杂的措施可以不断改变，具有很大的可塑性。例如，反倾销和反补贴调查这些非关税壁垒被确认时，他们被施加到国际贸易中时，会具有更多的不确定性，而这种不确定性带来的后果有时候甚至超过壁垒本身。

10.1.3　非关税措施的分类

非关税壁垒虽然种类繁多，但其实现限制进口的方式却可以简单归为以下几种：直接限制进口数量；增加国内产品竞争力以减少进口；增加进口成本；提高外国产品进入国内市场的技术门槛；增加市场的不确定性；制造进口手续的麻烦；等等。

非关税壁垒按照作用实施的对象又可分为直接措施和间接措施。直接措施是指进口国采取某些措施，直接限制进口商品的数量和金额，包括进口配额、进口许可证、外汇管制、进口最低限价等。间接措施是通过对进口商品制定严格的条例、法规等间接地限制商品进口，如歧视性的政府采购政策，苛刻的技术标准、卫生安全法规，检查和包装、标签规定以及其他各种强制性的技术法规等。

（1）进口配额制（import quotas）。进口配额制是指一国政府在一定时期以内，对于某些商品的进口数量或金额加以直接限制，在规定时间内，超过配额的商品不许进口，或者需被征收较高的关税或罚款才能进口。进口配额的形式有两种。一是绝对配额。绝对配额是指在一定时期内，对某些商品的进口数量或金额规定一个最高的数额，达到这个数目后，就不准进口。绝对配额又有两种形式：全球配额，即属于世界范围的绝对配额，对来自任何国家或地区的商品一律适用，即按进口商品的申请先后批给一定的额度，至总配额发放完为止；国别配额，即在总配额内按国别和地区分配给固定的配额，超过规定的配额就不准进口。二是关税配额。关税配额是指对商品进口的绝对数额不加限制，而对一定时期内，在规定的关税配额以内的进口商品，给予低税、减税或免税待遇，对超过配额部分的进口商品征收高关税、附加税或罚款。

（2）"自动"出口配额制（voluntary restriction of export）。"自动"出口配额制是出口国家或地区在进口国的要求或压力下，"自动"规定某一时期内某些商品对该国的出口限制，在限定的配额内自行控制出口，超过配额即禁止出口。例如，日本曾一度在美国的压力下，限制其汽车的对美出口，按每年允许出口的汽车数量（配额）自行限制出口。

（3）进口许可证制。进口许可证制是指商品的进口，事先要由进口商向国家有关机构提出申请，经过审查批准并发给进口许可证后，方能进口，没有许可证，一律不准进口。

（4）进口押金制。进口押金制又称进口存款制。它要求进口商在进口商品时，必须预先按进口金额的一定比率和规定的时间，在指定的银行无息存放一笔现金。这样就增加了进口商品的资金负担，从而起到限制进口的作用。

（5）外汇管制。外汇管制是指国家根据法令，对外汇买卖所实行的限制性措施。对外贸易与外汇有密切的关系，出口可收进外汇，进口要付出外汇，因而外汇管制必然直接影响到进出口贸易。进口外汇管制是限制进口的一种手段。

（6）最低限价制。最低限价是指进口国对某一商品规定最低价格，进口价格如低于这一价格就征收附加税。

（7）海关估价制。海关为征收关税确定进口商品价格的制度称为海关估价制。有些国家的海关根据某些特殊规定，提高进口商品的海关估价，从而增加进口商品的关税负担，达到限制进口的目的。

（8）苛刻的技术、卫生、检验标准。一些国家为了限制进口，规定复杂、苛刻的工业产品技术标准、卫生检疫规定以及商品包装和标签规定，这些标准和规定往往以维护消费者安全和人民健康的理由来制定，但这些规定十分复杂，经常变化，使外国产品难以适应，从而起到限制进口的目的。

此外，非关税壁垒不仅包括关税配额、自愿出口限制这些常见的贸易扭曲政策，还包括那些潜在的过渡政策，甚至是还没有被大家所发现的政策。这些政策有些来自官方立法或者政府政策，有些甚至只是一些非正式的措施，具体包括：已公布的或者未公布的政府条例或者政策；市场结构；政治、社会和文化制度。这些非正式制度的来源可能是政府对于国内的利益考虑超过了国外，或者是一些植根于国内制度实施的副产品。

对于第一类，有些政策是未公开的或者不完全透明的，经常使国外供应商感受到贸易环境的不确定性。例如，海关流程的构建依赖于对进口商品价值的度量，但对这些商品生产成本和管理成本的估计可能有一定主观性。

对于第二类，行业市场结构可能是完全竞争，也可能是少数几个公司寡头垄断。不同国家之间行业竞争水平的差异也会对贸易产生阻碍。市场结构是一个已经给定的环境，这是政府在制定政策的时候必须考虑的因素。例如，不同国家在企业的公共拥有、垄断化和经济活动管制方面存在较大差异。给定这些差异，当国内政策妨碍了国外制造者的利益时，这些监管就会成为一种贸易障碍。政府的政策在促进竞争的市场结构和勾结共谋的市场结构方面是存在很大的差异的。如果这对国外的供应者形成了一种抑制，那么也就形成了一种非关税贸易壁垒。

对于第三类，政治制度、社会制度和文化制度是非关税壁垒的另一个来源。例如，在美国这种联邦制国家，地方州政府都与中央政府有很大的制度差异，有时候州政府不允许有与联邦政府政策存在抵触的政策通过，但是这种一致并不是总能达成的。加拿大也有类似的情形，各省都有自己的采购政策，各省对于自己拥有的自然资源也有不同的措施。不同政府出于不同国家利益的考虑，会造成他们的社会、文化制度和政策有着非常显著的区别。例如政策上的国家差异影响着可供居住的房屋和土地，而这反过来又会显著地影响私人储蓄行为和流动账户。美国和日本在这一点上就有着明显的差异。而且，消费者的消费偏好和消费习惯会受到国内社会和文化环境的影响，这将使得他们相较于外国商品会更加偏爱本国商品。那么消费者行为的国别差异是否也应该被考虑为一种非关税贸易壁垒，有待进一步研究。

10.2　进口配额的效应

完全竞争市场下的配额效应已在第 9 章讨论，因此本节主要分析市场存在垄断时配额的效应。

10.2.1　无贸易均衡

本节首先用图 10 - 1 来说明进口国垄断条件下的无贸易均衡。D 代表进口国的需求曲线，它向下倾斜，因此厂商卖得越多，价格就越低。这种价格下降意味着垄断厂商从多销售 1 单位产品中赚取的额外收益都低于价格。多销售 1 单位产品赚取的额外收益，即边际收益（marginal revenue），以 MR 曲线表示。

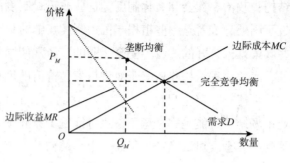

图 10 – 1　无贸易均衡

为了使得利润最大化，垄断厂商的生产点位于多销售 1 单位所获得的边际收益 MR 等于边际成本 MC 的地方，此时垄断厂商的生产量为 Q_M，垄断价格是 P_M。在这一价格下，垄断厂商可以获得最大利润，这是没有贸易条件下的垄断均衡。

10.2.2　自由贸易均衡

假定进口国实行自由贸易，在进口国为小国的假定下，其面对的是固定不变的世界价格 P^W。在图 10 – 2 中画出了一条水平线代表外国出口供给曲线。在这一价位上，因为小国的外国出口供给具有完全弹性，进口国的垄断厂商也可以以 P^W 的价格销售任意数量的产品。但如果索要更高的价格，进口国消费者就会转而购买进口产品。因此，进口国垄断厂商面对的新需求曲线是一条过 P^W 平行于横轴的直线。

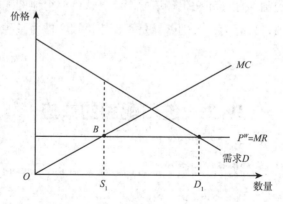

图 10 – 2　进口国垄断时的自由贸易均衡

由于垄断厂商面临的这条新曲线是一条水平线（见图 10 – 2），其每出售 1 单位产品的收入都是 P^W，因此新的边际收益曲线也就是该直线，即 $P^W = MR$。在新的自由贸易条件下，在利润最大化条件下，垄断厂商会设定在 B 点，以价格 P^W 供给 S_1。在自由贸易条件下，供求之间的缺口便是进口国的进口量，即 $M_1 = D_1 - S_1$。自由贸易消除了进口国垄断厂商对价格的控制，垄断厂商的势力被削弱，这是贸易所得的另外一个来源。

10.2.3　配额的效应

与征收关税时的均衡数量相比，配额使得进口国消费者面临的价格更高，因此福利损失也更大。这是因为配额制造了一个"受庇护"的市场，方便国内企业施加垄断势力，这使得进口国价格比在关税条件下更高。鉴于此，经济学家大多认同使用关税替代配额的作用效果。

我们通过图 10-3 来阐明关税与配额之间的区别。图 10-3 中自由贸易的均衡点为 B，这与图 10-2 一致。当征收一个大小为 t 的从价关税时，该国国内价格从自由贸易时的 P^W 上升到 $P^W + t$，垄断厂商的边际收益 $MR = P^W + t$，其按照 $MC = MR$ 的利润最大化原则把产量定为 S_1，因此关税的均衡点为 C。当假定使用配额取代关税时，选取的配额数量 q 应该等于征收关税时的进口量 $D_2 - S_1$。由于进口量不变，进口国垄断厂商面对的有效需求曲线应该是需求曲线 D 减去配额数量。我们将这条有效需求曲线表示为 D'。与征收关税的情形不同，现在垄断厂商按照产量对价格进行调整，沿着 D' 曲线选择最优的价格和产量，此时，可以画出边际收益曲线 MR。此时，垄断厂商会把产量定为 S_3，价格定为 P_3。

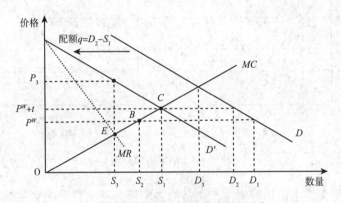

图 10-3　存在进口配额时的垄断均衡

接下来，将关税均衡点 C 与配额均衡点 E 进行比较，可以发现配额条件下定价更高，即 $P_3 > P^W + t$。可见一旦按配额规定的数量进口之后，垄断厂商就会提高价格，并且价格还高于相同关税时候的情形。这与完全竞争市场情况下不同的原因在于垄断市场下配额增加了厂商的市场实力。

由于配额实施之后的价格更高，厂商将会减少产量，甚至会低于自由贸易的情形，此时，创造的就业也可能会少于自由贸易的情形。因此可以总结，进口国产业是垄断型市场时，配额产生的负面效应比关税更加严重。

进口国实施配额的价格会高于征收关税的价格，这意味着配额会给本国消费者带来更多的福利损失。本国垄断厂商拥有市场势力可以定价较高，以便从实施配额的过程中获得更多的利润。我们可以得出结论：进口国垄断厂商总是趋向制定更高的价格，因此产生的福利损失会更多。这一福利措施反而损害了本国消费者。

10.3 补贴效应分析

补贴包括出口补贴和生产补贴两种，前者对出口进行补贴，其目的是占领国际市场，是进攻型贸易政策，而后者是对生产进行补贴，可看作防守型贸易政策。

10.3.1 小国的出口补贴

假设有一个小国出口食用糖。该国无贸易均衡点是图 10 - 4（a）中的 A 点。在自由贸易条件下，该国国内市场价格和世界市场价格均为 P，此时该国供给量为 S_1，需求量是 D_1，出口量为 $S_1 - D_1$。图 10 - 4（b）是国际市场情形，出口供给曲线 XS 可由图 10 - 4（a）中供给曲线 S 和需求曲线 D 共同导出，$X_1 = S_1 - D_1$。

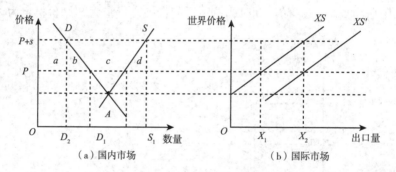

图 10 - 4 小国出口补贴

该国政府希望促进本国生产者生产更多的食用糖，每出口 1 吨食用糖可以得到 s 美元的政府补贴。图 10 - 4（a）展示了这一补贴对于该国经济的影响。由于每吨 s 美元的补贴，出口商每出口 1 吨糖会得到 $P + s$，而不是较低的自由贸易价格 P。由于允许他们以补贴价格出口任何数量的产品，该国厂商对于国内销售价格不会接受低于 $P + s$；如果国内价格低于 $P + s$，该厂商只会以更高的价格出口所有的食用糖。因此，出口国的食用糖价格必然也会上升到 $P + s$，使得国内的销售价格与出口价格保持一致。

如果世界价格固定为 P，该小国的出口供给曲线会从补贴前的 XS 向右下移动到 XS'，在每一出口量上 XS' 的价格都会比 XS 下移 s 美元，如图 10 - 4（b）所示。在这里，出口补贴可以理解为一种负关税。换句话说，补贴导致企业在出口供给曲线上的任何一点都以降低 s 美元的价格将其产品出售到世界市场。因此，出口供给曲线最终表现为下移 s。根据小国假设，该出口国是世界市场的接受者，因此总是以 P 价格把产品销售到国外，唯一的区别在于，由于补贴，该国的出口量更大。

从出口国的角度来看，出口补贴提高了出口数量，即沿着出口国出口供给曲线移动。从世界的角度来看，出口补贴导致出口供给增加，并在世界价格不变的条件下，出口供给曲线下移补贴金额 s。如同关税的情形一样，补贴使得该国出口商得到的价格和外国进口商支付的价格之间产生差价。

下面我们进一步通过图形来测算补贴对国家福利的影响。在图 10 – 4（a）中，出口国价格上涨使得消费者剩余为两个价格（P、$P+s$）之间与需求曲线 D 下面的区域，表示为 $a+b$。但同时，价格上升也会使得生产者剩余增加 $a+b+c$，即介于两个价格（P 和 $P+s$）之间的区域。最后还需要考虑政府在补贴过程中支付的金额，每 1 单位出口使得政府花费了 s 美元，因此总的花费应该表示为 $s \cdot X_2 = b+c+d$。根据以上分析，我们通过对消费者、生产者和政府收入的影响相加，得到出口补贴的总体影响为：

消费者剩余减少	$-(a+b)$
生产者剩余增加	$+(a+b+c)$
政府收入减少	$-(b+c+d)$
出口国福利净损失	$-(b+d)$

出口补贴给出口国带来的净损失与关税带给进口国的福利损失是类似的。与关税一样，图 10 – 4（a）的区域 b 和区域 d 可以得到精确的计算，三角形 d 是因补贴而多生产产品所增加的边际成本，可以理解为对该经济体的生产损失（production loss）或效率损失。三角形 b 这个区域可以理解为那些不再消费的 D_1 和 D_2 之间数量的个人所遭受的消费者剩余减少，我们称之为该经济体的消费损失（consumption loss）。生产损失和消费损失之和为出口国的总福利损失。

10.3.2　大国的出口补贴

在本部分我们假设出口国是国际市场上的一个大国，因此它的补贴政策会显著影响食用糖的世界价格，这种情形如图 10 – 5 所示。因为该国给予补贴时引起的出口数量变化会显著影响世界价格，我们在图 10 – 5（b）中画出了向下倾斜的外国进口需求曲线 MD。

在世界贸易的环境下，该国和世界价格为 P。在这个价格水平下，该国的出口可以表示为 $S_1 - D_1 = X_1$，世界出口市场在出口国出口供给曲线 XS 和外国进口曲线 MD 的交叉点处于均衡状态。该国和外国消费者为产品支付相同的价格 P。

现假设每 1 单位食糖补贴 s 美元，正如我们在小国例子中展示的，出口补贴的效果表现为图 10 – 5（b）中的出口国出口供给曲线向下移动 s 到 XS'；原出口供给曲线 XS 和新出口供给曲线 XS' 之间的距离就是单位补贴额 s；出口国出口供给曲线 XS' 和外国进口需求曲线 MD 的新交点，与新的市场价格 P' 和出口国价格 $P'+s$ 相对应。补贴条件下的出口量为 X_2，相比无补贴时的 X_1 增加了。需要注意的是：与小国出口补贴不改变世界均衡有所不同，大国出口补贴形成的出口供给增加会把世界市场均衡价格从 P 压低到 P'。

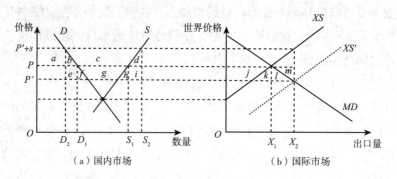

图 10 – 5 大国出口补贴

下面看一看出口补贴对大型出口国福利的影响。在图 10 – 5（a）中，出口国国内价格从 P 提高到 $P'+s$ 使得消费者剩余减少了 $a+b$，价格提高使得该国企业受益，生产者剩余增加了 $a+b+c$。除此之外，还需要考虑补贴的成本。因为单位补贴的金额为 s，出口国在补贴后的出口数量为 $X_2 = S_2 - D_2$，随之得到政府补贴成本为 $b+c+d+e+f+g+h+i$，它等于 $s \cdot X_2$（政府为每 1 单位出口支付了 s）。因此，大国假设下的补贴的总体影响可以总结如下：

消费者剩余减少	$-(a+b)$
生产者剩余增加	$+(a+b+c)$
政府收入减少	$-(b+c+d+e+f+g+h+i)$
出口国福利净损失	$-(b+d+e+f+g+h+i)$

此外，对大国来说，还有一个额外的损失来源：出口增加导致世界价格下降，造成本国贸易条件恶化。我们已经知道，一个国家的贸易条件（terms of trade）定义为出口价格与进口价格的比例。在出口补贴的情况下，外国消费者为出口国的产品支付了较低的价格，因此出口国贸易条件恶化。由于出口价格下降，出口 X_2D 总损失为 $e+f+g+h+i$ 或 $j+k+l+m$，即每出口 1 单位产品都会因贸易条件恶化而损失 $P-P'$。因此可以认为，由于出口产品的世界市场价格下降，出口补贴给一个大国造成的损失反而大于给小国造成的损失。

下面看一看大国出口补贴对外国的福利影响。当大国因为补贴而遭受损失时，进口国能够从贸易中受益。图 10 – 5（b）表明出口国补贴会使国外的消费者受益，导致外国的消费者剩余增加。外国消费者剩余变化为 $j+k+l$，该区域位于进口需求曲线 MD 的下方并处于自由贸易的世界价格 P 和补贴后的世界价格 P' 之间。

出口国消费者扭曲和生产者扭曲造成的净损失 $b+d$，再加上出口国因贸易条件恶化造成的损失 $j+k+l+m$，减去国外的贸易条件利得 $j+k+l$，得到世界的福利净损失 $b+d+m$。其中 m 产生的原因是出口国的贸易条件损失没有完全被外国的贸易利得所抵销。

由于出口补贴会造成利益从出口国向外国的转移，因此，对出口进行补贴似乎可以作为富裕国家援助贫穷国家一种好的政策工具。然而，现实并非如此。因为补贴导致世界福利净损失。使用现金援助的方法可能更有效，因为它不会改变任何一个国家在自由贸易条件下的生产和消费水平，避免了与补贴有关的不必要福利损失 $b+d+m$。欧洲国家就已经取消了作为援助方式之一的食品转移，转而改用现金支付。

10.3.3　小国生产补贴

为了阐明生产补贴的影响，我们将从一个面对固定世界价格 P 的小国开始。在图 10-6(a) 中，假定自由贸易时世界价格是 P，该国需求是 D_1，供给是 S_1，出口量 $X_1=S_1-D_1$。假定政府对每 1 单位生产补贴 s，使得该小国供给曲线从 S 向右移动到 S'，价格 P 时的生产量也从 S_1 增加到 S_2。同样生产 S_2，无补贴时需要的价格为 $P+s$，有补贴时需要的价格为 P。由于该国生产者无论是将产品卖给国内消费者还是国外消费者，他都可以获得生产补贴，因此该生产者会在国际和国内两个市场同时以价格 P 进行销售，并从政府手中获得补贴。注意，该生产者的国内销售同样能获得补贴，而且索取的价格与国际销售相同，这与出口补贴时生产者只有出口才能获得补贴且价格内外有别有所不同。

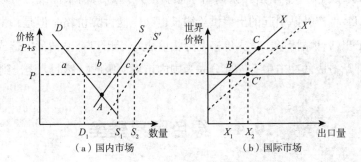

图 10-6　小国的生产补贴

对于该国消费者而言，由于其含生产补贴的价格仍为 P，因此，该国的需求量不变，仍为 D_1。在图 10-6（b）中，生产补贴使得出口数量从 $X_1=S_1-D_1$ 增长到 $X_2=S_2-D_1$。由于生产补贴并没有像出口补贴那样改变国内的价格和需求，因此其引起的出口增长幅度要少于出口补贴。之所以如此，是因为在出口补贴情形下，出口国价格提高导致需求数量下降，这部分减少的需求也会带来出口的增长。对这种差异，可以作出如下总结：就对出口激励作用效果而言，出口补贴要好于生产补贴，这是因为出口补贴是直接激励政策，而生产补贴是间接激励政策，直接政策通常传导链更短、功效更好。

在图 10-6（a）中，由于该国生产者所获得的价格或平均收益从 P 上涨到 $P+s$，生产者剩余增加了 $a+b$。政府实施该补贴所支付的成本为 $a+b+c$ 的面积，它等于单位补贴额 s 乘以补贴后的产量 S_2，因此生产补贴的总效应可以表示为：

消费者剩余变化	无
生产者剩余变化	$+(a+b)$
政府收入变化	$-(a+b+c)$
净福利变化	$-c$

生产补贴导致的福利损失为图 10-6（a）中 c 区域，这一损失小于出口补贴导致的福利损失，即图 10-4 中的 $b+d$，这是因为生产补贴仅有生产扭曲，而无消费扭曲。生产扭曲产生的原因在于：较高的补贴价格鼓励生产者为提高产量而雇用效率更低的要素，从而导致其以更高的边际成本增加产量，即沿着供给曲线向右上方移动。

10.3.4　大国的生产补贴

我们仍然借用图 10-6 来简单介绍生产补贴在大国环境下对于价格、出口和福利的影响。当出口国生产者的价格从 P 提高到 $P+s$ 时，出口产品的供给数量将从 S_1 提高到 S_2。由于国内需求不变，出口增长的数量完全与该国供给增长的数量相同，小于出口补贴情形中出口的增长。我们用出口供给曲线外移来表示出口增长，即在图 10-6（b）中从 X 外移到 X'。如果我们在图 10-6（b）中画出一条向右下倾斜的外国进口需求曲线，可以看到，与出口补贴的效果类似，生产补贴引起的出口供给增长也会压低世界价格。但是，生产补贴带来的出口增长要小于出口补贴情形，世界价格下降幅度也小于出口补贴情形。造成这种差异的原因在于：生产补贴造成的冲击中有一部分先为国内市场所吸收，然后才溢出到外部市场。

10.4　绿色贸易壁垒

10.4.1　绿色贸易壁垒产生的背景

绿色贸易壁垒是指在国际贸易活动中，进口国以保护自然资源、生态环境和人类健康为由制定的一系列限制进口的措施。绿色贸易壁垒的出现是时代的产物，是经济发展的要求，符合经济与环境和谐发展的历史趋势。

（1）随着社会进步和人民生活水平日益提高，我们对安全健康意识更加重视，越来越关心产品对身体健康和安全的影响，在国际贸易中以健康、安全和卫生为主要内容的新贸易壁垒日益增多。

（2）环保意识的提高，可持续发展理念深入人心，人们越来越关心赖以生存的地球和社会的可持续发展，因而要求国际贸易中的产品本身及其生产加工过程都不要以破坏环境或牺牲环境为代价；同时要求生产这些产品时也不要以牺牲劳动者的健康为代价。于是，绿色壁垒和社会壁垒等新贸易壁垒在国际贸易中不断出现。

（3）传统贸易壁垒受到诸多约束。传统贸易壁垒如关税、许可证和配额等的使用不仅会受到国际公约的制约和国际舆论的谴责，而且也易遭到对等报复。因此，这些传统贸易壁垒措施将来的发展空间不是很大，这就为绿色壁垒等新贸易壁垒的发展提供了巨大空间。

（4）科学技术日新月异为新贸易壁垒的发展提供了条件和手段。技术密集型产品在国际贸易中的比重不断提高，特别是信息技术产品，涉及的技术问题较为复杂，容易形成新贸易壁垒。

（5）主要发达国家因经济增长乏力，贸易保护主义有重新抬头之势，随着传统贸易壁垒作用的弱化纷纷寻求新贸易壁垒，以保护其国内产业。

10.4.2 绿色贸易壁垒的表现形式

（1）绿色关税和市场准入制度。

（2）强制性绿色环境标志（签）制度。

（3）国内产品加工标准制度。

（4）绿色包装制度、政府采购、押金制度等强制措施。

（5）烦琐的进口检验程序和检验制度。

（6）"绿色反补贴""绿色反倾销"以及环境贸易制裁。

10.4.3 绿色贸易壁垒对出口国的间接经济效应

绿色贸易壁垒对进口国产生的有利之处不言而喻，需要强调的是绿色贸易壁垒对出口国家产生的间接经济影响，这种间接的经济效应主要指的是通过价格效应与数量效应影响一国国内的生产者剩余、消费者剩余和社会总福利。绿色贸易壁垒的价格效应主要体现在进口国实施技术标准或者强制措施后会增加出口商的成本，进而会影响出口国的出口价格、出口数量和出口国的消费者福利。我们结合图 10 - 7 进一步进行分析。

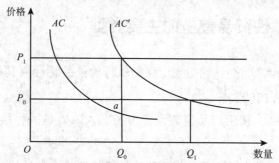

图 10 - 7 绿色贸易壁垒的经济效应

如图 10 – 7 所示，P 表示该出口商品的价格或者成本；Q 表示某出口企业生产的该产品数量；AC 表示该产品的单位平均成本。由于一般情况下生产过程存在规模经济，致使 AC 曲线凸向原点并严格递减，即产量越大，单位产品的平均成本越低。假设该产品的国际市场价格是 P_0，在没有绿色贸易壁垒的情况下，该出口企业产量为 Q_0，出口到国际市场的单位产品利润为 a。当进口国有意设置绿色贸易壁垒时，出口企业势必要调整生产过程或付出额外的费用以使该产品的单位平均成本曲线移至 AC' 的位置。这样一来，在出口企业产量仍为 Q_0 的情况下，该产品在进口国的售价至少需要从 P_0 提高到 P_1，企业才能获得正常利润，否则就会出现亏损。而产品价格的提高，无疑将降低该出口产品相对于进口国同类产品的竞争力。出口企业只有通过长期生产扩大规模经济效应，将生产规模推进到 Q_1 以上，才可能降低单位平均成本以赢得竞争优势。也就是说，出口企业如果在短期内不能有效突破绿色贸易壁垒的限制，则会失去国际竞争优势，导致该企业出口产品数量大大减少。

根据以上分析可知，进口国采取绿色贸易壁垒措施必将导致产品价格从 P_0 上涨到 P_1，使得出口企业的销售利润减少，进而减少了出口国的总社会福利。

10.5　技术性贸易壁垒

10.5.1　技术性贸易壁垒的含义和特征

技术性贸易壁垒（TBT），是指通过颁布法律、法令、条令、规定，建立技术标准、认证制度、检验制度等方式，对外国进口商品制定技术、卫生检疫、商品包装和标签标准，从而提高商品技术要求，增加进口难度，最终达到限制进口目的的贸易壁垒。技术性贸易壁垒具有以下基本特征：形式上的合法性；实质上的双重性；内涵上的广泛性；手段上的隐蔽性；操作上的争议性；等等。

10.5.2　技术性贸易壁垒的主要类型

（1）技术法规、标准壁垒：它指规定强制执行的产品特性或其相关工艺和生产方法，包括适用的管理规定在内的文件。

（2）包装标签壁垒：利用产品包装设置市场准入障碍是一种很难对付的技术性贸易壁垒。

（3）合格评定程序壁垒：它指任何用于直接或间接确定满足技术法规或标准的有关程序。合格评定程序分成检验程序、认证、认可和注册批准程序四个层次。

10.5.3　技术性贸易壁垒产生的原因

（1）科技水平发展的不平衡是导致技术性贸易壁垒产生的最直接的原因。

（2）大幅度削减关税及消除数量限制后，技术性贸易壁垒成了贸易保护主义的主要武器。

（3）世界贸易组织某些协议中的弹性规定，给技术性贸易壁垒的设置提供了可乘之机。

（4）贸易、环境与可持续发展问题日益突出导致技术性贸易壁垒不断强化。

（5）政府干预是技术性贸易壁垒形成的重要基础。

（6）一些国家消费需求层次较低，环保意识差。

10.5.4　技术性贸易壁垒对出口国的经济效应

技术性贸易壁垒对出口国的经济效应主要包括三个方面。

10.5.4.1　消费效应

面对进口国的技术标准，在短期内，出口国的出口厂商有三种策略可供选择：一是调整出口市场，规避或绕开壁垒；二是受到进口国家技术壁垒的限制而减少甚至停止该产品的出口；三是进行寻租活动。在中长期中，出口厂商则可以通过提高生产技术水平来直接满足技术性贸易壁垒的要求。这可能会产生两种消费效应：一方面，出口厂商无法在目的国出口，会将原来准备出口的产品销售到国内市场，从而导致国内市场这种产品的供应增加，价格下降，消费者福利上升；另一方面，如果该产品的生产主要是为了满足出口，停止出口会导致规模不经济，这可能会导致厂商停止在国内生产，消费者失去一种商品消费的选择机会，最终导致消费者福利下降。

10.5.4.2　产业效应

（1）贸易限制效应。在短期之内，技术性贸易壁垒阻止了出口，使得生产企业的销售量急剧下降，会对生产企业产生较大的冲击。

（2）贸易促进效应。在长期内，对于那些实力薄弱、在短期冲击中就已经生存不下去的企业，也就没有什么中长期的效应了，稍微苛刻的技术性贸易壁垒冲击就足以使它们在市场中消失。如果考虑到技术进步，结果就会不同。当企业遭受技术性壁垒时，可能会因受刺激而加快技术创新速度，长期看，会增加贸易，这就是贸易促进效应。

10.5.4.3　福利净效应

（1）短期的福利净效应损失。在短期内，当出口厂商采取第一种或第三种策略时，消费者剩余将减少或不变，同时，生产者剩余将由于出口成本的提高而减少。

（2）中长期福利净效应应由负转为正。在中长期之内，TBT 促使出口国在技术上的创新和突破必然带来贸易量的重新恢复和增加，从而促使出口国的生产者剩余和消费者剩余都增加，也就是社会福利增加。

技术性贸易壁垒对于进口国产生的经济效应可以参考绿色壁垒的经济效应分析，二者原理几乎是一样的，都是通过增加出口商成本来影响贸易，请读者自行练习，这里不再赘述。

10.6　倾销与反倾销

10.6.1　倾销的定义与分类

倾销，是指一个国家或地区的出口经营者以低于国内市场正常或平均价格，甚至低于成本价格向另一国市场销售其产品的行为，目的在于击败竞争对手，夺取市场，并因此给进口国相同或类似产品的生产商及产业带来损害。《关税及贸易总协定》第六条将倾销定义为："将一国产品以低于正常价值的方法进入另一国市场内，如因此对某一缔约国领土内已建立的某项工业造成实质性损害或产生实质性威胁，或者对某一国内产业的兴建产生实质性损害，这种倾销应该受到谴责。"《中华人民共和国对外贸易法》第三十条也规定：产品以低于正常价值的方式进口，并由此对国内已建立的相关产业造成实质损害或者产生实质损害的威胁，或者对国内建立相关产业造成实质阻碍时，国家可以采取必要措施，消除或者减轻这种损害或者损害的威胁或者阻碍。

判断倾销有三个重要标准：

（1）在进口国的销售价格是否低于生产成本。

（2）在进口国的销售价格是否低于出口国国内销售价格。

（3）在进口国的销售价格是否低于该产品在第三国的销售价格。

倾销有以下几个方面的特征：第一，倾销是一种人为的低价销售措施；第二，倾销的动机和目的是多种多样的；第三，倾销是一种不公平竞争行为；第四，倾销的结果往往给进口方的经济或生产者的利益造成损害。

依据不同的标准可以把倾销分为不同的种类，但最常见的就是依据倾销持续时间及危害程度来划分。一般分为以下几类：

（1）偶然性倾销：是指某一商品的生产商为避免存货的过量积压，于短期内向海外市场大量低价销售该商品。

（2）间歇性倾销：又称掠夺性倾销（predatory dumping），是指某一商品的生产商为了在某一外国市场上取得垄断地位，而以低于国内销售价格或低于成本的价格向该国市场抛售商品。

（3）持续性倾销：又称长期性倾销（long-run dumping），是指某一商品的生产商为了在实现其规模经济效益的同时，维持其国内价格的平衡，而将其中一部分商品持续以低于正常价值的价格向海外市场销售。

除以上三种倾销之外，间接倾销和社会倾销的现象也已引起国际社会的重视，要求对其施行制裁的呼声越来越高。由于廉价劳动力和生产环境的低标准等种种因素，发展中国家的出口商品在国际市场和国内市场上的价格都比较低。这些廉价出口商品对发达国家的市场带来冲击，因此近年来，发达国家，特别是欧盟的贸易保护主义者，一直在呼吁制止这种所谓的社会倾销。

10.6.2　持续性倾销的市场机制

无论哪种形式的倾销，都会对国外生产者造成损害。对本国消费者来说，则意味着需要支付比国外消费者更高的价格。因此，倾销无一例外地会受到国外生产者和本国消费者的反对。倾销者无一不是国内市场的垄断者，倾销造成的国际价格歧视，违反了公平竞争的自由贸易原则，它形成了某种形式的贸易壁垒。但从实际情况分析，不同形式的倾销所发生的原因和动机是不同的，因而在经济性质上是有所区别的。

持续性倾销，又称长期倾销（long-run dumping），一方面为了实现规模经济效益而大规模地进行生产，另一方面为了维持国内价格结构而将其中一部分商品长期低价向海外市场销售。持续性倾销存在的根源在于国内外市场是分割的，具体来说需要满足三个条件：

（1）存在着一定程度的厂商垄断。

（2）国内市场和国外市场中的消费者偏好不同，因而造成需求曲线和需求弹性不同。

（3）不存在复进口现象，即本国出口后，本国消费者无法从国外进口到该产品。

在图 10-8 中，无论是销售到国外的产品，还是销售到国内的产品，产品的边际成本是一样的。由于存在部分垄断，厂商的需求曲线、边际收益曲线均向下倾斜。假定在国内

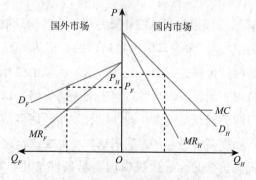

图 10-8　持续性倾销存在的市场机制

市场，厂商面对的需求曲线是 D_H，边际收益曲线是 MR_H，在国外市场，厂商面对的需求曲线是 D_F，边际收益曲线是 MR_F。理性的厂商追求利润最大化，其定价原理是让产量大小刚好使边际成本等于边际收益。由于国内外市场分割，该厂商在利润动机驱使下在两个市场实行差别定价，因此形成了内外不同的市场价格 P_H 与 P_F。

10.6.3 反倾销

反倾销，顾名思义是指一国（进口国）针对他国对本国的倾销行为所采取的反应措施。确定是否存在倾销的标准就在于该产品是否以低于本国国内的市场价格或成本在国外市场上倾销商品。根据 WTO 的规则，当外国厂商倾销产品时，进口国有权征收反倾销税。如果进口产品的价格低于出口商在当地市场上的定价，出口商就被认为是倾销。如果不存在出口商的当地价格，那么确定倾销有两种途径：其一，把进口价格与该产品在第三国市场上的价格进行比较；其二，将进口价格与该出口商的平均成本比较。只要满足其中一个条件，就可以认定为倾销，进口国可以相应地征收反倾销税。

（1）反倾销税。反倾销税的幅度为出口商当地价格与进口倾销价格之间的差额。反倾销税的目的是提高倾销产品在进口国的实际价格，以起到保护本国企业的目的。但是我们在考虑反倾销税的时候，并没有考虑反倾销税会导致国内消费者价格升高，这会导致进口国的福利损失（见图 10-9）。

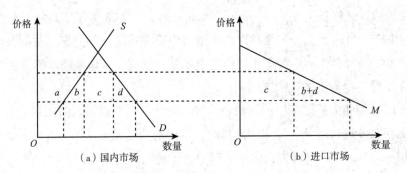

图 10-9 反倾销税的效应

（2）反倾销税的计算。反倾销税幅度的计算是建立在外国厂商当地价格基础上的。如果某种产品的当地价格为 10 元，向进口国市场出口的价格为 6 元，那么，在这个例子中计算得到的反倾销税就是两种价格的差额 4 美元。这一反倾销税计算会产生威慑作用，往往会促使外国厂商在进口国实施反倾销行动之前主动提高价格，以避免被进口国征收反倾销税。特别是，如果进口国的规模足够大，即使没有发生任何事情，但只要威胁实施反倾销，往往就足以让外国厂商提高价格，从而削弱这种产品在进口国市场上的竞争力。

但是，外国出口商提高价格又会导致进口国贸易条件恶化，对进口国的利益造成伤害。在图 10-9 中，假定外国出口商因感受到进口国的反倾销威胁，主动把价格从 P_1 提

高到 P_2。这样，进口国厂商的获益为 a，但是消费者的损失却是 $a+b+c+d$，与提高价格之前相比，进口国福利净损失为 $b+c+d$。这个损失要大于真正实施反倾销关税所造成的损失 $b+d$。这表明，反倾销的成本通常会很高。

> ▶▶ **阅读材料**
> ### 一个反倾销手段案例
>
> 　　2004 年中国木制卧室家具被美国反倾销。美国商务部于 2004 年 6 月 18 日宣布一项反倾销初步裁定结果，中国对美国出口的木制卧室家具将被征收 4.9% ~189% 不等的反倾销税，涉及金额高达 12 亿美元。根据美方统计，中国木制卧室家具对美出口 2000 年不到 3.6 亿美元，到 2003 年增长到 12 亿美元。估计中国生产的家具占据美国市场的四成。美国政府公布的初裁结果比企业要求的要低。据美国商务部助理部长称，7 家出口量占全部对美出口量四成的中国家具企业将被征收 4.9% ~24.34% 的反倾销税；另外 82 家出口量也占四成的企业将被征收 10.92% 的反倾销税；其余 1000 多家企业出口所占份额为二成，将被征收 198.02% 的反倾销税。
>
> 　　资料来源：常亚平. 反倾销案例研究（2000 - 2005）［M］. 北京：中国经济出版社，2006.

10.6.4　外汇倾销

外汇倾销（exchange dumping）是指一国政府利用本国货币对外贬值的手段来达到提高出口商品的价格竞争能力和扩大出口的目的。这是向外倾销商品和争夺国外市场的一种特殊手段。外汇倾销会产生以下效应：

（1）外汇倾销的本币贬值会降低本国出口产品的价格水平，从而提高出口产品的国际竞争力，扩大出口。

（2）外汇倾销使外国货币升值，提高了外国商品的价格水平，从而降低进口产品的国内市场竞争力，有利于控制进口规模。

值得注意的是，外汇倾销不能无限制和无条件地进行，只有在具备以下条件时，外汇倾销才可起到扩大出口的作用：

（1）货币贬值的程度要大于国内物价上涨的程度。一国货币的对外贬值必然会引起货币对内也贬值，从而导致国内物价的上涨。当国内物价上涨的程度赶上或超过货币贬值的程度时，出口商品的外销价格就会回升到甚至超过货币贬值前的价格，因而使外汇倾销不能实行。

（2）其他国家不同时实行同等程度的货币贬值。当一国货币对外实行贬值时，如果其他国家也实行同等程度的货币贬值，就会使两国货币之间的汇率保持不变，从而使出口商品的外销价格也保持不变，以致外汇倾销不能实现。

（3）其他国家不同时采取另外的报复性措施。如果外国采取提高关税等报复性措施，那么也会提高出口商品在国外市场的价格，从而抵消外汇倾销的作用。

10.7　超保护贸易理论

在 1929～1933 年的西方大萧条中，凯恩斯看到了古典经济学完全依赖于市场机制和只重视供给等方面的不足，认为一国的生产和就业主要取决于对本国产品的有效需求。如果有效需求增加，就会带动生产和就业的增加；反之，如果有效需求不足，就会出现生产过剩，经济衰退，造成失业增加。因此，要达到充分就业，就要对商品有足够的有效需求。

什么是有效需求？有效需求包括消费需求和投资需求，其中投资需求对有效需求的影响是很大的。投资需求有国内投资需求和国外投资需求，国内投资需求主要决定于利息率，国外投资需求则和贸易收支状况相联系。贸易顺差就相当于对国民经济的"注入"，国外投资增加，并因此导致国内货币供给增加，利率下降，刺激国内投资增加，进而增加有效需求；相反，如果贸易逆差，则减少有效需求。因此，贸易对整个社会就业水平的影响过程可以表述为增加出口、减少进口→增加有效需求→增加国民生产和就业水平，因此，保持贸易顺差，就可以不断扩大国外投资，增加投资需求和有效需求，解决就业问题，促进经济繁荣。

如何对保护就业理论进行评价呢？从理论上说，贸易保护无论在微观上还是在宏观上，对增加就业都有积极作用。为了说明投资对就业和国民收入的影响，凯恩斯提出了著名的乘数原理。他指出，政府投资增加会增加对生产资料的需求，生产资料需求的增加又会引起从事生产资料生产的企业主和工人的人数和收入的增加；收入增加会增加对消费品的需求；消费品需求的增加又会引起从事消费品生产的企业主和工人的人数和收入的增加。为了更好地理解对外贸易乘数理论，下面先来学习凯恩斯的投资乘数理论。

凯恩斯的主要追随者马克卢普和哈罗德等人在凯恩斯的投资乘数原理基础上引申提出对外贸易乘数理论。马克卢普和哈罗德等人把投资乘数原理引入对外贸易领域，分析了对外贸易与增加就业、提高国民收入的倍数关系。他们认为，一国的出口和国内投资一样，属于"注入"，对就业和国民收入有倍增作用；而一国的进口，则与国内储蓄一样，属于"漏出"，对就业和国民收入有倍减效应。当商品、劳务输出时，从国外获得货币收入，会使出口产业部门收入增加，消费也随之增加，从而引起其他产业部门生产增加、就业增多、收入增加。如此反复下去，收入增加将为出口增加的若干倍。当商品、劳务输入时，向国外支付货币，使收入减少，消费随之下降、国内生产缩减、收入减少。因此，只有当对外贸易为顺差时，才能增加一国就业量，提高国民收入。此时，国民收入增加将为投资增加和贸易顺差的若干倍。这就是对外贸易乘数理论的含义。

让我们以简单的数理方式来看一下贸易乘数理论。

国民收入关系表达式为：

$$Y = C + I + G + (X - M) \tag{10-1}$$

其中，Y、I、G、X、M 分别代表国民收入、投资、政府支出、出口和进口。

消费取决于收入，因此有：

$$C = C_0 + \alpha Y \tag{10-2}$$

其中，C_0 为不受收入影响的自发消费，α 为边际消费倾向。

通常假设投资、政府支出均与收入无关，因此分别假定投资、政府支出为常量 I_0、G_0，即有：

$$I = I_0 \tag{10-3}$$

$$G = G_0 \tag{10-4}$$

出口由对方进口国收入决定，通常假定与本国收入无关，为常量 X_0；而进口取决于本国收入。因此有：

$$X = X_0 \tag{10-5}$$

$$M = M_0 + \beta Y \tag{10-6}$$

其中，M_0 为不受收入影响的自发进口，β 为边际进口倾向。

将式（10-2）~式（10-6）代入式（10-1），得到：

$$Y = \frac{C_0 + I_0 + G_0 + X_0 - M_0}{1 - \alpha + \beta} \tag{10-7}$$

由式（10-7）可得，出口乘数为：

$$\frac{\mathrm{d}Y}{\mathrm{d}X_0} = \frac{1}{1 - \alpha + \beta} \tag{10-8}$$

由于不考虑收入对投资的影响，这样进口的全部是消费品。边际消费倾向既包括对本国产品的边际消费倾向，又包括对进口产品的边际消费倾向，是两者之和，因此边际进口倾向小于边际消费倾向，即 $\alpha > \beta$，这样，$1 - \alpha + \beta < 1$，$\dfrac{\mathrm{d}Y}{\mathrm{d}X_0} > 1$，即出口乘数为正，且大于 1。换言之，出口的增加将会带来产出的增加，其增加的规模将成倍于增加的出口。

同理，可得进口乘数：

$$\frac{\mathrm{d}Y}{\mathrm{d}M_0} = \frac{-1}{1 - \alpha + \beta} \tag{10-9}$$

可见，进口乘数为负，且绝对值大于 1，即进口的增加将导致产出的减少，其减少的规模将大于进口增加的规模。

10.8 战略性贸易政策理论

20世纪80年代以来，以詹姆斯·布兰德、巴巴拉·斯潘塞等人为代表的西方经济学家提出了战略性贸易政策理论。战略性贸易政策是指在"不完全竞争"市场中，政府积极运用补贴或出口鼓励等措施对那些被认为存在着规模经济、外部经济或大量租金（某种要素所得到的高于该要素用于其他用途所获得的收益）的产业予以扶持，扩大本国厂商在国际市场上所占的市场份额，把超额利润从外国厂商转移给本国厂商，以增加本国经济福利和加强在有外国竞争对手的国际市场上的战略地位。

10.8.1 利润转移理论

战略性贸易政策理论可以分为利润转移理论和外部经济理论两大分支，包含三个层次的具体论点：利用关税抽取外国垄断厂商的垄断利润，以进口竞争产业的保护来促进出口，以出口补贴为本国寡头厂商夺取市场份额。

（1）战略性出口政策：政府可以通过出口补贴或研发补贴本国厂商的政策工具把外国生产者的垄断利润转移到国内生产者手中，从而达到增加本国福利的目的。其实质是想实现国外厂商垄断利润向国内厂商的转移，危险的是易引起对方国的报复而陷入"囚徒困境"。为避免"囚徒困境"，最优的贸易政策是两国都征收出口税，从而形成一个利润最大化的卡特尔结构。

（2）战略性进口政策：该政策是当外国出口寡头垄断厂商和本国厂商在本国市场竞争的情况下，政府应采用进口关税政策以抽取外国垄断厂商的垄断租金以提高本国福利。其政策目的是抽取外国厂商利润令外国垄断厂商利润下降，提高本国福利，限制外国产品进口，实质是"新幼稚产业保护理论"。

（3）进口保护促进出口政策：保罗·克鲁格曼认为，政府通过贸易保护，全部或局部地封闭本国市场，阻止国外产品进入本国市场，可使国外竞争者由于市场份额的缩小而边际成本上升，达不到规模经济；与此同时，使得本国原本处于追随地位的厂商快速扩大市场份额，达到规模经济而降低边际成本，从而增强进军国际市场的竞争力，达到"以保护进口市场来扩大出口"的目的。

10.8.2 外部性理论

外部经济理论认为，某些产业或厂商能够产生巨大的外部经济，对其他产业乃至整个经济发展产生有利的影响，并在国际分工格局中长期居于出口优势地位。

国际贸易领域的外部经济主要有三种类型：一是企业的技术创新知识随产品出口流向国外企业而产生的企业间经济外溢效应；二是垄断竞争部门的中间产品出口引起的其经济技术知识外溢到国外下游产业部门的产业内经济外溢效应；三是战略性产业对其他产业形成支撑的产业间经济外溢效应。

为有效避免和降低具有高生产率、高附加值的战略型产业因外部经济存在而产生的市场失灵问题，本国政府有必要对这些战略产业予以补贴。政府补贴能够显著促进具有正外部性产业的发展，提高国家的国际竞争力，同时又对国外相关产业和企业具有经济外溢效应，不是零和博弈，而是贸易双方的一种双赢。

10.8.3　大飞机案例

大飞机案例是克鲁格曼在《国际经济学》中给出的经典案例。

高科技产业一直都是政府资助的重点，比如美国和欧洲的飞机制造业补贴。目前美国波音公司和欧洲空中客车公司是两家最主要的大型飞机制造商。他们每家公司都会从政府获得大量补贴。我们知道高科技公司的产品补贴能使得公司在国际市场更有效地竞争和赚取更多利润，如果额外的利润大于补贴的数量，那么出口国仍然能从出口补贴中获得收益，这和国家提升关税获得收益的原理是一致的。

为了考察各国是否策略性地使用补贴，这里使用不完全竞争（imperfect competition）假设。假设世界上有两家公司，即双头垄断（duopoly）情形。在这一情形下，每家公司都在利润最大化条件下，根据其他公司的价格和产量决策制定其价格和产量。当一国政府使用补贴来影响两家公司的相互作用并且增加本国公司的利润时，我们就说该政府正在实施战略性竞争策略。为了抓住两家公司策略性决策的本质，我们使用博弈论（game theory），即将两家公司选择行动时以最大化各自的收益作为博弈模型的基础。

我们从实施补贴之前的自由贸易状态开始分析。假设有两家公司竞争销售一种新型客机。比如，空中客车公司正在开始销售双层 A380，波音正在研发较小的波音 787 梦幻客机。为了方便起见，我们集中关注某家公司为研发一种新的飞机与另一家公司在世界其他市场抢占市场份额的决策。通过忽略其在本国的销售，这样我们就不用计算在美国或者欧洲的消费者剩余，而对这些国家的福利测度只需考虑波音或者空中客车在世界其他市场取得的销售量。

10.8.3.1　收益矩阵

在图 10-10 中，我们展示了一个波音公司和空中客车公司的收益矩阵，他们中的每一家都必须决定是否生产最新的大飞机。该矩阵的每一个象限代表了两家公司赚取的利润，波音的在左下方，空中客车的在右上方。当两家公司都生产新飞机时（左上角象限），它们的价格因为竞争而下降，两家公司的最终利润都是 – 500 万美元。

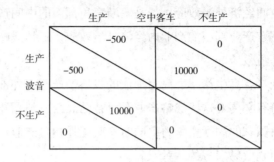

图 10 – 10　无补贴时的收益矩阵

如果空中客车生产新的飞机而波音不生产（左下角象限），那么波音一无所有，但是空客作为飞机的唯一供应商可以赚取高达 1 亿美元的利润。相反，如果波音生产而空中客车不生产（右上角象限），空中客车将一无所获，波音这个唯一的飞机供应商也可以获得 1 亿美元的利润。最后，如果两家公司都选择不生产（右下角象限），那么他们都将一无所得。

10.8.3.2　纳什均衡

有了图 10 – 10 所示的支付模型，我们需要确定这两家公司之间的博弈结果是怎样的。这似乎是一个难题，但对于每家公司而言，在知道另一家公司是否生产前要决定怎么做是一件更困难的事情。为了解决这一问题，我们引入了纳什均衡的概念，这是以诺贝尔经济学奖约翰·纳什的名字命名的。

纳什均衡（Nash equilibrium）的思想是指每一家公司在把竞争对手的每一个可能的行动视为既定的情况下都必须作出其自身最佳决策。当每一家公司都这样做的时候，这个博弈的结果就可以视为一个纳什均衡。也就是说，每个参与人的行动都是对另一个参与人的行动作出的可能的最佳反应。

10.8.3.3　波音公司的最佳策略

要确定纳什均衡，我们需要从检查支付矩阵的每个象限开始。波音的最佳战略需要基于空中客车的行为。如果波音知道空中客车会生产，那么波音需要决定它是否生产。如果波音生产，损失 500 万美元；如果波音不生产，则它赚取的为 0。因此，如果空中客车生产，波音最好不生产，这个发现证明两家公司都生产不是纳什均衡。波音永远都不会生产，因为只要空中客车生产，它就宁可放弃市场。

10.8.3.4　空中客车的最佳策略

我们继续讨论波音不生产而空中客车生产的情形。这是否也是空中客车的最佳策略呢？为了验证这一点，我们假设空中客车选择不生产。这会使得我们从图 10 - 10 的左下角象限移动到右下角象限。这意味着空中客车的利润从 1 亿美元下降到 0 美元。这个结果对于空中客车来说更糟，所以它不会改变这个决定，因此将会继续生产。我们可以得出结论：在左下角象限所决定的决策，即空中客车生产而波音不生产，这是一个纳什均衡。因为在给定另一家公司的行动的情况下每一家公司都作出了最佳决策。当空中客车生产时，波音的最佳反应是不生产，而当波音不生产时，空中客车的最佳反应是生产。因此，没有任何一家公司有理由让纳什均衡改变其行为。

10.8.3.5 多重均衡的可能

是否存在多个纳什均衡呢？为了检验这一问题，我们需要检查图 10 - 10 的其他象限。我们先试着分析右上角的情形，即波音生产而空中客车不生产。考虑一下，在给定波音生产的情况下空中客车是否决定生产。运用之前用过的类似逻辑，你可以证明任何一家公司都不愿意改变右上角象限所作的决定，如果任何一家公司改变了自身的选择，其利润就会下降：如果波音决定不生产，那么他的利润就会降到 0；而假定空中客车生产，他的利润就会降到 -500 万美元。由此我们得到结论，右上角象限，即波音生产而空中客车不生产，也是一个纳什均衡。当波音生产时，空中客车的最佳反应是不生产，而当空中客车不生产时，波音的最佳反应是生产。最后，将相同的逻辑运用到其他象限，我们可以证实不存在其他更多的纳什均衡。右上角和左下角同为纳什均衡，是因为两家公司的市场地位是完全对称的。

10.8.3.6 对空中客车补贴的效应

当存在两个纳什均衡时，必定在模型外存在某种力量决定我们处于哪个均衡。这种例子的一个代表性例子就是先动者优势（first mover advantage），这是指一家公司能先于其他公司决定是否生产。如果波音有这种优势，他就会选择生产，空中客车作为第二个行动者不会生产。在这种情况下，欧洲政策制定者会尝试通过向空中客车提供补贴，以改变这个纳什均衡。

（1）空中客车的最佳策略。在图 10 - 11 中，假定空中客车从政府那里获得 2500 万美元的补贴，如果它选择生产，其利润会从 -500 万美元转变为 2000 万美元。我们从右上角象限开始，看看当空中客车获得政府补贴时均衡是否会变化。在空中客车获得补贴之后，右上角象限已经不是一个纳什均衡，这是因为空中客车可以通过改变策略——从不生产变为生产，实现 2000 万美元的盈利。

（2）波音公司的最佳策略。当空中客车生产时，波音如果选择生产，就会损失 500 万美元，如果不生产，将不会有损失。因此，波音会选择退出市场。一旦波音公司作出不生产的决定，空中客车会继续生产，其收益会从 2000 万美元大幅增加到 1.25 亿美元，此时策略组合移动到左下角象限。

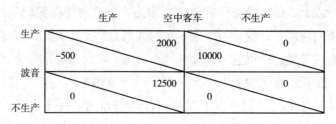

图 10 – 11　空中客车接受补贴情形下的收益矩阵

（3）新的纳什均衡。能轻易地看出左下角象限是一个独特的纳什均衡，在给定其他公司行动的情况下每家公司都作出了最佳决策。而且，这是唯一的纳什均衡。欧洲对空中客车的补贴使得均衡从早期波音公司为唯一生产者变成空中客车为唯一生产者。

（4）欧洲的福利。欧洲的补贴对这两家公司的福利会产生重大影响，但欧洲是否一定会获得福利改善呢？在有补贴的情况下，空中客车公司的利润从 0 美元增长到 1.25 亿美元，而政府的财政成本是 2500 万美元。因此，补贴对欧洲福利的净效应是：

生产者利润增加	+12500（万美元）
政府收入减少	-2500（万美元）
欧洲福利的净效应	+10000（万美元）

在这种情况下，由于空中客车的利润增长远高于补贴的成本，补贴为欧洲带来了福利增进。

10.8.3.7　波音具有成市优势的情形

假定波音公司因历史更为悠久而具有成本上的优势，收益矩阵如图 10 – 12 所示。此时，如果两家公司都生产，空中客车会亏损 500 万美元，而波音公司可以盈利 500 万美元。当空中客车不生产时，波音公司能赚 1.25 亿美元。现在只有一个纳什均衡，它位于右上角象限，即波音生产而空中客车不生产。

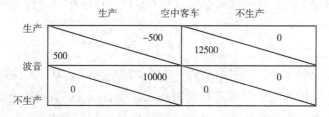

图 10 – 12　波音有成本优势的收益矩阵（无补贴）

（1）空中客车的最佳策略。在给定波音生产的条件下，空中客车的最优选择是生产，这样它会获得 2500 万美元补贴，从而实现 2000 万美元的盈利。

（2）波音的最佳策略。给定空中客车生产，如果波音也生产，就会获得 500 万美元利润，优于不生产，因此波音会选择留在市场。这样，我们证明了两家公司都选择生产是一个纳什均衡。

（3）再次计算欧洲福利。当波音公司具有成本优势时，尽管补贴可以让空中客车公司进入这个市场，但它无法像前面的情形那样迫使波音退出市场。在该情形中，空中客车的利润为 2000 万美元，欧洲补贴的财政成本依旧是 2500 万美元。因此，补贴对欧洲福利的净效应是：

生产者利润增加	＋2000（万美元）
政府收入减少	－2500（万美元）
欧洲福利的净效应	－500（万美元）

可见，当波音公司具有成本优势时，补贴会导致欧洲福利净损失，因为空中客车的利润增长小于补贴的成本。

这个例子说明，在激烈的国际竞争中，一国政府可以使用政策工具改变本国企业与外国企业的博弈均衡，从而达到增进本国利益的目的。但是，如果对方采取类似手段进行报复，则政策实施结果不明朗。

复习思考题

1. 进口配额与关税对贸易的影响有何不同？

2. 出口关税与出口补贴有什么区别？哪种政策对进口国消费者更有利？请解释。

3. 如何区分环境保护与绿色壁垒？

4. 分析倾销对进口国的经济效应。

5. 如果你是一个扩张市场中的进口竞争性产业的生产商，你更喜欢哪一种贸易政策工具：关税、进口配额还是补贴？请给出理由。

第 11 章　一体化与多边机制

国际机制（international regime）又被称为国际体制或国际规制，是一个与国际制度（international institution）既相互关联又有区别的概念。国际机制的主要功能是协调国家间关系，防止出现囚徒困境式博弈，它是国家间制度性合作和经济一体化的必要保障。

11.1　经济一体化

11.1.1　一体化的概念

区域经济一体化的英文"regional economic integration"中"integration"一词来源于拉丁语的"integratio"，其原意为"更新"，但是《牛津英语词典》的解释为：将各部分结合成为一个整体。在经济学领域，"integration"一词最初被用于微观领域对产业组织的研究，早期文献中主要是指那些通过卡特尔、康采恩、托拉斯等形式结合而成的经济联合体。

至今为止，区域经济一体化尚无一般公认、明确的定义。形成这种局面并不是因为这些定义不准确，而是因为一体化涵盖的内容太过宽泛，以至于每种定义都仅仅能指出一体化的某些特征，而无法概括出经济一体化的全景。林德特（P. Lindeert）认为，一体化是"通过共同的商品市场、共同的要素市场或两者的结合，达到生产要素价格的均等，可以指宏观经济政策的一体化和生产要素的自由移动以及成员国之间的自由贸易"。丁伯根（J. Tinbergen）则将国际经济一体化定义为实行一体化的各有关国家之间的贸易的完全自由化。《新帕尔格雷夫经济大辞典》认为，经济一体化是指把各自独立的国民经济结为一个经济实体，实现各国经济之间的完全联合。彼得·罗伯逊认为，经济一体化是指各成员消除相互间的各种歧视，把各自分散的国民经济纳入一个较大的经济组织当中的状态或过程。巴拉萨认为，经济一体化是指各成员体之间相互取消各种歧视，创造某些合作的因素，最终达成一个统一整体的状态或过程。宋玉华教授认为经济一体化有广义和狭义之分：广义的经济一体化是指经济国际化和全球化的发展，以及通过制度的安排，各国经济不断整合的过程；而狭义的经济一体化是与经济全球化相对应的，是指世界各国为了适应经济全球化的要求而进行的制度安排和制度创新。

　　本书结合以上的说法，将区域经济一体化定义为：区域经济一体化是指一个地理区域内，各国一致同意减少并最终消除关税壁垒和非关税壁垒，以便实现相互之间商品、服务和生产要素自由流动的状态或过程。由于经济发展存在着不平衡，所以世界各国尤其是小国应建立各种类型的区域经济一体化组织，以此来适应经济全球化中的激烈竞争，期望在国际市场的竞争中能与经济实力强大的美国等经济实体相制约。因此，区域经济一体化是当今世界经济发展不平衡的必然结果。

　　在区域经济一体化组织中，各成员国之间取消了关税壁垒和非关税壁垒，使商品和生产要素实现自由流动，利用自由贸易的动态利益，扩大整个国家的经济循环，促进区域内贸易和经济的持续增长。在成员国与非成员国之间则分别或统一采取贸易壁垒措施，限制商品、服务和生产要素的跨国界自由流动，以保护区域内的市场、产业和企业。

11.1.2　区域一体化的发展进程

　　区域经济一体化的雏形可以追溯到 1921 年。当时的比利时与卢森堡结成经济同盟，1944 年荷兰加入，组成比荷卢关税联盟。1932 年，英国与英联邦成员国组成英帝国特惠区，成员国彼此之间相互减让关税，但对非英联邦成员的国家仍维持着原来较高的关税，形成了一种特惠关税区。

　　经济一体化的迅速发展，始于第二次世界大战之后，并形成两次较大的发展高潮。第一次高潮发生在 20 世纪五六十年代。第二次世界大战后，世界经济领域发生了一系列重大变化，世界政治经济发展不平衡，大批发展中国家出现，区域经济一体化组织出现第一次发展高潮。

　　20 世纪七八十年代初期区域经济一体化发展处于停滞不前的状态。70 年代西方国家经济处于"滞胀"状态，区域经济一体化也一度处于停滞不前的状态。在这一时期，欧洲经济共同体原定的一体化计划并未完全实现，而发展中国家的一体化尝试没有一个取得完全的成功。以欧洲经济共同体为例，两次石油危机、布雷顿森林体系崩溃、全球经济衰退、日美贸易摩擦加剧等因素使其成员国遭受巨大打击，各成员国纷纷实施非关税壁垒措施进行贸易保护，导致第一阶段关税同盟的效应几乎丧失殆尽，欧共体国家经济增长速度急剧下降。

　　20 世纪 80 年代中期以后区域经济一体化出现了第二次发展高潮。20 世纪 80 年代中期以来，特别是进入 90 年代后，世界政治经济形势发生了深刻变化，西方发达国家在抑制通货膨胀、控制失业率方面取得成功，经济的发展推动着区域经济联合，区域经济一体化的趋势明显加强。这次高潮的出现是以 1985 年欧共体关于建立统一市场"白皮书"的通过为契机，该"白皮书"规定了 1992 年统一大市场建设的内容与日程。欧共体的这一突破性进展，产生了强大的示范效应，极大地推动了其他地区经济一体化的建设。

11.1.3　区域一体化发展的原因

（1）联合一致抗衡外部强大势力，是区域经济一体化的直接动因。区域经济一体化可以使各成员团结起来，产生更大的经济与政治效益，对抗外部强大的经济和政治势力。

（2）二战后，科学技术和社会生产力的高速发展，是区域经济一体化的客观基础。科学技术与社会生产力的提高使一些国家出现了产品剩余，通过经济一体化使得剩余产品可以销售到其他成员国内。

（3）维护民族经济利益与发展及其政治利益是地区经济一体化形成与发展的内在动因。无论是发达国家的经济一体化，还是发展中国家的经济一体化，其根本原因都在于维护自身的经济、贸易等利益，为本国经济的发展和综合国力的提高创造更加良好的外部环境。

（4）贸易与投资自由化是区域经济一体化产生并持续发展的经济源泉。持续不断的贸易与投资，使一体化内的经济体相互促进，为成员国的持续发展提供源源不断的动力。

（5）贸易创造等各种积极的经济效应，是区域经济一体化产生并持续发展的重要原因。贸易创造效应使各成员国通过合作，创造出更大的经济价值。

（6）世贸组织多边贸易体制本身的局限性以及近年来多边贸易谈判所遭遇的挫折和困难，刺激了区域经济一体化的发展。虽然世贸组织是推动贸易自由化和经济全球化的主要力量，但由于自身庞大，运作程序复杂，从而注定了短时间内所有成员达成共识和消除矛盾并非易事。区域经济一体化组织成员地理位置相邻、社会政治制度相似、生产力发展水平相近、文化历史背景类似，具有开展经济合作的诸多优势。

11.1.4　区域一体化的形式

依据区域内的经济一体化程度，或者说依据商品和生产要素自由流动程度的差异、成员国的政策协调程度不同，区域经济一体化组织可以从低到高划分为六种形式。

表 11-1　　　　　　　　　　　　　经济一体化各种形式的比较

类型	减少贸易壁垒	取消贸易壁垒	共同的对外贸易壁垒	生产要素自由流动	宏观经济政策的协调或统一	由中心机构决定共同货币和财政政策
优惠贸易安排	有	无	无	无	无	无
自由贸易区	有	有	无	无	无	无
关税同盟	有	有	有	无	无	无
共同市场	有	有	有	有	无	无
经济同盟	有	有	有	有	有	无
完全经济一体化	有	有	有	有	有	有

（1）优惠贸易安排。优惠贸易安排（preferential trade arrangement）是指成员国之间通过协定或其他形式，对全部或部分货物贸易规定特别的关税优惠，也可能包括小部分商品完全免税的情况。这是经济一体化程度最低、成员间关系最松散的一种形式。早期的东南亚国家联盟就属于这种一体化组织。

（2）自由贸易区。自由贸易区（free trade area）是指各成员之间取消了货物和服务贸易的关税壁垒，使货物和服务在区域内自由流动，但各成员仍保留各自的关税结构，按照各自的标准对非成员征收关税。从理论上来说，理想的自由贸易区不存在任何扭曲成员之间贸易的壁垒措施、补贴等支持性政策以及行政干预，但对非成员的贸易政策，则允许各成员自由制定与实施，并不要求统一，因此这种形式也是松散的一体化组织。建于 1960 年的欧洲自由贸易联盟（EFTA），是目前持续时间最长的自由贸易区，但是随着奥地利、芬兰和瑞典在 1995 年加入欧盟后，其成员只剩下挪威、冰岛、列支敦士登和瑞士 4 个成员。建立于 1994 年的北美自由贸易区（NAFTA）则是最负盛名的自由贸易区，因为它是由美国、加拿大和墨西哥 3 个处于不同经济发展阶段的国家构建而成的，并因为经济发展差异导致集团内部的冲突不断，而成为备受瞩目的区域经济集团。

（3）关税同盟。关税同盟（customs union）是指各成员之间完全取消了关税壁垒和其他壁垒，实现内部的自由贸易，并对来自非成员的货物进口实施统一的对外贸易政策。关税同盟在经济一体化进程中比自由贸易区前进了一步，因为它对外执行统一的贸易政策，目的是使结盟国在统一关境内的市场上拥有有利地位，排除来自区外国家的竞争。为此，关税同盟需要拥有强有力的管理机构来监管与非成员国之间的贸易关系，即开始带有超国家的性质。世界上最著名的关税同盟是比利时、荷兰和卢森堡于 1944 年建立的比荷卢关税同盟；欧盟的最初形式也是关税同盟；美洲的安第斯条约组织也是一个典型的关税同盟，因为安第斯条约各成员国之间实行自由贸易，而对外统一征收相同的关税，税率从 5% ~20% 不等。另外，沙特阿拉伯等海湾 6 国于 2003 年建立的海湾关税联盟也属于典型的关税同盟。

（4）共同市场。共同市场（common market）是指除了在各成员国内完全取消关税和数量限制，并建立对外统一关税外，还取消了对生产要素流动的限制，允许劳动、资本等生产要素在成员国间自由流动，甚至企业可以享有区内自由投资的权利。与关税同盟相比，理想状态的共同市场不仅对内取消关税、对外统一关税，实现货物和服务的自由流动，而且允许生产要素在成员国之间自由流动，对居民和资本的跨国移动不存在任何限制。欧盟在统一货币之前的阶段是迄今为止唯一成功的共同市场，因为共同市场在财政政策、货币政策和就业政策等方面需要进行高度的协调与合作。另外南美共同市场，即由阿根廷、巴西、巴拉圭和乌拉圭组成的南美集团也正在朝着这一方向努力。

（5）经济同盟。经济同盟（economic union）是指成员间不但货物、服务和生产要素可以完全自由流动，建立对外统一关税，而且要求成员国制定并执行某些共同的经济和社会政策，逐步消除各国在政策方面的差异，使一体化程度从货物、服务交换，扩展到生产、分配乃至整个国家经济，形成一个庞大的经济实体。第二次世界大战后苏联、东欧国家之间建立的经济互助委员会就是典型的经济同盟，但是随着 20 世纪 80 年代末期的苏联解体和东欧剧变，经济互助委员会也随之解散。

（6）完全经济一体化。完全经济一体化（complete economic integration）是指各成员之间除了具有经济同盟的特征之外，还统一了所有的重大经济政策，如财政政策、货币政策、福利政策、农业政策，以及有关贸易及生产要素流动的政策，并有共同的对外经济政策。完全经济一体化是区域经济一体化的最高级形式，具备完全的经济国家地位。因此，加入完全经济一体化组织的成员损失的政策自主权最大。在欧元取代欧元区 11 国的货币之后，欧盟朝着完全经济一体化又前进了一步。不过，虽然欧盟拥有欧洲议会、部长理事会、欧洲中央银行，但欧元还不是整个欧盟区域的货币，欧盟仍然是一个在向完全经济一体化组织推进的区域经济一体化组织。

除此之外，因一体化范围的不同，有部门一体化和全盘一体化之分；因成员国的经济发展水平不同，有水平一体化和垂直一体化之分。

优惠贸易安排、自由贸易区、关税同盟、共同市场、经济同盟和完全经济一体化是处在不同层次上的区域经济一体化组织，根据它们让渡国家主权程度的不同，一体化组织也从低级向高级排列。但是，这里不存在低一级的区域经济一体化组织向高一级的区域经济一体化组织升级的必然性。它们在经过一段时期的发展后，可以根据成员的具体情况决定是停留在原有的形式上，还是向高一级区域经济一体化组织过渡，关键的问题是各成员需要权衡自己的利弊得失。

11. 2　关税同盟理论

经济一体化的实践最早产生于欧洲，因而相关的理论探讨也始于欧洲。对国际一体化理论最早进行系统研究的是美国经济学家维纳（Jacob Viner）提出的关于贸易的次优理论，即关税同盟理论。关税同盟理论一般被认为是区域经济一体化理论的奠基石，在国际经济一体化的各种理论中，只有关税同盟理论得到较为严密系统的阐述和发展。关税同盟理论认为，关税同盟的建立既产生静态经济效应，也产生动态经济效应。

11. 2. 1　关税同盟的静态效应

关税同盟是个具有排他性的"俱乐部"，其建立既会带来具有积极意义的贸易创造效应，同时也会带来具有消极意义的贸易转移效应。

贸易创造效应（trade creating effect），是指成员之间相互取消关税和非关税壁垒所带来的分工深化，一个成员的高成本生产被伙伴国的低成本生产所取代，从而导致两国福利均增加。这种转变包括两个方面的内容：一是本国生产的某些产品的产量减少或消失，转为从同盟内伙伴国进口低生产成本的相同产品，这就产生了一种生产效应；二是从伙伴国进口的低生产成本的产品替代了本国原有的高生产成本产品，市场中该产品售价下降了，导致本国对这种产品的消费需求增加，使得本国消费者剩余增加，这是一种消费效应。这两种效应的总和构成了关税同盟的贸易创造效应。

贸易转移效应（trade diverting effect），是指形成关税同盟之后，由于取消了同盟成员之间的关税但保留了对非同盟成员的关税，从而发生了同盟成员的低效率生产取代非同盟成员的高效率生产，即在差别待遇的影响下，某一同盟成员把原来向非成员的低成本进口转向同盟成员的高成本进口，以及由此产生的进口成本增加的损失。一个进口国参加关税同盟后，贸易转移会为其带来两个方面的损失：一是从生产效率高的同盟外进口转向生产效率低的同盟内进口，在商品进口量相同的情况下，该成员付出了较高的进口代价；二是进口国会失去部分或全部关税收入。前者因用同盟内低效率生产替代同盟外高效率生产，因此是同盟的净损失。而后者是进口国用税收补贴同盟国的出口，是财富在同盟内的转移，对进口国来说是净损失。

从静态的角度看，一国参加关税同盟将同时产生贸易创造和贸易转移。各国参加关税同盟的基本出发点是，权衡本国参加关税同盟后的贸易创造效应是否大于贸易转移效应。如果其参加关税同盟的贸易创造效应大于贸易转移，就会积极参加；如果相反，其通常就不会参与。对每一个成员而言，贸易创造与贸易转移的对比取决于多个条件：一是本国对贸易商品供给和需求的弹性——供给和需求弹性越大，供给曲线和需求曲线越是平坦，价格对供求的影响越大，贸易创造效应越有可能大于贸易转移效应；二是本国与同盟内其他国家之间商品的成本差别大小——本国与同盟内伙伴国的成本差别较大，进口国得到的来自关税同盟的消费者剩余的增量越大，出口国得自关税同盟的生产者剩余的增量也越大，从而贸易创造效应越有可能大于贸易转移效应；三是同盟内伙伴国与同盟外国家同种贸易商品的成本差别大小——伙伴国与同盟外国家同一商品的成本差别越小，则贸易转移的损失越小。

假设世界有 A、B、E 三个国家，其中 A 和 B 将建立一个关税同盟，每个国家内部市场都是完全竞争的，同盟内部国家间市场也是完全竞争的，关税同盟对其以外国家 E 的供给是完全弹性的，不考虑关税同盟的规模经济效应和贸易条件效应，即 A、B 和关税同盟都看作贸易小国。在图 11 –1 中，S_A 和 D_A 分别表示 A 国的供给曲线和需求曲线，S_B 和 D_B 分别表示 B 国的供给曲线和需求曲线；P_W 是外部市场价格，假设是恒定的，而且假定这是 A 国的供给起点价格；A、B 两国在自给自足条件下的均衡价格分别是 P_A 和 P_B，二者均高于 P_W，说明两国在自由贸易条件下都将是进口国。当两国建立关税同盟、实现产品市场一体化后，当同盟内价格高于 P_B 时 B 国开始有出口，A 国市场消费者面对的供给曲线将变为 $(S_A + M_B)$，其中，S_A 表示国内厂商供给，M_B 表示来自 B 国的进口供给，$(S_A + M_B)$ 与 D_A 相交于 H 点，对应价格为 P_0。显然，当同盟内市场价格为 P_0 时，B 国出口恰好可以满足 A 国进口，整个关税同盟实现自给自足。

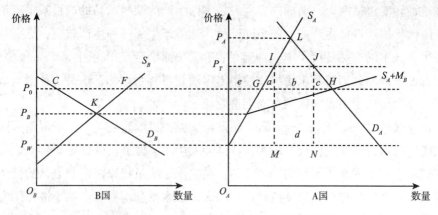

图 11 - 1 关税同盟的创造效应和转移效应

情形 1：在图 11 - 1 中，假定关税同盟成立前 A 国和 B 国各自制定自己的进口关税，A 国对外关税水平为 $P_A - P_W$，B 国对外关税水平为 $P_B - P_W$，即两国从外部世界以 P_W 的价格进口产品并征收关税后，两国的消费者会吸收全部税负，完税后的价格刚好等于各自封闭时的价格。关税同盟成立后，两国相互免除对方产品的关税，但对外部世界 E 的产品征收统一关税 $P_T - P_W$。P_T 的大小对关税同盟的影响是不同的，当 $P_T > P_0$ 时，对外统一关税 $P_T - P_W$ 是无效的，这是因为此时整个同盟的供给大于需求。这时，同盟内市场实际价格为 P_0，A 国的进口 GH 恰好等于 B 国的出口 CF，此时同盟的供给等于同盟的需求，同盟作为一个整体可以自给自足。

对 A 国来说，关税同盟建立后国内价格下降了，消费者剩余增加超过生产者剩余减少，其净福利效应为三角形 GHL，这属于贸易创造效应。由于关税同盟成立前 A 国没有进口，所以关税同盟成立不会为其带来转移效应。

对 B 国来说，关税同盟建立后其消费者剩余减少，但生产者剩余增加，正负抵消后的净福利效应为三角形 CFK，这属于贸易创造效应。同样，B 国也不存在贸易转移效应。

对非成员国 E 来说，其在关税同盟成立前后对 A、B 两国的出口都是 0，关税同盟的成立并没有让其福利变好，也没让其福利变坏。

总体看来，关税同盟只有创造效应，没有转移效应，A、B 两国都得利，所以两国都支持建立关税同盟。显然，这是一种从成员间完全封闭到成立关税同盟的激进行为，属于较为极端的情形。

情形 2：在图 11 - 1 中，假定 A 国在同盟成立前的关税水平为 $P_T - P_W$，即其完税后的国内价格为 P_T，B 国的关税水平仍为 $P_B - P_W$，即其完税后的国内价格为 P_B，关税同盟成立后两国相互免税，让 B 国对非成员国关税水平向 A 国关税水平靠拢，两国对外采用统一关税 $P_T - P_W$，其他均与第一种情形相同。因为 $P_T > P_0$ 时同盟的供给大于需求，此时 $P_T - P_W$ 仍为无效关税，同盟内的实际价格仍为 P_0。

对 A 国来说，同盟成立之前，该国从 E 国的进口量为 IJ，获得税收为 $b + d$，即矩形

IJNM 的面积。同盟成立后，该国全部改为从同盟成员 B 国进口（因为从非成员 E 国进口的完税价格高于从 B 国进口的免税价格），进口量从 *IJ* 扩大为 *GH*，消费者剩余增加了 $a + b + c + e$，生产者剩余减少了 e，关税收入变为 0。a 是生产减少带来的成本节约，属于贸易创造效应，c 是消费增加带来的效用增加，也属于贸易创造效应，二者之和就是关税同盟的创造效应。在 A 国消失的关税收入中，b 用于补贴本国的消费者，不是损失，而 d 用于补贴 B 国的出口商，是贸易转移带来的损失。这样，关税同盟对 A 国的净福利效应为 $a + c - d$，可能为正，也可能为负，但通常情况下为负，所以 A 国对建立关税同盟可能不会很热心。

对 B 国来说，其净福利效应为三角形 *CFK*，这属于贸易创造效应。由于其没有贸易转移效用的损失，所以会支持建立关税同盟。

对非成员 E 国来说，对 A 国的出口消失了，但由于假设其为供给完全弹性的大国，其所受损失可以忽略不计。

总体看来，同盟内贸易增加了，从外部世界的进口减少，发生了贸易转移，但内部贸易的增加超过了外部贸易的减少，该关税同盟的建立总体上有进步意义。所以，尽管可能会有来自 A 国的反对声音，但如果安排好利益补偿机制，关税同盟仍有可能成立。

情形 3：在图 11 - 2 中，假定 A 国在同盟成立前的关税水平为 $P_0 - P_W$，即其完税后的国内价格为 P_0，B 国的关税水平仍为 $P_B - P_W$，即其完税后的国内价格为 P_B，关税同盟成立后两国相互免税，让 B 国对非成员国关税水平向 A 国靠拢，即两国对外采用统一关税 $P_0 - P_W$，其他均与前面两个情形相同。

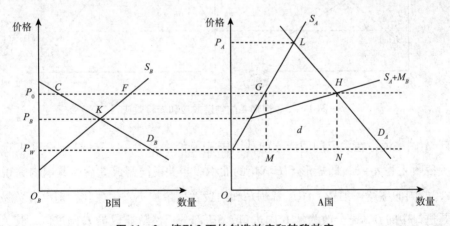

图 11 - 2　情形 3 下的创造效应和转移效应

对 A 国来说，在同盟成立前，其进口为 *GH*，全部来自 E，关税收入为 d，即矩形 *GHNM* 的面积。在关税同盟成立后，A 国如果从 E 进口，其完税价格为 P_0，如果从 B 国进口，由于 B 国愿意以略低于 P_0 的价格出口，所以 B 国产品在 A 国的免税价格要略低于 E 国产品的完税价格，所以会出现 B 国产品对 E 产品的完全替代。关税同盟建立后，A 国的消费者剩余和生产者剩余都没有发生变化，但其关税收入 d 完全消失，这部分收入被用于补贴来自 B 国的进口，可认为是 A 国的净损失。在该情形下，关税同盟对 A 国仅有贸易转移效应，而没有贸易创造效应，所以对 A 国来说该情形比情形 2 更加糟糕。在该情形下，A 国将坚决反对建立关税同盟。

对于 B 国来说，关税同盟成立前其进口完税价格为 P_B，所以进口量为 0，对 A 国的出口也为 0。关税同盟成立后，由于同盟内价格为 P_0，B 国的出口量为 CF，从而获得一个大小为三角形 CFK 的净福利效应，这是贸易创造效应。所以，B 国支持建立关税同盟。

对于非成员国 E 来说，对 A 国的出口完全消失了，但由于假设其为供给完全弹性的大国，其所受损失可以忽略不计。这与情形 2 相似。

总体看来，与非成员 E 国的贸易完全被同盟内贸易所替代，贸易转移非常严重。此时，由于 A 国坚决反对，关税同盟不太可能建立起来。

情形 4：在图 11-3 中，假定关税同盟成立前 A 国的关税水平为 $P_T - P_W$，即其完税后的国内价格为 P_T，B 国的关税水平仍为 $P_B - P_W$，即其完税后的国内价格为 P_B，且 $P_B < P_T < P_0$。关税同盟成立后两国相互免税，B 国对非成员国的关税水平向 A 国靠拢，即两国对同盟外产品征收统一关税 $P_T - P_W$，使同盟内完税后价格为 P_T。

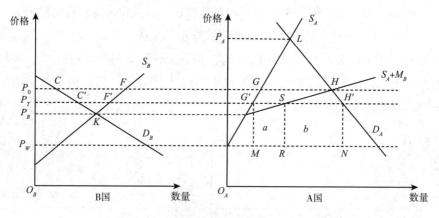

图 11-3 情形 4 的创造效应和转移效应

对于 A 国来说，在关税同盟成立前，该国完税价格是 P_T，进口 $G'H'$ 全部来自外部世界 E，关税收入为 $a + b$，即矩形 $G'H'NM$ 的面积。当关税同盟成立后，其国内完税价格仍然是 P_T，该国的生产、消费、生产者剩余和消费者剩余均不发生变化，即没有贸易创造效应；但是进口中的 $G'S$ 部分改为从 B 国进口，SH' 部分仍然从非成员 E 国进口，其关税收入降为 b，即矩形 $SH'NR$ 的面积，a 可以看作补贴 B 国出口商所支付的成本，即贸易转移效应。这种情形比情形 3 要好一些，因为尽管在这两种情形下均没有贸易创造效应，但情形 4 的贸易转移效应要相对小一些。所以，A 国对建立关税同盟的反对要比上一情形弱一些。

对 B 国来说，其出口量为 $C'F'$，小于上一情形中的 CF，关税同盟对其净福利效应为三角形 $C'F'K$，这是贸易创造效应，但小于上一情形中的 CFK。此时，B 国仍然乐意建立关税同盟，因为与关税同盟成立前相比福利有所改善，虽然改善不是很大。

对于非成员 E 国来说，其对 A 国的出口减少了，但并未完全消失，加上供给弹性为无限大，所以这种转移是可以忍受的。

总体看来，A 国从同盟外的进口有一部分被 B 国出口所取代，存在着贸易转移，但转移效应的规模并不大。此时，关税同盟仍可能建立起来。

情形 5：在图 11-4 中，假定关税同盟成立前 A、B 两国的关税水平都是 $P_B - P_W$，即两国完税价格都是 P_B，关税同盟成立后，两国相互免税，但对外来产品征收统一关税 $P_B - P_W$，使同盟内完税后价格为 P_B。对 A 国来说，关税同盟成立前后其国内价格不变，产量、消费量、进口量、生产者剩余和消费者剩余也保持不变，没有贸易创造效应。同盟的成立并没有让 B 国成为出口国，A 国的进口仍然全部来自外部世界 E，所以没有贸易转移效应。此时，该同盟既没有贸易创造，也没有贸易转移，等于没有同盟，关税同盟没有建立的必要。

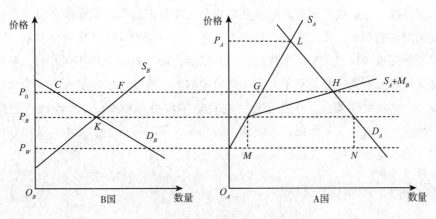

图 11-4　情形 5 的创造效应和转移效应

情形 6：当关税同盟把对外统一关税定为小于 $P_B - P_W$ 的水平，两国完税后的价格均低于 P_B，两国均是进口国，这样的关税同盟已无意义。

11.2.2　关税同盟的动态效应

关税同盟不仅会给参加国带来静态影响，还会给它们带来某些动态影响。有时这种动态效应比其静态效应更为重要，抵消了一部分不良的静态效应，对成员国的经济增长有重要的影响。其中包括增加出口效应、市场扩大效应、促进竞争效应和刺激投资效应。

11.2.2.1　出口促进效应

对于关税同盟的静态效应，是从成员国进口时获得的福利变化来分析的，但在现实中，一国加入关税同盟也会为其出口带来大量的增加，特别是对于本国市场较小的成员国来说，更关心的是关税同盟是否能促进其出口的增加，从而为本国带来更多的福利。

11.2.2.2　市场扩大效应

市场扩大效应又称规模经济效应。关税同盟建立以后，在排斥非成员产品的同时，为成员之间产品的相互出口创造了良好的条件。所有成员的国内市场组成了一个统一的区域性市场，这种市场范围的扩大促进了企业生产的发展，使生产者可以不断扩大生产规模、降低成本，享受到规模经济的利益。特别是对于那些国内市场狭小或严重依赖出口的成员而言，能够实现其在本国的小市场内无法实现的规模经济优势。市场的扩大提高了工人和机器的专业化程度，有助于效率的提高。大量证据都已表明，欧盟在钢铁、汽车等产品的生产中获得了显著的规模经济。

11.2.2.3　促进竞争效应

关税同盟的建立促进了成员之间企业的竞争。在各成员组成关税同盟以前，许多部门已经形成了国内的垄断，几家企业长期占据国内市场，从中获取超额垄断利润，因而不利于各国的资源配置和技术进步。组成关税同盟以后，由于各国市场相互开放，各国企业面临着来自其他成员同类企业的竞争。谁在竞争中取胜，谁就可以享受大市场带来的规模经济的利益，否则就会被淘汰。一些企业为在竞争中取得有利地位，纷纷改善生产经营效率，增加研究与开发投入，增强采用新技术的意识，不断降低生产成本，从而在同盟内营造出一种浓烈的竞争气氛，提高经济效率，促进技术进步。

11.2.2.4　刺激投资效应

关税同盟的建立有助于吸引外部投资。关税同盟的建立意味着对来自非成员产品的排斥，这种不利影响的刺激使得非成员国在关税同盟成员内建立生产设施并在当地直接销售，以便绕过加在非成员产品之上的歧视性贸易壁垒。这样就产生了一种伴随生产转移而产生的资本流入，吸引了大量的外国直接投资。近年来美国在欧洲的巨额投资就是不愿被欧洲统一大市场这种迅速增长的市场排除在外的一种表现。

当然，关税同盟的建立还会产生某些负面影响。首先，关税同盟的建立促成了新的垄断的形成。如果关税同盟的对外排他性很强，随着区域经济一体化的发展，成员间的贸易壁垒会消除，内部市场将扩大，生产易于形成规模经济，从而形成垄断，导致技术进步缓慢和福利的下降。除非关税同盟不断有新的成员加入，从而不断有新的刺激，否则由此产生的技术进步缓慢现象就不容忽视。其次，关税同盟的建立可能会拉大成员不同地区之间经济发展水平的差距。关税同盟建立以后，资本逐步向投资环境比较好的地区流动，如果没有促进地区平衡发展的政策，一些国家中的落后地区与先进地区的差别将逐渐拉大。

11.3　一体化组织的实践

11.3.1　欧洲联盟

欧洲联盟（European Union，EU）简称欧盟，是目前世界上经济一体化程度最高的区域经济组织。欧盟源自 1951 年的欧洲煤钢共同体，最初成员包括比利时、法国、联邦德国、意大利、卢森堡和荷兰 6 国。1957 年，《罗马条约》签订以后，上述 6 国建立了欧洲经济共同体和欧洲原子能共同体。1967 年 7 月，6 国决定将 3 个机构合并，统称为欧洲经济共同体。根据《罗马条约》第 3 条的要求，欧洲经济共同体要求成员国消除内部的贸易壁垒，创立统一的对外关税，同时要求各成员国消除阻碍生产要素在成员国之间自由流动的各种障碍，因此，欧洲经济共同体实际上是一个共同市场。20 世纪 80 年代，欧洲经济共同体正式更名为欧洲共同体（European Community）。1991 年 12 月 9～10 日，经多次扩大的欧共体在荷兰小城马斯特里赫特召开首脑会议，签署了《欧洲联盟条约》（又称《马斯特里赫特条约》，简称《马约》），决定建立集经济、货币与政治联盟于一体的区域性联盟。1993 年 11 月 1 日《马约》生效后，欧洲联盟正式诞生。1995 年 12 月 15 日欧盟首脑马德里会议决定未来欧洲采用统一货币"欧元"，并于 1999 年在欧元区 11 国首先发行实施。到 2023 年 6 月，欧元区成员已由最初的 11 个扩大为 16 个。与此同时，欧洲中央银行则在欧元区内实施统一货币政策，同时与欧元区外的欧洲央行成员国（12 个）协调货币政策。

11.3.2　北美自由贸易区

北美自由贸易区（The North American Free Trade Area，NAFTA）由美国、加拿大和墨西哥三国组成，是在原美国、加拿大自由贸易区基础上的扩大和延伸，美、加、墨三国于 1992 年 8 月 12 日宣布成立一个横跨北美洲的自由贸易区，就《北美自由贸易协定》达成一致意见，并于同年 12 月 17 日由三国领导人分别在各自国家正式签署。1994 年 1 月 1 日，协定正式生效，北美自由贸易区宣布成立。促使北美自由贸易区成立的原因有两个：一是迫于不断扩大和深化的欧洲经济一体化的压力；二是发展成员国内部经济和贸易的需要。北美自由贸易区拥有 3.6 亿人口，其经济实力和市场规模都超过欧洲联盟，成为当时世界上最大的区域经济一体化组织。

根据协定，三国将在 10～15 年的时间内逐步取消进口关税和其他非关税壁垒。各国承诺对所有服务行业实施国民待遇和最惠国待遇原则，除非在协定的国别附件中被明确列入例外或具体例外。在国内法规的统一协调方面，协定针对补贴、反倾销法和竞争政策及采购与环保措施等方面作了较原则的规定。根据北美自由贸易协定，三国间建立的是自由贸易区。但除关税内容外，协定还包括了投资、金融、服务等广泛的内容，有一些共同市场的因素，因此北美自由贸易区不是严格意义上的自由贸易区。自《北美自由贸易协定》生效后，立即取消三国约 65% 的制成品的关税，另有 15% 制成品的关税在 5 年内取消，余下的大部分制成品关税在 10 年内取消，少数制成品关税在 15 年内取消。半数以上农产品关税立即或在 5 年内取消。

11.3.3　亚太经合组织

亚太经合组织（Asia-Pacific Economic Corporation，APEC）是亚太地区的一个主要经济合作组织。1989 年 1 月，澳大利亚总理访问韩国时建议召开部长级会议，讨论加强亚太经济合作问题。经与有关国家磋商，1989 年 11 月 5～7 日，澳大利亚、美国、加拿大、日本、韩国、新西兰和东盟六国在澳大利亚首都堪培拉举行亚太经济合作组织首届部长级会议，这标志着亚太经济合作会议的成立。1991 年 11 月，中国同中国台北和中国香港一起正式加入亚太经合组织。1993 年 6 月改名为亚太经济合作组织，简称亚太经合组织或APEC。目前 APEC 共有 21 个成员：澳大利亚、文莱、加拿大、智利、中国、中国香港、印度尼西亚、日本、韩国、墨西哥、马来西亚、新西兰、巴布亚新几内亚、秘鲁、菲律宾、新加坡、中国台北、泰国、美国、俄罗斯和越南。

11.3.4　东南亚国家联盟

东南亚国家联盟（Association of South－East Asian Nations，ASEAN）成立于 1969 年，成员国包括文莱、印度尼西亚、老挝、马来西亚、缅甸、菲律宾、新加坡、泰国、越南和柬埔寨 10 个国家。东盟建立之初主要是一个政治联盟，在经济上只是一个优惠贸易安排，目标只是促进成员之间的自由贸易和在产业政策之间进行合作。

1992 年初东盟意识到区域经济一体化的重要性，并着手计划建立较高层次的区域经济一体化组织。虽曾遭受东南亚金融危机的沉重打击，但孕育 10 年之久的东盟自由贸易区仍在 2002 年 1 月 1 日正式启动，达到了在 2002 年之前将产品关税降至 5% 以下的目标，2008 年已实现东南亚自由贸易区。东盟除大力推行区内自由贸易外，也在积极推动与亚太地区国家的自由贸易，例如，"中国—东盟"自由贸易区已在 2010 年初步建成。

11.4　国际制度概述

11.4.1　什么是国际制度?

国际制度（international institutions）是指"规定行为的职责、限制行动以及影响行为者期望的持久的互为联系的一组正式的或非正式的规则"。具体包括三种形式：第一种是有着明确规定的规则和章程的政府间国际组织（IGOs）和非政府间国际组织（NGOs），前者如联合国，后者如国际红十字会；第二种是国际机制（international regimes），即政府间协商同意和达成的、涉及某一问题领域的明确规则，如国际贸易体系、国际货币体系等；第三种是国际惯例（international conventions），指非明确规定和谅解，可以帮助国际行为体协调各自行为、达到期望值趋同的非正式制度，例如未以明文规定下来的外交豁免，非世界贸易组织国家之间相互给予的最惠国待遇等国际互给行为（Keohane，1989）。

11.4.2　国际贸易条约与协定

贸易条约与协定是两个或两个以上的主权国家为确定彼此的经济关系，特别是贸易关系方面的权利和义务而缔结的书面协议，是非组织化的国际贸易机制。国际体制的渊源包括"习惯"和"公约"，后者被指的是"条约"，常常被称为"协定"。国际习惯法的规范往往含糊不清。在经济问题上，公认的国际习惯法规范非常少，因此调整国际经济关系的主要规范来自条约和协定。国际贸易条约可以是双边的（bilateral），也可以是多边的（multilateral）。前者是指仅有两个缔约方的国际贸易条约，后者是指有三个或三个以上缔约方的国际贸易条约。区域性的或 WTO 体制内仅有少数国家参与的集体行动，有时又被称为诸边（plurilateral）行动。

国际贸易条约按照内容不同，可分为以下几种：

（1）通商航海条约（treaty of commerce and navigation）：又称友好通商条约，即狭义的贸易条约，是指全面规定缔约国之间经济、贸易关系的条约。它的内容涉及缔约国经济和贸易关系的各个方面，包括关税的征收、海关手续、船舶航行、使用港口、双方公民与企业在对方国家所享受的待遇、知识产权的保护、进口商品征收国内税、过境、铁路、争端仲裁、移民等。

（2）贸易协定（trade agreement）：是缔约国间为调整和发展相互间经济贸易关系而签订的书面协议。其特点是，与贸易条约相比，所涉及的面比较窄，对缔约国之间的贸易关系往往规定得比较具体，有效期较短，签订程序也较简单，一般只需经签字国的行政首脑或其代表签署即可生效。

（3）贸易议定书（trade protocol）：是缔约国就发展贸易关系中某项具体问题所达成的书面协议。这种议定书往往是作为贸易协定的补充、解释或修改而签订的，内容较为简单，如用来规定有关贸易方面的专门技术问题或个别贸易协定中的某些条款，有时也用来规定延长贸易条约或协定的有效期。

（4）支付协定（payment agreement）：大多为双边支付协定，是规定两国间关于贸易和其他方面债权债务结算方法的书面协议。其主要内容包括：清算机构的确定、清算账户的设立、清算项目与范围、清算货币、清算办法、差额结算办法的规定等。

（5）国际商品协定（international commodity agreement）：是某项商品的主要生产国（出口国）和消费国（进口国）就该项商品的购销、价格等问题，经过协商达成的政府间多边协定。其主要目的在于稳定该项商品的价格和供销，消除短期和中期的价格波动。

11.4.3 国际贸易组织

国际组织是国际体制的人格化和有效载体，是国际体制取得国际法人实体地位的结果。与一般国际体制不同的是，国际组织具有国际法行为能力，具有与其他法人（包括国家组织和其他国际组织）缔结条约和协定的法律地位。

国际贸易的发展促使各个国家和地区意识到长期的贸易利益和贸易政策协调的重要性，单纯签署双边的贸易条约和协定已经不能满足需要，因此，在此基础上创立了不同形式的国际贸易集团和组织。

国际贸易组织一般包括以下几种：

（1）关税同盟：它是指参与国家相互之间取消一切贸易限制，对外实行共同贸易壁垒的一种形式。关税同盟是最早出现的贸易组织形式，在自由竞争的资本主义时期开始出现。

（2）国际垄断组织——国际卡特尔：它主要是指在垄断资本主义时期形成的贸易组织。其形成有两个重要基础：一是资本家同盟在经济上对世界经济的瓜分；二是各个资本主义国家对世界殖民地的瓜分。主要实例有国际钢铁卡特尔、国际石油"七姐妹"等。

（3）多边清算支付体系：它产生于19世纪，使更多国家加入统一的国际贸易网络中，对国际贸易发展起到了重要的推动作用。例如，以英国英镑为中心的多边支付体系以及相对统一的世界市场价格。

（4）现代意义上的国际贸易组织：主要是指二战后建立起来的各种全球性、地方性和专门性的国际贸易组织。其中包含三类：一是联合国体系内的国际贸易组织，如成立于1964年12月的联合国贸发会议；二是区域性的国际贸易组织，如欧盟和欧洲自由贸易联盟；三是专门性的、行业性的贸易组织，主要是一些原料生产和输出国组织，如石油输出国组织（OPEC）、拉美互助协会、国际可可组织、国际咖啡组织等。

11.5　关税与贸易总协定

关税及贸易总协定（General Agreement on Tariffs and Trade，GATT）是一个政府间缔结的有关关税和贸易规则的多边国际协定，简称关贸总协定。关贸总协定是乌拉圭回合多边贸易谈判对 1947 年的《关贸总协定》进行了较大修改、补充后所形成的。

11.5.1　关贸总协定产生的背景

当资本主义由自由竞争进入垄断阶段后，迫于国内垄断资本的压力，各主要资本主义国家纷纷制订和实施关税的贸易保护主义政策，森严的关税壁垒严重地阻碍了国际贸易的发展。特别是 1929~1933 年爆发的世界资本主义经济大危机更加助长了本已十分严重的贸易保护主义浪潮，各国间的关税大战愈演愈烈。许多人相信，大萧条产生了一种不稳定的经济环境，在这种环境中军事独裁者是能够兴旺起来的。这种信念导致了一个结论，即防止将来战争的最好办法是鼓励在所有国家实行自由贸易，这将由此引导世界范围的繁荣和鼓励民主及政治自由。1930 年，美国国会通过了"斯穆特–霍利关税法案"（The Smoot–Hawley Tariff Act），这一法案将美国的平均关税税率提高到 59%。这引起了世界各国的愤怒和震惊，先后有 45 个国家提高关税对美国进行报复。1932 年，世界贸易总额下降到 1929 年的 1/3 的水平。在罗斯福总统的倡议下，美国国会于 1934 年通过了《互惠贸易协定法》，开始由保护贸易转向自由贸易。

第二次世界大战期间，美国看到国际经济矛盾是导致二战爆发的重要原因。因此，在二战结束前美国就着手策划并多次呼吁建立战后的自由贸易体制。1941 年 8 月，美英两国在《大西洋宪章》中宣称："希望达成各国在经济方面的充分合作"。两国政府应"致力于促进所有国家，不分大国和小国、战胜或战败，在同等条件下，都享有进行贸易和获取用以发展经济繁荣所需原料的途径"。

二战后，许多西方国家因遭受战争的破坏，经济普遍衰退。在恢复经济的过程中，这些国家都缺乏黄金和外汇储备，为了调节国际收支，便采取限制进口，实行高关税保护政策，并实行外汇管制，控制资本外流。这些限制措施引起了世界经济的一片混乱，对美国的对外经济扩张和争夺世界市场极为不利。

针对战后国际经济关系中亟待解决的主要问题，美国凭借其军事、政治、经济的绝对优势，试图从金融、投资、贸易三个方面重建国际经济秩序。1944 年 7 月在美国提议下召开的布雷顿森林会议（联合国货币金融会议）为此奠定了基调。44 个国家的与会代表签署了"国际货币基金协定"和"国际复兴开发银行协定"，从而建立了布雷顿森林体制。

战后重建的国际经济秩序基于以下三大支柱：在金融方面，成立了国际货币基金组织

（1945 年），重建国际货币制度，以维持汇率的稳定和国际收支的平衡；在投资方面，建立了国际复兴开发银行（统称世界银行，1946 年），以鼓励对外投资、筹措资金来促进战后经济的复苏与发展；在贸易方面，打算组建国际贸易组织，以扭转日益盛行的高关税贸易保护主义和歧视性的贸易政策，促进国际贸易的发展。

1946 年 2 月，在美国的提议下，召开了联合国经济及社会理事会第一次会议。在这次会议上，通过了美国提出的召开"世界贸易和就业会议"的决议草案，着手筹建国际贸易组织，并成立了筹备委员会。考虑到在短期内还难以建立国际贸易组织，而当时亟待解决的问题是各国普遍较高的关税，在美国的积极策动下，1947 年 4 月，美国、英国、加拿大、印度等 23 国在参加国际贸易和就业会议的第二次筹委会期间进行了减税谈判，签订了 123 项双边减让关税协议。这些双边协议被汇编成一个单一文件，称为《关税和贸易总协定》（GATT 1947）。同年 10 月，23 国签署了《临时适用议定书》，宣布在国际贸易组织宪章生效之前临时实施总协定。由于后来被国际贸易和就业会议所通过的《国际贸易组织宪章》未获多数与会国特别是美国国会的批准而宣告夭折，因此，总协定从 1948 年 1 月 1 日起临时生效后一直沿用到世界贸易组织成立。

自生效以来，关贸总协定的发展是十分迅速的，这主要体现在以下几个方面：首先，为适应国际经济贸易关系的变化和发展，缔约国全体对总协定规则作了重大的修改和补充。其次，监督总协定实施的组织机构不断完善。最初，总协定并无正式的常设机构，后以"国际贸易组织临时委员会"作为秘书处，设于日内瓦，无任何立法权，最高机构是缔约国全体大会，每年举行一次，休会期间如遇紧急问题则召开特别会议或交临时委员会处理，由于事务日繁，又成立了常设委员会。后来，一些重要的缔约国开始向日内瓦派遣常驻代表，在此基础上，于 1960 年产生了缔约国代表理事会，一年举行 9 次例会，负责处理日常事务。

▶▶ 阅读材料

囚徒困境

囚徒困境的故事讲的是，两个犯罪嫌疑人作案后被警察抓住，分别关在不同的屋子里接受审讯。警察知道两人有罪，但缺乏足够的证据。警察告诉每个人：如果两人都抵赖，各判刑一年；如果两人都坦白，各判八年；如果两人中一个坦白而另一个抵赖，坦白的放出去，抵赖的判十年。于是，每个囚徒都面临两种选择：坦白或抵赖。然而，不管同伙选择什么，每个囚徒的最优选择是坦白：如果同伙抵赖、自己坦白的话放出去，抵赖的话判一年，坦白比不坦白好；如果同伙坦白、自己坦白的话判八年，比起抵赖的判十年，坦白还是比抵赖的好。结果，两个犯罪嫌疑人都选择坦白，各判刑八年。如果两人都抵赖，各判一年，显然这个结果更好。但这个帕累托改进办不到，因为它不能满足人类的理性要求。囚徒困境所反映出的深刻问题是，人类的个人理性有时能导致集体的非理性——聪明的人类会因自己的聪明而作茧自缚。

11.5.2　关贸总协定的基本原则

关税和贸易总协定共计 38 条，概括起来大体有以下几项基本原则。

第一，非歧视原则。非歧视性原则又包括最惠国待遇原则和国民待遇原则两个内容。最惠国待遇原则：最惠国待遇是贸易条约中的一项重要条款，其含义是：缔约一方现在和将来给予任何第三方的一切特权、优惠和豁免，也同样给予缔约对方。其基本要求是使缔约一方在缔约另一方享有不低于任何第三方享有或可能享有的待遇。最惠国待遇原则是总协定的核心和基本原则，其特点是平等、互惠和不歧视。最惠国待遇原则形式上讲有两种：一种是有条件的最惠国待遇，另一种是无条件的最惠国待遇。关贸总协定实行的是无条件的最惠国待遇。根据这项原则，所有缔约国都可以享受优惠。同时，每个缔约方又必须向其他缔约方提供同等优惠。

国民待遇原则：是指在民事权利方面一个国家给予在其国境内的外国公民和企业与其国内公民、企业同等待遇，而非政治方面的待遇。国民待遇原则是最惠国待遇原则的重要补充。在实现所有世贸组织成员平等待遇的基础上，世贸组织成员的商品或服务进入另一成员关境后，也应该享受与该国的商品或服务相同的待遇，这正是世贸组织非歧视贸易原则的重要体现。国民待遇原则严格讲就是外国商品或服务与进口国国内商品或服务享有平等待遇的原则。

第二，关税对等减让原则。关贸总协定规定，关税应作为保护国内工业的主要手段，不能同时采取其他手段，设立非关税壁垒。

第三，一般禁止数量限制原则。关贸总协定规定，任何缔约方除征收关税或其他费用以外，不得实行数量限制禁止其他国家的产品进口。

第四，促进公平贸易的原则。这主要指反倾销和反补贴。任何缔约方如果以出口补贴形式直接或间接增加本国产品出口，必须将这类补贴的性质、范围及必要性和产生的影响，书面通知各缔约方。

第五，贸易政策法规全国统一和透明的原则。缔约方实施的有关影响贸易的政策、法规，应全国统一，并迅速公布。如果要建立新贸易法规或修改原贸易法规，必须提前 1~2 个月通知各缔约方。待他们熟悉后再实施。不得实施没有正式公布的新的贸易法规。

第六，在特定的缔约方之间不适用原则。如果两个缔约方没有进行关税谈判，或者缔约方的任何一方在另一方成为缔约方时不同意对它实施本协定的情况，本协定或本协定关于减让关税的条例，在这两缔约方之间不适用。

11.5.3　关贸总协定的主要内容

关贸总协定法律条约的法律渊源可以从狭义和广义两个方面来分析。狭义的总协定条约是指总协定条约本身和附件以及"临时适用议定书"。总协定临时生效后，先后于 1949 年、1955 年和 1966 年进行了三次修改与补充。总协定条约本身共有 38 条，分为四个部分：第一部分是总协定的核心，包括最惠国待遇原则和关税减让表的规定；第二部分主要是对各缔约方贸易政策的基本规定；第三部分主要是有关总协定各种程序和手续的技术性规定；第四部分是专为发展中国家的贸易和发展作出的规定。总协定条约的 9 个附件主要是对条约的一些注释说明以及补充规定。

广义的总协定条约除了包括狭义的总协定条约外，还包括上百份加入总协定的协议、议定书；上百份关税减让表和代替、修改、调整一些关税减让表的协议；总协定大会及各委员会作出的决定；阐述总协定规则的一些协议和法规（如东京回合中达成的《海关估价守则》《补贴和反补贴守则》《反倾销守则》《技术性贸易壁垒协议》《政府采购协议》）等。

11.5.4　关贸总协定的多边贸易谈判

1947 ~ 1993 年，关贸总协定主持了 8 轮多边关税与贸易谈判，第 8 轮谈判于 1986 年至 1993 年 12 月 15 日在日内瓦举行，称为"乌拉圭回合"。世贸组织与国际货币基金组织（IMF）、世界银行（WB）一起被称为世界经济发展的三大支柱。

在 8 轮谈判中，第 1 轮和第 8 轮最为重要：第 1 轮谈判不仅为 GATT 的签订提供了保证，而且创下了大规模多边关税和贸易谈判的成功先例；第 8 轮谈判是 GATT 发展进程中最重要的一轮多边贸易谈判，无论从规模、参加方数目来看、还是从议题内容和涉及面来看，都大大超过 GATT 设立以来的所有多边贸易谈判，特别是签署了《建立世界贸易组织的协议》（见表 11 - 2）。这也是对 20 世纪 40 年代联合国贸易与发展会议建立国际贸易组织（ITO）目标的圆满实现。

表 11 - 2　　　　　　　　　　　　　　GATT 框架下的贸易谈判

年份	地点/名称	涉及的内容	参与方个数
1947	日内瓦（Geneva）	关税	23
1949	法国安纳西（Annecy）	关税	13
1951	英国托奎（Torquary）	关税	38
1956	日内瓦（Geneva）	关税	26
1960 ~ 1961	日内瓦（Geneva）（狄龙回合）	关税	26
1964 ~ 1967	日内瓦（Geneva）（肯尼迪回合）	关税和反倾销措施	62
1973 ~ 1979	日内瓦（Geneva）（东京回合）	关税、非关税措施、"框架"协议	102
1986 ~ 1994	日内瓦（Geneva）（乌拉圭回合）	关税、非关税措施、贸易规则、服务、知识产权、争端解决、纺织品、农业、建立 WTO 等	123

历次谈判的特点：

（1）参加国家和地区不断增加，影响越来越大。

（2）美国在关贸总协定中影响巨大，但作用逐渐下降。

（3）谈判的内容和范围日益扩大，时间逐次拉长。

（4）发达国家占据主导地位，发展中国家地位不断增强。

11.5.5　乌拉圭回合谈判

11.5.5.1　乌拉圭回合谈判发起的背景

乌拉圭回合指关税及贸易总协定举行的第 8 次多边贸易谈判，因启动会议在乌拉圭举行而得名。关税与贸易总协定前七轮谈判，大大降低了各缔约方的关税，促进了国际贸易的发展。但从 20 世纪 70 年代开始，特别是进入 80 年代以后，以政府补贴、双边数量限制、市场瓜分和各种非关税为特征的保护主义重新抬头。为了遏制保护主义，避免全面的战争发生，美、欧、日等缔约国共同倡导发起了此次多边谈判，决心制止和扭转保护主义，消除扭曲现象，建立一个更加开放的、具有生命力和持久的多边体制。1986 年 9 月，关贸总协定部长级会议在乌拉圭的埃斯特角城举行，同意发起乌拉圭回合谈判。

11.5.5.2　乌拉圭回合谈判的主要目标

在乌拉圭回合谈判的部长宣言中明确了此轮谈判的主要目标：

一是为了所有缔约方的利益特别是欠发达缔约方的利益，通过减少和取消关税、数量限制和其他非关税措施，改善进入市场的条件，进一步扩大世界市场。

二是加强关税与贸易总协定的作用，改善建立在关税与贸易总协定原则和规则基础上的多边体制，将更大范围的世界置于有效的多边规则之下。

三是增加关税与贸易总协定体制对不断演变的国际经济环境的适应能力，特别是促进必要的结构调整，加强关税与贸易总协定同有关国际组织的联系。

四是促进国内和国际合作，以加强与其他影响增长和发展的经济组织之间的内部联系。

11.5.5.3　乌拉圭回合谈判的主要议题

乌拉圭回合谈判共有 15 个议题，即：关税；非关税措施；热带产品；自然资源产品；纺织品和服装；农产品；关贸总协定条款；保障条款；多边贸易谈判协议和安排；补贴和反补贴措施；争端解决；总协定体制的作用；与贸易有关的知识产权问题，包括冒牌货贸易问题；与贸易有关的投资措施；服务贸易协定。其中最后三个为新议题，其他议题为传统议题。

11.5.5.4 乌拉圭回合谈判的主要成果

根据 1994 年《马拉哈什宣言》，经过 123 个成员 8 年的多边贸易谈判，共达成 18 个要求全体成员"一揽子接受"的协议，4 个不要求全体成员"一揽子接受"的协议（见表 11 –3）。大幅度减让关税，使发达国家的工业产品关税下降 40%，从平均 6.3% 下降至 3.8%；首次在下述领域达成了多边协议：服务贸易、与贸易有关的投资措施、知识产权保护、争端解决机制、贸易政策评审机制等。

表 11 –3　　　　　　　　　　　　乌拉圭回合谈判的主要成果

项目	内容
货物贸易方面	发达成员加权平均税率从 6.3% 减为 3.8%，承诺关税减让的税目占其全部税目的 93%；发展中成员加权平均税率由 15.3% 减为 12.3%，税目约束比例由 21% 上升为 71%
服务贸易方面	签署了《服务贸易总协定》（GATS）。GATS 将服务分为四种形式：跨境交付、境外消费、商业存在、自然人流动
知识产权方面	提出了《与贸易有关的知识产权协议》（TRIPs），扩大了知识产权保护的范围，强化了对仿冒和盗版的防止和处罚
贸易体制方面	根据国际贸易发展的需要，达成《建立世界贸易组织协定》，通过建立贸易组织，取代"1947 年关贸总协定"

11.5.6　关贸总协定的作用与局限

关贸总协定在存在的 47 年中，为促进世界贸易发展及保障国际政治安全作出了重要贡献。正是由于这个多边国际贸易体系的存在，使一些国家避免了在关税和贸易上遭受歧视待遇。在多边贸易规则的基础上，由于最惠国待遇原则的实施以及关税和非关税贸易限制措施的大幅度减少，从而促进了世界经济的全球化和贸易自由化趋势的发展。贸易的逐步自由化趋势及贸易争端的协商解决又在很大程度上制约了贸易问题的政治化倾向，从而使缔约方的政治安全有了一个经济基础上的协调保障机制。其主要进步意义表现在以下几个方面：

第一，为国际贸易制定了一系列的基本原则和法规，为稳定国际贸易秩序起到了重要作用。总协定的基本原则包括最惠国待遇原则和国民待遇原则等，为国际贸易提供了共同遵守的准则，在消除贸易障碍、促进贸易自由化方面起到了一定的作用。此外，在历次的多边贸易谈判中，达成了一系列协议，形成了许多补充的规章和措施，对于缔约方在实施贸易保护主义措施方面有一定约束力。关贸总协定的基本原则已经成为国际贸易的基本规范，也是缔约方之间解决贸易摩擦的依据，它对于 WTO 成立前 40 多年的国际贸易秩序的稳定起到了重要作用。

第二，促进了世界贸易和经济的发展。在关贸总协定的框架下，进行了 8 轮多边贸易谈判，达成了一系列的关税减让和消除非关税壁垒的协议，取得了明显的成果。首先，使得缔约方的关税大幅度下降；其次，在东京回合与乌拉圭回合签订了减少非关税壁垒的措施，在消除非关税壁垒方面起到了一定作用。国际贸易的发展和世界市场的扩大，反过来又加速了世界经济的发展。

第三，为缔约方提供了解决贸易矛盾、摩擦和冲突的场所，为稳定国际局势起到了一定的作用。经济和贸易发展的不平衡不可避免地引起各国之间的矛盾和摩擦。然而，在关贸总协定的框架内，缔约方之间的贸易冲突往往经过艰苦谈判、磋商和协调，最终相互让步，达成某种暂时的妥协性协议，解决了争端。当然，战后世界形势的相对稳定，长期和平环境的形成，是多种因素共同作用的结果，但是，贸易和经济形势的相对稳定，对于政治形势的稳定起着重要的作用。

第四，关贸总协定在一定程度上维护了发展中国家的利益。在关贸总协定签订之时，有相当一部分发展中国家处于只能维持较低生活水平的不发达状态，它们根本无力和强大的发达国家进行"平等竞争"。在关贸总协定第 18 条中规定，发展中国家为了建立特定工业，以提高人民生活水平，可以进行必要的关税保护。在东京回合和乌拉圭回合的谈判以及所签订的各种协议中，都确定了给予发展中国家优惠待遇的原则，对保护发展中国家在国际贸易中的利益起到了一定的积极作用。

但是，由于关税与贸易总协定本身只是一个临时性的、过渡性的多边贸易协定，不是一个正式的国际法人主体，这使它在体制上和规则上有着多方面的局限性。这些局限性主要包括：

（1）总协定的有些规则缺乏法律约束，也无必要的检查和监督手段。它本身不具备直接的强制手段，因此不能要求各缔约方的法律符合总协定的基本原则和法规。总协定的贯彻执行，在很大程度上依赖于各缔约方的自觉性和相互制约的经济实力。

（2）总协定中存在着含糊不清的"灰色区域"和例外条款，成为经常被贸易保护主义所利用的漏洞。所谓"灰色区域"是指缔约方为绕开总协定的某些规定，所采取的在总协定法律规则和规定的边缘或之外的歧视性贸易政策措施。例如，总协定中关于临时性的暂停履行义务的条款规定，当进口国因一种商品的大量进口而受到严重损害时可以暂时停止履行义务，但对"损害"的提法都是不同的。第 6 条提到的是"实质性损害"（material injury），而第 19 条提到的是"严重损害"（serious injury），前者似乎比后者轻微一些，但对于什么是"实质性损害"和"严重损害"，都没有给出具体说明。

（3）总协定解决争端的机制不够健全，强制性和效率都有所不足。虽然关贸总协定为解决国际商业争端建立了一套制度，但由于总协定解决争端的手段主要是调解，缺乏强制性，容易使争端久拖不决。虽然 GATT 规定当败诉方拒不执行裁决时胜诉方有权进行报复，但忽视了报复是需要实力的，如果经济实力不够，只有不了了之。

11. 6   世界贸易组织

11. 6. 1   产生的历史背景

在 1986 年乌拉圭回合谈判开始时，提出了 15 项讨论的议题，但没有提出成立世界贸易组织的问题。1990 年初，在乌拉圭谈判的过程中，意大利建议成立"多边贸易组织"（Multilateral Trade Organization）。同年 7 月，欧洲共同体 12 国正式建议成立"多边贸易组织"。乌拉圭回合谈判委员会采纳了这一建议，在 1991 年起草了"多边贸易组织协议"草案，并成立了筹备委员会。在 1994 年摩洛哥的马拉喀什部长会议上，104 个成员正式通过"多边贸易组织协议"。在美国的建议下，组织的名称改为"世界贸易组织"即 WTO。1995 年 1 月 1 日，《马拉喀什建立世界贸易组织的协定》（简称《建立世界贸易组织的协定》）正式生效，世界贸易组织正式成立。

意大利的建议之所以在当时被各国普遍赞同，从客观上讲是当时世界贸易发展新形势的需要，是顺应历史客观需要的结果：

其一，关贸总协定不具国际法人实体地位，其法律基础比较薄弱。总协定只是一个临时性、过渡性的协定，而且还存在着组织机构不健全、协议条款漏洞较多的问题，客观上需要成立一个正式的、有法律效力的国际贸易组织来协调世界贸易发展中的各种问题。

其二，新议题的不断加入，使总协定的组织机构日益不能适应新的发展需要。由于国际贸易的发展、贸易范围的扩大，在新的贸易领域中的问题也越来越多，因此乌拉圭回合谈判的内容远远超出了过去的传统范围，服务贸易问题、知识产权问题、与贸易有关的投资问题等议题陆续纳入谈判范围。从组织机构上看，总协定已经不适应新形势发展的需要，因为这些新协议的贯彻执行需要建立专门的组织机构。

11. 6. 2   宗旨和目标

《建立世界贸易组织的协定》的序言中，规定了 WTO 的宗旨是：

（1）提高生活水平，保证充分就业，大幅度稳步地提高实际收入和有效需求；

（2）扩大货物、服务的生产和贸易；

（3）坚持走可持续发展之路，各成员应促进对世界资源的最优利用，保护环境，并以符合不同经济发展水平下成员各自需要的方式，加强采取各种相应的措施；

（4）积极努力确保发展中国家，尤其是最不发达国家，在国际贸易增长中获得与其经济发展水平相对应的份额和利益。

WTO 的目标是建立一个完整的包括货物、服务、与贸易有关的投资及知识产权等在内的更具活力、更持久的多边贸易体制，以落实 GATT 贸易自由化的成果和乌拉圭回合所达成的所有成果。

11.6.3 法律体系

WTO 的法律框架，由《建立世界贸易组织的协定》及其四个附件组成（见图 11–5）。附件 1 是《货物贸易多边协定》《服务贸易总协定》《与贸易有关的知识产权协定》；附件 2 是《关于争端解决规则与程序的谅解》；附件 3 是《贸易政策审议机制》；附件 4 是《政府采购协议》《民用航空器贸易协议》《国际奶制品协议》《国际牛肉协议》。其中，《国际奶制品协议》和《国际牛肉协议》已于 1997 年 12 月 31 日终止。前三个附件作为多边贸易协定，所有成员方都必须接受。附件 4 属于诸边贸易协定，仅对签署方有约束力，成员方可以自愿选择参加。

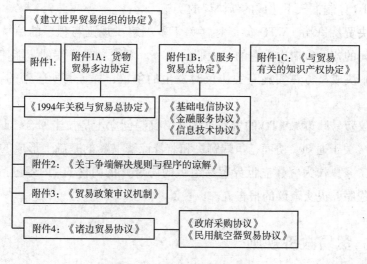

图 11–5 WTO 的法律体系

（1）货物贸易法律体系：有关货物贸易的法律体系，世贸组织基本上承袭了关贸总协定的有关做法，只是在局部进行了调整、充实和完善。

（2）服务贸易法律体系：《服务贸易总协定》是乌拉圭多边贸易谈判的重要成果之一，是服务贸易制度发展中第一份基础性文件，它标志着服务部门的自由化纳入世贸组织多边贸易体制的管辖内。其从跨境交付、境外消费、商业存在、自然人流动 4 个方面作了规定，涉及 12 个部门：职业服务、通信服务、建筑与相关的工程服务、分销服务等。

（3）与贸易相关的知识产权法律体系：《与贸易相关的知识产权协议》的宗旨是减少因知识产权问题对国际贸易造成的扭曲与阻碍；促进对知识产权在国际范围内更充分、更有效的保护；确保知识产权的实施及程序不对合法贸易造成壁垒。它要求各缔约方不能与《巴黎公约》《伯尔尼公约》《罗马公约》已经对其产生的义务相冲突。

11.6.4　主要职能

根据《建立世界贸易组织的协定》第 3 条的规定，WTO 作为全球多边贸易体制，其职能主要有三项：组织谈判并管理谈判达成的各项协议、解决贸易争端、审议贸易政策。

第一，组织谈判和管理各项协议。组织成员方就贸易问题进行谈判，为成员方谈判提供机会和场所，是 WTO 从 GATT 继承而来的一项职能。WTO 组织谈判的职能主要体现在两个方面：一是为成员方在执行《建立世界贸易组织的协定》各附件所列协议遇到问题时，提供谈判场所，以解决有关的多边贸易关系问题；二是为各成员方继续进行新议题的谈判提供场所。WTO 管理协议的职能是指对多边贸易谈判达成的多边贸易协议、诸边贸易协议的实施予以管理。它对协议的管理职能不仅涉及目前已达成的协议，而且也负责管理今后将在 WTO 体制框架下达成的新协议的实施。

第二，解决贸易争端。WTO 负责对《关于争端解决规则与程序的谅解》进行管理，解决成员方之间的贸易争端构成它的三大职能之一。解决贸易争端的职能使 WTO 能够采取有效的措施解决成员方在实施有关协议时发生的争议，保证其所管辖的各协议的顺利实施。

第三，审议贸易政策。WTO 的贸易政策审议机制创立于乌拉圭回合，是在 1979 年东京回合达成的《关于通知、协商、争端解决和监督谅解书》的基础上形成的。《贸易政策审议机制》共 7 条，作为《建立世界贸易组织的协定》的附件 3，内容包括审议的目标、透明度、审议程序、提交审议的报告等。

11.6.5　贸易救济规则

WTO 禁止成员以各种借口利用关税以外的手段实施贸易保护政策，但却允许成员利用反倾销、反补贴等保障措施来保护国内产业的发展。

11.6.5.1　倾销与反倾销

反倾销（anti-dumping）指对外国商品在本国市场上的倾销所采取的抵制措施。一般是对倾销的外国商品除征收一般进口税外，再增收附加税，使其不能廉价出售，此种附加税被称为"反倾销税"。

WTO《反倾销协议》规定，对倾销产品征收反倾销税必须符合三个基本条件：其一，确定存在倾销的事实；其二，确定对国内产业造成了实质损害或威胁，或对建立国内相关产业造成实质阻碍；其三，确定倾销和损害之间存在因果关系。在这三个条件都具备的情况下，通常就会出现国际反倾销。

倾销的认定：倾销被认为是不公平贸易的行为，具体地说是指一国（地区）的生产商或出口商以低于其国内市场价格或低于成本的价格将其商品挤进另一国（地区）市场的行为。根据《反倾销协议》第 2 条第 1 款的规定，一项产品从一国出口到另一国，如果该产品的价格低于出口回国内"同类产品"的价格，即低于其正常价值，该产品就被认为是倾销。按照倾销的这种定义，在确定倾销时必须经过三个步骤，即确定出口价格、确定正常价格、对出口价格和正常价格进行比较。

损害的认定：确定进口国"国内产业"遭到了损害是进口国对倾销产品征收反倾销税的另一个主要条件。反倾销中的损害指因倾销的存在对某一"国内产业"造成了重大损害、形成重大损害的威胁或对某一产业的建立造成严重的阻碍。即反倾销法上的损害有三种情形：重大损害、重大损害威胁和重大阻碍。

11.6.5.2　补贴与反补贴

根据《反补贴协议》第 1 条的规定，补贴是指成员方政府或任何公共机构提供的财政资助或其他任何形式的收入或价格支持。补贴只有在满足下列 3 个条件时才能成立：提供了财政资助；资助是成员方领土内的公共机构提供的；资助授予了某项利益。

世界贸易组织反补贴协议将补贴分为三种基本类型：禁止性补贴、可诉补贴和不可诉补贴。针对前两种补贴，一是向世界贸易组织申诉，通过世界贸易组织的争端机制经授权采取的反补贴措施；二是进口成员根据国内反补贴法令通过调查征收反补贴税。

反补贴是指一国政府或国际社会为了保护本国经济健康发展，维护公平竞争的秩序，或者为了国际贸易的自由发展，针对补贴行为采取必要的限制性措施。反补贴措施包括临时措施、承诺征收反补贴税等。

11.6.6　贸易争端解决机制

11.6.6.1　基本程序

WTO 在进行决策时，主要遵循"协商一致"原则，只有在无法协商一致时才通过投票表决决定；WTO 争端解决的基本程序包括磋商、专家组审理、上诉机构审理、决策的执行和监督等。在所有的阶段，争端各方均可以进行调解和磋商，以便"庭外"调解解决争端。在争端解决过程中，WTO 总干事均可以进行斡旋、调解或调停。

（1）磋商：这一阶段最长的时间为 60 天。发生贸易争端后，在采取措施之前，争端各方面都必须进行磋商，以寻求自行解决贸易摩擦的办法。如果双方磋商失败，他们也可以要求 WTO 总干事进行调解。

（2）专家组：如果磋商失败，起诉方可以要求任命专家组。在贸易争端双方提交仲裁申请后，专家组在 6 个月内作出裁决。被起诉方可以对专家组的成立提出异议，但这种异议的提出只有一次机会。在争端解决机构召开第二次会议后，对专家组的任命异议就不能再提出和阻止。除非各方协商一致，向贸易争端解决机构提出反对意见，要求更换专家组。专家组的报告通常应在 6 个月内提交争端各方，在紧急案件中，包括那些与易腐货物有关的案件，期限缩短为 3 个月。

（3）上诉：任何一方均可就专家组作出的裁决提出上诉。上诉必须根据有关法律的问题及与上诉有关的事由提起上诉，上诉不审理现有的证据或审查新的证据。上诉案由常设上诉机构中的 3 名成员组成审理合议庭。上诉可以确认、修改或推翻专家组的法律调查结果和结论。一般情况下，上诉不应超过 60 天，因特殊原因可以延长到 90 天。争端解决机构必须在 30 天内接受或否决上诉报告，而否决决定必须是协商一致才能作出。

（4）裁决的执行：争端解决机构就当事方提交的贸易争端依照《关于争端解决规则与程序的谅解》所规定的程序作出的裁决，对争端当事方立即产生效力，各争端当事方应服从该裁决。

11.6.6.2 主要特点

WTO 争端解决机制与 GATT 争端解决机制相比有以下几个鲜明的特点：

第一，鼓励成员通过双边磋商解决贸易争端。WTO 鼓励争端当事方通过双边磋商达成相互满意的解决方案。当然这种解决方案不得违反 WTO 的有关规定，也不得损害第三方的利益。

第二，以保证 WTO 规则的有效实施为优先目标。争端解决机制的目的是使争端得到积极有效的解决。争端各方可通过磋商，寻求均可接受并与 WTO 有关协定或协议相一致的解决办法，在未能达成各方满意的解决办法时，争端解决机制的首要目标是确保成员撤销被认定违反 WTO 有关协定或协议的措施。

第三，严格规定争端解决的时限。迅速解决争端是世贸组织争端解决机制的一项重要原则，为此，争端解决程序的各个环节均被规定了严格、明确的时间表。

第四，实行"反向协商一致"的决策原则。WTO 争端解决机制引入了"反向协商一致"的决策原则。在争端解决机构审议专家组报告或上诉机构报告时，只要不是所有的参加方都反对，则视为通过，从而排除了败诉方单方面阻挠报告通过的可能。

第五，禁止未经授权的单边报复。WTO 要求争端当事方应按照《关于争端解决规则与程序的谅解》的规定妥善解决争端，禁止采取任何单边的、未经授权的报复性措施。

第六，允许交叉报复。如果 WTO 成员在某一领域的措施被裁定违反 WTO 协定或协议，且该成员未在合理期限内纠正，经争端解决机构授权，利益受到损害的成员可以进行报复。报复应优先在被裁定违反 WTO 协定或协议措施的相同领域进行，称为平行报复；如不可行，报复可以在同一协定或协议下跨领域进行，称为跨领域报复；如仍不可行，报复可以跨协定或协议进行，称为跨协议报复。

11.6.6.3　经典案例

案例 1：委内瑞拉诉美国"限制汽油进口案"①

1995 年 1 月 23 日，委内瑞拉向 WTO 争端解决机构提起诉讼，声称美国正在使用的"汽油规则"在国产汽油与进口汽油之间造成了歧视，违反 GATT 第 1 条、第 3 条和《贸易技术壁垒协议》第 2 条的规定，要求就此事与美国进行磋商。

1995 年 3 月 25 日，在经过 60 天磋商未达成协议后，委内瑞拉要求争端解决机构成立专家小组审理此案。4 月 10 日，争端解决机构成立专家小组，由来自中国香港、新西兰和芬兰的三位国际贸易法律专家组成。在委内瑞拉提起诉讼后，4 月 10 日，巴西也就此事向争端解决机构提出起诉，要求与美国磋商。5 月 31 日，争端解决机构决定两案一并由同一专家小组审理。7 月 10～12 日以及 13～15 日，专家小组召开两次实质性会议，审理此案。12 月 11 日，专家小组将中期报告交三个当事方评议。1996 年 1 月 29 日，专家小组向争端解决机构提交最终报告。在最终报告中，专家小组认为由于美国对进口汽油和国产汽油制定了不同的环境保护标准，对进口汽油实行更严格的标准，从而使进口汽油在市场销售条件方面无法享受与国产汽油同等的待遇，因而违反了 WTO 的非歧视原则和国民待遇原则，并且判定美国不能在该案件中引用 GATT 第 20 条的例外规定。

1996 年 2 月 21 日，美国提起上诉，认为其采取的"汽油规则"是出于保护人类健康和环境的目的，根据 GATT 第 20 条规定，应视为是适用 WTO 原则的例外。上诉机构经过审理，认为对进口汽油的歧视待遇与改善空气质量的目标之间并不存在必然联系，即改善空气质量无须以歧视进口汽油作为前提条件，从而认定美国确定内外不同的汽油标准并非主要出于环境保护的目的。4 月 22 日，经过 60 天的审理，上诉机构向争端解决机构提交了报告。报告对 GATT 第 20 条重新作了解释，并且认为第 20 条不适用于该案，报告维持了专家小组报告的裁定内容，即美国"汽油标准"造成了对进口产品的歧视，建议美国修改国内相关立法，以便符合 WTO 的非歧视原则。

案例 2：多国诉欧盟强征 IT 产品税案②

1987～2005 年，欧盟（欧共体）成员国一共下发了十几个法令，对进口平板显示器、机顶盒和多功能数字仪分别征收数量不等的普通关税。2008 年 5 月 28 日，美国和日本起诉欧盟。同年 6 月 12 日，中国台湾也起诉欧盟。中国、澳大利亚、巴西、哥斯达黎加、中国香港、印度、韩国、菲律宾、新加坡、泰国、土耳其和越南共 12 个 WTO 成员以第三方身份参加诉讼。他们认为，欧盟在 ITA 关税减让表中已经承诺对争议产品实施零关税，就不应该再征税；欧盟对机顶盒征税没有事先通知其他成员，违背了 WTO 关于透明度的要求。

---

①　朱榄叶. 世界贸易组织国际贸易纠纷案例评析［M］. 北京：法律出版社，2000.

②　罗汉伟. 欧盟强征 IT 产品税全面败诉［J］. 中国经济周刊，2010（36）：59－60.

为了裁决这个案子，专家组让争端双方对欧盟关税减让表中的表述逐字逐句进行辩论，反复征求科技专家的意见，参考其他成员国的关税减让表表述方式，回顾 ITA 谈判时各成员国提交的建议和当时的信息技术发展水平，做了大量工作。

2008 年 8 月 19 日，起诉方提出设立专家组。9 月 23 日，争端解决机构（DSB）决定设立专家组。2009 年 2 月 4 日，专家组召开第 1 次会议。2009 年 5 月和 7 月，专家组先后两次开庭审理。2010 年 8 月 16 日，争端解决机构公布专家组报告，作出裁定：虽然欧盟称其征税法令已经于 2009 年 10 月失效，但没有提供确凿证据，所以对此案仍有裁决的必要；欧盟成员国的征税法令违反了《关贸总协定（1994）》第 2 条关于关税减让承诺和第 10 条关于透明度的规定，应该纠正。至此，欧盟全面败诉。

复习思考题

1. 简述国际贸易体制在维护世界贸易秩序方面的作用。
2. 关贸总协定在国际贸易发展中的作用及其局限性何在？
3. 为什么在 20 世纪 90 年代需要成立世界贸易组织？
4. 区域经济一体化组织有哪些形式？各自的特点是什么？
5. 什么是贸易创造效应和转移效应？其福利效应的大小各取决于哪些主要因素？
6. 用关税同盟理论或自由贸易区理论解释 RECP 带给各国的好处。

第 12 章　国际贸易与经济增长

经济增长与国际贸易之间包含两方面关系：一是经济增长对国际贸易的影响，如对进出口贸易量和贸易条件的影响；二是国际贸易对经济增长的影响，如出口对经济增长的"发动机"效应。前者主要讨论经济增长的生产与消费效应、不同类型经济增长对不同类型国家贸易和福利的影响；后者主要讨论商品、服务及要素跨国流动的福利和贸易效应。后者在第 6 章动态贸易理论已经阐述，本章仅探讨经济增长的贸易效应。

12.1　小国经济增长的贸易效应

12.1.1　相关概念

在相对商品价格不变的条件下，如果一国可出口商品的增长比率高于进口替代商品的增长比率，则增长会带来贸易规模的扩大，这被称为产生贸易、促进贸易或顺贸易；反之，则被称为反贸易、抑制贸易或逆贸易；如果二者等比例增长，则贸易规模保持不变，称为中性贸易。同理，如果一国可出口产品的消费增长快于进口替代产品的消费增长，则是反贸易、抑制贸易或逆贸易；如果该国进口替代部门消费的增长快于出口部门消费的增长，则是产生贸易、促进贸易或顺贸易；如果两者相等，则是中性贸易。对一国的生产来说，如果它使可出口商品增加比例大于进口替代商品的增加比例，则是产生贸易的生产，或叫作促进贸易的生产、顺贸易型生产；对该国的消费而言，如果进口替代商品的增加比率超过可出口商品的增加比率，则是产生贸易的消费，或叫作顺贸易型消费。

贸易量的实际增长过程取决于这些生产和消费影响的净效应。如果生产和消费都是顺贸易的，贸易量的扩大要比产量扩大来得快；如果生产和消费都是逆贸易的，则贸易量的扩大要慢于产量的扩大，甚至有可能下降。如果生产和消费中一个是顺贸易的而另一个是逆贸易的，则此时贸易量的变化取决于两种相反力量的净效应。不大可能出现的情况是生产和消费都是贸易中性的，如果出现了这种情况，则贸易和生产等比例增加。由于要素增长和技术进步有不同的类型和比率，并且生产和消费可以是顺贸易的，也可以是逆贸易的或中性的，因此决定了这些因素的贸易和福利变化也是各式各样的。

12.1.2 经济增长的生产效应

小国是指该国进出口贸易变动不能影响国际市场价格，是国际市场价格的接受者，即小国的经济增长不会导致该国贸易条件的变化。如果一国足够大，则其进口或出口的改变都能影响世界市场价格，则称这样的国家为大国。大国的增长会产生贸易条件效应。

假设一国为小国，其生产的机会成本递增（生产可能性曲线外凸），生产两种产品 X 和 Y。X 为出口产品，是劳动密集型产品；Y 为进口产品，是资本密集型产品。国际市场价格分别为 P_X 与 P_Y。假设国际贸易是无障碍的，包括没有关税和运输成本。在自由贸易条件下，该国在 A 点生产，在 B 点消费。此时，该国出口产品 X，进口产品 Y，如图 12-1（a）所示。

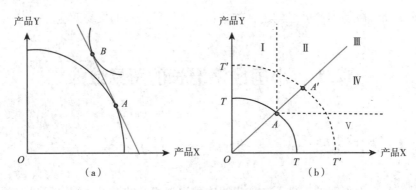

图 12-1 增长的生产效应

经济增长表现为生产可能性曲线的外移。当生产可能性曲线移动后，生产者会在新的生产可能性曲线上选择一个新的成本最小化的点。与 A 点相比，该点可能是：同比例扩大两种商品的生产；或者，同时扩大两种商品的生产，但其中一种商品的产量相对多于另一种商品的产量；又或者，扩大一种商品的产量，减少另一种商品的产量。

经济增长后，在相对商品价格标尺不变的条件下，依据生产规模变动对贸易量的影响，可以将增长的生产效应分为五种：

第一种，顺贸易生产效应（protrade production effect），即 X 产出的增长速度快于 Y 的增长速度，则增长会带来贸易规模的扩大。

第二种，贸易中性生产效应（neutral-trade production effect），即 X 和 Y 的产出同比例增长，导致贸易与生产的同比例扩大。

第三种，逆贸易生产效应（antitrade production effect），即 X 的产出增长速度低于 Y 的产出增长速度，使贸易以更小的比率扩张。

第四种，超顺贸易生产效应（ultra-protrade production effect），即 X 的产出增长为正值，Y 的产出增长为负值，使贸易以更大比例扩张。

第五种，超逆贸易生产效应（ultra-antitrade production effect），即 X 的产出增长速度为负值，Y 的产出的增长速度为正值，使贸易以更小的比率扩张，甚至出现萎缩。

图 12 - 1 (b) 说明了小国经济的生产效应。为了对增长的贸易效应进行分类，先看 A 点：由两条虚线标识的新的小坐标原点。位于垂直虚线左边的点表示 X 的新产量小于 A 点的产量，位于该垂线右边的点表示 X 的新产量大于 A 点的产量。同样地，位于虚线小横轴上方的点表示更大的 Y 产量，位于其下方的点表示更小的 Y 产量。位于 A 点右上方的点代表数量更大的两种产品产出量，位于原点与 A 点连线上的点代表与 A 点相同比例的 (X, Y) 的产出组合。

比较增长前后 X 与 Y 的比例性产量变化，可判断出上述五种情况。以 ΔX 和 ΔY 分别表示两种产品的增加量。原来的生产点为 A，生产可能性边界线为 TT。经济增长后，生产可能性边界线向外扩展到 $T'T'$。与原生产点 A 相比，新生产点 A' 的位置存在五种可能的情形。

当 A' 位于 I 区域时，$\Delta X/X < 0 < \Delta Y/Y$，此为第五种生产效应，即超逆贸易型生产效应。

当 A' 位于 II 区域时，$0 < \Delta X/X < \Delta Y/Y$，此为第三种生产效应，即逆贸易型生产效应。

当 A' 位于 III 区域或射线 OA 的延长线上时，$\Delta X/X = \Delta Y/Y$，此为第二种生产效应，即贸易中性生产效应。

当 A' 位于 IV 区域时，$0 < \Delta Y/Y < \Delta X/X$，此为第一种生产效应，即顺贸易型生产效应。

当 A' 位于 V 区域时，$\Delta Y/Y < 0 < \Delta X/X$，此为第四种生产效应，即超顺贸易型生产效应。

12.1.3　经济增长的消费效应

从消费方面来观察，经济增长表现为社会无差异曲线向右移动。假设经济增长不改变消费偏好及社会无差异曲线的形状，与增长的生产效应相对应，消费效应也可以分为五种情形。

第一种，顺贸易消费效应（protrade consumption effect），即 Y 的消费增长速度快于 X 的消费增长速度，则增长会带来贸易规模的扩大。

第二种，贸易中性消费效应（neutral-trade consumption effect），即 X 和 Y 的消费同比例增长，导致贸易与消费的同比例扩大。

第三种，逆贸易消费效应（antitrade consumption effect），即 Y 的消费增长速度低于 X 的消费增长速度，使贸易以更小的比率扩张。

第四种，超顺贸易消费效应（ultra-protrade consumption effect），即 Y 的消费增长为正值，X 的消费增长为负值，使贸易以更大比例扩张。

第五种，超逆贸易消费效应（ultra-antitrade consumption effect），即 X 的消费增长速度

为正值，Y 的消费增长速度为负值，使贸易以更小的比率扩张，甚至萎缩。

图 12 - 2 说明了小国经济增长的消费效应。比较增长后的 X 和 Y 消费的比例性变化，可以判断上述五种情况。以 ΔX 和 ΔY 分别表示两种商品消费的增加量。原生产点为 A，消费点为 B，两条切线平行表示增长前后价格保持不变。与原消费点 B 相比，新消费点 B' 的位置有五种情形。

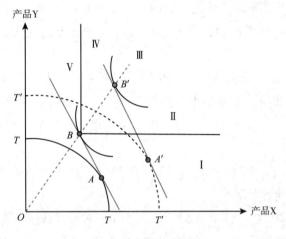

图 12 - 2 增长的消费效应

当 B' 位于 I 区域时，$\Delta Y/Y < 0 < \Delta X/X$，此为第五种消费效应，即超逆贸易消费效应。

当 B' 位于 II 区域时，$0 < \Delta Y/Y < \Delta X/X$，此为第三种消费效应，即逆贸易消费效应。

当 A' 位于 III 区域或射线 OB 的延长线上时，$\Delta X/X = \Delta Y/Y$，此为第二种消费效应，即贸易中性消费效应。

当 B' 位于 IV 区域时，$0 < \Delta X/X < \Delta Y/Y$，此为第一种消费效应，即顺贸易消费效应。

当 B' 位于 V 区域时，$\Delta X/X < 0 < \Delta Y/Y$，此为第四种消费效应，即超顺贸易消费效应。

12.1.4 经济增长的净贸易效应

经济增长同时通过生产效应和消费效应影响一个国家的对外贸易。更准确地讲，贸易量的实际增长取决于两种效应之和或净效应。如果生产增长和消费增长都是逆贸易型的，则经济增长将带来贸易量的较慢增长甚至绝对萎缩；如果生产增长和消费增长都是顺贸易型的，则经济增长将带来贸易量的更快增长；如果两者都是贸易中性的，则生产扩张会带来贸易量的等比例扩张。注意，只有生产增长和消费增长都是超逆贸易型的，才能保证净效应为负，即贸易规模绝对下降。

12.1.4.1 增长贸易效应的图解

增长对贸易的净效应可以通过考察贸易三角的变化情况来说明。图 12 - 3 描述了三种不同的情形。图 12 - 3 中，X 表示出口品，Y 表示进口品，增长前贸易三角为 △ARB，增长后贸易三角为 △A′R′B′。

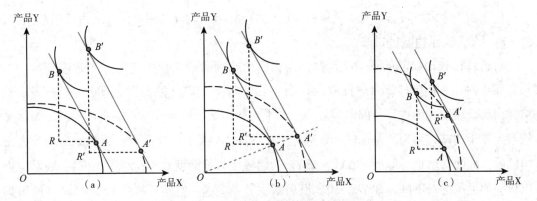

图 12 - 3　经济增长对贸易规模的影响

在图 12 - 3（a）中，超顺贸易型生产和逆贸易型消费相结合，但生产对贸易的扩张效应大于消费对贸易的缩减效应，因此经济增长的净贸易效应是贸易扩张，即 △A′R′B′ 大于 △ARB。

在图 12 - 3（b）中，贸易中性的生产与逆贸易型消费相结合，仍然带来了贸易的扩张，但贸易的扩张程度要低于生产的扩张程度，△A′R′B′ 仍然大于 △ARB。

在图 12 - 3（c）中，逆贸易型生产与逆贸易型消费相结合，产生了贸易规模的绝对萎缩，△A′R′B′ 小于 △ARB。

12.1.4.2　增长效应的一般分类

综合生产效应和消费效应，就必须考察贸易三角的变化。基本关系式为：出口 = 生产 - 消费，即 $X^X = X^P - X^C$；进口 = 消费 - 生产，即 $Y^M = Y^C - Y^P$。

国民收入 $NI = P_X \cdot X^P + P_Y \cdot Y^P = P_X \cdot X^C + P_Y \cdot Y^C$。贸易均衡时，出口值 V_X = 进口值 V_Y。其中，$V_X = P_X(X^P - X^C)$，$V_Y = P_Y(Y^C - Y^P)$。

各种平均倾向：

令 $\theta_X^P = P_X \cdot X^P / NI$，表示可出口产品平均生产倾向

令 $\theta_X^C = P_X \cdot X^C / NI$，表示可出口产品平均消费倾向

令 $\theta_Y^P = P_Y \cdot Y^P / NI$，表示进口替代品平均生产倾向

令 $\theta_Y^C = P_Y \cdot Y^C / NI$，表示进口替代品平均消费倾向

由上面 4 个式子可推导出：$\theta_X^P + \theta_Y^P = 1$；$\theta_X^C + \theta_Y^C = 1$；$\theta_X^X = \theta_X^P - \theta_X^C$，表示平均出口倾向；$\theta_Y^M = \theta_Y^C - \theta_Y^P$，表示平均进口倾向。

各种边际倾向：

令 $\xi_X^P = P_X \cdot \Delta X^P / \Delta NI$，表示可出口产品边际生产倾向

令 $\xi_X^C = P_X \cdot \Delta X^C / \Delta NI$，表示可出口产品边际消费倾向

令 $\xi_Y^P = P_Y \cdot \Delta Y^P / \Delta NI$，表示进口替代品边际生产倾向

令 $\xi_Y^C = P_Y \cdot \Delta Y^C / \Delta NI$，表示进口替代品边际消费倾向

由上面 4 个式子可推导出：$\xi_X^P + \xi_Y^P = 1$；$\xi_X^C + \xi_Y^C = 1$；$\xi_X^X = \xi_X^P - \xi_X^C$，表示边际出口倾向；$\xi_Y^M = \xi_Y^C - \xi_Y^P$，表示边际进口倾向。

可通过比较出口品的平均生产倾向与边际生产倾向的关系来进行生产效应分类。当二者相等时，即 $\theta_X^P = \xi_X^P$，为中性效应；当平均倾向小于边际倾向时，即 $\theta_X^P < \xi_X^P$，表示平均倾向趋于递增，为顺贸易偏向型效应；当平均倾向大于边际倾向时，即 $\theta_X^P > \xi_X^P$，表示平均倾向趋于递减，为逆贸易偏向型效应；当 $\xi_X^P > 1$ 时，表示出口品生产值的绝对增加大于国民收入的绝对增加，即 $P_X \cdot \Delta X^P > \Delta NI$，为超顺贸易偏向型效应；当 $\xi_X^P < 0$ 时，表示国内出口品的生产绝对下降，即 $\Delta X^P < 0$。根据基本关系式 $\xi_X^P + \xi_Y^P = 1$ 和 $\xi_X^C + \xi_Y^C = 1$，可推出如表 12 – 1 所示的生产效应分类标准。

表 12 – 1   生产效应一般分类标准

生产效应分类	出口部门 θ_X^P 与 ξ_X^P	进口替代部门 θ_Y^P 与 ξ_Y^P
贸易中性（N）	$\theta_X^P = \xi_X^P$	$\theta_Y^P = \xi_Y^P$
顺贸易偏向型（P）	$\theta_X^P < \xi_X^P < 1$	$\theta_Y^P > \xi_Y^P > 0$
超顺贸易偏向型（UP）	$\xi_X^P > 1$	$\xi_Y^P < 0$
逆贸易偏向型（A）	$\theta_X^P > \xi_X^P > 0$	$\theta_Y^P < \xi_Y^P < 1$
超逆贸易偏向型（UA）	$\xi_X^P < 0$	$\xi_Y^P > 1$

消费效应分类可通过比较进口替代部门的平均消费倾向与边际消费倾向的关系得到（见表 12 – 2）。

表 12 – 2   消费效应一般分类标准

消费效应分类	进口替代部门 θ_Y^C 与 ξ_Y^C	出口部门 θ_X^C 与 ξ_X^C
贸易中性（N）	$\theta_Y^C = \xi_Y^C$	$\theta_X^C = \xi_X^C$
顺贸易偏向型（P）	$\theta_Y^C < \xi_Y^C < 1$	$\theta_X^C > \xi_X^C > 0$
超顺贸易偏向型（UP）	$\xi_Y^C > 1$	$\xi_X^C < 0$
逆贸易偏向型（A）	$\theta_Y^C > \xi_Y^C > 0$	$\theta_X^C < \xi_X^C < 1$
超逆贸易偏向型（UA）	$\xi_Y^C < 0$	$\xi_X^C > 1$

综合生产效应与消费效应，可比较出口部门出口边际倾向与平均出口倾向的关系，$\theta_X^X = \theta_X^P - \theta_X^C$ 通常为正值，而边际出口倾向 $\xi_X^X = \xi_X^P - \xi_X^C$ 是一个变量，考察其上下区间：

$$\max \xi_X^X = \max \xi_X^P - \min \xi_X^C$$

$$\min \xi_X^X = \min \xi_X^P - \max \xi_X^C$$

例如，当消费效应是中性的 $\theta_X^C = \xi_X^C$，而生产效应是顺贸易偏向的，即 $\theta_X^P < \xi_X^P < 1$ 时，$\max \xi_X^X = 1 - \theta_X^C$，$\min \xi_X^X = \theta_X^P - \theta_X^C = \theta_X^X$，因此，有 $\theta_X^X < \xi_X^X < 1 - \theta_X^C < 1$。同理，可推断共有 25 种情形。

12.1.5　弹性定义的贸易增长效应

根据弹性的含义，可以从经济增长的国民收入变动比例与进口商品 Y 的消费和生产变动比例，讨论前者对后者的影响程度。

12.1.5.1　进口品国内需求收入弹性

进口品国内需求收入弹性，即国民收入变动所引起的对进口商品 Y 需求的变动程度：

$$\varepsilon_{dY} = \left(\frac{\Delta DY}{DY} \right) \bigg/ \left(\frac{\Delta I}{I} \right) \tag{12-1}$$

式中：DY 是 Y 产品的国内需求，ΔDY 是 Y 产品国内需求的变化量；I 是国民收入，ΔI 是国民收入变动量。根据弹性系数的大小，可判断增长的消费效应：当进口品的需求收入弹性大于 1，则说明是顺贸易型的；当弹性等于 1，则是贸易中性的；当弹性小于 1，则为逆贸易型。

12.1.5.2　进口品国内供给弹性

进口品的国内供给弹性，即本国国民收入的变动比例所引起的进口品 Y 的国内供给变动比例：

$$\varepsilon_{sY} = \left(\frac{\Delta SY}{SY} \right) \bigg/ \left(\frac{\Delta I}{I} \right) \tag{12-2}$$

式中：SY 是 Y 产品的国内供给，ΔSY 是 Y 产品国内供给的变化量；I 是国民收入，ΔI 是国民收入变动量。根据弹性系数的大小，可判断增长的消费效应：当进口品的供给弹性大于 1 时，则说明是逆贸易型的；当弹性等于 1，则是贸易中性的；当弹性小于 1，则为顺贸易型。

12.2　大国经济增长的贸易效应

大国是指该国的进出口贸易量的变动会影响国际市场供求变化，并引起贸易条件变动的经济体。当国际贸易均衡是唯一稳定时，大国只有超逆贸易偏向型增长才能改善国家的贸易条件，其余各类型增长都会不利于或恶化贸易条件。

12.2.1　增长的贸易条件效应和福利效应

贸易条件效应（terms of trade effect），即无论是由什么原因引起的经济增长，只要在不变价格下增加大国的贸易量，该国的贸易条件就会恶化。反之，在不变价格下，如果减少国家的贸易量，贸易条件就会改善。

福利效应（wealth effect），即增长后每个工人或每人产出的变化。正福利效应增加国家福利，负福利效应使国家福利下降或不变。

考虑经济增长的贸易条件后，增长对国家福利的效应不仅取决于价格不变条件下的福利效应，而且取决于贸易条件效应的作用。如果不变价格下福利效应为正，同时增长和贸易的结果使该国贸易条件改善，则国家福利将会改善。如果不变价格下福利效应为负，同时增长和贸易的结果使该国贸易条件恶化，国家福利将会恶化。如果福利效应和贸易条件效应呈反向变动，则国家的福利状况由两种相反力量的对比来决定。

假设本国（A国）是大国，富裕要素（劳动）的增长产生了超顺贸易生产效应，且产生了中性消费效应。对贸易的总效应就是在当前国际价格水平下，该国需要更多的进口品并提供更多的出口品。

如图 12 − 4（a）所示，伴随着经济增长，本国出口产品 X 供给增长和进口 Y 需求增加，结果该国贸易条件下降，即从 TOT_0 恶化到 TOT_1。图 12 − 4（b）从提供曲线的角度显示了大国增长的贸易条件效应。本国贸易条件下降，意味着进口商品相对价格上涨。由于该大国现在每单位的出口品只能换到更少的进口品，从而减少了从经济增长与贸易中可能获得的收益。

从图 12 − 4（a）看，当前贸易条件 TOT_1 与增长前的 TOT_0 相比更加平坦，与价格不受影响的无差异曲线相比，它与一条更低的无差异曲线相切，部分增长的收益被贸易条件恶化所抵消。尽管如此，与增长前相比，该国的福利条件仍然有所改善。因此，贸易大国要实现福利增加，必须使增长的正效应大于贸易条件恶化所带来的负效应。

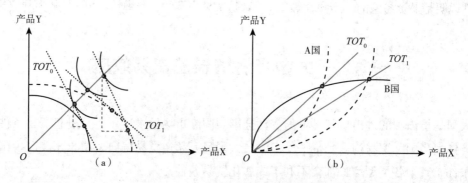

图 12 − 4　大国经济增长的贸易条件效应

12.2.2　出口的贫困增长

出口的贫困增长的概念最早由著名经济学家巴格瓦蒂（Jagdish N. Bhagwati）提出。出口的贫困增长是指在一定条件下，一国生产规模的扩大，即生产可能性曲线外移，沿着原有优势推进，也即如果该国原有的优势在于生产某一产品，现在进一步扩大该种产品的生产，但由于原有的贸易优势不变，贸易出口的扩大不仅没能使该国的福利有所提高，反而因出口增加而有所下降。出口的贫困增长是国际贸易中的一种现象，它主要出现在发展中国家和地区，人们普遍认为这种现象的根源在于该国的贸易条件因出口扩大而发生恶化。

12.2.2.1　图形解析

一般而言，经济增长会带来产出水平的提高，同时在多数经验检验中，经济增长还有带动产出提高从而促进出口增长的作用，因而社会福利水平得到提升。但是，国际经济学和发展经济学的研究表明，经济中存在着出口的贫困增长，这一现象主要源于贸易条件的恶化。由于贸易条件的恶化，出口数量的增加导致了出口收入的下降，从而造成福利水平的降低。在图 12 - 5 中，生产可能性曲线沿着原有的优势向外扩张，即优势部门 X 以更大比例增长，由于该国出口增加，国际市场中产品 X 供大于求，于是价格下降，这导致了出口增长、单位产品 X 换回的产品 Y 的数量减少，该国的福利相比经济增长之前反而下降了，社会无差异曲线向原点移动。

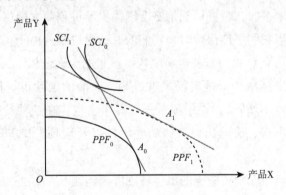

图 12 - 5　出口的贫困增长

图 12 - 5 中，生产可能性曲线从 PPF_0 外推到 PPF_1，意味着生产能力扩大，生产点从 A_0 外移到 A_1。在生产扩张的同时，贸易出口也得到增长，但是贸易结构没有变化。世界价格线由于该国出口增加而变得更加平缓，即本国出口部门相对价格下降。结果，出口增长的正效应不敌贸易条件恶化的负效应，该国总体福利水平从 SCI_0 恶化到 SCI_1。

12.2.2.2　出口贫困增长的条件

出口贫困增长并非一种普遍的经济现象，甚至说较为罕见，它的出现需要具备许多相应的条件。这些条件包括：

（1）出口国大多是处于一定发展阶段的发展中国家，产业结构相对单一，一般为加工度不高的初级产品或劳动密集型产品，离开单一产品的生产与出口，该国经济便会陷入困境。

（2）该国属于国际市场中的大型经济体，即其主要出口品占据世界销售量的很大份额，任何增量的出口都会造成供大于求，从而打破国际市场原有的均衡。

（3）该国生产和出口的产品弹性很小，不会因为价格变化而影响销量，价格下降并不意味着销量的大幅度上升。

（4）该国国民经济的发展高度依赖出口，属于很强的出口导向型经济。经济高度依赖出口，出口就是经济，经济就是出口，经济增长的直接结果就是出口的增长，这种增长导致价格下跌，但国际价格的下降需要靠更大的出口量去弥补损失，而更大的出口量则导致价格的进一步下跌。

上述条件是出口贫困增长的必要条件，如果条件不具备，则出口贫困增长不会发生。

12.2.2.3　出口贫困增长的案例

在许多发展中国家经济发展的一定阶段上，这种出口贫困增长的现象曾经出现过。例如，石油输出国组织国家，由于它们的原油出口已经占据世界市场很大的份额，因此当它们生产和出口的原油增多时，世界原油价格会因为供给过剩而大幅度下降，这些国家的石油收入会随之下降。当它们限产保价时，它们的原油出口收入由于供求关系的变化，反而得到增加。1997~1998 年，由于东亚经济陷入了严重的金融危机，因此需求急剧下降，但石油生产国的产量并未削减，于是市场严重过剩，原油的国际市场价格出现了大幅度下跌，石油输出国"增产不增收"。在中国对外贸易中，也存在这种贫困增长案例，例如中国的成衣出口、发菜出口、蘑菇出口、钨矿砂出口以及玩具出口等都是颇具典型意义的案例。

下面以钨矿砂出口为例阐述中国的出口贫困增长问题[①]。

钨是一种稀有金属，由于具有高难熔解性而在合成金属中具有不可替代的地位。钨在工业生产、生活中具有广泛的应用，是核能、国防、电子元器件、照明材料等工业的必需品。中国自 1908 年在江西大余发现并开始采钨后，中国钨业从小到大、逐步形成了完整的钨工业体系，各项技术已达到较高的水平。

中国的钨资源非常丰富，是国际市场上钨产品供应的主要国家，出口的钨产品以钨精

---

① 许云华. 中国出口贫困化增长分析［J］. 浙江大学学报（人文社会科学版），2001（2）：154－160.

矿和初级制品仲钨酸铵（APT）等钨原料为主。1975 ~ 1984 年的 10 年间，中国钨精矿年均出口量仅为 0.98 万吨，出口价格保持在 121 美元/吨的高位水平。而 1985 ~ 1990 年间，年均出口量高达 2.3 万吨，致使 1990 年中国钨精矿的出口价格急剧跌至 46.41 美元/吨。据此估算，国际市场对中国出口的钨精矿的需求弹性 E_d 约为 - 0.903，属于缺乏弹性产品。与 1985 年以前相比，中国钨精矿年均出口量增加了 125%，而出口价格则下跌了 60% 以上；1990 年平均每出口 2.6 吨钨精矿的收入仅相当于 1985 年以前出口 1 吨的收入，呈现出明显的贫困化增长特征。

初级制品仲钨酸铵是国际钨原料贸易中的主要产品，目前中国 ATP 的实际年产量在 3.5 万吨左右，而国内市场每年对 ATP 的需求约为 1 万吨，有 70% 左右（约 2.5 万吨）的产品可以用于出口，但中国每年的 ATP 出口配额仅为 1.2 万吨，每年仍有 1 万多吨的 ATP 积压。各地 ATP 生产企业为争夺有限的出口配额，竞相降价，结果 ATP 的出口价格由 20 世纪 80 年代初的 12895 美元/吨下跌至 1997 年的 5592 美元/吨，约下跌了 60%。以 1995 年为例，国家计划出口 ATP 1.2 万吨，实际出口 1.77 万吨，超过计划的 47.5%。过度的出口不可避免地导致价格下跌，不但使国家蒙受巨大损失，还使外商指责中国低价倾销，以致欧共体于 1995 年 12 月 22 日至 1998 年 3 月 20 日对中国钨产品出口征收反倾销税。多头出口和低价竞销，直接促成了中国钨产品出口价格的暴跌和钨产品出口的贫困化增长问题。

12.2.3　关于贸易条件的争论

1949 年，普雷维什（Raul Prebisch）和辛格（Hans Singer）不约而同地发现发展中国家的贸易条件存在长期恶化的趋势。国际贸易的利益在发达国家和发展中国家之间的分配既不均等，也不公平。他们的发现在学术界引起了一场关于贸易条件的争论。

普雷维什是阿根廷经济学家，曾经担任阿根廷中央银行行长。在担任行长时普雷维什注意到在 1930 年的美国大萧条期间，初级产品的价格下跌远远超过制成品，但他当时没能从理论上解释这一现象。之后的 20 年，普雷维什关于贸易条件的思想逐步成型。1949 年，时任联合国拉丁美洲经济委员会主席的普雷维什在一份题为《拉丁美洲的经济发展及其主要问题》的报告中系统和完整地阐述了"贸易条件恶化论"。普雷维什考察了 1876 ~ 1938 年间英国进出口商品的平均价格指数，发现一定数量的原材料在 19 世纪 70 年代所能购买到的制成品，到了 20 世纪 30 年代只能买到其 64% 了。普雷维什由此得出结论：发展中国家初级产品的贸易条件存在长期恶化的趋势。

1949 年，同在联合国任职的英国人辛格递交了一份题为《发展中国家和发达国家在战后的贸易价格关系》的研究报告，在独立研究的基础上得出了与普雷维什相同的结论：发展中国家初级产品出口价格呈长期下降趋势。有学者认为辛格完成研究的时间要比普雷维什稍早，但普雷维什对贸易条件恶化的原因分析得更深刻。学术界称这一理论为"普雷维什－辛格命题"（Prebisch-Singer thesis）。

强调发展中国家贸易条件恶化的"普雷维什－辛格命题"一经提出，立刻在学术界引起了一场有关贸易条件的争论。支持者如金德尔伯格（Charles P. Kindleberger）认为"辛格和普雷维什有关不发达国家贸易条件的观点在一个较彻底的统计研究中得到了证实"。而以维纳（Jacob Viner）和哈勃勒（Gottfried Haberler）为代表的另一方则对该理论展开了猛烈的批判。维纳指出农业并不等于贫困，工业也不等于富裕，一个国家在国际分工体系中的地位取决于它是在工业还是在农业中拥有比较优势。"普雷维什－辛格命题"中成品之间的贸易条件的比较没有考虑到两种产品在质量上的不同变化，因而是有偏差的。在1876～1938年间，制成品的质量有了很大的提高，而初级产品在质量上没有多少提高，在某些情况下是降低了。对"普雷维什－辛格命题"最全面和最彻底的批判来自哈佛大学教授哈伯勒。哈伯勒认为国际贸易的比较优势理论同样适用于发展中国家，国际分工和国际贸易在过去、现在和将来都是增进每个国家经济福利和提高其国民收入的基本因素之一。普雷维什和辛格以1876～1938年间英国每年的进出口贸易指数来代表同一时期原材料和制成品的世界价格是不合理的，不能由此得出"发展中国家贸易条件长期恶化"这样的一般性结论。哈伯勒认为普雷维什用来解释贸易条件恶化的两个主要理由，即工业国家对技术进步的垄断和恩格尔定律的作用，同样是不成立的。哈伯勒认为，在19世纪初期特别是在经济自由主义和自由贸易崛起以前，工业国家阻止机械设备和技术知识出口的企图确实存在；但在20世纪，制成品为许多国家所供应，制成品制造者之间的竞争要比100年前激烈得多。而恩格尔定律只适用于食品的需求而不适用于所有原材料的需求。

"普雷维什－辛格命题"在20世纪50年代和60年代曾经非常流行，它是发展经济学家主张落后国家采用进口替代战略来实现工业化的重要依据之一。墨西哥、巴西和智利等拉美国家都曾实施过进口替代战略，但事实证明这一发展战略并不成功。而采取出口导向发展战略的一些东亚国家和地区却取得了举世瞩目的经济奇迹。

12.3　增长与贸易的两国模型

将增长的分析框架从一国扩展到两个国家，此时两国的生产可能性曲线和提供曲线都会变动。在此先讨论一国经济增长与提供曲线，然后用提供曲线来分析两国经济增长与偏好改变的效应。

12.3.1　一国经济增长和贸易条件

假定国家 A 和国家 B 进行双向贸易，国家 A 出口劳动密集型产品 X，进口资本密集型产品 Y。当国家 A 经历经济增长时，其提供曲线会发生移动，而移动的程度与方向取决于所发生的增长类型（见图 12 - 6）。

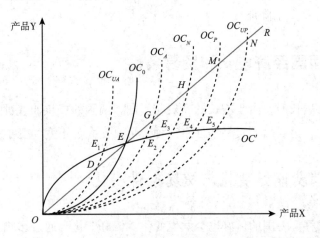

图 12 - 6　不同类型增长情况下的贸易条件变化

在图 12 - 6 中，国家 A 增长前的提供曲线为 OC_0，贸易条件为 OR 的斜率，以及初始均衡点 E。如果国家 A 的生产和消费的净效应是超顺贸易的增长，其提供曲线向右移动至 OC_{UP}，结果是贸易量扩大以及与国家 B 之间贸易条件恶化；如果净效应是顺贸易的增长，国家 A 的提供曲线会右移至 OC_P，与 OC_{UP} 相比，贸易量的增长幅度较小，贸易条件恶化程度较轻；国家 A 的中性与逆贸易增长也会导致其提供曲线向右移动，分别至 OC_N 和 OC_A，这是因为在中性与逆贸易增长时，贸易的绝对水平仍然有所增长。而超逆贸易偏向增长的净效应会使国家 A 的提供曲线向左移至 OC_{UA}，结果贸易量下降，贸易条件改善，但这种情况并不多见。

对于小国来说，其面对的是一个极为庞大的外部市场，集中增长类型所形成的提供曲线分别与贸易条件射线 OR 交于 D、G、H、M 和 N 点，这些点就是经济增长后小国的新贸易点。

而在一个两国模型中，当引入了国家 B 的提供曲线 OC' 后，发现大国条件下国家 A 提供曲线移动对贸易条件的影响。新的贸易条件可以用原点与两国贸易新均衡点（E_1、E_2、E_3、E_4、E_5）的连线的斜率来反映。显然，除 OE_1 外，它们的斜率越来越小于射线 OR 的斜率。这意味着国家 A 的贸易条件变得越来越恶化，但对贸易量的增长越来越有利。

对上述结果的合理解释是：除超逆贸易型增长外，其他各种增长都使国家 A 在贸易条件既定时，增加进口需求，引起世界市场对产品 Y 的超额需求上升。根据均衡法则，产品 X 因此超额供给。这将导致 P_X 下降和 P_Y 上升，从而 P_X/P_Y 下降。当世界市场上产品 Y 的超额需求和 X 的超额供给越来越多时，P_X/P_Y 下降的幅度会更大。然而，价格的变化将抑制国家 A 对产品 Y 的需求和对产品 X 的供给，并刺激国家 B 增加产品 Y 的供给和对 X 的需求。

在超逆贸易型增长中，国家 A 对进口品 Y 的初始需求下降，最终使 P_X/P_Y 上升，结果也会提高对 Y 的需求。因此，在新的均衡点 E_1 点，贸易条件有所改善，贸易额虽然减少，但不如最初的 D 点下降那么大。

12.3.2 两国经济增长和贸易条件

当两国经济都增长时，由于增长的净效应不同，两国的提供曲线都会发生偏移。与增长前贸易条件相比，增长后的贸易条件有三种情形：变大、不变和变小。

12.3.3 消费偏好变化与贸易条件变化

随着时间的推移，一国的偏好也会发生变化。偏好变化会通过影响无差异曲线来影响提供曲线。对国家 A 来说，如果由于偏好变化导致对进口品 Y 的需求提高，其愿意用更多的 X 去交换一定量的 Y，或愿意用一定量的 X 去交换更少的 Y，这必然导致其提供曲线按照顺时针方向发生旋转，最后导致贸易量增加和贸易条件恶化；相反，如果由于偏好变化导致对进口品 Y 的需求降低，该国只愿意用更少的 X 去交换一定量的 Y，或者用一定量的 X 交换更多的 Y，这必然导致其提供曲线按照逆时针方向发生旋转，最后导致贸易量减少和贸易条件改善。

在图 12-7 中，OC_0 和 OC' 分别是国家 A 和国家 B 原来的提供曲线，均衡点是 E。假设国家 B 的偏好保持不变，当国家 A 对进口商品 Y 的需求增加时，其提供曲线会按照顺时针方向转移到 OC_2，贸易条件恶化到 OR_2；当国家 A 对进口商品 Y 的需求减少时，其提供曲线会按照逆时针方向转移到 OC_1，贸易条件改善到 OR_1。

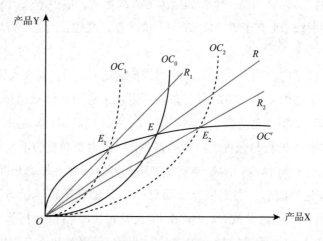

图 12-7 消费偏好变化对贸易条件的影响

结论：只要提供曲线转向可出口商品轴的方向，就会在不变价格下扩大贸易并恶化贸易条件；如果提供曲线转向进口商品轴的方向，就会在不变价格下减少贸易量并改善贸易条件。

复习思考题

1. 简述经济增长与国际贸易的关系。
2. 阐述小国经济增长的贸易效应。
3. 阐述大国增长的贸易效应与小国增长的贸易效应的区别。
4. 试述贸易的贫困增长产生的机制。
5. 为什么中国成为纺织品出口国后世界市场中服装价格大幅下降?

参考文献

1. 克鲁格曼等 . 国际贸易（第 11 版）[M]. 北京：中国人民大学出版社，2021.

2. 段丽娜 . 国际贸易理论与政策 [M]. 北京：北京理工大学出版社，2017.

3. 多米尼克·萨尔瓦多 . 国际经济学（第 11 版）[M]. 杨冰译 . 北京：清华大学出版社，2015.

4. 范爱军 . 国际贸易学 [M]. 4 版 . 济南：山东人民出版社，2021.

5. 傅龙海，吴慧君，詹小琦 . 国际贸易理论与实务 [M]. 5 版 . 北京：对外经济贸易大学出版社，2020.

6. 傅龙海 . 国际贸易地理 [M]. 2 版 . 北京：对外经济贸易大学出版社，2017.

7. 高鸿业 . 西方经济学（微观部分第 8 版）[M]. 北京：中国人民大学出版社，2021.

8. 国际贸易术语解释通则 [M]. 中国国际商会译 . 北京：对外经济贸易大学出版社，2019.

9. 哈尔·范里安 . 微观经济分析（第 3 版）[M]. 王文举译 . 北京：中国人民大学出版社，2015.

10. 华民 . 国际经济学 [M]. 上海：复旦大学出版社，2001.

11. 黄卫平，彭刚 . 国际经济学教程 [M]. 北京：中国人民大学出版社，2012.

12. 逯宇铎，辛转，杜红梅 . 国际贸易理论与实务 [M]. 3 版 . 北京：对外经济贸易大学出版社，2020.

13. 芬斯特拉，泰勒 . 国际贸易 [M]. 张友仁，等译 . 北京：中国人民大学出版社，2011.

14. 罗伯特·凯伯 . 国际经济学（第 15 版）[M]. 北京：中国人民大学出版社，2017.

15. 彭红斌，董瑾 . 国际贸易理论与实务 [M]. 北京：北京理工大学出版社，2020.

16. 平狄克等 . 微观经济学（第 9 版）[M]. 李彬译 . 北京：中国人民大学出版社，2020.

17. 强永昌 . 产业内贸易论：国际贸易最新理论 [M]. 上海：复旦大学出版社，2002.

18. 苏巧勤，胡云清 . 国际贸易 [M]. 北京：北京理工大学出版社，2016.

19. 普格尔，林德特 . 国际经济学 [M]. 李克宁译 . 北京：经济科学出版社，2001.

20. 王燕萍，张婷，杨雯雯 . 国际贸易 [M]. 南昌：江西高校出版社，2018.

21. 吴大琨 . 国际经济学概论 [M]. 沈阳：辽宁人民出版社，1988。

22. 席小炎等 . 国际经济学 [M]. 北京：经济管理出版社，2001.

23. 薛敬孝，佟家栋，李坤望 . 国际经济学 [M]. 北京：高等教育出版社，2001.

24. 薛荣久 . 国际贸易 [M]. 5 版 . 北京：对外经济贸易大学出版社，2008.

25. 薛荣久 . 世界贸易组织概论 [M]. 北京：高等教育出版社，2010.

26. 亚当·斯密 . 国富论 [M]. 郭大力，王亚南译 . 北京：商务印书馆，2015.

27. 尹翔硕 . 国际贸易教程 [M]. 3 版 . 上海：复旦大学出版社，2001.

28. 余淼杰 . 国际贸易的政治经济学分析：理论模型与计量实证 [M]. 北京：北京大学出版

社，2009.

29. 余淼杰. 国际贸易学：理论、政策与实证［M］. 2 版. 北京：北京大学出版社，2021.

30. 余智. 国际贸易基础理论与研究前沿［M］. 上海：上海人民出版社，格致出版社，2015.

31. 张二震，马野青. 国际贸易学［M］. 南京：南京大学出版社，2002.

32. 赵英军，张友仁. 国际经济学［M］. 北京：机械工业出版社，2009.

33. 邹东涛，岳福斌. 世界贸易组织教程［M］. 北京：社会科学文献出版社，2007.

34. Keohane R O. International Institutions and State Power：Essays in International Relations Theory［M］. Boulder：Westview Press，1989.

35. Krugman P. Chapter 24 Increasing returns，imperfect competition and the positive theory of international trade［J］. Handbook of International Economics，1995（3）：1243 – 1277.

N